TERRIBLE
TUDORS

HORRIBLE HISTORIES

TERRIBLE TUDORS

TERRY DEARY & NEIL TONGE

ILLUSTRATED BY **MARTIN BROWN**

SCHOLASTIC

For Stephen

Scholastic Children's Books,
Euston House, 24 Eversholt Street,
London, NW1 1DB, UK

A division of Scholastic Ltd
London ~ New York ~ Toronto ~ Sydney ~ Auckland
Mexico City ~ New Delhi ~ Hong Kong

First published in the UK by Scholastic Ltd, 1993
This edition published 2007

Some of the material in this book has previously been published in Horrible Histories
The Massive Millennium Quiz Book/Horribly Huge Quiz

10 digit ISBN 0 439 94405 8
13 digit ISBN 978 0439 94405 2

Printed and bound by CPI Group (UK) Ltd, Croydon, CR0 4YY

35

CONTENTS

Introduction

If you think history is horrible then this is the book for you!

Sometimes history lessons in school can be **horribly** boring . . .

Sometimes it can be **horribly** confusing . . .

And sometimes history can be **horribly** unfair . . .

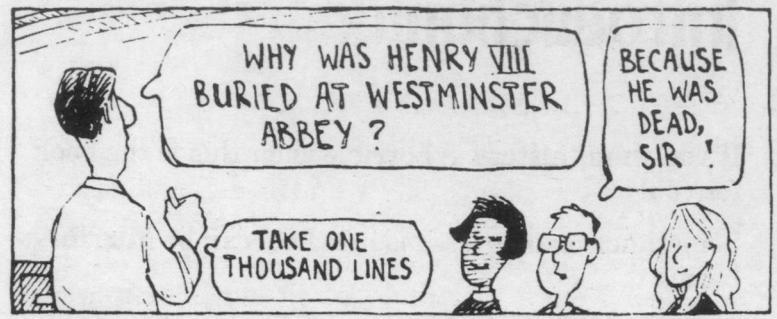

But this book is about **really horrible** history. It's full of the sort of facts that teachers never bother to tell you. Not just the bits about the kings and the queens and the battles and the endless lists of dates — it's also about the ordinary people who lived in Tudor times. People like you and me. Commoners! (Well, I'm dead common, I don't know about you!)

And what made them laugh and cry, what made them suffer and die. **That's what this book will try to help you understand**. You might learn some things your teachers don't even know! (Believe it or not, **teachers do not know everything!**)

There are one or two activities you can try. That's about the best way to find out what it was like to be a common Tudor.

There are some stories that are as chilling as the chilliest horror stories in your library. (You may have to read them with the light turned off in case you are scared of the shadows!) The facts and the stories should amaze you and teach you and amuse you, and sometimes make you sad.

Hopefully you'll find them all **horribly interesting**.

The terrible Tudors

What is a terrible Tudor?

What your teacher will tell you . . .
The Tudors were a family who ruled England, and poked their noses into the rest of Great Britain, from 1485 till 1603. The grandfather was Henry VII, his son was Henry VIII and the grandchildren were Edward VI, Mary I and Elizabeth I.

Five rulers and 118 years that changed the lives of the English people.

Who's who?

HENRY VII

Henry VII (Henry Tudor of Lancaster) King from 1485 to 1509
Defeated King Richard III at the Battle of Bosworth and took his crown. Married Elizabeth of York to stop their two families whingeing and scrapping over the crown.

HENRY VIII

Henry VIII King from 1509 to 1547
Son of Henry VII. Wanted a son to keep the Tudor line going – and he didn't care how many wives he had till he got one.

When he got rid of his first wife by divorcing her, the head of the Catholic Church (the Pope) didn't approve of it . . . so Henry made his own church (the Church of England), with himself as the head.

Henry got rid of the Catholic monasteries with their monks and nuns. (The money he got for their riches came in very handy!) But he still worshipped as a Catholic, and chopped off the heads of those who didn't.

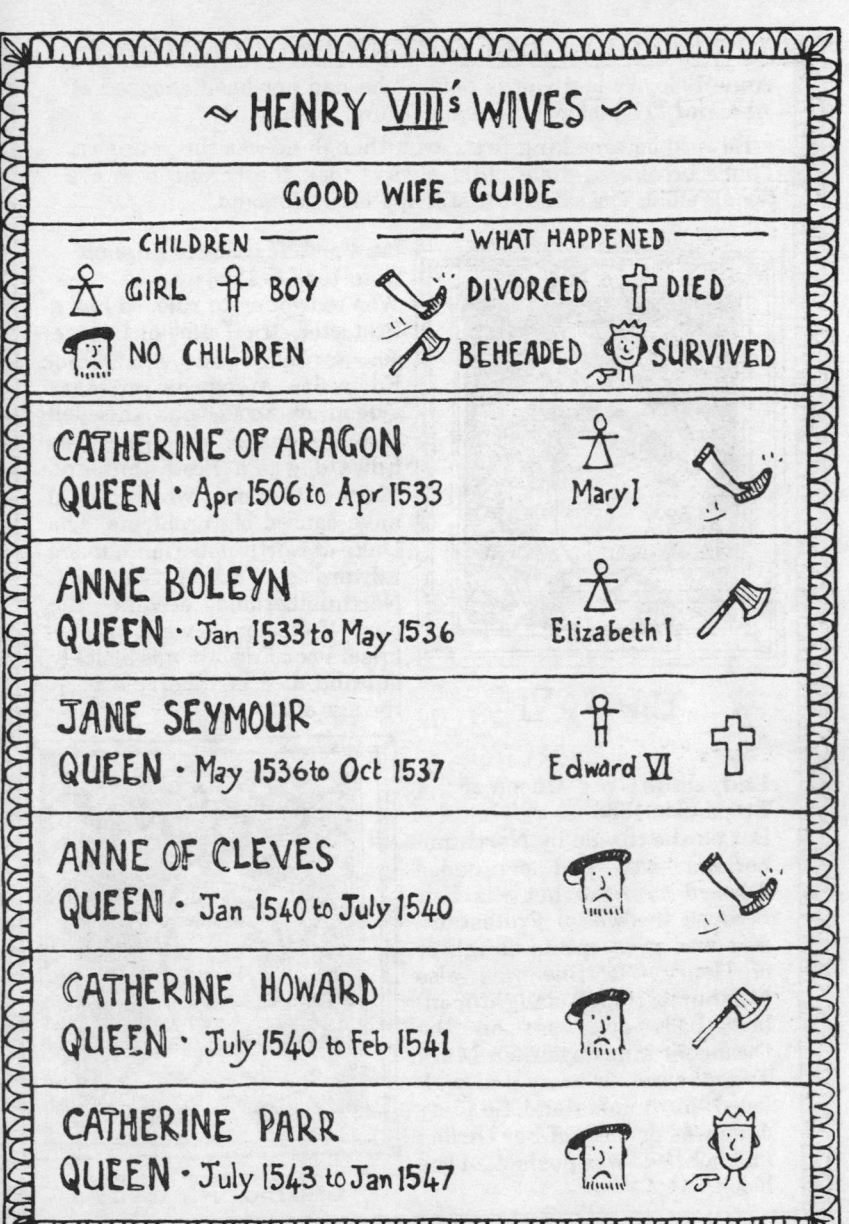

~ HENRY VIII's WIVES ~

GOOD WIFE GUIDE

CHILDREN
- GIRL
- BOY
- NO CHILDREN

WHAT HAPPENED
- DIVORCED
- DIED
- BEHEADED
- SURVIVED

CATHERINE OF ARAGON
QUEEN · Apr 1506 to Apr 1533 — Mary I

ANNE BOLEYN
QUEEN · Jan 1533 to May 1536 — Elizabeth I

JANE SEYMOUR
QUEEN · May 1536 to Oct 1537 — Edward VI

ANNE OF CLEVES
QUEEN · Jan 1540 to July 1540

CATHERINE HOWARD
QUEEN · July 1540 to Feb 1541

CATHERINE PARR
QUEEN · July 1543 to Jan 1547

Anne Boleyn's last words before she had her head chopped off were **not**, "I'll just go for a walk around the block!"

Edward became king first, even though he was the youngest. That's because a male child always took the throne before a female child. The same rule still applies in England.

EDWARD VI

Edward VI King of England from 1547 to 1553
Was too young to rule, so had a Protector, the Duke of Somerset, to "help" him out. King Edward was engaged to Mary Queen of Scots, but this fell through. Just as well, really, as Edward was a Protestant and Mary a Catholic, which would have caused big problems. The Duke of Northumberland, made Edward get rid of Somerset. Northumberland became the next Protector – what a surprise! Poor Edward was a sickly lad and died of tuberculosis at the age of 16.

Lady Jane Grey Queen of England in 1553
Put on the throne by Northumberland, who had persuaded Edward to make her his heir because she was a Protestant, and was great-grand-daughter of Henry VII. She was also Northumberland's daughter-in-law! Lady Jane sat on the throne for nine days then Mary Tudor raised an army and walloped Northumberland. So Lady Jane was pushed off her throne and her head was pushed on the block.

LADY JANE GREY

Mary I (Mary Tudor) Queen of England 1553 to 1558

Was a devout Catholic, so she made the Pope head of the English church again. Married King Philip of Spain, also a Catholic. People were frightened of Philip's power, and the marriage led to Wyatt's rebellion, which was crushed by Mary's army. Philip, never short of an idea or two, persuaded Mary to fight the French. The English lost. Mary was getting more unpopular by the minute, but was probably too insane to care. Ended up with the nickname 'Bloody Mary', owing to regular head-choppings and burnings of Protestants.

MARY I
(MARY TUDOR)

Elizabeth I Queen of England from 1558 to 1603

Had pretended to be a Catholic while Mary Tudor was Queen, just to keep her happy. But changed both herself and England into Protestants when she came to the throne. Locked up Mary Queen of Scots and chopped off her head because she was a Catholic, and because Catholic Europe thought that Mary should be Queen of England. Elizabeth never married, because she said that she was married to England! But she had a definite soft spot for the Earl of Essex, which didn't stop her from having **his** head chopped off as well.

ELIZABETH I

Terrible Tudor Limericks

Confused? You may be, but try learning these limericks, and you'll easily remember . . .

Henry VII
Henry Tudor beat Richard the Thirder
When the battle turned into pure murder.
Henry pinched Richard's crown
For the ride back to town.
He was top man! He could go no furder.

Henry VIII
King Henry was fat as a boar
He had six wives and still wanted more.
Anne and Kate said,
"By heck! He's a pain in the neck!"
As their heads landed smack on the floor.

Edward VI
At nine years the little King Eddie
Had a grip on the throne quite unsteady.
He was all skin and bone,
Grown men fought for his throne
And by sixteen young Eddie was deadie.

Mary I

Bloody Mary, they say, was quite mad.
And the nastiest taste that she had
Was for protestant burning –
Seems she had a yearning
To kill even more than her dad.

Elizabeth I

A truly great queen was old Lizzie,
She went charging around being busy.
She thought herself beaut,
But her teeth looked like soot
And her hair it was all red and frizzy.

Terrible Tudor times

1485 – reign of Henry VII

Henry Tudor beat King Richard III at the Battle of Bosworth Field and became the first Tudor king. The Wars of the Roses ended – they had been dividing the country for over 30 years.

1487 A boy called Lambert Simnel claims to be king. His revolt fails. Is given a job in the palace kitchens!

1492 Christopher Columbus lands in America – the world is never the same again!

1497 Perkin Warbeck tries to take the English throne. Warbeck hanged in **1499**. England settles down under Henry VII and becomes richer and more peaceful than in the past.

1509 – reign of Henry VIII

1516 Mary I born – daughter of Henry VIII's Catholic first wife, Catherine of Aragon.

1517 First real Protestant revolt against the Catholic Church begins in Germany.

1520 Henry VIII appears at the Field of the Cloth of Gold – a ceremonious meeting between Henry and Francis I of France.

1533 Elizabeth I born, daughter of Henry's second wife, Anne Boleyn.

1534 Henry takes over as head of the Church in England.

1535 Henry begins to execute Catholics who object to his Church takeover.

1536 Anne Boleyn, (Elizabeth I's mother) executed and Henry begins to close down monasteries.

1537 Edward VI born – but his mother dies shortly afterwards. Edward always a weak child.

1547 – reign of Edward VI

1547 Edward VI just nine years old when he takes the throne.

The Duke of Somerset runs the country for the boy. His title is 'Protector'.

1549 Kett's rebellion in Norfolk against the new Protestant king.

1550 The Duke of Somerset executed and replaced by Duke of Northumberland as the new Protector.

1553 Edward is ill. He is persuaded to name Lady Jane Grey as the next Queen – this is partly to stop the Catholic Mary getting her hands on the throne . . . but the plan doesn't work. Young Ed dies.

1553 – reign of Mary I

Mary tries to return England to the Catholic faith. She has over 300 Protestants burned.

1556 Thomas Cranmer, Henry VIII and Edward VI's Protestant Archbishop of Canterbury, burned at the stake for opposing Mary.

1558 The English lose Calais (in France) to the French people. Mary unpopular for this and for her marriage to the Catholic Philip II of Spain. Luckily she dies before she is overthrown!

1558 – reign of Elizabeth I

1564 William Shakespeare born.

1567 Mary Queen of Scots thrown off her throne. She flees to England a year later.

1568 England and Spain begin to argue over control of the oceans.

1577 Francis Drake begins his voyage round the world – returns in 1580.

1587 Mary Queen of Scots executed.

1588 The Spanish Armada tries to invade England but is defeated.

1601 The Earl of Essex rebels against Elizabeth and is executed.

1603

End of Terrible Tudors – in come the Slimy Stuarts.

Kett's Rebellion

In Norfolk, 1549, the problem was too many sheep and too few jobs. The grumbles grew into a revolt. The revolting Norfolk men were led by the most revolting Robert Kett – a local landowner. But Robert's rebels grew hungry and weak. Edward VI sent the Earl of Warwick to deal with them. The Earl cut the rebels to pieces . . . but they weren't as cut up as Robert Kett might have been. He was sentenced to . . .

. . . be dragged to Tyburn, where he is to be hung and whilst still alive his entrails taken out and burned before him, his head cut off and his body cut into four pieces.

As it happened, Robert was taken to Norfolk Castle and hung in chains over the battlements.

Terrible Tudor life and death

Life begins at 40

Would **you** like to have lived in Tudor times? A 1980 school history book said . . . *All in all the Elizabethan Age was an extremely exciting time to be alive.* But this is a *Horrible History* book. You make up your own mind about how "exciting" it was when you have the real facts. For example . . . You probably know a lot of people who are 40 years old, or older. But would you have known as many in Tudor times?

Imagine that ten children were born on a particular day in a Tudor town. How many do you think would still be alive to celebrate their 40th birthdays?

a) 6   b) 9   c) 1   d) 4

> **Answer: c.** On average, only one person in ten lived to the age of 40. Many died in childhood – the first year was the most dangerous of your life.

Why were Tudor times so unhealthy? Perhaps these will help you understand . . .

Half a dozen filthy facts

1 Open sewers ran through the streets and carried diseases.

2 Toilets were little more than a hole in the ground outside the back door.

3 Water came from village pumps. These often took the water from a local river, and that river was full of the filth from the town.

4 Country people made their own medicines from herbs, or went to an "apothecary". People still use herbal cures today . . . but would you take one from a Tudor apothecary who didn't know the importance of washing their hands before handling your medicine?

5 A popular cure for illness was "blood-letting". Most people believed that too much blood made you ill. All you had to do was lose some and you'd feel better. Where could you go to lose some blood? The local barber. (He had a part-time job as a surgeon when he wasn't cutting hair!) Sometimes the barber would make a deep cut, other times a scratch was made, followed by a heated cup over the wound to "suck" the blood out.

6 Some doctors used slimy, blood-sucking creatures called leeches to suck blood out of the patient. (And some doctors today still use leeches to cure certain blood diseases!)

Doctor, doctor. . . !

If you were a doctor in Tudor times, what cures would you suggest for illnesses?

Here are ten illnesses – and ten Tudor cures. Match the cure to the illness . . .

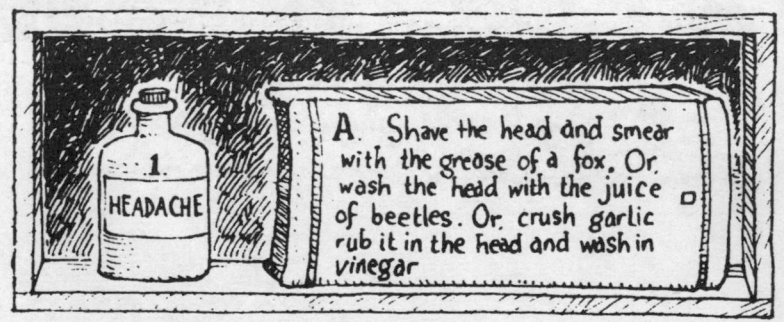

1. HEADACHE

A. Shave the head and smear with the grease of a fox. Or wash the head with the juice of beetles. Or crush garlic rub it in the head and wash in vinegar

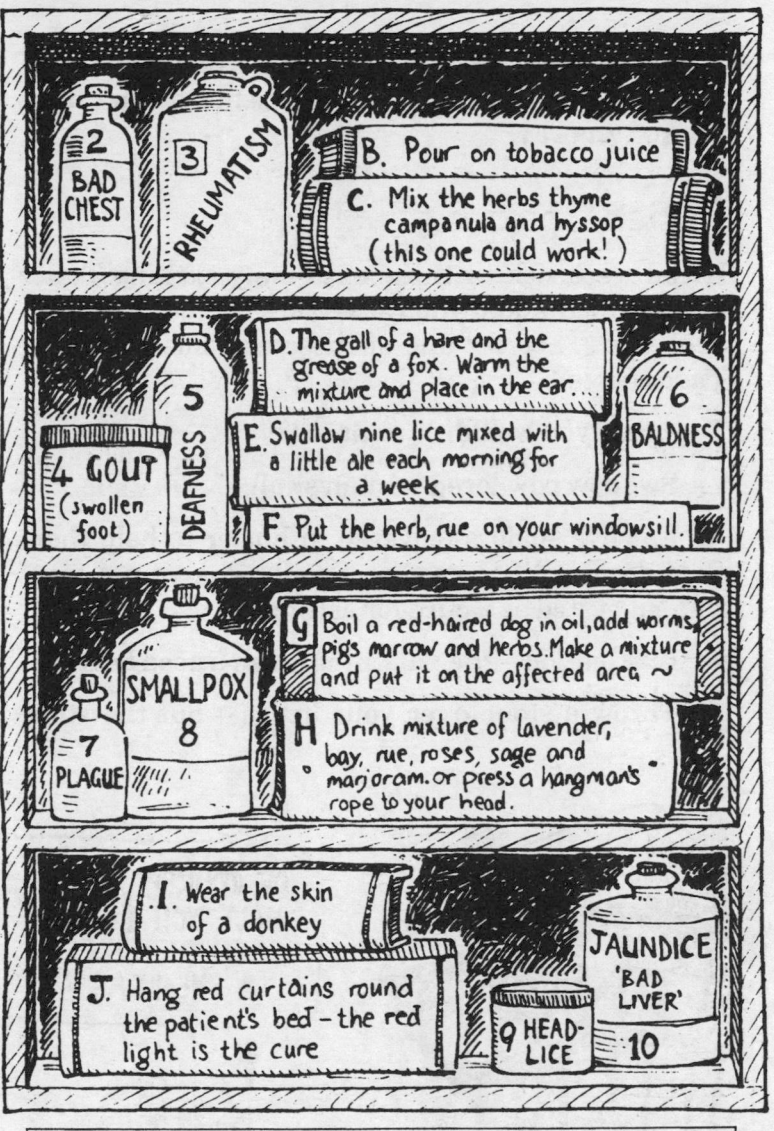

B. Pour on tobacco juice

C. Mix the herbs thyme campanula and hyssop (this one could work!)

2 BAD CHEST

3 RHEUMATISM

D. The gall of a hare and the grease of a fox. Warm the mixture and place in the ear.

E. Swallow nine lice mixed with a little ale each morning for a week

F. Put the herb, rue on your windowsill.

4 GOUT (swollen foot)

5 DEAFNESS

6 BALDNESS

G. Boil a red-haired dog in oil, add worms, pigs marrow and herbs. Make a mixture and put it on the affected area ~

H. Drink mixture of lavender, bay, rue, roses, sage and marjoram. or press a hangman's rope to your head.

7 PLAGUE

SMALLPOX 8

I. Wear the skin of a donkey

J. Hang red curtains round the patient's bed – the red light is the cure

9 HEAD-LICE

JAUNDICE 'BAD LIVER' 10

Answers: 1 = H   2 = C   3 = I   4 = G   5 = D   6 = A   7 = F   8 = J   9 = B   10 = E

How did you do, Doctor? It wouldn't really matter if you got them all wrong. Most of them wouldn't have worked anyway!

Patient, patient . . .!

If you were sick in those extremely exciting Tudor times, which would you rather do?
Feel sick . . . or try one of these extremely exciting Tudor cures?

Ten cures you wouldn't want to try . . .

1 Swallow powdered human skull.

2 Eat live spiders (covered in butter to help them slide down a little easier). Swallowing young frogs was suggested as a cure for asthma.

3 Fustigation – the patient is given a good beating.

4 Throw a stone over your house – but the stone

OF COURSE IT'S BIG.. HAVE YOU EVER SEEN THE SIZE OF A SHE-BEAR?

must first have killed a man, a wild boar or a she-bear.

5 Eat the scrapings from the skull of an executed criminal.

6 Eat bone-marrow mixed with sweat.

7 Sniff sneezing-powder to clear the head.

8 Have burning hot plasters placed on the body to raise blisters.

9 Mix the blood from a black cat's tail with cream, then drink it.

10 Place half a newly-killed pigeon on plague sores.

Nowadays we know that the dreadful plagues were carried by fleas. The Tudors didn't know about the disease they carried. Still, they weren't keen on fleas because they bit and made you itch. They had a cure you might like to try if you ever have them in your bedroom . . .

First, to gather all the fleas of thy chamber into one place, cover a staff with the grease of a fox or a hedgehog. Lay the staff in thy chamber and it shall gather all the fleas to it. Also, fill a dish with goat's blood and put it by the bed and all the fleas will come to it.

Fleas love to bite humans to get at their blood. They might well dash off to a whole dish of goat's blood!

Terrible Tudor schools

Parents, grandparents, teachers and other old fogeys . . . they all do it. They all talk about "The Good Old Days". Then they go on to talk about how terrible it was in school. They say things like . . . "When I was a young lad/lass/goldfish just knee high to a grasshopper/grass hut/grass skirt schools were schools. You kids have it easy these days. We used to get a caning/whipping/sweet if we as much as opened our mouth/eyes/door. We had 6/12/25 hours of homework every night and we were kept in detention/prison/vinegar until we did it. They were the best days of our lives!"

If they think **their** schools were tough it's as well they didn't go to school in Tudor times. (Or maybe they did and they're lying when they tell you they're only 39.) If they had they would know that . . .

1 Most village children didn't go to school. A few might attend a "Dame" school run by a local dame (woman).

2 Children rarely had books. They may have had "Horn" books, though. These were pieces of wood the shape and size of a table-tennis bat. On one side was a printed page with the alphabet and perhaps, the Lord's Prayer. The other side was blank and could be used to practise writing.

`HORN` BOOK FOR SHORTSIGHTED PUPILS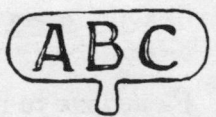

3 Richer children could be sent away to school. At first, the monks in the monasteries ran most of the schools, known as choir schools. Henry VIII closed the monasteries because they were run by the Catholic Church. He started a new church, the

Church of England, but he lost the schools in the process, and was left with only a handful of grammar schools. He had to encourage new ones to be set up, but in fact only 20 more grammar schools were established during his reign. So much for education!

How does your school compare with a Tudor school? Check out these Tudor school rules and decide . . .

What to expect at school

Timetable

School lessons went on from dawn till sunset with a break for school dinners.

(If you lived a long way from school, you'd have to get up in the dark to allow time for walking. The roads were muddy, cold and dangerous on the short winter days.)

~ SCHOOL RULES ~

No scholar shall wear a dagger or any other weapon. They shall not bring to school any stick or bat, only their meat knife.

Manchester Grammar School 1528

It is ordered that for every oath or rude word spoken, in the school or elsewhere, the scholar shall have three strokes of the cane.

Oundle School 1566

Scholars shall not go to taverns or ale-houses and must not play unlawful games such as cards, dice or the like.

Hawkshead School 1585

Punishment for losing your school cap . . . a beating
Punishment for making fun of another pupil . . . a beating.

School swots

Working hard at school was not always popular with the upper-class parent.

One father said, *I'd rather see my son hanged than be a bookworm. It is a gentleman's life to hunt and to hawk. A gentleman should leave learning to clodhoppers.*

～ SCHOOL MEALS ～

Breakfast
Bread and butter and a little fruit

Lunch
Rye bread, salted meat and ale

Tea
Bread with dried fruit and nuts – fresh fruit in summer

Rules at meal times
1 Wear a cap to keep your hair out of your food.
2 Don't wipe your mouth with your hand or sleeve.
3 Don't let your sleeve drag in your food.
4 Don't lean on the table.
5 Don't pick your teeth with your pen-knife or your fork.

Punishment for breaking a rule . . . a beating.

WHERE'S MY CAP?

School teachers

Their job (in Westminster School at least) was to see that their pupils:

behave themselves properly in church and school as well as in games, that their faces and hands are washed, their heads combed, their hair and nails cut, their clothes and shoes kept clean so that no lice or dirt may infect themselves or their companions.

School punishments

Schoolmasters would often beat their pupils. Henry Peachum wrote,

I know one who in winter would, on a cold morning, whip his boys for no other reason than to warm himself up. Another beat them for swearing, and all the while he swore himself with horrible oaths.

But they weren't all so bad. The headmaster of Eton in 1531 was Nicholas Udall. He wrote the first English play that wasn't religious, and it was also the first comedy play.

School holidays

No long holidays. Schools would close for 16 days at Christmas and 12 days at Easter, but there were no summer holidays.

Lessons

A class might have as many as 60 pupils. Many hours were spent learning long passages from textbooks by heart. This not only kept them all quiet – it also saved having to buy books! Main subjects: Latin, Arithmetic, Divinity (Religious Study), English Literature.

School sports

A Shrove Tuesday custom was to take money to school, and with it the schoolmaster would buy a fighting cock. The master put a long string on the cock and tied it to a post. Boys would then take turns at throwing a stick at the cock. If a boy hit then the cock became his – if every boy hit then the cock belonged to the schoolmaster.

School equipment

Pupils had to write with quill pens made from feathers. These would have to be sharpened with a knife nearly every day. The small knife used was called a pen-knife – and we can still buy "pen-knives" today . . . even if we don't sharpen our ballpoints with them.

If you'd really like to know what it was like to write with a quill pen then you could try making one.

You need

1 A strong feather – goose quill is best, but turkey or any other strong feather will do.

2 A pen-knife – if you haven't a pen-knife then a Stanley knife will be just as good.

3 Tweezers.

4 Ink.

And an adult to make sure you don't get chopped fingers on the table!

How to make it

1 Shorten the feather to about 20cm.

2 Strip off all the barbs (the feathery part) from the shaft.

(Yes, I know! In all the pictures you've seen the writers appear to be writing with feathers. They hardly ever did – they only used the shaft and threw the rest away. Honest!)

3 Cut the bottom of the shaft off with your pen-knife (Figure 1).

4 Shape the bottom of the shaft as in Figure 2. Take out the core with tweezers.

5 Make a slit at the end of the nib about 5mm long (Figure 3).

6 Trim the end of the shaft again, this time at an angle. (Figure 4 shows the angle for a right-handed writer)

7 Dip the quill in ink. Try writing an alphabet.

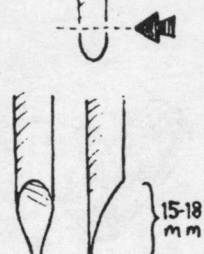
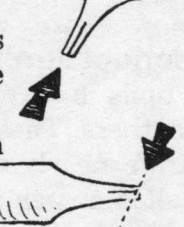

ABCDE ᴌ Gh 👁 ᴊK l m

Test your teacher on Tudors

Here are a couple of facts your teacher (or parents or friends) may **think** they know. Perhaps you'll catch them out if you ask . . .

1 The first post

You: Please, Miss! (or Sir, or Fatface) Who had the first postal service in this country?

Teacher: I'm glad you asked me that . . .

(Teachers are always glad when you ask them something – it makes them think you are interested.)

. . . Of course, everybody knows that the famous Victorian, Rowland Hill, invented the postal service.

You: (with a sigh) But my book on the Terrible Tudors says the first postal service was invented in the reign of Elizabeth the First!

Then go on to quote these facts . . .

Rowland Hill created the Penny Post and postage stamps, not the postal service. Tudor Guilds and universities had private postal services. The government was worried about spies sending messages out of the country this way. So they insisted that a service under The Master of Posts should carry all letters sent outside England – that way they could read them if they suspected something!

2 A miss is as good as a mile

You: Please, Sir! (or Miss, or Fairy-features) If you asked Henry VIII how many yards there are in a mile, what would he say?

Teacher: I'm glad you asked me that . . . He would say 1,760 yards, of course.

You: That's not what my book on the Terrible Tudors says. It says that if you asked Henry VIII how many yards there are in a mile he would say, "It depends where you are."

Teacher: Eh!?!

You: (Explain) It wasn't till Queen Elizabeth's reign that a mile was fixed at 1,760 yards. Before that it depended on where you lived.

> LONDON MILE = 5,000 yards
> ENGLISH MILE = 6,610 yards
> WELSH MILE – about 4 modern miles
> IRISH MILE = 2,240 yards
> SCOTTISH MILE = 1,976 yards

> I THOUGHT YOU MIGHT HAVE KNOWN THAT, MISS!

Then count your lucky stars that you aren't in school in Tudor times!

Tudor crimes ... and terrible punishments

In Britain in 1992 crime was the fourth largest "business" in the country – people on both sides of the law made 14 billion pounds. In Tudor times it must have been as bad, with more than 10,000 homeless beggars on the city streets. Many were simply rogues who tricked, cheated and stole from kindhearted people who thought they were helping the poor. Yes, there were more crimes in those days, . . . and more punishments. Some of them seem incredible today.

Thieving

Humphrey Lisle's story – Newcastle, 1528

Humphrey Lisle must have been worried. Dead worried.

He knew the English laws of 1528: steal up to eleven pence and you went to prison. Steal twelve pence (one shilling) or more . . . and you could be hanged. Humphrey had been one of a gang of Scottish raiders who'd stolen much more than twelve pence. One of the charges against Humphrey said that he . . .

at Gosforth, a mile from Newcastle, took prisoner twenty-seven people passing by in the High Street, from whom he took 26 shillings and 8 pence. He ransomed all but seven whom he kept for a while as slaves in Scotland.

Stealing twenty-seven shillings! Kidnapping! Slavery! Humphrey and the gang had been caught and locked up in Newcastle jail. The gang were the worst villains in the North and now they were safely in chains in prison.

They were still in chains when they went to court. One by one the judge sentenced them to death. Humphrey's father was sentenced to death first. Then it was Humphrey's turn.

"You admit to all the charges against you?" the judge asked.

"Aye, sir," Humphrey answered.

"But I am not going to sentence you to death," the judge went on.

A gasp of surprise went around the court. They had been looking forward to seeing Humphrey's head stuck on a pole on the town walls. It was just what he deserved, wasn't it? The Newcastle people couldn't understand why the judge spared Humphrey's life.

Can you give a reason for the judge sparing Humphrey's life?

Was it because . . .

1 Humphrey had friends outside who threatened to have the judge killed?

2 Humphrey was very rich and offered the judge a lot of money?

3 Humphrey was the youngest in the gang and the judge wanted to give him a second chance?

4 Humphrey was Scottish and so was the judge?

Answer: 3. Humphrey Lisle was just **twelve years old** when he joined the gang that stole, burned, murdered and kidnapped its way through the North. The judge took pity on him. Within a few years Humphrey Lisle was working for the English . . . helping to catch Scottish raiders!

Believing is a crime

Tudor people were very concerned with religion. It was important to the kings and queens, to the people and to the law. Catholicism was the religion of England and most European countries until the 16th century.

But the invention of the printing press in the 15th century meant that more and more people had access to the Bible, and were beginning to question the wisdom of priests. Ordinary folk were expected to believe all sorts of things, and were encouraged to buy "relics". These were things like bits of old bone and hair that some priests said belonged to saints. Yuk! Anyway, all this led to people wanting change within the Church.

And some kings and queens, who wanted absolute power without interference from Catholic leaders, were only too happy to encourage this change, which was known as the Reformation. The "reformists" were generally known as Protestants. There was a lot of hatred between the Catholics and the Protestants.

Catholics wanted . . .

The Pope as head of the church – services in Latin – churches decorated with paintings and statues.

Protestants wanted . . .

No Pope – services in English – plain churches.

Often, the hatred between them was terribly deadly . . .

Margaret Clitheroe's story – York, 1586

Margaret Clitheroe was a Catholic. In the days of Elizabeth I that was not a safe thing to be. But a lot of Catholics kept their religion and stayed secure by playing safe. They went to the Church of England services as the law said they had to. They kept their Catholic beliefs quietly to themselves.

But Margaret Clitheroe was not that sort of woman. She was a "recusant" – she refused to go to a protestant church.

Her husband, John, was a rich butcher in the city of York. "Margaret," he sighed, "the officers of the law cannot ignore you any longer. They will take you to court and fine you. Come to church with me today. It can't do you any harm!"

But Margaret was stubborn. "No, John." He shook his head and left for church. He walked by Micklegate Bar, one of the main gates of York. The remains of executed Catholics were still hanging there, more grisly than anything on his butcher's stall. He shuddered and wished his wife would learn some sense.

He'd have been still more worried had he known that Margaret was doing more than just missing church. She was also hiding Catholic priests in their house. But not for much longer.

The officers had started questioning people who knew Margaret Clitheroe. They were trying to make a case against her. When they captured a young servant, that case was complete. They threatened him with a beating, so he told them everything they wanted to know – and more. He told them about hiding Catholic priests. He showed them the hiding places.

On Monday 10 March 1586 they came for Margaret. She stood silent before Judge Clinch. "Have you anything to say, Margaret Clitheroe?" the judge asked.

Margaret said nothing. She knew that if she answered the charges then the law would call witnesses against her. The best witnesses would be her own children. If the children didn't want to talk then they would be tortured until they betrayed their mother.

The judge nodded. "Of course, the punishment for refusing to stand trial is Death By Crushing, do you know that, Mrs Clitheroe?"

Margaret knew. She had heard about "death by crushing". The accused was laid on the ground, face up. A sharp stone, about the size of a man's fist, was placed under the back. The face was covered with a handkerchief. A heavy door was laid on the accused. Large stones were placed on the door until the accused was crushed to death.

Margaret had to choose. Did she . . .

1 Remain silent and face death by crushing?

2 Stand trial and have her children as witnesses against her?

> **Answer:** Margaret stayed silent. The city ser-geants were supposed to carry out the execution on the morning of March 25th. They hadn't the courage. They hired four beggars to carry out the deed. The beggars were clumsy and she died quickly. Her last words were, "Jesu! Have mercy upon me!"

The good – the Justice of the Peace

Which would you rather do:

1 live by the laws of the Tudor land?

2 break the laws of Tudor times?

3 have the job of enforcing Tudor laws?

The people who had the job of enforcing the laws were usually Justices of the Peace. (We still have them today but they don't have so much power.)

If you were a Justice of the Peace you would have to . . .

1 stop riots

2 look after the building of roads, bridges, jails and poor-houses

3 decide how much local workers could be paid

4 report people who didn't go to church

5 be in charge of the whipping of beggars

6 check on the local alehouses.

RIOTS ?
ROADS ?
WORKERS ?
REPORTS ?
WHIPPING ?
CHECKING ?
OH DEAR

But your main job would be to judge cases in your local court. Would you know all of the curious laws? Try to match the law to the crime first . . .

LAW	CRIME
1 Archery	A. More than 3 people making trouble together.
2 Unlawful games	B. Quarrelling
3 Rescue	C. Playing bowls, cards or dice on a holy day.
4 Barratry	D. Stirring up trouble for the king or queen.
5 Inmate	E. Refusing to go to church.
6 Riot	F Not going to regular weapons practices.
7 Recusance	G. Taking a person or an animal by force.
8 Sedition	H Letting part of your house to someone without a job.

Answers: 1 = F 2 = C 3 = G 4 = B 5 = H 6 = A 7 = E 8 = D

Now test your teacher! Bet they can't get more than 5!

Try your own court case

Now that you know the laws you can try a few cases. If you were a judge you'd have a lot of different punishments you could deal out. On the right is a list of the punishments – on the left is a list of crimes. Can you match the punishment to the crime?

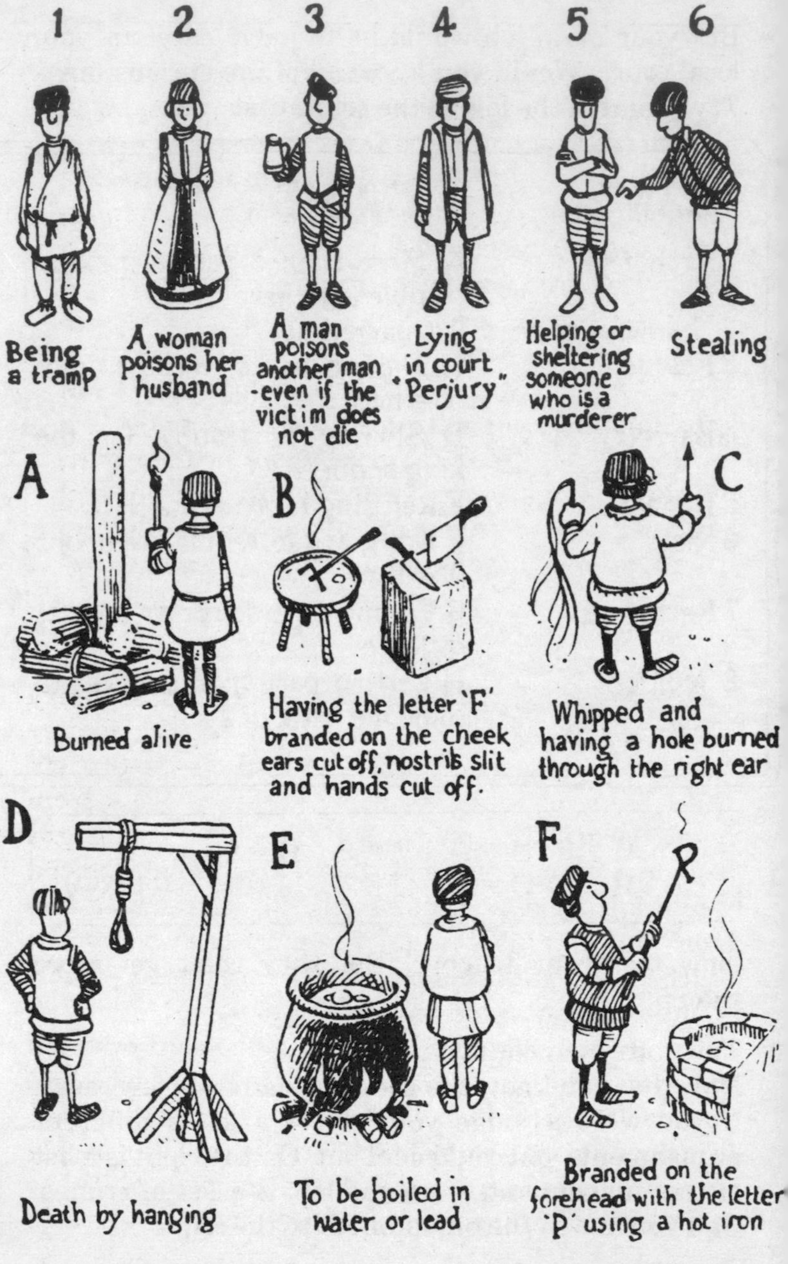

1 Being a tramp

2 A woman poisons her husband

3 A man poisons another man -even if the victim does not die

4 Lying in court "Perjury"

5 Helping or sheltering someone who is a murderer

6 Stealing

A Burned alive

B Having the letter 'F' branded on the cheek ears cut off, nostrils slit and hands cut off.

C Whipped and having a hole burned through the right ear

D Death by hanging

E To be boiled in water or lead

F Branded on the forehead with the letter 'P' using a hot iron

Rotten rules

There wasn't a lot of freedom in Tudor times. Henry VIII passed a law telling people how much money they could earn . . . a craftsman could make just six pence a day in 1514. For that you had to work from five o'clock in the morning till six o'clock at night from March to September. In the winter months you would just(!) work from sunrise till sunset with one hour for breakfast and one-and-a-half hours for lunch. A servant could earn 160 pence a year – but a woman-servant could only earn 120 pence!

Elizabeth I passed a law telling people they could only wear clothes the queen thought suitable. And you had to wear a woollen hat on Sunday – or else! (That was so the English wool trade could make big profits and pay lots of lovely taxes to the queen!)

Even if you stayed out of trouble with the Justices

of the Peace, you still had to worry about work. Most workers belonged to a Guild – a sort of union for their trade. There were guilds for goldsmiths and weavers and carpenters and shoemakers and so on. And every guild had its own laws. Heaven help you if you broke a guild law! It was worst for the young people who joined the guilds for the first time – the "Apprentices". Here are just a few of the rules they had to obey . . .

Apprentices must not use any music by night or day in the streets. Neither shall they wear their hair long, nor hair at their ears like ruffians (1603).

And the punishment for long hair? A basin was put over the boy's head and the hair chopped off in a straight line. He was then sent to prison for ten days! (We still call a straight-cut fringe a pudding-basin cut.)

ANY CHANCE OF TAKING THE PUDDING OUT FIRST NEXT TIME

Apprentices were in trouble in 1554 for *playing cards, drinking, dancing and embracing women*, and their appearance was so grand and flashy they were banned from wearing silk-lined clothes, from having beards or from carrying daggers.

In a Weaver's Guild meeting (1527) you had to behave or . . .

Any brother misbehaving at meetings to be fined six pounds of wax.

(Wax was valuable, as it was needed for candles)

. . . but worse, such was the hatred between the Scots and the English, that

Any brother calling another "Scot" to be fined six shillings and eight pence.

. . . that's twelve weeks' wages!

The Tudor law

The rich nobles had been a "law unto themselves" – the Tudors put a stop to that. They were no longer allowed to keep private armies.

Bribing of judges and juries had been common – the Tudors stopped that . . . well, *mostly!*

The rich had been able to dodge the law – now rich lawbreakers could be taken before the Tudor kings' "Star Chamber". Punishments usually took the form of big fines.

Terrible Tudor detectives

The Tudors had no policemen. They did take it in turns to be "constables" and check on some of the laws. They also had local "detectives" called "cunning men", or "wizards". The village Cunning Man might use good magic to cure illnesses and tell fortunes. But he also had a use as a detective.

One of his methods of finding out a guilty person was to make a list of all the "suspects". Each suspect's name was written on a piece of paper. Each piece of paper was wrapped in a clay ball. The clay balls were dropped into a bucket of water. The one that unrolled first had the name of the guilty person on it! That's if the water didn't wash the ink off first!

The bad – the criminals

If you weren't afraid of being caught – or if you were very desperate for money and food to stay alive – you might become a criminal.

What sort would you like to be? A prigger of prancers? A dummerer? Or, maybe a ruffler?

What do you mean, you don't understand? If you're going to become a Tudor criminal you need to learn the language.

— ROGUES — DICTIONARY

beak   walking mort

beak – magistrate
boozing ken – ale house
a bung – a purse
chats – gallows
a cony – an easy victim
cove – man
couch a hogshead –
   go to sleep
draw – pick a pocket
filchman – strong pole for
   walking or hitting
a foist – a pickpocket
glaziers – eyes
greenman's – fields

ken – house
lift – rob a shop
mort – woman
nab – head
peck – food
prancer – horse
prig – steal
a snap – a share of loot
stamps – legs
stow you – shut up
three trees with a ladder
   – gallows
walking mort – woman
   tramp

THAT HISTORY TEACHER'S A WALKING MORT. I WISH SHE'D STOW HER SO I CAN COUCH A HOGSHEAD. IN FACT IF YOU KEEP YOUR GLAZIERS ON HER I MAY JUST PRIG A NAP!

Become a terrible criminal!

Learn some of the language yourself – add new words of your own – and baffle everyone around you! Once you've grasped the language, you are almost ready to learn some tricks of the trade. But first you'll need a name – to protect your true identity. You need to change your name.

In Tudor times a few villains' nick-names were . . .
Olli Compoli,
Dimber Damber,
Black Will,
Shagbag.

Women were . . .
the White Ewe,
the Lamb, and so on.

What would you call yourself? You can make up your own name.

The Wickedness – the crimes

What villainy would you like to be involved in? You could try being one of these . . .

An Autem Mort – a woman who steals clothes off washing lines.

A Hooker (or Angler) – a thief who uses a long pole with a hook on the end to "lift" other people's property.

They carry with them a staff five or six feet long, in which, within one inch of the top, is a little hole bored. In this hole they put an iron hook. With the same they will pluck unto them anything that they may reach. The hook, in the daytime, they hide and is never taken out until they come to the place where they do their stealing. They will lean upon their staff to hide the hole while they talk to you.

A Prigger of Prancers – a horse stealer.

A Ruffler – a beggar who tries to squeeze money out of you with a sad story about how he fought and was wounded in the wars.

A Dummerer – a beggar who tries to win sympathy by acting both deaf and dumb.

An Abram Man – a beggar who pretends to be mad, wears ragged clothes, dances around and talks non-sense ... Try saying, "Please let me have some of your sheep's feathers to make a bed!"

Highway Robber – seems to be a beggar when he stops you on a quiet road, but when you take your purse out he snatches it and may throw you off your horse and take that too.

Palliard – a beggar with dreadful sores. Could be genuine disease, but (more often) they'd be faked.

They take crowfoot, spearwort and salt and lay them upon the part of the body they desire to make sore. The skin by this means being irritated, they first clasp to a linen cloth till it sticks fast. When the cloth is plucked off the raw flesh has rat poison thrown upon it to make it look ugly. They then cast over that a cloth which is always bloody and filthy. They do this so often that in the end they feel no pain, nor do they want to have it healed. They travel from fair to fair and from market to market. They are able to live by begging and sometimes have about them five or six pounds altogether.

A Doxy (or walking Mort) – a woman tramp.
On her back she carries a great pack in which she has all the things she steals. Her skill sometimes is to tell fortunes or to help cure the diseases of women and children. As she walks she knits and wears in her hat a needle with a thread in it. If any poultry be near she feeds them with bread on the hook and has the thread tied to the hook. The chicken, swallowing this, is choked and hidden under the cloak. Chickens, clothing or anything that is worth the catching comes into her net.

WOW! THEMS GREAT SORES!

IF I TELL YOU YOU'RE BEING ROBBED, WILL YOU LET ME GO?

PALLIARD

CUTPURSE

DOXY

A Cutpurse – purses were small coin-bags hanging from the belt. If you couldn't "foist" the purse (dip in and pick the money out) then you would have to "nip" it (cut the purse off).

A good foist must have three qualities that a good surgeon should have and they are an eagle's eye (to spy out where the bung lies) a lady's hand (to be little and nimble) and a lion's heart.

Terrible Shakespeare

Terrible Shakespeare has been torturing school pupils for hundreds of years!

It isn't his fault, though. Teachers were taught by teachers who were taught by teachers who were taught, "Shakespeare is the greatest poet and playwright ever. You are going to listen to him even if it bores the knickers off you! Now, sit still and stop yawning!"

In fact, Shakespeare didn't write for school pupils to read his plays and study every last word. He wrote the plays to be **acted** and **enjoyed** . . . so **act** them and **enjoy** them.

You can start by practising a few Terrible Shakespeare insults. Go up to the nearest nasty teacher (or policeman or parent or priest) and try one of these insults on them. Then, just before they mince you into hamster food, say, "Oh, but Sir (or Miss or Constable or Your Holiness), I was just practising my Shakespeare. He's the greatest poet and playwright ever." Smile sweetly and add, "And you do want me to study Shakespeare, don't you?"

Here goes . . .

> THOU KNOTTY-PATED FOOL!
>
> STUFFED CLOAK-BAG OF GUTS!
>
> YOU STARVELING!
>
> YOU VILE STANDING TUCK!
>
> THOU GREASY TALLOW-CATCH!
>
> YOU STOCK-FISH!

(Never mind what they mean ... just enjoy saying them aloud!) Feeling really brave now, are you? Then try ...

Feeling suicidal? Then go up to the man with the biggest ears you can find and say Shakespeare's nastiest insult ...

The Tudor Theatre

Being an actor in Tudor times was just a little different from today. For a start there were no actresses in Tudor theatre. All the women's parts were played by boys. Often the women in Shakespeare's plays disguised themselves as boys, so you'd have a boy pretending to be a woman pretending to be a boy. Nowadays women play the women's parts so you have women pretending to be boys pretending to be women pretending to be boys!

Get it? Oh, never mind.

Shakespeare's theatres were all open air stages. The audience would sit around three sides of the stage – if you were poor you would have to stand ... and Shakespeare's play, *Hamlet*, went on for over three hours!

His plays are often performed on Elizabethan-style stages today. You can see them in Shakespeare's birthplace, Stratford-upon-Avon.

Most of the audience couldn't read so it was no use putting up posters. The signal that a play was going to start was a cannon fired from the top of the theatre roof. Unfortunately, one such cannon shot set fire to the thatched roof of one of Shakespeare's theatres and burned it to the ground.

Dramatic facts about William Shakespeare

1 Shakespeare was born on St. George's Day (23 April) in 1564. He died in 1616 . . . on 23 April, St. George's day! That must have put a bit of a damper on his 52nd birthday party.

2 Shakespeare chose the epitaph for his own gravestone. It says:

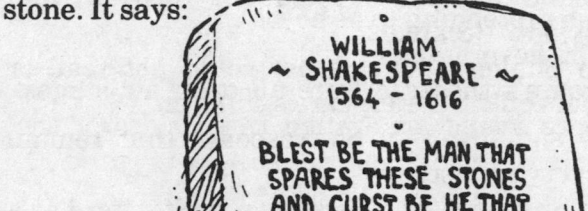

Some people think there may be new and priceless Shakespeare plays buried in the tomb . . . but no one has risked the curse of digging it up.

3 In his will he left his wife his *second-best bed, with the furniture.*

4 Some people have tried to rewrite Shakespeare's plays. In the eighteenth century, a man called Nahum Tate rewrote many. He took the sad and gory tragedies (like *Macbeth*) and gave them happy endings just because people prefer them!

5 Actors are very superstitious people. Their greatest superstition is that *Macbeth* is an unlucky play. Never, never say a line from the play (unless you are acting, it of course). Don't even say the title . . . call it "The Scottish Play" if you have to call it anything. And if you do act in it then watch out . . . the

"Macbeth Curse" may get you. This is the terrible bad luck that seems to happen to every production – accident, illness and even death. Many actors will swear that it's true because it's happened to someone they know.

6 The most dramatic fact of all? Perhaps William Shakespeare didn't write William Shakespeare's plays! Some very serious teachers believe that the man called Shakespeare could not have written plays. Why not? Because . . .

a William Shakespeare's father could not read or write, nor could Shakespeare's children

b the few signatures of Shakespeare that remain show a very poor scrawl

c William Shakespeare was known in Stratford as a businessman, not a writer

d there are no manuscripts of Shakespeare's plays in the man's own handwriting – there are lots from other writers of the time

e he left no manuscripts in his will and no copies of his plays are mentioned as being in his house

f a monument put up in Stratford church 15 years after he died show his hands resting on a sack (a sign of a tradesman) not a pen

g there is no evidence, apart from the name, to link the Stratford actor/businessman with the playwright.

7 Professor Calvin Hoffman has studied the language used by writers. If you look at the way a writer uses words of a certain number of letters then you can recognise his writing. Every writer is different – just as everyone has different fingerprints. Yet Shakespeare's writing "fingerprint" is identical to that of another leading Elizabethan playwright, Christopher Marlowe.

So, did Marlowe write the plays and put William Shakespeare's name on them? Is it possible? No. Because, six months before Shakespeare's first publication, Christopher Marlowe is said to have been murdered.

Or was he . . .

Terrible Tudor mystery

The murder of Christopher Marlowe?

The murderer's story

Date: Wednesday 30 May 1593
Place: Eleanor Bull's Tavern, Deptford, London

Mrs Bull mopped at the spilt ale on the table with a dirty cloth. It dribbled onto the sawdust on the floor. Suddenly, three men clattered down the stairs and fell into the room. Three of the men she'd let the upstairs room to.

"Mrs Bull! Oh, Mrs Bull!" the skinny Ingram Frizer gasped as he clutched at his head.

"What's wrong?" the woman snapped. Frizer was a well-known trickster who'd tried to cheat her more than once.

The man took his hand away from his head. It was soaked in blood. "Murder!" he said hoarsely.

"Sit down," she said briskly. Frizer's two friends, Skeres and Poley, helped him to a bench. The woman mopped at the head wounds with her ale cloth and sniffed. "Not murder, Mr Frizer, just a couple of two inch cuts. You'll not die. Who did it?"

"Marlowe," the man moaned, "Christopher Marlowe."

The woman looked at the stairs and snatched a bread knife from the bar. "Roaming around stabbing people, is he?"

The wounded man shook his head slowly. "Not any more, he's not."

Mrs Bull relaxed. "You overpowered him, then?"

Frizer's voice dropped to a whisper. "I killed him!"

The landlady grabbed the man by the collar and marched him towards the stairs. "Let's have a look at poor Mr Marlowe, shall we?" she demanded. Frizer couldn't argue. Skeres and Poley lurked behind as she threw open the door.

The body lay on the floor. One lifeless eye stared at the ceiling. The other was covered in blood from a neat wound just above it.

"I knew you were trouble, you three," the woman moaned. "That Mr Marlowe seemed such a nice young man. What happened?" She looked closely at the body and shook her head. "Doesn't look a bad enough wound to kill a man that quick," she muttered.

Frizer swayed and let himself fall onto the bed.

"He was lying here, on this bed. We had our backs to him, didn't we Poley?"

Poley nodded. The local men said Poley made his money from spying. "Our backs to him," he said.

"Suddenly he jumped up from the bed, snatched my dagger and started stabbing at my head!" Frizer groaned. "I had Skeres on one side of me and Poley on the other. I couldn't get out of the way, could I?"

"He couldn't!" Skeres agreed. Everybody knew that Skeres was a cutpurse and a robber.

"If he attacked you from behind he could have killed you easily, not just scratched your scalp, Mr Frizer," the landlady argued.

"I moved," the man said lamely.

"Then he stabbed himself in the eye, did he?" Mrs Bull asked with a sneer.

"No!" Poley cried. "I managed to get the dagger

from him. We struggled. It went into his eye by accident."

"A strange sort of accident. Doesn't look the sort of wound you'd get from a scuffle. Looks more like he was lying on his back when the knife went in," the woman said carefully.

The three men looked at each other nervously.

"Just one of those things," Poley mumbled.

"So what were you arguing about?" the landlady asked. "I didn't hear any argument."

"About the bill," Frizer said quickly.

"And why didn't your two friends help?" she asked suspiciously.

"It wasn't our argument," Skeres shrugged.

"You'll hang for this, Mr Frizer," Mrs Bull said contentedly.

Frizer looked up slowly from the bed. A curious smile came over his face. "Oh no I won't, Mrs Bull. Oh, no I won't."

And he didn't.

A strange sort of accident indeed. But the jury decided that was just what it was. You might have decided the same if you'd been on the jury. But looking back over 400 years you have a few more facts to go on. Here they are . . .

The powerful and important Sir Thomas Walsingham was a friend of all of the men and could have helped them get away with a plan such as this. Christopher Marlowe was certainly his closest friend.

Marlowe was in deep trouble at the time of his "death". His friend, Thomas Kyd, had just been arrested for having writings which said that Jesus was not the Son of God. The punishment for this was death. Kyd said the writings belonged to Christopher Marlowe! (It did Kyd no good – he died after being "put to torture" in prison a year later.)

Frizer went back to work for Walsingham after he had been tried for the murder of Marlowe.

So what happened in Mrs Bull's tavern that day? If you don't believe Frizer's story, here are two other stories that fit the facts . . .

The execution theory

Marlowe had been careless. He'd left those writings in Kyd's room. Marlowe would be arrested and executed. Marlowe was as good as dead.

Kyd had accused Marlowe. But if Marlowe went to court he might have brought Sir Thomas Walsingham into all this. That would never have done.

Sir Thomas called his three loyal cut-throats to him. He gave them their orders, "Kill Marlowe and I will reward you well. Make it look like an accident and I'll use all my power to make sure the court lets you go free."

The three agreed to meet Marlowe in the tavern. As the playwright lay drunk on the bed, Skeres and Poley held him down while Frizer pushed the knife into his eye. Skeres or Poley then gave Frizer a couple of cuts on the head to back up their story of a fight.

Or . . .

The escape theory

Sir Thomas Walsingham was a great friend of Christopher Marlowe. He heard that Marlowe was about to be arrested for a crime that could lead to his execution. Sir Thomas wanted to protect his friend.

He called the four men to his house and told them

of his plan. Marlowe must leave the country as soon as possible. As soon as he was safe abroad the other three must take a stranger to Mrs Bull's tavern and kill him.

After the murder, Frizer must confess. Say it was a fight and that "Marlowe" had been killed. When a man owns up to murder, the constables are interested in establishing the *killer* – not the identity of the *victim*. The stranger was buried in a grave named "Christopher Marlowe" and the real Marlowe was safe.

Of course, the real Marlowe was a successful playwright. Imagine Marlowe wants to go on writing plays. So he does. He sends them to Walsingham. Walsingham gives them to an actor. An ambitious young man who happily signs his own name to Marlowe's plays.

He signs them, "William Shakespeare".

Possible? What do you think? Remember, history is not always simple or straightforward. In cases like this historians make up their own minds from the facts that they have. So, you can be an historical "police officer". In cases like this, what **you** think is as good as what another historian might think.

Terrible Tudor kings and queens

Things they try to teach you

Henry VII
Henry Tudor became King Henry VII after defeating Richard III at the Battle of Bosworth Field.

True, but Henry had a lot of help from other lords, including one (Stanley) who might have fought for Richard. When he chose to fight for Henry he won the battle for him and changed the course of English history!

Richard III was a grotesque man – he was hunchbacked and cruel.

Richard was no crueller than most rulers of the time. The stories of his twisted body were added to by Henry Tudor's history writers. England was full of cruel lords – only the cruellest of all could hope to control them – and that was Henry Tudor!

Richard III died in battle crying, 'A horse, A horse! My kingdom for a horse!'

That's extremely unlikely! The lines were written by William Shakespeare 100 years after the battle in his play *Richard III*.

When Richard was killed in the Battle of Bosworth, his crown was found hanging from a thorn-bush and Henry was handed it on the battlefield.

It's a nice image, but not necessarily true.

 Henry was fighting Richard III in the so-called 'Wars of the Roses'. Richard was fighting under the White Rose of the York Family emblem and Henry Tudor under the Red Rose of the Lancaster Family emblem.

In fact Richard fought under the banner of a Boar, while Henry Tudor battled under the Dragon symbol of his native Wales. The white-rose/red-rose idea was thought up by Henry Tudor years later.

 Henry VII was a clever man and a wise ruler.

True – but he was also a man of the Middle Ages with some strange ideas. The story goes that he'd heard that the Mastiff type of dog was the only one brave enough to attack a lion. But the symbol on the English flag was a lion – so he ordered all the Mastiff dogs in England to be destroyed! (Richard was just as superstitious. Freak weather conditions meant that there appeared to be two suns shining in the sky before the battle of Bosworth Field. Richard took this as a sign that he was going to lose . . . and he did.)

 Henry VII made England a wealthy country by carefully handling its money.

True – but Henry was **so** careful with money most people would call him very, very mean! And he wanted lots of money so that he didn't have to beg Parliament for it – which meant that he didn't have to take any notice of what Parliament said.

 All the money Henry VII saved for England was spent by his son, Henry VIII . . .

True!

Things you could try to teach them!

Henry VIII

● Henry is famous for his six wives. But, did you know that in just one year (1536) his first wife (Catherine) died, his second (Anne Boleyn) was beheaded and he married his third (Jane Seymour).

● Henry was fond of cock-fighting so he had his own cock-fighting pit built at Whitehall in London. There are different battles fought on the site today – it is number 10 Downing Street, the home of the Prime Minister!

● Henry was famous for his love of music. He composed many pieces and was a keen singer. He owned ten trombones, 14 trumpets, five bagpipes, 76 recorders and 78 flutes. It is said he composed the tune, *Greensleeves*.

● Henry was a show-off. He organised a great tournament near Calais in France, known as the *Field of the Cloth of Gold*. It seemed mainly a chance for him to display his own sporting talents. He is said to have tired out six horses while performing a thousand jumps . . . *to the delight of everyone.*

● Henry was an expert archer. He used to have competitions with a hundred of his guards and often did well. At the *Field of the Cloth of Gold* in 1520 he amazed people by hitting the bulls-eye repeatedly at a distance of 220 metres.

● Henry fancied himself as a wrestler. At a wrestling contest at the *Field of the Cloth of Gold* he created a stir by challenging King Francis I of France with the words . . . *Brother we will wrestle.* Francis couldn't refuse even though Henry was taller and heavier. Francis used a French-style trip and won – the English thought this was cheating; the French probably thought it served big Henry right.

● Henry liked to play an indoor tennis game called "Paume". He didn't go to see his wife, Anne Boleyn, executed. He was playing tennis while she had her head chopped off. As soon as he was brought the news of Anne's death, he rushed off to see his next love, Jane Seymour.

I'M BEING TREATED IN A VERY BACKHAND MANNER

● Even hard Henry VIII had a heart. He needed a son to carry on the Tudor royal name. He was so furious when Anne Boleyn produced baby Elizabeth that he refused to go to the christening!

● Henry wanted to get rid of Anne Boleyn for giving him only a female child. Her other babies died. One of the things he accused her of was being a witch. He had some support from the Tudor people in this. Anne had been born with a sign of the devil on her . . . she had six fingers on her left hand!

● Only his third wife, Jane Seymour, gave him the son he wanted – then she died a few days later. Of his six wives it was Jane Seymour he asked to be buried next to when he died.

● Henry agreed to marry Anne of Cleves after he was shown a picture of her. She turned out to be a bit uglier than the picture. Henry was so upset he accused the Dutch of sending him a horse instead of a princess. He called her the Flanders Mare and divorced her after just six months.

Elizabeth I – what they said about her

It's difficult to know what Elizabeth looked like because although there are a lot of portraits of her, she didn't pose for many of them. And if a picture displeased her then she would have it destroyed.

Many painters have done portraits of the queen but none has sufficiently shown her looks or charms. Therefore her majesty commands all manner of persons to stop doing portraits of her until a clever painter has finished one which all other painters can copy. Her majesty, in the meantime, forbids the showing of any portraits which are ugly until they are improved. Lord Cecil

So, will we ever know exactly what she looked like? Only from what people wrote about her. Could you draw her from the descriptions?

She is now about twenty-one years old; her figure and face are very handsome; she has such an air of dignified majesty that no one could ever doubt that she is a queen.

VENETIAN AMBASSADOR

She is now twenty-three years old; although her face is comely rather than handsome, she is tall and well-formed, with a good skin, although swarthy; she has fine eyes and, above all, a beautiful hand with which she makes display.

ANOTHER VENETIAN AMBASSADOR

> *Her hair was more reddish than yellow, curled naturally in appearance.*

SCOTTISH AMBASSADOR 1564

> *In her sixty-fifth year her face is oblong, fair, but wrinkled; her eyes small, yet black and pleasant; her nose a little hooked; her teeth black (a fault the English seem to suffer from because of their great use of sugar); she wore false hair, and that red; her hands were small, her fingers long and her height neither tall nor short; her air was stately, her manner of speaking mild and good-natured.*

GERMAN VISITOR 1598

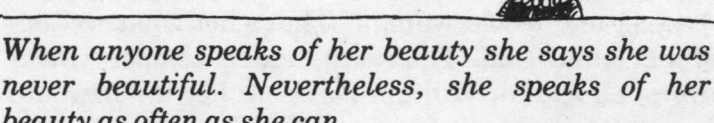

> *When anyone speaks of her beauty she says she was never beautiful. Nevertheless, she speaks of her beauty as often as she can.*

de MAISSE FRENCH VISITOR 1597

Elizabeth did not want to have her rotten teeth removed. Perhaps she was afraid. To show her how easy and painless it was, the brave Bishop of London had one of his own teeth taken out while she watched.

71

What Elizabeth I said about herself

> *I know I have the body of a weak and feeble woman, but I have the heart and stomach of a king, and a king of England too. I think foul scorn that any prince of Europe shall dare to invade the borders of my realm.*

SHE WOULDN WANT THE STOMACH OF HENRY VIII

Her speech to her troops as the Spanish Armada approached

A weak and feeble woman? That's not what writers of her time said. Elizabeth had a temper which everyone feared. William Davison, her unfortunate secretary, was just one who suffered:

She punched and kicked him and told him to get out of her sight.

And . . .

She threw a slipper at Walsingham (her secretary) and hit him in the face, which is not an unusual thing for her to do as she is always behaving in such a rude manner as this.

And . . .

Once she sent a letter to the Earl of Essex which was so fierce that he fainted. He became so swelled up that all the buttons on his doublet broke away as though they had been cut with a knife.

What can we do about Mary?

In 1568 Mary Queen of Scots had to leave Scotland in a great hurry. She was suspected of being mixed up in the murder of her husband, and she was a Catholic. She also had a claim to the throne of England. She was a threat to Elizabeth, so what could Elizabeth do?

Elizabeth kept Mary in prison for a few years while she made up her mind. (It was 16 years in all – Elizabeth could sometimes take a long time to make up her mind!) Then, in 1587, Mary was proved to be plotting against Elizabeth. The English Queen had to act quickly. If you were Elizabeth I what would you do? You could . . .

1 help poor Mary to get her Scottish throne back: after all she is related to you through Henry VII – but this would upset the Scottish Protestants and may cause a war with Scotland if the plan failed.

2 let her go abroad to Catholic France or Spain – but Mary might get those countries to join her in a war to take the English throne. The English Catholics would certainly support her.

3 hand Mary back to the Scots for trial and possible execution – but Mary is a relative.

4 execute her – but English Catholics might rebel with help from Spain and France. And could you be so cruel as to do this to a woman who came to you for help?

5 sign an order for Mary to be executed. Wait for the execution to be carried out, then try to cancel the order. When the cancellation arrives too late say, "Oh, dear! I did sign the execution order – but I

never really meant it to be delivered! It's the messenger's fault! Put him in the Tower of London!" But nobody would swallow that, and Spain or France may still attack.

6 keep Mary in prison – but English, French or Spanish Catholics may try to free her.

What did Elizabeth decide? Number 5.

The Queen's mind was greatly troubled. She signed a death warrant for Mary and gave it to Davison, her secretary. The next day she changed her mind but it was too late. The warrant was delivered and Mary was executed. William Davison was fined heavily and put in the Tower of London.

According to one account, Mary was beheaded by a clumsy executioner who took at least three blows of the axe and a bit of sawing to finish the job. This eyewitness described it . . .

The executioners desired her to forgive them for her death. She answered, "I forgive you with all my heart for now, I hope, you shall make an end to all my troubles."

74

Kneeling down upon a cushion, without any fear of death, she spoke a psalm. Then she laid down her head, putting her chin on the block. Lying very still on the block she suffered two strokes with the axe, making very little noise or none at all. And so the executioner cut off her head, sawing one little gristle. He then lifted up her head to the view of all the assembly and cried, "God save the Queen!"

Elizabeth did apologise to Mary's son, James . . .
My dearest brother, I want you to know the huge grief I feel for something which I did not want to happen and that I am innocent in the matter.

So that was all right!

But the Spanish didn't believe in Elizabeth's innocence – they didn't want to. King Philip II of Spain was sick of English ships raiding his own, laden with treasure from his overseas territories. Philip was a Catholic, like Mary. So he used her execution as an excuse to send a huge invasion fleet, The Armada, to take revenge for these English crimes. But that's another story . . .

Mary's Secret Message

Did Mary Queen of Scots deserve to die? Elizabeth had sheltered her when she fled from Scotland. How did she repay Elizabeth? By plotting with Elizabeth's enemies, especially English Catholics, to kill her. Of course Mary didn't go shouting it from the rooftops. It was a secret plot between her and the English conspirators. The leader of these treacherous plotters was a rich young Derbyshire man called Anthony Babbington.

So, if it was secret, how did Elizabeth find out about it? She found out because she had a very clever spy in her service, Sir Francis Walsingham. First, Walsingham sent servants to Mary's prison who pretended to work for Mary . . . in fact they were spying on her.

Every time Mary sent a letter to Babbington the servants took it to Walsingham first. Mary tried writing in code. But she had sent the code to Babbington first. Walsingham had a copy. This is Mary's code . . .

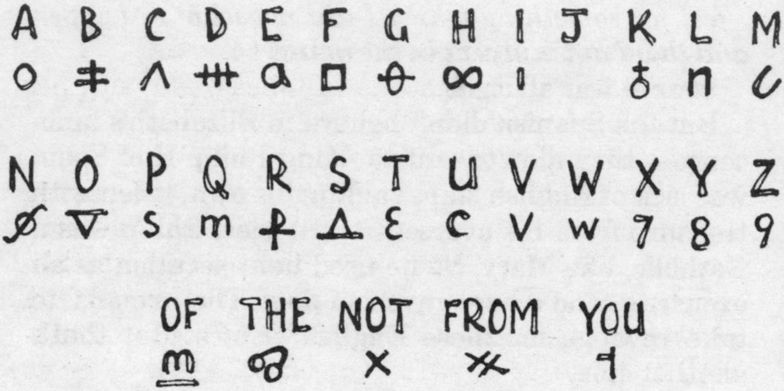

A	B	C	D	E	F	G	H	I	J	K	L	M
O	⧺	ʌ	₶	⊓	⊡	⊕	∞	ı		ƍ	⊓	⊂

N	O	P	Q	R	S	T	U	V	W	X	Y	Z
ø	▽	s	m	⊬	Δ	Ɛ	c	v	w	7	8	9

OF	THE	NOT	FROM	YOU
m	⊘	x	⋇	ᴦ

And this is part of the message that Walsingham read and passed on to Queen Elizabeth – the part that led to Mary's execution. Use the code to read it.

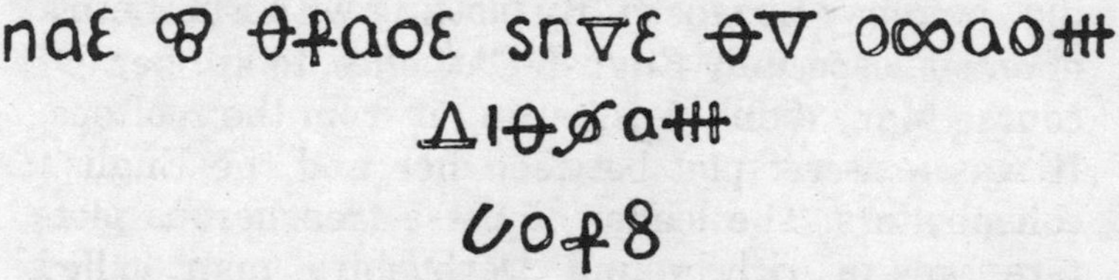

ø a Ɛ ⊘ ⊕⊬a ▽ Ɛ s ø ▽ Ɛ ⊘▽ ◌∞a ₶

Δı⊕ø a ₶

⊂ ▽ ⊬ 8

You could try writing your own messages in this code.

Elizabeth I's sharp and cruel tongue

It was said that if someone tall disagreed with her she would promise . . .
I will make you shorter by a head.
She seemed to have a thing about height. She asked a Scot how tall Mary Queen of Scots was. The man replied that Mary was taller than Elizabeth. Elizabeth said . . . *She is too tall, then; for I myself am neither too tall nor too short.* And, of course, Elizabeth then went on to make Mary Queen of Scots "shorter by a head"!

Elizabeth also made her favourite the Earl of Essex "shorter by a head" when he tried to lead a rebellion against her in February 1601. She was so fond of him that she wore his ring for the rest of her life. It must have upset her to order his execution . . . though not as much as it upset Essex.

Elizabeth's "wedding" ring

Elizabeth was the last Tudor because she never married and had children. Some people dared to hint that she should marry. Her reply was:
I have already joined myself in marriage to a husband, namely the kingdom of England.

Then she would show her coronation ring. She went on:

Do not blame me for the miserable lack of children; for everyone of you are children of mine.

But, when Elizabeth grew old and fat, the ring began to cut into her finger. She had to have it sawn off in January 1603. The superstitious Tudors saw this as a sign that her "marriage" to the country was ended.

Two months later she was dead.

Not a lot of people know that . . .

. . . Elizabeth was one of the cleanest women in England. She was proud of the fact that she took a bath once every three months. One person was amazed and reported that she had four baths a year *whether she needed it or not*! (Even 100 years later King Louis XIV of France only had three baths in his whole life!)

. . . Elizabeth was a fan of an early sort of five-a-side tennis . . .

About three o'clock, ten men hung up lines in a square grass court in front of her majesty's windows.

They squared out the form of the court making a cross line in the middle. Then in this square (having taken off their doublets) they played five on each side, with a small ball, to the great liking of her highness.

. . . Queen Elizabeth owned the first wristwatch in the world. Perhaps she lost it, because her dying words were . . .
All my possessions for a moment of time.

Terrible Tudor joke . . .
The Tudors were Henry VII, Henry VIII, Edward VI and Mary . . . but who came after Mary?

Answer: Her Little Lamb.

Terrible Tudor witches

Black cats and broomsticks

Witches casting magic spells then flying off on their broomsticks. They make great stories. But few people believe them today. The Tudors, though, thought that witches were capable of anything. And unfortunately for the so-called witches, the Tudors believed the best way to deal with a witch was to burn him or her. (Seven out of every ten people accused of being witches were women.) Some "witches" believed they would be spared if they admitted they were witches. In 1565 Elizabeth Francis confessed . . .

I learnt this art of witchcraft at the age of twelve years from my grandmother. She told me to renounce God and his word and to give my blood to Satan. She gave me Satan in the form of a white spotted cat. She taught me to feed the cat with bread and milk and to call it by the name of Satan.

When I first had the cat Satan I asked it to make me rich. He promised me I should and asked what I would like (for the cat spoke to me in a strange, hollow voice.) I said, "Sheep," and this cat at once brought 18 sheep to my pasture, black and white. They stayed with me for a time, but in the end did all vanish away. I know not how.

I then asked for a husband, this Francis whom I now have, and the cat promised that I should have him. We were married and had a child but we did not live as quietly as I'd hoped. So I willed Satan to kill my six-month old child and he did.

When I still could not find a quiet life I asked it to make my husband lame. It did it in this way. It came one morning to Francis' shoe, lying in it like a toad. As he put on the shoe he touched it with his foot and he was taken with a lameness that will not heal.

Elizabeth said that she gave the cat to her friend Agnes Waterhouse. Agnes claimed that the cat . . .
killed a pig
killed three of a priest's pigs
drowned a cow
drowned geese
killed a neighbour
killed her husband.

Elizabeth Francis went to prison for a year – by confessing to her witchcraft she saved her life. Agnes Waterhouse was hanged.

The Truth about Margaret

7. CALL THE NEXT WITNESS!

MRS FYNDE YOUR WORSHIP WIDOW OF JOHN FYNDE

8. THAT WOMAN CAME TO MY HOUSE LAST MONTH — TRYING TO SELL MY HUSBAND A PAIR OF SHOES

9. SHE WANTED TEN PENCE.. HE WOULD ONLY GIVE HER SIX, SHE LEFT THE HOUSE MUTTERING SOMETHING

10. YOU THINK THIS MAY HAVE BEEN AN EVIL SPELL?

OH YES! HE FELL FROM THE TREE WHILE GATHERING PEARS! HE WAS TOO HURT TO LEAVE THE HOUSE!

11. IS THAT ALL?

OH NO! LAST WEEK HE TOOK A TERRIBLE ILLNESS AND DIED — IN HIS DYING BREATH HE SAID THAT MARGARET HARKETT HAD CURSED HIM!

12. NO! IT'S ALL LIES AND BAD LUCK! THERE'S NO PROOF!!

If you were Margaret Harkett's judge you might decide . . .

1 William Goodwin hated the old woman because she was a beggar and a nuisance.

2 Goodwin's lamb must have been sick because healthy lambs aren't brought into the kitchen.

3 The lamb dying at the same time as Margaret's visit was just bad luck – coincidence.

You might also decide . . .

1 Mrs Frynde was upset and bitter at the death of her husband and wanted to blame someone.

2 Frynde's fall from the pear tree was bad luck.

3 It was odd that Frynde never mentioned the curse until he was dying.

4 Frynde died of one of the many illnesses of those times or as a result of the fall.

Do you judge Margaret Harkett "Guilty" or "Not Guilty"? What did her judge do in 1585?

Margaret was executed. So were hundreds of other old women who were simply blamed for any accidents or illnesses in the area. They were usually alone – they had no one to stand up for them. They were usually too weak to stand up to their bullying neighbours.

Which is witch?

The Tudors had a way of testing a person for witchcraft. They would put the suspected witch into a sack and throw them into a nearby pond or stream. If s/he floated then s/he was a witch and would be taken out and executed. If s/he sank then s/he was innocent . . . but probably dead from drowning.

Another test was to have the accused witch recite the *Lord's Prayer* without one mistake – could you do that, knowing that the first slip and you would die?

Witch fact . . .

In the sixteenth and seventeenth centuries about 100,000 people in Europe were accused of being witches and were killed.

Witchcraft laws

Witchcraft wasn't seen as particularly serious until 1542, when it became punishable by death if it was used for . . .

. . . discovering treasure
. . . injuring others
. . . unlawful love

In 1569 a list of magical practices that were banned included . . .

. . . curing men or beasts
. . . summoning wicked spirits
. . . telling where things were lost

Tudor superstitions

The death rate from disease was very high in Tudor times. Babies were especially likely to die from an illness. With so much death around the Tudors tried their own type of "witchcraft" to keep death and bad luck away. They didn't call their actions "witchcraft" – they called it "superstition". Some of the things they believed may seem odd to us today. They believed . . .

. . . when a baby was born they must ring church bells to frighten away evil spirits. Sometimes evil fairies stole the child and left a wicked fairy child in its place (a changeling).

. . . it was unlucky to wrap a new-born baby in new clothes, so it spent the first few hours of its life wrapped in an old cloth or in the clothes of older brothers or sisters. The baby had to be carried upstairs before it was carried downstairs.

. . . the twelfth night after Christmas was another time when evil spirits were flying around – protect yourself by chalking a cross on the beams of your house.

. . . it was unlucky if a hare ran in front of you – **hares**, they thought, were one of the shapes that a witch took to get around the country quickly! (Witches also disguised themselves as cats, dogs, rats, toads, wasps or butterflies. They would be fed with milk, bread and blood sucked from the witch.)

THAT'S NO REGULAR BUTTERFLY !!

. . . it was unlucky to leave empty eggshells lying about – they could become a witch's boat.

. . . in an ancient way to tell your fortune. You had to jump over a lighted candle. If the candle stayed lit then good luck was coming . . . but if the candle went out then bad luck was sure to follow. Which nursery rhyme describes this fortune-telling method?

> **Answer:** *Jack be nimble, Jack be quick, Jack jump over the candlestick.*

Witch ghosts

In Buxted, Sussex, there is a lane called Nan Tuck's Lane. Nan Tuck had been accused of being a witch and the villagers tried to drown her. Nan escaped but was later found hanging in a nearby wood. Her ghost can be still seen running to the safety of the church, along Nan Tuck's Lane.

It is said that the screams of witches tortured by the witch-finder general can be heard in the dead of night at Seafield Bay in Suffolk.

Anne Chattox, the head of a group of Lancashire witches, was accused of digging up three skulls from a churchyard to use in a spell. She was hanged.

Father Ambrose Barlow's skull can be seen not far away, at Wardley Hall in Lancashire. He was a Catholic priest who died for his faith. The legend goes that this skull must not be disturbed in any way . . . or else it will give the most blood-chilling scream you ever heard!

Terrible Tudor food

Foul facts on food

Tudor women, men and children in England drank beer, wine, sherry (or "sack"), mead and cider. This was not because they were drunkards. It was because the water was not fit to drink unless boiled.

The rich could buy or hunt for a wide range of meats. The poor had very little meat. Their main food was bread. Sometimes they caught rabbits, hares or fish to go with their turnips, beans and cabbage.

Tudor people were keen on spices. Most of the food was heavily salted to stop it going bad, so spices helped to disguise the salty taste. It also disguised the taste of rotten meat! Cinnamon, cloves, garlic and vinegar were all used.

Sugar was a rare luxury but, when they could get some, they used it on most of their food . . . including meat! Their other means of sweetening food was with honey.

Hot cross buns were made at Easter – but not always eaten – they were kept as luck charms instead!

Sailors had too much salt meat and not enough fresh vegetables on their long sea journeys. As a result they developed a disease called scurvy. Their gums began to rot, their breath to smell and their teeth began to drop out. Henry VIII's ship, the *Mary Rose*, was sunk in 1545 but recovered in 1982. The sailors had drowned, but modern-day tests show that many were already dying of scurvy.

People who went to see a play would usually eat while they watched. The actors could be really put off by people cracking nuts or trampling on the shells while they tried to act!

Four-and-twenty blackbirds baked in a pie? Not so daft a rhyme. Tudors and Stuarts loved eating birds – favourites were peacocks, larks and seagulls. And not just dead birds. This incredible recipe was included in a cookery book . . .

TO MAKE PIES THAT THE BIRDS MAY BE ALIVE IN THEM AND FLY OUT WHEN IT IS CUT UP

∞

Make the piecrust of a great pie.
Fill it full of flour and bake it.
Being baked, open a hole at the bottom and take out the flour.
Then having a real pie the size of the hole, put it inside the piecrust. Put under the piecrust, around the real pie, as many small live birds as the empty piecrust will hold.
This to be done before such a time as you send the pie to the table and set it before the guests
Uncovering, or cutting up the great lid of the pie, all the birds will fly out, which is a delight and a pleasure to the guests.
So that they may not be hungry, you shall cut open the small pie.   ye woman's weekly pg 76

90

Got that? A big, **fake** piecrust covers a small, **real** pie **and** a flock of birds, yes? But the recipe doesn't explain what the birds are doing to the small pie – or what they are doing **on** the small pie – while they are waiting to be released.

Tudor foods you may want to eat

EGGS IN MUSTARD SAUCE
∞

Ingredients :
Eggs- one for each person
& for each egg –
25 g butter
5 ml mustard (1 teaspoon)
5 ml vinegar (1 teaspoon)
A pinch of salt

Cooking :
Boil the eggs for 5 to 6 minutes.
While the eggs are boiling put the butter in a small saucepan and heat it.
When the butter has melted and begins to turn brown, take it off the heat.
Stir in the salt, mustard and vinegar.
When the eggs are ready remove the shells, cut them into quarters and put them on a warm dish.
Heat up the sauce again and pour it over the eggs.

ye womans weekly pg 77

JUMBLES (KNOTTED BISCUITS)

Ingredients:

2 eggs   15 ml aniseed or caraway (3 teasp)
100 sugar   175g plain flour

Cooking :

Beat the eggs. Add the sugar and aniseed (or caraway) and beat again. Stir in the flour to make a thick dough. Knead the dough on a floured board. Make the dough into rolls 1cm wide by 10cm long. Tie the strips into a single knot. Drop the knotted dough (6 at a time) into a pan of boiling water. They will sink to the bottom so use a spoon after a minute to help them float to the top. When the knots have floated for a minute and swelled, take them out of the water and let them drain on a wire rack. Put the knots on buttered baking sheets and bake for 15 minutes at Gas Mark 4 (or 350 degrees F. or 180 degrees C.). Turn them over and bake for another 10 minutes until they are golden brown.

page 106

A Tudor guide to table manners

Do you ever get nagged for your behaviour at the dinner table? So did Tudor children. These complaints may sound familiar. A 1577 Tudor book suggested . . .

At the table you must . . .
not make faces
Scratch not thy head with thy fingers when thou art at meat.
not shout
Fill not thy mouth too full, lest thou perhaps must speak.
not gulp down drink too fast
Pick not thy teeth with thy knife nor with thy finger end.
not shuffle feet
not blow on food to cool it
Nor blow out thy crumbs when thou dost eat.
not take all the best food for yourself
Foul not the place with spitting where thou dost sit.

Terrible Tudor greed

The rich would eat much more than the poor. One feast for Henry VIII at Greenwich Palace lasted seven hours. Breakfast for the poor would be boringly the same every day – bread and ale; sometimes porridge made with peas or beans.

The tables of the rich would be laid with the usual salt, bread, napkins, spoons and cups. But each guest used his or her own knife.

And where were the plates? They used large slabs of bread called "trenchers" instead. The food was served straight onto that.

Every type of fish, meat and pastry was eaten, along with 20 types of jelly. The jellies were made into the shapes of castles and animals of various descriptions.

In November 1531, Henry had five banquets at which he and his guests ate . . .

24 beefs
100 fat muttons
51 great veals
34 porks
91 pigs
over 700 cocks and hens
444 pigeons
168 swans
over 4000 larks.

Many dishes were more for show than eating. A peacock would be skinned, roasted, then put back into its skin for serving. A "cockatrice" would be made by sewing the front half of a cockerel onto the back half of a baby pig before roasting.

Terrible Tudor fun and games

Blood sports

In the Middle Ages people worked long hours, but they had as much as one day in three as a holy day (a saint's day usually) or holiday. What did they do?

And what did they do on those long dark winter nights? No television or radio or records or cinema. They played sports, played games and watched sports. Some are quite similar to today's. Others are very, very different!

Animal torture

In Southwark, London, there are two bear gardens with bears, bulls and other beasts to be baited in a plot of ground for the beholders to stand safe.

A 1599 report described this "sport" . . .
Every Sunday and Wednesday in London there are bear baitings. The bear pit is circular with stands around the top for spectators. The ground space down below is empty.

Here a large bear on a rope was tied to a stake. Then a number of great English Mastiff dogs were brought in and shown to the bear.

After this they baited the bear, one after the other. Although the dogs were struck and mauled by the bear they did not give in. They had to be pulled off by sheer force and their mouths forced open with long sticks. The bear's teeth were not sharp and they could not injure the dogs; they have them broken short.

When the first mastiffs tired, fresh ones were brought in to bait the bear. When the bear was tired a powerful white bull was then brought in. One dog at a time was set on him. He speared these with his horns and tossed them so they could not get the better of him. And, as the dogs fell to the floor again, several men held sticks under them to break their fall. Lastly they brought in an old, blind bear which boys hit with canes and sticks. But he knew how to untie his lead, and he ran back to his stall.

The audience might bet on which one would win.

In Congleton, Cheshire, the town had its own bear. The bear died in 1601. There is a story that the Corporation wanted a new one but didn't have the money . . . so they ordered the town bible to be sold to pay for it!

Football

Rules:

The pitch – could be the land between one village and the next – even if it is several miles.

The ball – a pig's bladder or a ball of rags.

Scoring – the team that gets the ball back to their village is the winner.

Referee – none.

Playing rules – none. Get the ball any way you can.

Match Commentary ...

Doesn't every player in a football game lie in wait for his opponent, seeking to knock him down or punch him on the nose? Sometimes the players' necks are broken, sometimes their backs, sometimes their arms and legs are thrust out of joint, and sometimes their noses gush with blood.

Hunting for fish

The rich used to hunt for small animals using trained hawks. But there was also a sport of using birds to hunt for fish. First a cormorant, a diving sea bird, was trained to come back to its owner. When it was trained its head was covered with a mask and it was taken to the sea. At the sea shore it was unmasked and allowed to fly over the sea with a leather band around its neck. When it caught a fish it would return to the owner . . . but the poor bird couldn't swallow the fish because the leather band was fastened too tight. The owner simply took the fish from the poor cormorant's beak!

Public executions

Very popular. The person to be executed would always dress in their finest clothes and make a speech so the spectators felt they had been to a good "show".

Play it yourself

Stoolball (Tudor Cricket)

1 Pitch two posts about four metres apart.
2 Use a bundle of rags for a ball.
3 Use a stick as a bat.

The bowler tries to stand at one post and hit the other post with the ball, while the batter tries to hit the ball. If the bowler hits the post then the batter is "out" and the next member of the team has a turn. If the batter hits the ball to a fielder he can be caught out.

The batter scores by hitting the ball and running from post to post and back again. The team that scores the most runs is the winner.

Loggats

Plant a stick in the ground, a "stake". Each player takes turns in throwing smaller sticks, "loggats". The player whose "loggat" finishes nearest the "stake" is the winner. You can invent your own scoring system.

Tame games

Table games

Dice, cards, dominoes, backgammon, chess and draughts were popular in Tudor times as they are today.

Here are some Tudor games you can try for yourself . . .

Hazard

You need two dice and any number of players.
1 Everyone throws two dice. The highest scorer is the "Caster".
2 The Caster throws until s/he gets 5, 6, 7, 8 or 9. The number s/he gets is the "Main Point".
3 The Caster throws again until s/he gets a number 4, 5, 6, 7, 8, 9 or 10. This is the "Chance Point". The "Chance Point" cannot be the same as the "Main Point".

4 The Caster throws again and tries to get the Chance Point – if s/he does then s/he is the winner.

5 If the Caster throws the "Main Point" before s/he manages to throw another "Chance Point" then s/he loses.

6 Use matchsticks to gamble with. If the Caster wins, s/he takes one matchstick from each player. If the Caster loses then s/he pays out a matchstick to each other player.

7 Once the Caster loses s/he passes the dice to the next player who throws for a new "Main Point" and a new "Chance Point".

Trump

You need a pack of playing cards and two or more players.

1 Place a pack of cards on the table face down.

2 Turn one card over. That number card is the "Trump".

3 Each person, one at a time, will turn the other cards over.

4 Every time one matches the "Trump", all the players hit the table with the left hand and shout "Trump!" Whoever is the last to shout and hit the table is out.

Merelles

You need a board marked like the one on page 101. Draw it onto a large piece of card.

You need ten counters, or coins, and two players.

1 Each player takes turns to place a counter on a dot.

2 The aim is to place three counters in a row.

3 If all the counters are on the board and there are no rows of three then the players can begin to move their counters.

4 A player can only move to an open dot and only one space each turn.

5 The first to get a row of three is the winner.

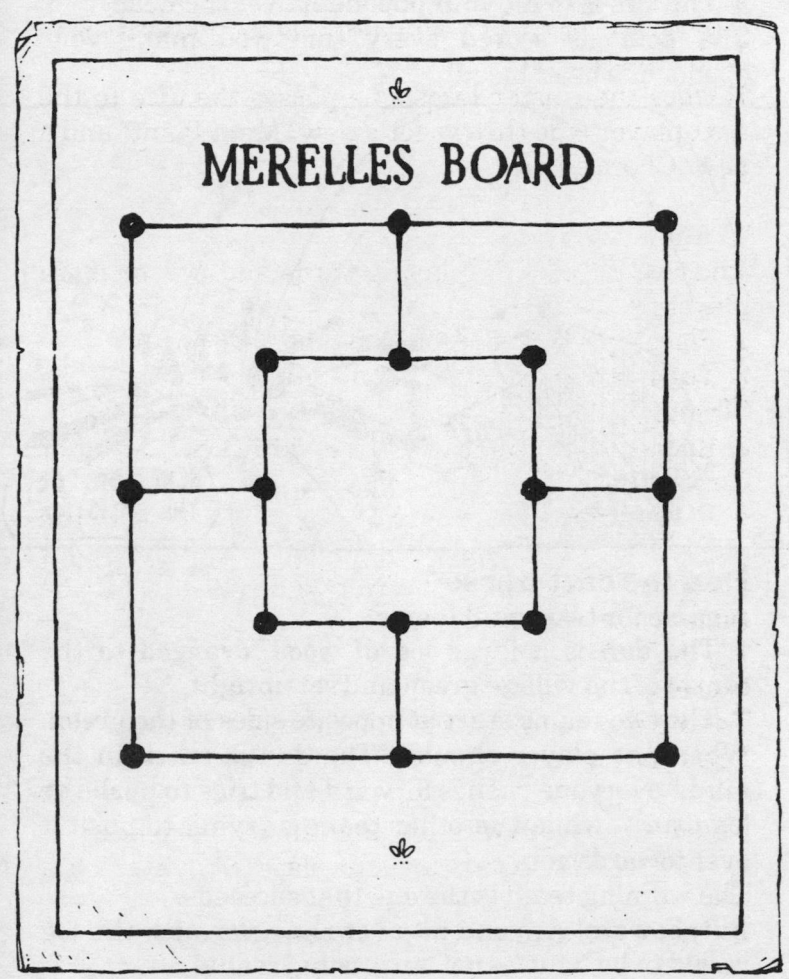

MERELLES BOARD

Some Tudor games you shouldn't play

Cudgelling

A game for two players.

1 Each is armed with a short stick.

2 The aim is to hit your opponent over the head.

3 A point is scored every time you make your opponent's head bleed!

NEXT TIME I GET THE BIG STICK!

Dun the cart-horse

A game for two equal teams.

1 The dun is a large log of wood, dragged to the centre of the village green and set upright.

2 The two teams start at opposite sides of the green. When one player shouts, "The dun is stuck in the mire," everyone rushes forward and tries to push the log over – while the other team is trying to push it over towards you.

The winning team is the one that succeeds.

But, beware! Anyone hit over the head with the log is said to be "Out" – not surprising, really!

Hurling

A game for two teams of 15 to 30 players.

1 A wooden ball is boiled in candle-grease to make it more slippery.

2 The aim is to pick up the ball and run through the other team's "goal".

3 If a player with the ball is tackled, he must pass the ball but he can only pass it backwards.

4 If your team don't have the ball then your aim is to stop the other team scoring – stop them any way you can!

Tudor sports reports

The Prior of Bicester Abbey has been paying money to players who play football on holidays. They are England's first professional footballers.

1491. Golf has been banned in Scotland by law because it's a wasteful pastime.
In no place in the country shall there be football, golf or other such unprofitable sports.

1513. King Henry VIII is so keen on bowling at Skittles that he took a portable bowling alley with him on a trip to France.

Terrible Tudor sailors

The sailors of Tudor Times are legendary for their daring exploits – trips around the earth in little leaking boats, fighting the mighty Spanish, French and Dutch navies, roaming the oceans with piratical plots.

Sir Francis Drake was the scourge of the oceans. He raided the coasts of the Caribbean and South America, sucking the wealth from these Spanish territories. As Drake filled Queen Elizabeth's coffers with plundered gold, she gave him more and more little jobs to do, such as helping to defeat the great Spanish Armada in 1588. It is of no surprise that many legends have been woven round Drake's cunning exploits. And wherever there are legends there are lies. Could you sort out the historical from the hysterical?

Hearing and believing

Drake's Drum

From 1577 till 1580 Sir Francis Drake sailed around the world in the service of Elizabeth I. At last, in the West Indies in 1596, he lay dying. He sent for his drum, an instrument that his men believed had magical powers. He ordered that it be sent back to England. He swore that he would return to defend his homeland if anyone beat the drum when England was in danger.

The drum was taken back to Buckland Abbey near Plymouth, where it remains to this day. The legend has changed a little over the years. The drum beats out its own warning when the country is in danger.

The drum is said to have rattled when Napoleon Bonaparte was brought to Plymouth after the battle of Waterloo. It seemed to know that the great enemy of England was nearby.

Then it has been heard three times this century. It sounded in 1914 when the first World War started; it sounded towards the end of that war when it had been taken on board the Royal Navy flagship, *The Royal Oak*.

When it sounded on *The Royal Oak*, the German fleet were approaching. They were heading towards the British fleet in order to surrender . . . perhaps it was giving a "Victory" salute.

Men were sent twice to find out where the noise of the drum was coming from – and twice they returned with no answer. The commander searched the ship for himself . . . and found nothing. Every sailor was at battle-stations in the ship. No one could have played the drum. The *Royal Oak* dropped anchor.

The drum-roll stopped as mysteriously as it had started.

The last time the drum was heard was in the darkest hours of World War Two. The British forces had crossed the channel to attack Hitler's German army. They were being driven back to the beaches. The German army was closing in, ready to massacre them. A miracle was needed.

The drum was heard sounding – the miracle occurred! A fleet of little British boats set off from the fishing ports and coastal towns of Eastern England. Somehow they crossed the channel, rescued huge numbers of men, then brought them safely home.

Was Sir Francis Drake watching over this feat of sea bravery, which was surely as great as his own trip round the world?

The Spanish Armada – Who won? Who lost?
The Spanish Armada, its special date
Is fifteen hundred and eighty-eight.

King Philip II of Spain was fed up with the English. His wife had been Mary I, Queen of England. He reckoned that he should be king, now that she was dead. But Elizabeth had grabbed the throne.

Also, English sailors were roaming the high seas and attacking the Spanish ships and colonies for their riches.

 Why was the Spanish Armada so expensive to run?

Because they only got 20 miles to the galleon.

Worse, Philip was Catholic and Elizabeth I was a Protestant, chopping off Catholic heads. In 1587 she had Mary Queen of Scots executed. This was the last straw as far as Philip was concerned.

So, in 1588 he decided it was time to teach the English a lesson once and for all. He assembled a huge fleet, an "Armada" of 130 galleons, and sent his armies off to invade England. They failed. This is what happened . . .

5 THE SPANISH FLEET SAILED UP THE ENGLISH CHANNEL

KEEP TOGETHER LADS, STRAIGHT LINE AT THE SPEED OF THE SLOWEST VESSEL

THEY WERE SITTING DUCKS FOR THE SMALLER FASTER ENGLISH SHIPS 6

SITTING DUCKS - OR DO I MEAN SITTING DRAKES

7 BUT THE ENGLISH DIDN'T DARE GET TOO CLOSE TO THE HUGE SPANISH GUNS

HA! YOU SANK JUST TWO SHIPS! WATER OFF A SITTING-DUCKS BACK!

8 THE SPANISH REACHED CALAIS FAIRLY SAFELY...

CALAIS

NOW I'VE GOT THEM! REMEMBER CADIZ?

9 THE ENGLISH ATTACKED THE SPANISH SHIPS WITH FIREBOATS. THEY WERE TRAPPED IN THE HARBOUR

CURSES! WHAT SHALL WE DO?

PANIC. CAPTAIN!

10 THE SPANISH PANICKED AND BLUNDERED ABOUT

ANOTHER 14 GONE ONLY 114 TO GO!

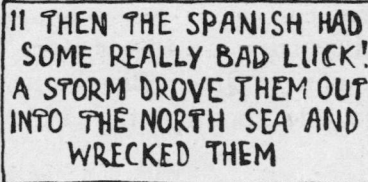

11 THEN THE SPANISH HAD SOME REALLY BAD LUCK! A STORM DROVE THEM OUT INTO THE NORTH SEA AND WRECKED THEM

THE PROTESTANT WIND HAS WRECKED 50 MORE SHIPS

AND IT'S MADE ME AS SEA-SICK AS A PARROT!

12 THE ENGLISH HAD SUNK 16 SPANISH SHIPS - THE STORM HAD SUNK 60 THATS WHY THE ARMADA MEDAL THAT WAS AWARDED TO THE ENGLISH SAILORS SAID:

GOD BREATHED AND THEY WERE SCATTERED

Of 130 galleons that left Spain in the summer of 1588, only about 50 returned in late September. As many as 19,000 Spaniards are thought to have died – it took them so long to sail back to Spain that many who didn't drown starved instead.

But the English sailors had their problems, too. In August 1588 the English Admiral, Lord Howard, wrote . . .

The sailors cry out for money and know not when they are to be paid. I have given them my word and honour that I will see them paid. If I had not done so they would have run away from Plymouth in their thousands.

But worse was to follow. Just the next day, Howard was writing . . .

Sickness and death begin to wonderfully grow among us. It is a most pitiful sight to see, here at Margate, how the men, having no place to go, die in the streets. It would grieve any man's heart to see them that have served so bravely to die so miserably.

So, Elizabeth won – she kept her throne. But who really lost? The English sailors? The Spanish sailors? Or both?

Sir Walter Raleigh

Sir Walter Raleigh was a sailor, too . . . **and** a writer, **and** explorer. He was a favourite of Queen Elizabeth I. A lot of stories have been told about him . . . but are they all true?

Try these questions on your teacher. All they have to answer is "True" or "False".

1 Walter Raleigh once spread his cloak in the mud for Queen Elizabeth to walk over.
True or False?

2 Walter Raleigh was th first man to bring potatoe to England.
True or False?

3 Walter Raleigh was the first man to bring tobacco to England.
True or False?

Answer:
All are false!

The Truth About Walter

1 Most people have heard the story of Sir Walter Raleigh and the cloak. It was supposed to have happened when Raleigh was a young man. The queen was passing through crowds of her people when she reached a muddy puddle in the road. She stopped. After all, she didn't want to spoil her fine shoes.

Quick-thinking Walter Raleigh pulled off his new cloak and covered the puddle so she could step over without walking through mud. The queen smiled. Walter's act was to make him a rich and powerful favourite of the queen.

A great story. But a true story? No. It originated with Thomas Fuller who was a historian of the 17th century who liked to "dress up" boring history with lively little incidents like the story of Raleigh's cloak . . . even if they didn't really happen!

2 Walter Raleigh's potatoes? For hundreds of years Walter Raleigh teachers have taught that Raleigh brought the first potatoes to England when he returned from a voyage to America in 1586. **But** there is **no** evidence from Tudor times to say this happened. A book called *Herball* (written by John Gerard in 1597) talks about someone called Clusius who had grown potatoes in Italy in 1585. The vegetable became very popular and was grown everywhere in Europe within ten years.

3 Walter Raleigh's tobacco? Again there are records of tobacco being used in France in 1560 – 26 years before Raleigh's ships returned from Virginia. It was brought there by John Nicot (whose name gives us "Nicotine"). It must have crossed the English Channel long before Raleigh's ships even set off.

In 1573 William Harrison wrote . . .

In these days the taking in of the Indian herb called "Tobacco" is greatly taken up in England. It is used against rheums and other diseases of the lungs with great effect.

But not everyone agreed. In 1614, Barnaby Rich was writing . . .

They say tobacco is good for a cold, rheums, for aches, for dropsies and for all manner of diseases. But I see the ones who smoke most are as affected by those diseases as much as the ones who don't. It is now sold in every tavern, inn and ale-house as much as beer.

Oddly enough, the man who hated tobacco-smoking the most was King James I. He wrote that smoking was . . .

A custom loathsome to the eye, hateful to the nose, harmful to the brain and dangerous to the lungs.

(If Raleigh really **did** smoke and James I was the first anti-smoking campaigner, then James was a great success. In 1618 he cured Raleigh's "loathsome" habit for good. James had Raleigh's head cut off for treason!)

What is it?

Drake found some new foods on his journey round the world. But what were they?

1 *We found a plant with a fruit as big as a man's head. Having taken off the back (which is full of string) you shall come to a hard shell which holds a pint of sweet liquid. Within that shell you will find a white, hard substance as sweet as almonds and half an inch thick.*

2 *We found a store of great fowl which could not fly, the bigness of geese, whereof we killed 3000 in less than one day.*

Answers: 1 Coconuts, **2** Turkeys

Terrible Tudor clothes

Did you know?

It was during the Tudor period that English clothes for the rich became exciting and different. Merchants were in touch with countries as far away as Russia and America. While the Tudor poor still wore rough woollen clothes, the Tudor rich were better dressed than ever before with velvets and satins from Italy, lace from France and starch from Holland. And starch meant they could make those stiff collars, "Ruffs", that were so popular in Elizabeth's time. But . . .

Ten things you probably didn't know . . .

1 Sometimes the stiff ruffs were so wide that ladies couldn't reach their mouths to eat! Silversmiths had to make extra-long spoons for them.

2 Ruffs were usually white but could be another colour. Yellow ruffs were popular for a while. Then a famous murderess, Mrs Turner, was hanged wearing one. They suddenly went out of fashion!

3 A puritan, Philip Stubbes, claimed . . .
The devil invented these great ruffs. But if it happen that a shower of rain catch them, then their great ruffs fall, as dishcloths fluttering in the wind.

4 Henry VIII looks very fat in his portraits. But as well as having an over-fed body, his clothes were thick with padding – at least it kept him warm in his draughty castles.

5 The Elizabethan ladies' fashion was for tiny waists. To help them squeeze into smart dresses, the ladies (and even the girls) wore iron corsets.

6 Girls showed that they were unmarried by wearing no hat in public.

7 Elizabethan men wore short trousers called "hose". They had to pad them so they wouldn't show any creases. They weren't too fussy what they padded them with – horsehair (itchy!), rags or even bran (horsefood)! If the "hose" split the bran would run out.

8 Poor country girls often wore shoes with iron rings under them. Sometimes they had thick wooden soles. This was to keep their skirts out of the deep mud and rubbish in the streets and market places.

  EARLY PLATFORMS

9 In 1571, Elizabeth's parliament made a law forcing all married women to wear white knitted caps, and all men (over the age of six) to wear woollen hats. The caps and hats had to be knitted in England using English wool. Elizabeth got a lot of taxes from the wool trade – English wool was in great demand from other countries, too.

10 Aprons were quite a new idea in Tudor times. You could often tell a man's occupation from the design of his apron . . .

millers and cooks   – white
barbers   – checked
builders and blacksmiths – leather

Terrible Tudor trousers

If you'd like to act like a Tudor, feel like a Tudor, or if you're off to a fancy dress party, you may like to try making these Tudor "hose".

1 Wear a pair of tights or tight trousers first.

2 Take a pair of old, baggy trousers. Cut them off at the knee. Slit them as shown.

3 Put the baggy trousers on over the tights. Tie them at the knee with ribbon or a scarf.

4 Stuff the baggy trousers with material of a different colour so it shows through the slits.

5 Wear a loose shirt and ruff and a belt with a sword or dagger – wooden, of course.

6 Go around saying, *To be or not to be*, or *Alas, poor Yorick*. (They're famous lines from William Shakespeare plays – adults and teachers will be totally impressed.)

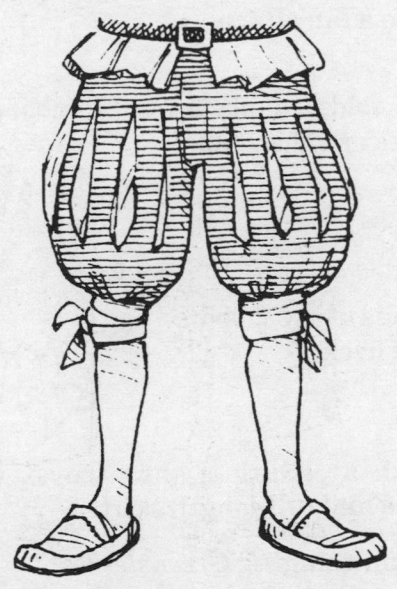

A ruff idea

1 Take seven 24 cm doilies (lacey paper table decorations, usually used at parties).

2 Cut them in half.

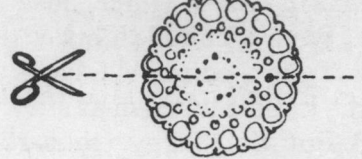

Use sticky tape to attach them to a 4 m strip of ribbon, allowing enough ribbon to tie at the back.

3 Make 2 cm folds in the doilies folding each one into a fan shape.

4 Keep the folds in place at the ribbon end with small stitches or sticky tape.

5 Tie the ends of the ribbon around your neck.

6 Wear with a collarless shirt (boys). Girls, wear with a blouse and full-length skirt.

7 Stroll around singing *Greensleeves*.

Terrible Tudor life for women

A woman's life is hard in ten terrible ways . . .

1 Girls could marry at 12 (boys at 14). This was usually arranged by their parents. They would still live with their parents at this age, though.

2 Many upper-class girls were married by 15. At the age of 16 they could live with their husbands.

3 It wasn't usually considered worth the money to send a girl to school. Her mother could teach her all the household crafts she would need to be a useful wife.

4 If a girl didn't marry there wasn't much she could do. The convents had been abolished by Henry VIII – so she couldn't become a nun. Very often, unmarried girls would have to stay at home with their parents and spin. That's why they became known as "spinsters" – a word we still use.

5 One farmer described a good wife's behaviour. He said she should . . .

pray when first getting out of bed, then clean the house, lay the table, milk the cows, dress her children, cook meals for the household, brew and bake when needed, send corn to the mill, make butter and cheese, look after the swine and collect the eggs.

6 Anthony Fitzherbert added to that list and said she should . . .

shear corn and in time of need help her husband to fill the dung cart, drive the plough, load hay and go to market to sell butter, cheese, milk, eggs, chickens, pigs, geese and all manner of corn.

(What did he expect her to do in her spare time?!)

7 But English women were better off than those in other countries – at least, that's what the men said! Thomas Platter said that . . .

the womenfolk of England have more freedom than in any other land. The men must put up with such ways and may not punish them for it. Indeed, the good wives often beat the men.

8 Girls were expected to help in the house by collecting fine feathers (down) for mattresses, making candles, spinning, weaving and embroidering. Once every three months, the household tablecloths and bed-clothes were washed; the girls were expected to help with this.

9 Women could be punished for nagging or "scolding". A court record from 1592 says . . .

The wife of Walter Hycocks and the wife of Peter Phillips are common scolds. Therefore it is ordered that they shall be told in church to stop their scolding. But, if their neighbours complain a second time, they shall be punished by the ducking stool.

And "the ducking stool" meant being tied to a chair and lowered into a nearby river.

10 If the ducking stool didn't work then there was the "branks" – an iron mask that clamped onto the head with a metal bar going into the woman's mouth to hold her tongue down. Wearing the branks, a woman would be paraded round the town to show other women what might happen to them.

Miss World – Tudor style

The Elizabethans had a clear idea of what a beautiful woman should look like. Here's a shopping list . . .

1 extremely white skin
2 blue eyes
3 ruby-red lips
4 fair hair

You don't fit the description? Never mind, you can always change if you want.

Dark hair can be bleached with a mixture of sulphur and lead. This will, unfortunately, make it fall out in time. Never mind, as an Elizabethan said, Elizabethan girls are . . .
not simply content with their own hair, but buy other hair either of horse, mare or any other strange beast.
Skin too dark? A deadly mixture of lead and vinegar can be plastered on. (This has the same effect as making an Egyptian mummy.)
Lips too pale? Lipstick could be made from egg whites and cochineal – what is "cochineal"? It's a dye made from crushed cochineal beetles.

THREE SIMPLE STEPS TO A MORE BEAUTIFUL YOU!

Eyes don't sparkle enough? Drop in some belladonna (which means, "beautiful lady"!) to make them look larger. Keep it away from your lips, though. Belladonna is a poisonous drug made from deadly-nightshade.

If a mother wanted her daughter to grow up beautiful she was advised to bathe her in milk to give her a pale skin. Unwanted freckles? (Definitely out of fashion.) Treat with "brimstone" (sulphur).

Smelly? **Don't** have a bath! (Baths aren't considered "healthy"!) Just cover up the smell with perfume.

So . . .

Would you like to have been a Tudor woman or girl? In fact, would you have liked to live in the Terrible Tudor times at all? The "Golden Age" of Good Queen Bess and Jolly Old Henry VIII?

Every age has its problems. But, as a historian once said . . .

In reviewing the past I think that we of the present day have much to be thankful for.

You've reviewed some of the Tudor past in this book. So, are you "thankful" that you didn't live then? Or do you agree with the history book that said it was an *extremely exciting time to be alive*?

Epilogue

Old Elizabeth died and the last of the terrible Tudors was gone. Mary Queen of Scots was dead too . . . but her son, James VI of Scotland, was very much alive. The first of the sinister Stuarts.

The Stuart family in Scotland had a history every bit as bloody and violent as the Tudors in England.

James I was murdered in a toilet in 1437 while he was trying to defend himself with a pair of fire tongs

James II was killed by an exploding cannon in the seige of Roxburgh in 1460

James III was murdered by his nobles in 1486

James IV was killed at the Battle of Flodden in 1513

James V died of despair shortly after his defeat at the battle of Solway Floss in 1542.

Mary Queen of Scots, as we already know, murdered her husband then fled to England to avoid the chop. Elizabeth gave it to her instead

James VI became the first James of England . . . and the first lucky Stuart to come from Scotland. He came south and added the English throne to his collection.

Of course, not everyone was happy with James. Not everyone wanted a king with such disgusting habits! For a start, he picked his nose!

TERRIBLE TUDORS

GRISLY QUIZ

**Now find out if you're a
terrible Tudor expert!**

Horrible Henry

Henry VIII was one of Britain's cruellest monarchs ever. Here's a quick quiz to test your brains. Get one wrong and your head goes on the block. . .

1. When wife no. 1, Catherine of Aragon, died Henry had a...?
a) ball
b) fight
c) cup of tea

2. Wife no. 2, Anne Boleyn, needed the toilet a lot during her coronation. Her ladies-in-waiting kept her potty handy...?
a) under the table
b) in a room close by
c) on the throne

3. When Anne gave birth to a daughter, Henry...?
a) sulked
b) cheered
c) fell out of his pram

4. While Anne was being beheaded, Henry was playing...?
a) tennis
b) music
c) the fool

5. Henry divorced wife no. 4, Anne of Cleves, because she was...?
a) ugly
b) stupid
c) vegetarian

6. Wife no. 5, Catherine Howard, was sentenced to death for

having lovers. She begged for mercy but Heartless Henry locked the door and left her...?
a) to wail
b) in jail
c) looking pale

7. Henry had his old friend Thomas More executed and his head stuck...?
a) over London Bridge
b) under London Bridge
c) in a fridge

8. Henry had Cardinal Fisher beheaded and showed disrespect by leaving the headless body...?
a) naked for a day
b) on the main highway
c) in a window display

INGENIOUS INSULTS

Can you match the words in these columns to come up with ten insults that Shakespeare put into his plays? WARNING: Do NOT call your teacher any of these names.

1. taffeta	a) lump
2. scurvy	b) ape
3. red–tailed	c) chuff
4. threadbare	d) bumble-bee
5. mad–headed	e) punk
6. fat	f) juggler
7. false	g) crookback
8. bloodsucker of	h) caterpillars
9. scolding	i) sleeping men
10. deformed	j) lord

Quick Questions - Mean Queens

1. Catholic Mary came to the throne in 1553, and the Protestants showed what they thought of her by leaving something on her bed. What? (Clue: hounding her out of the palace?)

2. Mary married Spanish Prince Philip in 1554. He hated something that came from her nose. What? (Clue: 'snot what you think)

3. Philip left Mary and went to fight in Europe. She tried to tempt him back with what? (Clue: the way to a man's heart is through his stomach, they say)

4. Mary had a lot of Protestant 'heretics' burned. Her chief helper was Reginald Pole who chose really odd 'heretics' to burn. What was odd about them? (Clue: they never felt a thing)

5. Mary sent Archbishop Cranmer to the stake in 1556. He had written an apology then changed his mind. When he saw the fire he did a strange thing. What? (Clue: he went to his death single-handed)

6. Mary died and the news was taken to half-sister Elizabeth, the new queen. They say Elizabeth was reading in the garden when the news came, but that's unlikely. Why? (Clue: remember, remember when Mary died)

7. Elizabeth had a new tax created which only men could pay. It was a tax on what? (Clue: it might grow on you)

8. Elizabeth I's godson, Sir John Harrington, disgraced himself by making rude remarks to her ladies-in-waiting. She banished

him. He went off and invented something that was so useful she forgave him. What? (Clue: flushed with success?)

9. In 1576 the explorer Martin Frobisher returned to England with a load of 'black earth'. What use did he think it would be? (Clue: he thinks the soil is rich)

10. Eloye Mestrell invented the first machine in England for making coins for the government. Yet in 1578 he was arrested and executed. What was his crime? (Clue: double your money)

11. Mary Queen of Scots had Sir John Huntly beheaded but then discovered he had to be tried properly and found guilty if she was to get his fortune. What did she do? (Clue: head on over to the courtroom)

12. Mary Queen of Scots became unpopular in Scotland, and fled to England to ask cousin Elizabeth I for protection. How did Liz protect Mary? (Clue: no one can get in to get her)

13. James Douglas of Scotland invented the 'Maiden' machine. In 1581 the Maiden killed him. What was it? (Clue: a chip off the old block)

14. Mary Queen of Scots had lots of troubles. She finally met a man and thanked him for, 'making an end to all my troubles'. What was this man's job? (Clue: not an agony aunt!)

15. When Mary Queen of Scots was beheaded in 1587 her head was supposed to have been lifted high in the air by the executioner to prove she was dead. But he dropped it. Why? (Clue: hair today, gone tomorrow)

WOULD YOU BELIEVE IT?

Queen Elizabeth I ruled from 1558 to 1603. There are lots of stories about this famous queen, but which of these tall tales are true and which false…?

1. She threatened to pass a law banning her courtiers from wearing long cloaks.
2. She died because of a rotten tooth.
3. Elizabeth was overjoyed when her sister, Mary, died.
4. She liked to read her horoscope.
5. Elizabeth ate a chessboard.
6. She had regular baths.
7. Elizabeth never even considered getting married.
8. Elizabeth had beautiful red hair.
9. She was always true to her Protestant faith.
10. She punched and kicked her secretary.

Answers

Horrible Henry
1–8. All answers are (a). Anyone answering (c) should give up quizzes ... now.

Ingenious insults
1.e) 2.j) 3.d) 4.f) 5.b) 6.c) 7.h) 8.i) 9.g) 10.a)

Quick Questions – Mean Queens
1. A dead dog. The head was shaved, the ears cropped and

a noose put around its neck. The message was clear: 'This is what we do to Catholics.'

2. Philip hated Mary's foul breath. It was an illness she had and not her fault. But it put him off, and he left her broken hearted.

3. His favourite meat pies. She had them sent across the English Channel to him. He ate all the pies but didn't go home for more.

4. They were dead. Reggie dug them up and burned them anyway. Funny feller.

5. He stuck his writing hand in the flames to punish it for writing the apology. (No jokes about second-hand shops, please.)

6. It was November. Not many people are daft enough to sit in the garden in an English winter.

7. Beards.

8. A flushing toilet. It took him six years to invent it but Liz loved his loo.

9. He believed it contained a fortune in gold. It didn't. He was just a clueless captain.

10. Eloye made a second, secret, machine and forged money for himself. Usually forgers had a hand chopped off but Eloye was hanged.

11. Huntly's head was sewn back on and his corpse was put on trial.

12. Elizabeth locked Mary in prison. She left her there for years before deciding to execute her.

13. The Maiden was a type of guillotine. He was executed on it.

14. He was her executioner. Actually he made a messy end to her troubles, taking three chops and a bit of sawing to get the head off.

15. Mary was wearing a wig. When he grabbed it, the head slipped out and bounced on to the floor.

Would you believe it?
1. True. She was terrified of being killed and wanted her courtiers' swords uncovered and ready.
2. False. Elizabeth is famous for having rotten teeth, but that didn't kill her. She caught a cold and never recovered.
3. True. She said, 'This is the Lord's doing and it is marvellous in our eyes.'
4. True. A mathematician (and magician!) called John Dee used to read Liz's horoscope and foretell the future for her.
5. True. Of course, it was made of marzipan.
6. True. Elizabeth did bathe regularly ... once every three months!
7. False. Liz had a few close calls when it came to marriage, including Lord Dudley and the French Duke of Anjou.
8. True and False. She did at first, but she ended up bald with a collection of 80 wigs!
9. False. While Catholic Mary Tudor was queen, Elizabeth said she was a Catholic too.
10. True. Secretary William Davison was just one of the unfortunate palace workers who suffered Liz's temper tantrums.

INTERESTING INDEX

Where will you find 'blood-sucking fleas', 'smelly breath', 'swearing' and 'sewers' in an index? In a Horrible Histories book, of course!

crimes 35-51
curses 54, 83-4

Davison, William (Elizabeth I's secretary) 72, 74
death
by crushing 39-40
sentences 36
warrants 74
divorce 10-11, 69
doctors 22-4
Drake, Francis 19, 104-7, 113
Drake's Drum 105-6
drugs, poisonous 123
ducking stools 121

Edward VI (king) 9, 12, 14, 17-18, 79
Egyptian mummies 122
Elizabeth I (queen) 9, 13, 15, 17-19, 33-4, 38, 43, 68, 70-9, 104-7, 111, 116, 124-5
Elizabeth of York (queen) 10
entrails 19
Essex, Earl of (rebel leader) 13, 19, 72, 77
executions see beheadings

fairies, wicked 86
Field of the Cloth of Gold (famous meeting between Henry VIII and Francis I of France) 67
fireboats 108
Fitzherbert, Anthony (writer) 120
fleas, blood-sucking 25
football (Tudor-style)
France 73-4, 111, 114
Francis, Elizabeth (witch) 80-1
Francis I (king of France) 17, 67
Frizer, Ingram (trickster) 58, 61-2
fustigation (beating) 24

games 28, 95-103
Gerard, John (writer) 111
ghosts 88
gold, plundered 104
greed 93-4
Grey, Jane (nine-day queen) 12, 18
guilds (craftsmen's groups) 33, 44
gunpowder plot 126

hair 44, 71, 122
hamsters 52
hangings 16, 19, 29, 38, 61, 81, 84-5, 88, 114, 126
hares 87, 89
Harkett, Margaret (witch) 82-5
Harrison, William (writer) 112
heads
in cages 121
cut off (see beheadings)
on poles 36
Henry VII (king) 9-10, 12, 14, 16, 64-5, 73, 79
Henry VIII (king) 8-11, 14, 16-17, 27, 34, 43, 65-8, 79, 89, 93, 103, 115, 119, 124
Hitler, Adolf (German leader) 106
Hoffman, Calvin (professor) 56
hose (trousers) 115, 117
Howard, Catherine (wife of Henry VIII) 11, 14
Howard, Lord (admiral) 109

insults 52-3
James VI/I (king of Scotland/England) 112, 125-6
Justices of the Peace (law enforcers) 40-5

Kett, Robert (revolting landowner) 17, 19
kidnappings 36
Kings of Scotland 125
Kyd, Thomas ("friend" of Marlowe) 61-2

Terry **Deary** was born at a very early age, so long ago he can't remember. But his mother, who was there at the time, says he was born in Sunderland, north-east England, in 1946 – so it's not true that he writes all *Horrible Histories* from memory. At school he was a horrible child only interested in playing football and giving teachers a hard time. His history lessons were so boring and so badly taught, that he learned to loathe the subject. *Horrible Histories* is his revenge.

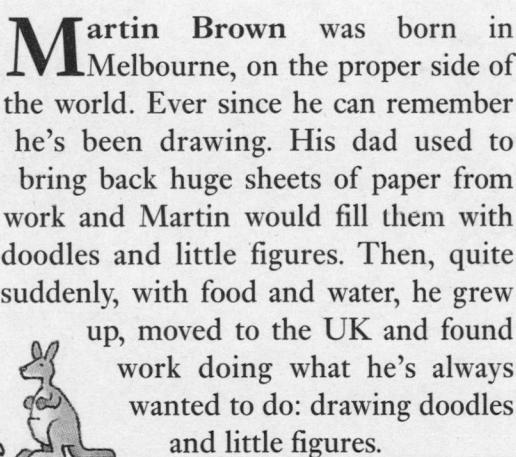

Martin **Brown** was born in Melbourne, on the proper side of the world. Ever since he can remember he's been drawing. His dad used to bring back huge sheets of paper from work and Martin would fill them with doodles and little figures. Then, quite suddenly, with food and water, he grew up, moved to the UK and found work doing what he's always wanted to do: drawing doodles and little figures.

ISBN: 978 0439 94399 4 £4.99

ISBN: 978 0439 94404 5 £4.99

ISBN: 978 0439 94406 9 £4.99

ISBN: 978 0439 94402 1 £4.99

KT-568-923

Walter Hinck

Das moderne Drama in Deutschland

WALTER HINCK

Das moderne Drama
in Deutschland

Vom expressionistischen
zum dokumentarischen Theater

VANDENHOECK & RUPRECHT
IN GÖTTINGEN

SAMMLUNG VANDENHOECK

ISBN 3-525-01204-7

Umschlag: Jan Buchholz und Reni Hinsch
© Vandenhoeck & Ruprecht in Göttingen 1973. Printed in Germany.
Ohne ausdrückliche Genehmigung des Verlages ist es nicht gestattet,
das Buch oder Teile daraus auf foto- oder akustomechanischem Wege
zu vervielfältigen. Satz und Druck: Allgäuer Zeitungsverlag GmbH,
Kempten. Einband: Hubert & Co., Göttingen.

INHALT

VORWORT

Der Arbeit an diesem Buch ging der Plan voraus, die bisher vorliegenden Aufsätze des Verfassers zum Drama des 20. Jahrhunderts in einem Sammelband zu vereinigen. Er mußte als unbefriedigend verworfen werden; eine neue Konzeption wurde notwendig. Doch konnten selbstverständlich viele frühere Beobachtungen und Einsichten in den neuen Entwurf mit übernommen werden.

Das Buch will als Geschichte des modernen Dramas in Deutschland gelesen werden und über deren Haupttendenzen Auskunft geben, ohne das Unverwechselbare der einzelnen Autoren zu vernachlässigen. Es ist nicht nur für die „Eingeweihten" geschrieben, sondern auch für solche Leser, die sich mit der Geschichte und Vorgeschichte heutiger Formen des modernen Dramas erst zu beschäftigen beginnen. Das setzt eine Darstellungsweise voraus, die zwar alle Inhaltsreferate vermeidet, aber doch für ein gewisses Maß an Anschauung sorgt.

Die Methode ist weitgehend durch die Begriffe von ‚Drama' bzw. ‚modernem Drama' vorgezeichnet, die im Einleitungskapitel erläutert bzw. ansatzweise entwickelt werden. Daß die dramatischen Texte im Zusammenhang mit den historischen und gesellschaftlichen Bedingungen, unter denen sie entstehen und wirken, betrachtet werden müssen, ist eine Maxime, die der Verfasser bereits für seine erste Arbeit zum modernen Drama übernommen hat. Andererseits folgt er nicht den Versuchen, die historisch-sozialen Gegensätze der Epoche auf einen Konflikt zu reduzieren. Wer die geschichtliche Vielfalt der künstlerischen Intentionen und Formen wahrnehmen will, muß — wenn auch nicht kritiklos — die verschiedenen Antworten würdigen, die durch ein und dieselbe Epochensituation ermöglicht wurden.

Es ist hier nicht der Platz für einen ausgeführten Beitrag zur derzeitigen Methodendiskussion. Die Theorie der Literatur und ihrer Wissenschaft hat in den letzten Jahren ein beachtliches Niveau erreicht, gerade im literaturkritischen Bereich. Allerdings ist, wo neue Methoden erprobt werden, die Theorie immer weit besser als ihre praktische Anwendung. Die kritische Interpretation muß noch auf die Höhe der Reflexion gebracht werden. Die folgende Darstellung sucht dem Bedürfnis nach theoretischer Information zu entsprechen, indem sie die Dramen- und Theaterästhetik der Autoren (zumal der letzten Jahrzehnte) mit berücksichtigt.

Das Erkenntnisinteresse des Verfassers offenbart sich in der Bevorzugung einer kritischen (gesellschaftskritischen) vor einer das Bestehende bestätigenden oder das Vergangene verklärenden Dramatik. Es ist begründet in der Überzeugung, daß noch in keinem gesellschaftlichen System optimale Möglichkeiten für die Menschen, sich als individuelle und soziale Wesen zu verwirklichen, geschaffen sind und daß die künstlerische Rechtfertigung gegebener Zustände nicht der Dialektik der Geschichte gerecht würde. Doch kann es nicht darum gehen, das Erkenntnisinteresse des Interpreten zu verabsolutieren; zunächst ist das des jeweiligen Dramatikers ernst zu nehmen.

Freilich bleibt gerade beim Drama (als einem Entwurf für die Aufführung) der Text ein Angebot, von dem der jeweilige Leser, Regisseur oder Zuschauer — zumal in historisch verschiedenen Situationen — unterschiedlichen Gebrauch machen wird. Jedenfalls sollte man nicht zu rasch denjenigen zustimmen, die den Autor gegen den Regisseur auszuspielen pflegen. Hüter der „Heiligkeit des Textes" lassen sich leicht zum Schweigen bringen, wenn man daran erinnert, was der Theaterleiter Goethe mit Shakespeares „Romeo und Julia" veranstaltete. Andererseits bleibt das Textangebot, das vom Dramatiker autorisierte Material, in allem geschichtlichen Wandel das gleiche — das schränkt die Freiheit des Lesers oder Regisseurs, die Interpretation oder Inszenierung entscheidend ein.

Der Verfasser ist sich der Problematik des Versuchs, das moderne deutsche Drama für sich, also nicht im ständigen Bezug zum europäischen, ja weltliterarischen Rahmen darzustellen, durchaus bewußt. Er folgte einem arbeitsökonomischen Zwang, nicht einem Prinzip. Daß er weit davon entfernt ist, die nationale als eine autonome Literatur zu begreifen, glaubt er in einer umfangreichen komparatistischen Untersuchung gezeigt zu haben und dürfte der demnächst erscheinende, von ihm herausgegebene Band zur europäischen Literatur der Aufklärung (Neues Handbuch der Literaturwissenschaft) belegen. Aufgaben wie die Darstellung größerer weltliterarischer Zusammenhänge einer Epoche lassen sich wohl sinnvoll nur noch durch die Zusammenarbeit mehrerer Autoren lösen.

Nicht allein die Ausgrenzung des deutschen Dramas bereitete Schwierigkeiten; problematisch ist schon der Begriff ‚deutsches Drama' selbst, weil sich mittlerweile vier Staaten in das Gebiet des deutschsprachigen Theaters teilen. Es ist deshalb nötig klarzulegen, daß die Darstellung von der Perspektive dessen bestimmt wird, der seinen

Standpunkt als Leser, Beobachter und Theaterbesucher in der Bundesrepublik hat. Das schließt das Interesse an der in Österreich und der DDR hervortretenden bzw. gespielten Dramatik nicht aus, engt es aber mehr auf Exemplarisches ein, läßt andererseits — ohne den geringsten „nationalen Anspruch" auf die Autoren — die Schweizer Frisch und Dürrenmatt wie deutsche Dramatiker erscheinen.

Restlose Vollständigkeit ist nirgendwo angestrebt — schon gar nicht im Nachweis von Sekundärliteratur (allein die Literatur zu Brecht würde einen eigenen Band füllen). Es konnten nur Arbeiten angeführt werden, denen die Darstellung unmittelbar verpflichtet ist. Im übrigen rechnet der Verfasser mit dem Verständnis dafür, daß bei allem Bemühen um Sachlichkeit in der Auswahl — hier wie bei den Autoren und ihren Dramen — ein subjektives Moment nicht ganz auszuschalten war.

I. BEGRIFF UND VORGESCHICHTE

1. Das ‚Drama‘

Der Begriff ‚Drama‘ ist, wie nahezu jeder literarische Gattungsbegriff, Autoren und Kritikern fragwürdig geworden. Zu erdrückend scheint die Fracht der althergebrachten Vorstellungen und Gebote, die er mit sich führt; und gerade die Kontinuität, auf die er dringt, scheint ihn verdächtig zu machen — als sei er noch immer an die aristotelischen oder klassizistischen Vorschriften geknüpft. Aber inzwischen ist der, mit Lenz[1] zu sprechen, „Bart" des Aristoteles mehrfach geschoren worden, zum letztenmal gründlich von Brecht.

Ich meine, der Begriff des Dramas vermag seine Krisen zu überleben, sofern er nur undogmatisch verstanden wird und geöffnet bleibt für die historischen und gegenwärtigen, auch die noch unbekannten Formen. Es versteht sich daher, daß nicht ein Begriff von ‚Drama‘ übernommen werden kann, wie er Peter Szondis „Theorie des modernen Dramas" zugrunde liegt. Wir fassen unter ‚Drama‘ und ‚Dramatik‘ alle sprachlichen Werke, die auf Versinnlichung im Theater bzw. auf der Bühne angelegt sind. Diese Bühne kann auch ein Podium oder die Straße sein.

So grenzt ihr Medium die Dramatik von anderen literarischen Gattungen ab. Die Form ist durch den Realisationsentwurf für die Bühne bestimmt, und das Drama kommt erst auf der Bühne zu seiner intendierten Gestalt. Es bedarf zu seiner Realisation der optischen und (zumeist) akustischen, der leiblichen und räumlichen Versinnlichung (durch den Schauspieler, die Masken, das Bühnenbild, die Kostüme und die alles ordnende Regie).

Dieser Begriff des Dramas ist in demselben Maße „überhistorisch" (also ein systematischer Begriff) wie der des Theaters. Er ist es aber gerade aus einer Verpflichtung der Geschichte gegenüber, denn er bleibt zur Zukunft hin offen wie die Geschichte selbst. Indem er die historischen Formen übergreift, läßt er ihren Wandel und ihre geschichtliche Bedingtheit bewußt werden. Sobald ‚Drama‘ nicht mit dem Renaissance- und klassischen Drama gleichgesetzt wird, können die mittelalterlichen geistlichen oder weltlichen Spiele und die nachklassische Dramatik als für sich berechtigte Formen des Dramas erkannt, müssen keine dauernden Krisen des Dramas beschworen und neue Formen nicht mit negativen Kriterien beschrieben werden. Der Begriff des Dramas hat weit genug zu sein, damit die Poetik des Aristoteles, die Hegelsche Ästhetik oder Brechts „Kleines Organon für das Theater" als immer nur relative Autoritäten kritisierbar bleiben.

Das so verstandene Drama ist nicht notwendig „absolut", also „von allem ihm Äußerlichen abgelöst", es untersteht nicht der „Alleinherrschaft des Dialogs, das heißt der zwischenmenschlichen Aussprache"[2]. Es gewährt den Formen des lyrischen Ausdrucks (auch dem Lied, der musikalischen Einlage), den vielfältigen Vermittlungsorganen epischen Charakters, dem Chor oder der Pantomime Spielraum, kurz: allen Formen, die der Versinnlichung auf der Bühne fähig und ihr dienlich sind. Dem Drama zugehörig ist die Wirkung, die es — als realisiertes — beabsichtigt. Es kann nicht unabhängig von dem intendierten oder gar ausdrücklich angesprochenen Publikum gesehen werden.

Dieses Publikum repräsentiert Gesellschaft in anderer Weise als der je individuelle Leser des Gedichts, des Romans oder einer wie immer gearteten Prosa. Das realisierte Drama ist auf Öffentlichkeit gerichtet, auf ein vielgliedriges Publikum — wo diese Vielgliedrigkeit auf den einen Zuschauer oder den kleinen „erlauchten" Kreis eingeschränkt wird (wie in den makabren Separatvorstellungen für den bayerischen König Ludwig II.[3]), da stößt es in echolose Leere. Selbst das dargestellte Private und Intime fordert im Theater die Öffentlichkeit. Und ob diese Öffentlichkeit durch die kultische Gemeinschaft der Frühzeit, durch das (höfische) Festpublikum oder durch ein auf soziale Gruppen beschränktes Publikum (z. B. im Arbeitertheater) hergestellt wird, ob es sich um ein klassengebundenes, um ein (Eintritt zahlendes) heterogenes Theater- oder ein zufällig zusammengelaufenes Straßenpublikum handelt: immer ist die Gesellschaft, durch Gruppen vertreten, der Adressat.

So unterscheidet sich das Drama von anderen literarischen Gattungen durch seinen konkreten Bezug zur Gesellschaft: seine Versinnlichung ereignet sich in deren Anwesenheit. Und was im Vorgang der Realisation gezeigt wird, betrifft diese Gesellschaft unmittelbar: menschliche Verhaltensweisen, zwischenmenschliche Beziehungen, Menschen in Zusammenleben und Zusammenstoß. Gesellschaftliche Zustände und Gegensätze vermag auch der Roman zu beschreiben, sogar weit ausführlicher, denn Spiel-Raum und Spiel-Zeit zwingen das Drama zur Konzentration. Abbilder zwischenmenschlicher Vorgänge liefern auch der Film und das Fernsehspiel, die ein ungleich größeres Publikum erreichen. Aber im Roman handelt es sich um bloß sprachliche Vergegenwärtigung und in Film und Fernsehspiel zwar um sinnliche Wiedergabe, aber um die Reproduktion einer Wiedergabe. Im Theater dagegen wird nicht nur das Abbild gegenwärtig, sondern auch der Vergegenwärtigungsprozeß selbst: die Wiedergabe bleibt gebunden an den je gegenwärtigen Schauspieler und ist an keinem ihrer Punkte fertig vor dem Augenblick ihrer Rezeption. Die Verkörperung von Figuren durch leibhaftige Schauspieler sichert den dargestellten zwischenmenschlichen Beziehungen und den Abbildern der Gesellschaft eine Unmittelbarkeit, die das versinnlichte Drama allen anderen Kunstgattungen voraus hat.

Angesichts dieses besonderen Gesellschaftsbezugs und Wirklichkeitsgehalts ist es kein Zufall, daß Leben und Gesellschaft mit Fachausdrücken des Dramas und Theaters beschrieben werden. Schon von der Antike her vertraut ist die Metapher vom Welttheater, vom Leben als Schauspiel. In der heutigen Soziologie (wie auch der Sozialpsychologie und Kulturanthropologie) ist der Rollenbegriff zu einer wichtigen Kategorie geworden. Ein Zitat von Dahrendorf mag für viele mögliche Beispiele stehen: „Indem der Einzelne soziale Positionen einnimmt, wird er zur Person des Dramas, das die Gesellschaft, in der er lebt, geschrieben hat. Mit jeder Position gibt die Gesellschaft ihm eine Rolle in die Hand, die er zu spielen hat. Durch Positionen und Rollen werden die beiden Tatsachen des Einzelnen und der Gesellschaft vermittelt."[4]

2. Zu Geschichte und Soziologie des bürgerlichen Dramas

Die Jahre um 1910 bilden jenen geschichtlichen Grat, an dem sich ein neues Verständnis der Modernität von dem vorhergehender Epochen scheidet. (In der bildenden Kunst wird diese Wende an der Abkehr vom Gegenständlichen und von der einheitlichen Perspektive sichtbar.) Was Georg Lukács 1909, in seinen Untersuchungen „Zur Soziologie des modernen Dramas", als das ‚moderne Drama' definierte, sollte wenige Jahre später (bei Erscheinen der deutschen Übersetzung[5]) schon leidenschaftlich als das gestrige bekämpft werden. Lukács' Analyse steht — so jedenfalls scheint es — noch jenseits der neuen Auffassung von Modernität.

„Das moderne Drama ist das Drama des Bürgertums", heißt es bei Lukács, „das moderne Drama ist das bürgerliche Drama."[6] Jedes Drama sei bürgerlich, weil die Kulturformen des Lebens es seien.

Und auf dem Boden derselben Kultur seien der Historismus und der Individualismus gewachsen. Also, so folgert Lukács, ist jedes neue Drama bürgerlich, historisch und ein Drama des Individualismus. Als Kasimir Edschmid 1917 in seiner Rede über den dichterischen Expressionismus das Programm der neuen Bewegung zusammenfaßt und ihre künstlerischen Ergebnisse überblickt, tauchen die gleichen Begriffe auf, aber nun zur Bestimmung des Gegenentwurfs. In der neuen Dichtung „wird der bürgerliche Weltgedanke endlich nicht mehr gedacht", weil sich die Künstler nicht mehr „den Ideen, Nöten und persönlichen Tragödien bürgerlichen und kapitalistischen Denkens" unterwerfen. Das neue Drama kennt weder „Ehegeschichten" noch „Tragödien, die aus Zusammenprall von Konvention und Freiheitsbedürfnis entstehen", denn hier ist der Mensch „nicht mehr Individuum, gebunden an Pflicht, Moral, Gesellschaft, Familie". Und die einzige Form der Geschichte, die für die Expressionisten noch zählt, die „Geschichte der Seele", läuft „nicht am logischen historischen Band", ist nicht an die „Geschichte einer Zeit gebunden"[7].

Also als antibürgerliche, an Geschichte und Individuum uninteressierte Dichtung wird das neue moderne Drama verstanden. An ihr gemessen, erscheinen Naturalismus und Impressionismus als der Abgesang bürgerlicher Kultur: zwar gegen „ausgepumptes Epigonentum" aufbegehrend, aber immer noch eingebunden in jenen „Riesenbogen, der, bürgerlichen Vorstellungen zugängig, kapitalistischen Zusammenhängen unterworfen, privat blieb". Erst expressionistische Dichtung leiste „das Neue und Unerhörte gegen die Epochen vorher".

Dieses „Unerhörte" sei die Entdeckung des Menschen, „wie ihn Gott aus der Schöpfung entließ", eben des Menschen jenseits der Individualität, der Geschichte, der bürgerlichen Gesellschaft. Mächtige Eigenschaften werden diesem „wirklichen Menschen" zugesprochen: er ist „großer, unmittelbarer Gefühle" fähig, mit „kosmischem Empfinden" begabt; er reflektiert nicht, ist unverbildet und kennt „kein verfälschtes Denken"; er ergreift die Dinge unmittelbar und vermag ihr Wesen zu schauen; er erlebt sich selbst und kann zu großen Ekstasen kommen — er läßt sich nur erfassen „ohne gewohnte Psychologie".

Den expressionistischen Gegnern des bürgerlichen Dramas scheint die geistesgeschichtliche Paradoxie ihres Rufs nach Wiederherstellung *des* Menschen entgangen zu sein. Sie verabschieden das bürgerliche Drama mit fast der gleichen — jedenfalls äußerlich gleichen — Losung, unter der es selbst seinen Weg angetreten hatte.

Erst im fortschreitenden 18. Jahrhundert — am frühesten in England, wo der blühende Welthandel den Aufstieg des Mittelstandes begünstigte — wurde das sich emanzipierende Bürgertum stark genug, für die Selbstdarstellung eine dramatische Gattung zu fordern, die bis dahin der (wie es noch Gottsched formulierte) „vornehmsten Klasse" vorbehalten geblieben war und so den Herrschaftsanspruch der höfischen Aristokratie ästhetisch spiegelte. Und erst um 1750 entsteht eine Theorie des bürgerlichen Dramas — genauer: des ernsten bürgerlichen Dramas, denn der bürgerliche Charakter des Lustspiels galt schon in der ersten Jahrhunderthälfte als unbestritten. Selbstverständlich plädieren manche der poetischen Schriften ausdrücklich für die Aufnahme von Personen des bürgerlichen bzw. des Mittelstandes ins Trauerspiel, wobei sich — wie auch sonst in der Literatur des 18. Jahrhunderts — die Selbsteinstufung des Bürgertums zu erkennen gibt: man setzt die Ebenbürtigkeit mit dem niederen Adel voraus und zieht die Grenzen gegen das Kleinbürgertum (z. B. die Handwerker), den dienenden Stand und die Bauern; der ‚bürgerliche‘ Stand umfaßt also das Handels-, Beamten- und Bildungsbürgertum der Städte. Aber die Theorie des neuen Dramas ist mit der unbedingten Forderung nach sozialer Repräsentation im ganzen zurückhaltend. Ihr geht es zunächst nicht um den Austausch des fürstlichen Standes durch den bürgerlichen, sondern um die Darstellung des Menschen schlechthin.

Diderot, Theoretiker des „genre sérieux" und einer der Begründer des bürgerlichen Dramas, läßt — in den Unterhaltungen über seinen „Fils naturel" (1757) — dem Dramatiker die freie Wahl zwischen den „conditions communes" und einem „rang élevé", besteht aber darauf, „que l'homme ne disparaisse jamais sous le vêtement"[8]: der Stand ist nur Kleid, unter dem immer der Mensch sichtbar bleiben muß. Lessing bemerkt 1767/68 in der „Hamburgischen Dramaturgie" zur Tragödie und zum bürgerlichen Trauerspiel, „daß wir nichts als den Menschen hören sollen"; „wenn wir mit Königen Mitleiden haben, so haben wir es mit ihnen als mit Menschen" (80. und 14. Stück). Und als gegen Ende des Jahrhunderts der Italiener Valdastri in einer Preisschrift, die 1794 in einer anonymen deutschen Übersetzung erscheint, wesentliche Gedanken zum bürgerlichen Trauerspiel zusammenfaßt, da gilt immer noch die Forderung, daß man „in der handelnden Person den Menschen" erblicke. „Man nehme nur den Menschen unter irgend einer der unzähligen Modifikationen, durch die ihn Klima, Religion, Regierungsform, Moral, Opinion, die oft unerklärlichen Lieblingsneigungen (i gusti) der verschiedenen Gesellschaften und der verschiedenen Individuen in ihren mannigfaltigen Formen gehen lassen, und die ihn oft einander selbst unähnlicher machen, als er verschiedenen Gattungen von Thieren ist; man wende Vernunft an, und nicht selten wird man vergebens den Menschen in dem Menschen suchen; man wende Gefühl an, und man wird ihn in allen Zeiten und Orten finden."[9]

Das durch Gefühl erfahrbare allgemein Menschliche, der unter den Formen der Individualität, des sozialen Standes und der geschichtlichen Wandlungen sichtbar werdende „reine" Mensch — Ähnliches verkünden auch die expressionistischen Manifeste. Die Argumente zur Überwindung des bürgerlichen Dramas widerstreiten nicht denen zu seiner Begründung.

Unvereinbar aber sind sie ihren historisch-gesellschaftlichen Voraussetzungen und ihrer Funktion nach. Das bürgerliche Drama wird in jener gemeineuropäischen Bewegung der Empfindsamkeit emporgetragen, die im 18. Jahrhundert als eine Gegenkraft gegen die absolute Verstandesherrschaft aus der Aufklärung selbst hervorgeht und dem Bürgertum zum Gefühl seines moralischen Wertes und damit zur Selbstidentifikation verhilft. Die Empfindsamkeit wendet sich nicht — wie das im Expressionismus angerufene „Gefühl" — ins Kosmische, sondern umgekehrt auf das Private, Familiäre, so daß man hat vorschlagen können, den Begriff ‚bürgerliches Trauerspiel' durch den des ‚Familiendramas' zu ersetzen[10]. Gegen die höfische Welt und die „Staatsaktion" der klassizistischen Tragödie stellt das neue Drama die Welt der bürgerlichen Häuslichkeit, gegen den gleichmütigen Helden (das Heroische) den von Empfindungen bewegten, mitfühlenden Menschen (das Menschliche). ‚Menschlich' wird zu einer sittlichen Kategorie und ‚Mensch' als Kontrastbegriff zu ‚Held' ein Leitwort, mit dem das Bürgertum seine eigene Auffassung von der menschlichen Person geltend zu machen versucht. Die theoretischen Schriften zum bürgerlichen Drama verwenden, wie Wierlacher[11] nachgewiesen hat, nicht selten die Ausdrücke ‚Bürger' und ‚bürgerlich' als Synonyme für ‚Mensch' und ‚menschlich'. An solcher Gleichsetzung zeigt sich, daß der Begriff ‚Mensch' nicht nur im allgemeinen, sondern auch im klassenspezifischen Sinne gebraucht wird. Er erhält, als solidarisierendes Erkennungswort, eine politische Funktion, er soll dem Gedanken der Gleichheit Nachdruck verleihen. Zugleich aber kündigt die neue ethische Auffassung von der menschlichen Person als einem Wesen, das des Mitleidens und der Toleranz fähig ist, die bürgerliche Humanitätsidee an.

Die gesellschaftlichen und politischen Wirkungsmöglichkeiten des bürgerlichen Dramas erweitern sich in dem Maße, wie der Standesgegensatz an Bedeutung gewinnt, also die Übergriffe der Hof- und Adelswelt in die bürgerliche Privatsphäre Tragik herbeiführen bzw. verschärfen: bei Ch. L. Martini, Lessing, Lenz, H. L. Wagner und dem jungen Schiller. Bereits die Klassik aber befriedet die Spannungen wieder; in der Weimarer Kultur-Gemeinschaft von Adel und Bürgertum ist der innere Überlegenheitsanspruch bürgerlichen Geistes nicht mehr angefochten. Hebbel dann legt in seinem bürgerlichen Trauerspiel „Maria Magdalene" den Keim zur Tragik ausschließlich in die Dumpfheit bürgerlicher Verhältnisse selbst; was im frühen bürgerlichen Drama Tugend eines sich emanzipierenden Standes war, ist nun zu kleinbürgerlicher moralischer Engstirnigkeit abgestumpft. Und Gerhart Hauptmanns „Die Weber" setzen endgültig das Signal dafür, daß die Epoche des bürgerlichen Trauerspiels sich neigt. Der Vierte Stand betritt revoltierend die Bühne; dabei ist der vierte Akt des Schauspiels — im „Privatzimmer des Parchentfabrikanten" — von besonderer Verweisungskraft: in die Privatsphäre des Bürgerlichen brechen nicht mehr begehrlich privilegierte Aristokraten, sondern verelendete Arbeiter fordernd ein; die Welt des längst emporgekommenen, die industrielle Produktion beherrschenden Bürgertums wird ihrerseits erschüttert vom Aufstand der unteren Klasse.

Freilich nimmt der Schluß der „Weber" die revolutionäre Gebärde des Dramas wieder zurück. Hier zeigt sich, daß auch Hauptmann einem bürgerlichen Drama verpflichtet bleibt, wie es Lukács definiert. Vom Kollektiv der empörten Weber rückt im V. Akt der einzelne ab, der gegen die Gründe der Aufständischen seinen religiösen Glauben setzt und schließlich das einzige sichtbare Opfer der Unruhen wird. Sein Tod weist nicht nur auf die Märtyrertragödie zurück, sondern ebensosehr auf die Tragödie des um sein Heil besorgten Einzelnen. Angesichts der Not und des berechtigten Aufbegehrens der Masse wird die Flucht in den Jenseitstrost auch zu einem Akt egoistischer Absonderung. So deckt das Drama des Einzelgängers am Ende das Drama der revoltierenden Masse zu.

Zugleich gibt der Schlußakt den Neuansatz wieder preis, mit dem die „Weber" in die Entwicklung des deutschen Geschichtsdramas eingreifen. Im 1891/92 geschriebenen ‚Schauspiel aus den vierziger Jahren' wird für das Drama ein neuer Stoffbereich erobert: die Sozialgeschichte. Bis dahin hatten deutsche Geschichtsdramatiker — ob nun aus Interesse für das große Individuum oder für Staatsideen, ob zum Zwecke der Verherrlichung von Dynastien oder aus bloß historistischen Antrieben — immer nur solche Persönlichkeiten der Vergangenheit ins Rampenlicht der Bühne geholt, die auch auf der großen Bühne der Staats- oder Kriegsgeschichte agiert hatten. „Die Weber" vergegenwärtigen jene wirtschaftsgeschichtliche Umbruchssituation, die eine handwerklich-patriarchalische Warenproduktion dem Druck des Konkurrenzkampfes und die Lohnabhängigen dem Elend ausliefert, vergegenwärtigen sie an Vorfällen, die zwar urkundlich überliefert sind (und auch von Heines Weberlied schon in ein allgemeineres Bewußtsein gehoben worden waren), aber abseits von allen Staatsaffären sich ereignet hatten. Dieser erste bedeutende Entwurf eines sozialgeschichtlichen Dramas wird jedoch im letzten Akt durch den Umschlag des Interesses, durch den salto mortale ins Privatschicksal, verstümmelt.

Den Konsequenzen, vor denen Hauptmann noch zurückschreckt, scheinen expressionistische Dramatiker nicht mehr auszuweichen. Sie schwören sowohl dem bürgerlichen Trauerspiel wie dem Drama des Individualismus und dem Geschichtsdrama ab. Und auch ihre Frage nach *dem* Menschen versteht sich anders als ehedem. Diente im 18. Jahrhundert die Berufung auf das allgemein Menschliche nicht zuletzt dem Ziel, den bürgerlichen Stand als ebenbürtig auszuweisen und den Führungsanspruch seiner Kultur durchzusetzen, so soll jetzt ein Bild des Menschen wiederhergestellt werden, das durch zwei Jahrhunderte gerade dieser bürgerlichen Kultur unkenntlich gemacht worden ist. Edschmids Rede über den dichterischen Expressionismus deutet an, daß die Wechselbeziehung zwischen bürgerlicher Kultur (bzw. bürgerlichem Individualismus) und liberalistischem Wirtschaftssystem, daß der Zusammenhang des „bürgerlichen und kapitalistischen Denkens" gesehen und also die Ursachen für den Verlust des ‚Menschlichen' auch in gesellschaftlich-ökonomischen Entwicklungen gesucht werden. Aber die Anklage der expressionistischen Generation gegen die bürgerliche Kultur erhält ihre Anstöße mehr durch das Ressentiment als durch die Gesellschaftsanalyse. Was sich als Protest gegen das „kapitalistische Denken" gibt, enthüllt sich zumeist als bloßer Einspruch gegen eine alle Lebensbereiche durchdringende Kommerzialisierung. Was als Angriff gegen die bürgerliche Gesellschaftsordnung geführt wird, ist oft nur die Abrechnung mit dem verachteten Klein- und Spießbürger. Und schon zu Beginn des expressionistischen Jahrzehnts ließ sich vermuten, daß die Absage an die bürgerliche Kultur so radikal nicht war, wie sie sich gebärdete. Ins Grabgeläut für das bürgerliche Drama mischen sich insgeheim auch die Auferstehungsglocken.

Das Weiterleben des bürgerlichen Dramas hat seine historischen Gründe und Entsprechungen natürlich im Fortbestehen der bürgerlichen Gesellschaft selbst. Nicht nur die eigene wolkige Menschheitsidee verurteilte die expressionistische Revolution zur kurzlebigen Revolte, sondern auch die Ungebrochenheit des privatwirtschaftlichen Systems und das Beharrungsvermögen der bürgerlichen Kultur. Trotz aller Untergangsprophetie und trotz der sozialistischen Oktoberrevolution hat sich die Widerstandskraft der bürgerlichen Gesellschaft auch sechzig Jahre danach noch nicht erschöpft. Selbst dem Begriff „spätbürgerlich" haften schon Spuren der Verbrauchtheit an; gewiß nicht umsonst hat Helmuth Plessner den Titel seines Buches „Das Schicksal deutschen Geistes im Ausgang seiner bürgerlichen Epoche" (1935) in den Neuauflagen (Die verspätete Nation) nicht wiederaufgenommen. Die Endphase, die der Begriff „spätbürgerlich" bezeichnen sollte, ist inzwischen überdehnt. Bürgerliche und sozialistische Systeme scheinen sich auf ein längeres Nebeneinander einzurichten. Und die bürgerliche Kultur scheint in manchen sozialistischen Ländern nur in die résistance gegangen zu sein oder überzuckert gar mit kleinbürgerlichem Zierat die neue Kultur: hartnäckig hält hier das nachziehende Bewußtsein Abstand zu den realgeschichtlichen Prozessen.

Sehen wir auf die deutschsprachige Literatur, so offenbart sich schon im Expressionismus ein Situationsmerkmal der modernen Dramatik überhaupt: das erklärtermaßen antibürgerliche Drama bleibt weitgehend ein Drama in der bürgerlichen Gesellschaft. Daß sich seit dem Zweiten Weltkrieg zwei Gesellschaftsordnungen in Deutschland gegenüberstehen, verwickelt zwar die Situation und zwingt zu Unterscheidungen, doch richtet sich selbst die Dramatik Bertolt Brechts mit ihrem Veränderungsappell vornehmlich an ein Publikum innerhalb der bürgerlichen Gesellschaft. Im übrigen haben die Gesetze des „sozialistischen Realismus" die Entwicklung neuer dramatischer Formen, d. h. wirklicher Gegenmodelle zum bürgerlichen Drama, eher gehemmt als gefördert. Es geht zumeist nur um die thematisch neue Füllung bestehender Formen. Die Einfühlungstheorie und das Gebot der schauspielerischen Identifikation mit der Rolle, dem die zum Muster erhobene Methode Stanislawskis folgt, haben ihren Ursprung im 18. Jahrhundert und sind bürgerlicher Herkunft. Auch hier überdauern Elemente bürgerlicher Kultur ihre sozialen und politischen Grundlagen. Das bürgerliche Drama liefert noch die Mittel, mit denen es überwunden werden soll.

II. PROTEST UND VISION: EXPRESSIONISTISCHE DRAMATIK

1. Das gebrochene Individuum: Antipsychologismus
(Kornfeld, Goll, Goering, G. Kaiser)

Läßt sich das moderne Drama, dessen Beginn in die Jahre um 1910 fällt, nicht als Ergebnis und Ausdruck einer nachbürgerlichen Kultur fassen, so gibt es doch einem entscheidenden Grundsatz bürgerlicher Dramatik den Abschied. Das moderne Drama ist ein Drama — mit Edschmid zu sprechen — „ohne gewohnte Psychologie". Hierin treffen sich, obwohl sonst weit voneinander entfernt, das expressionistische, das „epische" und das absurde sowie das dokumentarische Theater. Sie alle sind an den psychologischen Problemen des Individuums wenig interessiert.

Lessing — bei seinem Versuch, die Poetik des Aristoteles auf eine Theorie des bürgerlichen Dramas hin zu interpretieren — setzte die psychologische Glaubwürdigkeit des Charakters obenan: „Die Fakta betrachten wir als etwas Zufälliges, als etwas, das mehreren Personen gemein sein kann; die Charaktere hingegen als etwas Wesentliches und Eigentümliches. Mit jenen lassen wir den Dichter umspringen, wie er will, solange er sie nur nicht mit den Charakteren in Widerspruch setzet; ... die geringste Veränderung scheinet uns die Individualität aufzuheben ..." „Nichts muß sich in den Charakteren widersprechen; sie müssen immer ... sich selbst ähnlich bleiben"; keine Umstände, die auf sie wirken, dürfen sie entscheidend ändern. (Hamburgische Dramaturgie, 33. und 34. Stück.) Für Lessing war der Gegenstand der Tragödie, wie Kommerell gezeigt hat, vor allem ein „psychologischer Ablauf", was eine Verinnerlichung des Geschehens herbeiführte, die Goethe dann noch einmal steigern sollte. So rückt in Lessings Aristoteles-Interpretation ein „psychologischer Fall statt des mythischen Falles" an die erste Stelle[1].

Den Expressionisten ist das Psychologische Ausdruck des „bürgerlichen" Kalküls, Eingriff des Kausalitätsdenkens in die seelische Spontaneität. „Aus dem Psychologischen kommt nur Analyse", sagt Edschmid. Und Paul Kornfeld stellt gegen den „psychologischen

Menschen" den „beseelten Menschen"[2]. Daß auch aus ganz anderer als aus expressionistischer Sicht psychologische mit bürgerlicher Literatur gleichgesetzt wird, zeigen Brechts Angriffe gegen den bürgerlichen Roman als einen introspektiv psychologischen Roman („Der Dreigroschenprozeß", ein „soziologisches Experiment", 1931). Im Film und im nichtaristotelischen Theater sieht Brecht Kunstformen, mit denen die introspektive Psychologie bürgerlicher Literatur überwunden werden könne.

Lessing begründete seine Forderung nach psychologischer Bündigkeit der Charaktere mit dem Individualitätsgedanken: durch psychologische Widersprüche werde die Individualität aufgehoben. Wenn im Expressionismus alle Psychologie verworfen wird, so auch deshalb, weil eben die Individualität selbst nicht mehr als ungebrochene Einheit erfahren werden kann.

Gegenbeispiele dürfen uns nicht täuschen. Eine der Ausnahmen ist Hanns Johsts Grabbe-Drama „Der Einsame" (1917), in dem die Unverwechselbarkeit des Einzelnen zu monumentaler Einmaligkeit und individueller Selbstherrlichkeit stilisiert wird[3]. Hier hat sich ein merkwürdiger Nachzügler des deutschen Sturm- und Drangdramas ins 20. Jahrhundert verirrt. Johst steigert das Genie ins Titanische; das Dröhnen Beethovenscher Akkorde in der Anfangs- und Schlußszene bildet die heroische Klangkulisse. Gefeiert wird das Recht des Künstlers auf freie Selbstentfaltung, auf Selbstverwirklichung auch gegen die Rechte der Umwelt. Nicht ganz ohne Entsprechung zur veränderten gesellschaftlichen Rolle des Künstlers ist diese Apotheose des dichterischen Genies. Die Emanzipation des Künstlers innerhalb der bürgerlichen Gesellschaft machte im 19. Jahrhundert kräftige Fortschritte, nachdem schon die Fürsten seinen Repräsentationswert für ihre Residenzen erkannt hatten; im übrigen hat sich der Künstler eigene Lebens- und Gruppenformen wie die Bohème oder den esoterischen Kreis der Auserwählten geschaffen. Dem Drama Johsts fehlen auch nicht die besonderen expressionistischen Züge: der große Mensch findet seine Selbsterfüllung in der dichterischen Ekstase. Doch Geniekult und Individualheroismus des „Einsamen" verweisen weniger aufs expressionistisch-ekstatische als aufs völkisch-heroische Theater, für das Johsts späteres Schauspiel „Schlageter" beispielhaft ist. Das Drama der Hitlerbewegung aber, zu dessen Verkündern und Theoretikern Johst dann zählt, ist Sammelpunkt der Gegenkräfte gegen das moderne Drama. Schon im „Einsamen" trommelt ein Titanentum, das zu verhängnisvollerer als der bloß dichterischen Rechtsanmaßung führen sollte.

In expressionistischer Dramatik drängt eine andere Icherfahrung zu künstlerischem Ausdruck. Das (neuzeitliche) Selbstgefühl des dynamischen, in die Welt ausgreifenden Individuums, im 19. Jahrhundert durch die industrielle Revolution und den wirtschaftlichen Liberalismus scheinbar glänzend bestätigt, ist gebrochen. In einer technisierten Welt sieht sich der Mensch zunehmend verdinglicht. Das Ich wird nicht mehr als geschlossene, die Einheit des Charakters verbürgende Instanz empfunden. Vielfältig schlägt sich in der Personalität expressionistischer Dramen das Erlebnis des Identitätsverlustes nieder — am konsequentesten vielleicht in Friedrich Wolfs „Der Unbedingte" (1919), wo schon das Personenverzeichnis ankündigt, daß einzelne Personen ineinander übergehen. Die Individualität wechselt zwischen verschiedenen Verkörperungen. Diese Auflösung des Ich-Begriffes läßt an Parallelen in der Romantik denken: etwa in Tiecks Novelle „Der blonde Eckbert", wo Figuren ineinander verschwimmen, oder in den Entwürfen zur Fortsetzung des „Heinrich von Ofterdingen", wo Novalis den Gedanken der Verteilung einer Individualität auf mehrere Personen notiert. Aber nicht die Fülle der Erscheinungsmöglichkeiten, nicht die Idee der unendlichen Individualität wird in expressionistischer Dramatik thematisch, sondern gerade die Verflüchtigung der Identität. Spielerisch parodiert, bereits im Stadium des Zerfalls expressionistischen Ernstes, erscheint das Thema in Ivan Golls „Methusalem oder Der ewige Bürger" von 1922. In dieser Bürgersatire, die schon dem Absurden Theater vorgreift, steht im V. Bild der Student, Liebhaber von Methusalems Tochter, zu gleicher Zeit dreimal auf der Bühne: als eine nüchternkommerzielle, eine erotisch-sexuelle und eine romantisch-musische Persönlichkeit. Die voneinander abgespaltenen Teilpersönlichkeiten überwachen und bekämpfen sich wechselseitig. Goll bereichert die alte komödiantische Technik des mehrfachen Rollenspiels durch diese Simultanform um eine moderne Variante.

Aber die Komödie ist keine Gattung, die expressionistischem Ausdrucksverlangen entgegenkäme (weshalb auch Sternheim der literarischen Bewegung nicht zuzuordnen ist). Die Gespaltenheit des Ich und die Brüche in der Individualität werden als Entpersönlichung und deshalb als Verhängnis verstanden. Ursache und Symptom der Entpersönlichung fallen zusammen in der Anonymität des Menschen, der dramatischen Figuren. In Georg Kaisers „Noli me tangere" (1922) — beispielsweise — werden Figuren lediglich nach Nummern unterschieden. Die völlig mechanisierte Welt im Schlußteil der „Gas"-Trilogie kennt nur noch numerierte Aufseher und Arbeiter;

die Menschheit ist in zwei Lager geteilt, „Blaufiguren" und „Gelb-figuren" bekämpfen sich in einem nie entschiedenen und nie enden-den Krieg. Vieles von George Orwells Schreckensvision in „1984" ist hier vorweggenommen.

Es bedurfte nicht erst des modernen Krieges, um den Glauben an die Größe und Autonomie des Individuums — ohnehin nur das Vor-recht der ökonomisch und kulturell Begünstigten — als eine Illusion aufzudecken. Aber die Materialschlachten des Ersten Weltkriegs ma-chen die Ohnmacht des Einzelmenschen zum erstenmal mit furcht-barer Eindringlichkeit bewußt. Reinhard Goerings Tragödie „See-schlacht" (1918) ist dafür ein Dokument. Der Autor verdeutlicht den Persönlichkeitsverlust durch optisch sinnfällige Zeichen. Die während der Seeschlacht in einen Panzerturm eingeschlossene und in den Un-tergang fahrende Besatzung verwandelt sich von einer differenzierten Gruppe zur unterschiedslosen Masse, als ein Befehl die Matrosen zwingt, Gasmasken aufzusetzen. In der zermalmenden Maschinerie der Kriegstechnik büßt der Einzelmensch auch das letzte Zeichen sei-ner Besonderheit ein: sein Gesicht. Dem Menschlichen entfremdet, in die Anonymität gestoßen, dem Wahnsinn verfallend — so erwar-ten die Matrosen einen Tod, den erst das spätere nationalistische Drama wieder zum gloriosen Heldentod stilisieren sollte.

Zum Sinnbild für die Auslöschung des Einzelwillens und -rechts in der enthumanisierten Staatsordnung wird die Auslöschung des Ge-sichts in Kaisers spätexpressionistischem Schauspiel „Die Leder-köpfe" (1928). Das in antikisierter Umwelt spielende Drama ist wohl das makaberste dramatische Gleichnis für die Systeme der Tyrannis im 20. Jahrhundert. Einem Feldhauptmann, der sein eigenes Gesicht gräßlich verstümmelte, sich als angeblich Geschändeter und Über-läufer in die feindliche Stadt listete und sie zu Fall brachte, diesem unter einer Ledermaske heimkehrenden Feldhauptmann hat der Ba-sileus seine Tochter versprochen. Um dem grausigen Anblick das Ungewöhnliche zu nehmen, will der Basileus für die Multiplizität der Fälle sorgen: „Ich will Lederköpfe schaffen nach deinem Vor-bild, Feldhauptmann, ... ein Volk von Lederköpfen ..." Ja, diese Tat wird dem wahren Wesen seiner Herrschaft erst zur Evidenz ver-helfen: „Da wird es deutlich. Verlöscht ist das Gesicht. Warum soll es sich zeigen? Will ich euch kennen? Erhebt ihr Anspruch auf Be-zeichnung? ... Seid jedermann und niemand, die ihr wart und bleibt ..."[4] Der Handlung des Stückes eignet, wie oft bei Kaiser, etwas von laborhafter Ausgeklügeltheit. Und sie bleibt dennoch nahezu verschämt zurück hinter politischen Wirklichkeiten des 20.

Jahrhunderts mit ihren Vernichtungslagern, ihren sogenannten Säuberungsaktionen und ihren raffinierten Apparaturen der Unterdrückung individuellen Lebens und Geistes.

2. Die zerbrechende Welt: Schreckensutopien
(v. Unruh, C. Hauptmann, K. Kraus, Barlach, Kaiser)

Wo man die Individualitäten zerbrochen sieht, liegt die Vision einer zerbrechenden Welt nicht fern. Krieg und Technik vertreten dabei die apokalyptischen Reiter.

Daß die Kriegsdramatik des Expressionismus Antikriegsdramatik ist, bezeugt exemplarisch die Entwicklung des Generalssohnes Fritz von Unruh, dem von Geburt und Werdegang her der Weg zum Expressionismus nicht vorgezeichnet war. Diametral stehen sich zwei Dramen wie „Offiziere" (1911) und „Ein Geschlecht" (1915/16 entstanden) gegenüber, wobei es nicht wenig bedeutet, daß von Unruh zwischen den Entstehungszeiten, im Jahre 1912, seinen freiwilligen Abschied aus der Laufbahn des Berufsoffiziers nimmt. Im Vierakter „Offiziere" wird der Krieg — der Feldzug der deutschen afrikanischen Kolonialtruppe gegen die aufständischen Hereros — als Befreiung aus einem müßigen und leeren Dasein erlebt. So antizipiert das Drama einen Vorgang, der in der Wirklichkeit des Jahres 1914, beim Ausbruch des Weltkriegs, fast die gesamte Nation ergreift und selbst Pazifisten mitreißt. Die Tragödie „Ein Geschlecht" gehört zu jenen Dramen, in denen sich der Umschlag offenbart, den die grauenvolle Realität des Krieges bewirkt hat. Der Fluch gegen den „Weltbrand" und die Verkündigung einer vom Krieg erlösten Menschheit werden von nun an zum thematischen Grundbestand expressionistischer Dramatik gehören. Aber von Unruhs Tragödie ist auch in anderer Weise kennzeichnend für die Antikriegsdramatik. Sie nimmt zur allgemeinen, pathetisch-wortreichen Ächtung des Krieges Zuflucht, wo nüchterne Analyse der Ursachen Einsichten hätte vermitteln können. Zudem sind die Gestalten in eine mythische Ferne entrückt, die Handlung spielt jenseits der historischen Zeit und „auf Bergesgipfel". Sogar Anregungen Nietzsches werden wirksam: der Berg, auf den sich Zarathustra zurückzog, und die Konzeption des Übermenschen.

Wo in von Unruhs Tragödie und in verwandten Stücken der Ausblick auf eine vom Kriegsschrecken befreite Erde die dramatische Situation übersteigt, treibt in anderen Antikriegsstücken die Katastrophe zu letztmöglichen Folgen. An die Stelle des optimistischen Entwurfs tritt die Weltuntergangsvision.

Schon im Jahre 1913 beweist Carl Hauptmann mit dem Drama „Krieg" seine Empfänglichkeit für Stimmungen, die sich für die meisten Expressionisten erst während des Weltkriegs verdichten. Der Untertitel des Dramas, „ein Tedeum", wird rasch durch die Darstellung dementiert, der „Lobgesang" enthüllt sich als Anklage und Menetekel. Der Darstellungsabsicht des Autors kam die Bühne der Zeit wenig entgegen; das mag die stilistische Disparatheit des Werkes mit erklären helfen. Groteske, mythisierende und symbolistische Stilzüge überschneiden und widerstreiten sich. Doch setzt sich das Groteske immer wieder als die beherrschende Sicht- und Darstellungsweise durch. Und so wird schon hier deutlich, wie sehr gerade das Groteske fähig ist, die Ängste und Alpträume einer Generation, unseres Jahrhunderts überhaupt, in die künstlerische Gestalt zu bannen (wofür die Geschichte der bildenden Kunst noch eindringlichere Beispiele liefert als die Theater- und Literaturgeschichte). In Carl Hauptmanns Drama holt am Ende das Groteske die Vision von der Vernichtung unserer Zivilisation ins Bild: zwischen Trümmern und in Erdlöchern vegetieren Krüppel; die Menschheit befindet sich wieder auf dem Nullpunkt.

Uns sind heute — seitdem wir die Vernichtungsgewalt der Atombombe kennen — derartige Zukunftsprognosen nichts Unvertrautes mehr. Ja, modische Ausbeutung — zumal durch den Film — hat das Thema längst trivialisiert und einer Technik des spannenden Effekts dienstbar gemacht, die das Grausige durch immer neue Übersteigerungen nur immer mehr entschärft. Im Expressionismus war das Katastrophenmotiv noch von keinem Gewöhnungsprozeß verharmlost. Die Entwicklung der Vernichtungswaffen und die politischen Spannungen ließen die Zerstörung der Zivilisation gerade erst als bedrohliche Möglichkeit im allgemeinen Vorstellungshorizont erscheinen. Die Weltuntergangs-Visionen hatten also ihren rezeptionsgeschichtlich günstigen Augenblick gerade dadurch, daß das noch Unvertraute schon das auf Grund von Erfahrung Denkbare, das der heimlichen Furcht Vertraute war, daß der literarisch-ästhetische Ausdruck des Unvertrauten zugleich neue Fragen und Fragen neu artikulierte und damit Erwartungen entsprach, die der Kunst aus der historischen Situation der technisierten Gesellschaft entgegengebracht wurden[5].

Carl Hauptmann schreckt allerdings vor der äußersten Konsequenz noch zurück. Bevor das Bühnenlicht ausgeht, ziehen Frauen, mit Kindern auf dem Arm, in einem Massenzug vorüber. Das Bild, das den Neuanfang der Menschheit symbolisieren soll, sinkt unter Jubel ins Dunkel; es hebt das Beklemmende der Untergangsvision noch einmal auf. — Die Nachfolger Carl Hauptmanns teilen solchen Optimismus nicht mehr.

In Karl Kraus' Drama „Die letzten Tage der Menschheit" (in erster Fassung 1918/19 erschienen) wird das optimistische Moment sogar in einer Figur konkretisiert, um desto nachdrücklicher widerlegt werden zu können. Der „Optimist" verficht die offizielle Kriegsideologie, während sich in der Figur seines Kontrahenten, des „Nörglers", der satirische Autor sein kommentierendes Organ schafft.

„Die letzten Tage der Menschheit", mit ihren mehr als 200 Szenen bühnentechnisch selbst ein Monstrum, zeigen den Krieg — den Ersten Weltkrieg — als monströse Fratze einer zerfallenden Kultur. Kraus demonstriert den geistigen und moralischen Niedergang an einer Fülle von Personengruppen; neben fiktiven oder historisch anonymen Figuren — Angehörigen nahezu aller Schichten — treten auch bekannte Personen der Zeitgeschichte auf: der österreichische und der deutsche Kaiser, Feldherren wie Hindenburg und Ludendorff, Dichter wie Dehmel und — Ganghofer. Mit der umfassenden Vielfalt der Schauplätze und Figuren sowie der Idiome und Ausdrucksweisen wird dieses Drama zum „Welttheater", freilich zum satirisch-grotesken Welttheater.

Die Satire ist vorwiegend Sprachsatire. Fast zur Hälfte besteht der Text, wie Mautner geschätzt hat[6], aus sprachlichen Dokumenten der Zeit, aus Zeitungstexten, Leitartikeln und Frontberichten, aus Behördenerlassen, Gerichtsurteilen usw. Die Montage von gedichteten und historisch-dokumentarischen Texten war schon bei Büchner, in „Dantons Tod", zu finden. Im Dokumentarspiel der sechziger und siebziger Jahre unseres Jahrhunderts hat der historisch authentische Text sogar die absolute Herrschaft übernommen, und in der Prosa der Gegenwart ist die Reproduktion der alltäglichen Sprachklischees zur geläufigen Schreibtechnik geworden. Zwischen dem Vorläufer des modernen deutschen Dramas, Georg Büchner, und den Vertretern des dokumentarischen Theaters nimmt Kraus nur eine Zwischenstellung ein. Aber nirgendwo liefern sich die übernommenen sprachlichen Dokumente so sehr der Selbstentlarvung aus wie in den „Letzten Tagen der Menschheit". Denn hier ist die Sprache Mittel und Gegenstand der Satire zugleich, sie dient der Kritik und ist gleichzeitig die kritisierte Sache selbst. Für Kraus ist Sprache nicht nur ein Zeichensystem, nicht nur Mittel des Ausdrucks, der Darstellung und der Mitteilung oder Kommunikation, sondern immer auch Selbstoffenbarung geistiger und sittlicher Haltungen. Wo die Sprache verdorben ist, ist es auch der Geist. Im Mißbrauch der Sprache verrät sich die Korruption des Geistes und also der Niedergang der Kultur. Die Schlagwörter, der Jargon der Frontberichte, das heldisch-patriotische Pseudopathos und die Verwaltungssprache der Militärbürokratie, die den Menschen mit dem Inventarstück aus der Zeugkammer gleichsetzt — sie alle sind Indizien einer verrohten und inhuman gewordenen Zivilisation. Gesellschafts- und Kulturkritik äußert sich als Sprachkritik.

Offensichtlich ist gerade bei österreichischen Autoren die Sensibilität für die vielfältige Problematik der Sprache besonders entwickelt. Schon Grillparzer thematisierte das Mißtrauen gegen eine die Wahrheit verdeckende Rede, gegen den geheimen Lügencharakter der Wahrheitsrede, im Lustspiel „Weh dem, der lügt". Bei Hofmannsthal hat sich die Skepsis zugespitzt; der „Schwierige" ist überempfindlich geworden gegen die „Indezenz" der Sprache. Über Nestroy hat Karl Kraus, dem die Wiederentdeckung des großen Satirikers der Wiener Volksbühne zu danken ist, gemeint, er sei der erste deutsche Satiriker gewesen, bei dem sich die Sprache Gedanken mache über die Dinge. In Wahrheit ist Nestroy auch darin ein Vorgänger von Kraus, daß sich bei ihm die Sprache bereits Gedanken über sich selbst zu machen beginnt. Kraus schließlich hat mit seinem Verfahren, Kultur- und Gesellschaftskritik als Sprachkritik vorzutragen, in der Gegenwart bei Peter Handke (vor allem in „Kaspar") Nachfolge gefunden.

Der Titel des Dramas „Die letzten Tage der Menschheit" rechtfertigt sich vor allem vom Schluß her. Makabre Visionen von Kriegsende und Nachkriegszeit (über das Schlachtfeld ergießt sich der Strom lärmender und photographierender Touristen) jagen einander, bis schließlich das Weltuntergangschaos angekündigt wird durch den Ruf: „mehr Licht für den ‚Jüngsten Tag'!" Vom Mars her wird die Menschheit mit einem neuen Krieg überzogen. Das Schlußwort der Tragödie aber — der ersten Kriegsrede Wilhelms II. entnommen — bleibt der Stimme Gottes vorbehalten: „Ich habe es nicht gewollt."[7] Damit wird die Vorstellung des alten Topos vom Welttheater, wonach das Leben ein Schauspiel unter der Regie Gottes ist, widerrufen. Für dieses Schauspiel einer sittlich und geistig verwahrlosten Welt weist Gott alle Verantwortung von sich. Er unternimmt aber auch keinerlei Versuch, den Absturz der Menschheit aufzuhalten. Er schaut nur noch — als ein zur Beobachtung verurteilter Gott des Deismus oder als ein zürnender Gott wie der des Alten Testaments? — dem Untergang seiner Schöpfung zu.

Während sich in Kraus' Tragödie Gott von jeder Verantwortung für die Einrichtung seiner Welt freisprechen kann, muß sich in Ernst Barlachs Drama „Die Sündflut" (1924) Jehova dafür zur Rechenschaft ziehen lassen. Es wird also hier die alte Frage der Theodizee, wie Gott angesichts des Leidens und des von ihm selbst in die Welt gesetzten Bösen als Schöpfer und Herr der Welt gerechtfertigt werden kann, wieder aufgeworfen. Jehova ist der Gott des Alten Testaments, der die Sintflut sandte und nur die Bewohner der Arche rettete. Barlach scheint, indem er für den Titel die volksmäßige Umdeutung „Sündflut" wählt, den Strafgerichtscharakter der großen Flut zu betonen. Dennoch ist das Stück nicht nur eine moderne Dramatisierung der alttestamentlichen Geschichte; Barlach hat die alte Fabel vom Gott, der sein Geschöpf für dessen Fehler bestraft, als absurd bezeichnet. Vielmehr dient die Sintflut-Fabel dazu, die ihr zugehörige Gottesvorstellung zu überprüfen und in Frage zu stellen. Mit den beiden menschlichen Protagonisten des Dramas, mit Noah und Calan, stoßen zugleich zwei Gottesideen aufeinander. Gegen den unwandelbaren, den rächenden Gott, wagt Calan zunächst ungeheure Herausforderungen; diesem Gott Noahs setzt er schließlich die Vorstellung eines werdenden, mit dem Menschen sich wandelnden Gottes entgegen, eines Gottes, der nicht Substanz ist, sondern Prozeß, der Schöpfer ist und doch von seinem Geschöpf neu geschaffen wird.

Barlach rückt das expressionistische Motiv der Weltkatastrophe also in den religiösen Horizont, wobei auch Gedanken der Mystik Eingang finden. Doch spiegelt der Konflikt der Gottesideen, der als Zusammenstoß ihrer Repräsentanten erscheint, zugleich historische Erfahrungen. In Noahs Frömmigkeit, der die demutsvollen Formeln allzusehr zu Gebote stehen, mischt sich Gottvertrauen gelegentlich mit naiver Heuchelei und Selbstgerechtigkeit sowie mit einem robusten Nützlichkeitsdenken. Hier werden Züge einer religiösen Haltung erkennbar, die den durch lange Gewohnheit zum bloßen Erbgut abgesunkenen Gottesglauben immer zu eigenem Vorteil auszulegen weiß — Züge einer Verquickung von Religion und Realinteresse, wie sie auf christlichem Hintergrund seit dem 18. Jahrhundert zumal im Handelsbürgertum anzutreffen war.

Die Gestalt Calans ist nicht von derselben Eindeutigkeit wie die Noah-Figur, weil sie erst am Ende einer Entwicklung Sprachrohr der neuen Gottesidee wird. Der Calan der ersten Phase ist ein Gotteslästerer und Gottversucher, der, um sich mit Jehova zu messen und dessen Macht zu prüfen, zynisch Grausamkeiten an einem Unschuldigen begeht; er bietet sich Noah sogar als Gott an. In dieser Figur sammeln sich Reflexe eines prometheischen Selbstbewußtseins[8], wie es erst der Autonomiegedanke der Neuzeit und das Erlebnis des machtvollen technischen Fortschritts hervorbrachten. Und so zeigen die Wandlung Calans und sein Bekenntnis zu einem anderen Gott — aber eben doch zu einem Gott — Barlachs kritische Korrektur eines titanischen Ichbewußtseins an. Das Drama läßt alttestamentliche Sinngebung weit hinter sich und stellt die Sintflut-Fabel ins Spannungsfeld religiöser Fragen der späteren Neuzeit.

Aus gesellschaftlichen Bewegungsgesetzen versucht Georg Kaiser in der „Gas"-Trilogie (zwischen 1916 und 1919 entstanden) seine Vision vom unaufhaltsamen Gang der Menschheit in die endgültige Katastrophe zu entwickeln. Kaiser nimmt, etwa zur Zeit der russischen Oktoberrevolution, bereits die Ablösung des kapitalistischen Systems durch das sozialistische in den Blick. Das Bild aber, das er von den Prozessen innerhalb der sozialistischen Gesellschaft entwirft, setzt sich in scharfen Widerspruch zu allen Voraussagen marxistischer Theoretiker: auch die Aufhebung des Privateigentums beseitigt nicht die Unstimmigkeiten und Gegensätze in den zwischenmenschlichen Beziehungen.

Die gesellschaftlichen Abläufe werden am Beispiel eines riesigen Industrieunternehmens verfolgt. Dem Milliardär, dem Repräsentanten des kapitalistischen Systems im ersten Drama der Trilogie, „Die Koralle", tritt sein Sohn entgegen, der sich als Parteigänger der Arbeiter von seiner Klasse lossagt. In „Gas I" hat dieser Milliardärssohn die Nachfolge seines Vaters angetreten und den Betrieb sozialisiert: alle Gewinne werden gleichmäßig an die Arbeiter verteilt. Aber das Gemeineigentum verbürgt noch keinen gesellschaftlichen Fortschritt, neue egoistische Interessen unterlaufen die befreienden Wirkungen. Gewinngier hat nun auch die Arbeiter ergriffen, deren Arbeitsfanatismus schließlich zu einer Gasexplosion führt, welche die ganze Fabrikanlage in Trümmer legt. Es ist dies eine Katastrophe, in der sich die Weltkatastrophe des III. Teils der Trilogie bereits ankündigt.

Der Milliardärssohn will die Gelegenheit des Neuanfangs nutzen und den Wiederaufbau der Fabrik verhindern. Er will der Entfremdung des Menschen, seiner Versklavung an die Maschine, durch die uneingeschränkte Absage an die Technik begegnen. Aber da auch die Rüstungsabteilung der Regierung den Wiederaufbau der Gasfabrik verlangt, gelingt es dem Gegenspieler, dem Ingenieur des Werkes, die Arbeiter mit heroischen Phrasen in die Arbeitsfron zurückzuführen. — Die Konstellation der Gegner kehrt im letzten Drama der Trilogie mit dem Gegensatz des unglücklichen Heilsverkünders und des rücksichtslosen, vom Fortschrittsglauben besessenen Technikers wieder.

Für die gesellschaftliche Grundsituation in der Handlung von „Gas II" (das Stück spielt mehrere Generationen später) sind Unterscheidungen wie kapitalistische oder sozialistische Wirtschaftsform unwesentlich geworden. Die Technik hat sich aus der Dienstbarkeit gelöst und umgekehrt die Gesellschaft ihren eigenen Gesetzen völlig unterworfen. Unter dieser Diktatur der Technik sind die Menschen zu hirnlosen und mechanischen Wesen, die nur noch Schalter bedienen, zu Automaten herabgewürdigt. Der noch einmal mobilisierte Wille zur Selbstbefreiung, der Widerstand gegen Sklavendienst und gegen einen Krieg, in den die zwei Hälften der Menschheit verwikkelt sind, bricht rasch zusammen. Schließlich tritt die Geschichte des Menschen ins Stadium der letzten Entscheidung. Ein Giftgas von schrecklicher Wirkung ist erfunden worden; die in einer einzigen Glaskugel vorhandene Menge genügt, die gesamte Bevölkerung der Erde zu vernichten. Die Arbeiter, entschlossen, sich am Gegner zu rächen, sind blind für die Gefahr der Selbstzerstörung und fordern das Gas. Da fühlt sich der „Milliardärarbeiter", Nachkomme des Milliardärssohns, berechtigt, das Gericht an einer verstockten Menschheit zu vollziehen. Er bemächtigt sich der Verderben tragenden Kugel und läßt sie zu Boden fallen. Gegen das ausbrechende Chaos sucht sich noch eine Stimme zu behaupten, die ins Kopftelephon schreit: „dies irae — solvet — in favil —".[9] Satz und Stimme zerbrechen, das Zerbrechen der Welt andeutend.

Was in Barlachs Version des biblischen Stoffes überhaupt keinen und in Kraus' Drama nur am Ende Platz hat, bestimmt in Kaisers „Gas"-Dramen den Figuren- und Handlungsaufbau: der utopische Entwurf. In seinem Vorgriff auf die Zukunft hat sich Kaiser der Hoffnung kaum anvertraut: der Zustand des idealen menschlichen Zusammenlebens wird nie erreicht und selbst als Plan verworfen. Die Desillusion, von der Autoren wie Kaiser ergriffen waren, wird innerhalb der Trilogie thematisch in der immer neuen Enttäuschung, welche die Verkünder und Verfechter einer gesellschaftlichen Erneuerung erleben. Und umgekehrt: wie Enttäuschung schließlich den „Milliardärarbeiter" zu jener Verzweiflungstat treibt, womit er allem Leben auf der Erde ein Ende setzt, so ist Kaisers Vision der Menschheitskatastrophe Ergebnis und Ausdruck enttäuschter Erwartungen von Menschheitsglück. Der Kulturpessimismus, für den Kaisers und

30

Kraus' Dramen Zeugnisse sind, entsteht gewiß nicht erst mit dem Weltkrieg. Das Vordringen der Schreckens- oder Katastrophenutopien gegen die utopischen Modelle idealer Gemeinschaften und Staaten wird bereits bei H. G. Wells sichtbar, in Romanen wie „The Food of the Gods" (1904) bzw. „The War in the Air" (1908). Aber die deutschen Dramen vom Weltuntergang sind zugleich schon Dokumente für die Erschöpfung des expressionistischen Versuchs, mit der Utopie eines neuen Menschen den Anstoß zur Welterneuerung zu geben. In Kaisers Gas-Trilogie triumphiert am Ende über alle Glücks-Utopien die Schreckens-Utopie. Wogegen aber richteten sich die utopischen Entwürfe der Expressionisten?

3. Generationsprotest und Zivilisationskritik
(Jahnn, Hasenclever, Sorge)

Der Erneuerung vorauf geht der Protest. Widerstand der expressionistischen Generation gegen die alte Welt ist Widerstand gegen die bürgerliche Welt; und Bürgertum wird einerseits als Philister- und Spießbürgertum, andererseits als Krämertum verstanden. „Euer Selbst, das sind eure Geschäfte. Je reicher einer ist, um so weniger ist er Mensch", sagt in Carl Einsteins „Die schlimme Botschaft" (1921)[10] Jesus dem Bürger. Alfred Brust deutet in seinem Schauspiel „Die Schlacht der Heilande" (1920) die Abkehr von Krämergeist und Besitzstreben als Erlösungsakt. Für Ludwig Rubiner ist die bürgerliche Gesellschaft Freistatt eines liberalistischen Kampfes aller gegen alle und das Postulat freier Selbstentfaltung des Individuums nur ein Versuch, wirtschaftliche Machtkonzentration zu rechtfertigen. „Ihr seid Einzelne, ihr wollt die ruchlose Macht für den Einzelnen", ruft man im Drama „Die Gewaltlosen" (1919) den Bürgern zu[11]. Jedoch bedient sich die Ideologiekritik expressionistischer Dramatiker nicht der marxistischen Argumentation. Beklagt wird vor allem die Seelenlosigkeit des Daseins. In Hans Henny Jahnns Drama „Pastor Ephraim Magnus" (1919) geht am Schluß der Dompfarrer zur Predigt hinaus mit den Worten: „Ich werde einbrechen da, wohin sich ihre Seele geflüchtet hat vor der Gewalttätigkeit ihrer bürgerlichen Ordnung."[12]
Radikalisiert erscheint die Kampfansage in der sogenannten Vater-Sohn-Dramatik, in der sich der Vater-Sohn-Konflikt zum Generationen-Gegensatz erweitert und auch zuspitzt: in Reinhard Johannes Sorges ‚dramatischer Sendung' „Der Bettler" (1912), Wal-

ter Hasenclevers „Der Sohn" (1914), Arnolt Bronnens „Der Vatermord" (1920) und in Teilen von Franz Werfels „Spiegelmensch" (1920). Die Gesellschaftsordnung wird hier attackiert in der kleinsten sie widerspiegelnden Einheit: der Familie. „Die Tyrannei der Familie zerstören", ist in Hasenclevers Drama Programm der Jugend. „Wir wollen predigen gegen das vierte Gebot. Und die Thesen gegen den Götzendienst müssen abermals an der Schloßkirche zu Wittenberg angenagelt werden."[13] Die Familie ist repräsentiert durch die Figur des Vaters; und die Absage an die Familie äußert sich vor allem als Auflehnung gegen die Autorität des Vaters. Gewiß wird im Familienkonflikt der expressionistischen Vater-Sohn-Dramatik schon jener sozialpsychologische Prozeß faßbar, den Alexander Mitscherlich in seinem Buch „Auf dem Weg zur vaterlosen Gesellschaft" (1963) das „Erlöschen des Vaterbildes" genannt hat. Und in diesem Zusammenhang mag die mythische Überhöhung der Muttergestalt in von Unruhs „Ein Geschlecht" als Versuch erscheinen, das Vaterbild durch das Mutterbild, eine patriarchalische durch eine matriarchalische Ordnung auszutauschen. Doch ist das vaterrechtliche System der feudalen und der bürgerlichen Gesellschaft gemeinsam, während in Hasenclevers Drama der Vater gerade als Symbolfigur der bürgerlichen Gesellschaft verstanden und zum Angriffsobjekt der antibürgerlichen Revolte gewählt wird. „Denn bedenke", sagt der Freund des Sohns, „daß der Kampf gegen den Vater das gleiche ist, was vor hundert Jahren die Rache an den Fürsten war. Heute sind wir im Recht! . . . Heute singen wir die Marseillaise!"
Das Revolutionspathos bleibt hohl. Zwar hat der Sohn in einer Versammlung „den Bund gegründet der Jungen gegen die Welt", aber der Enthusiasmus hält nicht vor. Pubertätsprobleme verweisen den Sohn zurück auf sich selbst; die Aufstandsaktion der Söhne gegen die Väter verliert sich wieder im Privaten. Am Ende bleibt dem Sohn sogar die revolutionäre Tat erlassen: als der Vater die Drohung erkennt, tötet ihn ein Schlaganfall. Und wie eine leere Deklamation wirken die Schlußworte des Sohns:

> Jetzt höchste Kraft im Menschen zu verkünden,
> Zur höchsten Freiheit, ist mein Herz erneut!

Zu eindeutiger Konsequenz gelangt der Generationen-Gegensatz in Sorges „Bettler", doch ist er hier nur ein Problem unter anderen. Schon der Untertitel bzw. die ungewöhnliche Gattungsbezeichnung des Dramas, „dramatische Sendung", läßt auf eine neue Theater- und Künstlerästhetik schließen. Die fünf Akte führen den Werdegang eines (dramatischen) Dichters, der dem Ruf seiner Sendung folgt, in mehreren symbolischen Stufen vor. Als Generationsproblematik entfaltet sich die Künstlerproblematik im II. und III. Akt.

Die „Familie" faßt in Sorges Drama weniger biologische als geistige Beziehungen zusammen, sie ist Bereich der Herkunft — einer geistigen Herkunft, die es für den Dichter zu überwinden gilt. In der Figur des Vaters sieht der Dichter die Öde der Zeit und den Wahn der Menschheit gesteigert zur Krankheit. Die nächtlichen Träume des Vaters schweifen in den Weltraum, finden den Mars bevölkert und auf dem Mars Maschinen, die den technischen Möglichkeiten der Erde weit voraus sind. Mit einem eigenen Plan, dessen Maße ins Gigantische und Vermessene gehen, will der Vater die Erde beglücken. Er erscheint — trotz vieler spießbürgerlicher Züge — als der Vertreter der technischen Zivilisation, des naturwissenschaftlichen Fortschrittsoptimismus, auch einer konstruktiven Phantasie. Diese Figur macht deutlich, daß Sorge hinter den großen technischen Entwürfen und Utopien durchaus eine visionäre Kraft am Werke sieht. Erst dadurch wird im Drama der Vater zum gleichwertigen Gegenspieler des Dichters. Der Vater-Sohn-Gegensatz trägt exemplarisch einen geistigen Grundkonflikt der historischen Situation aus. Der Dichter erstrebt eine geistige Erneuerung, die allen Kategorien naturwissenschaftlichen Denkens entsagt. Insofern ist Sorges „Bettler", neben einigen Kurzdramen von Oskar Kokoschka eines der ersten expressionistischen Dramen überhaupt, wegweisend und kennzeichnend für die technik- und zivilisationsfeindlichen Tendenzen der Generation — es wäre in diesem Zusammenhang auch an die Jugendbewegung zu erinnern. Was Sorges Drama, in den Träumen und Gesichten des Vaters, noch als Wahn zu fassen sucht, das realisiert dann Kaisers „Gas"-Trilogie in beklemmenden dramatischen Vorgängen.

Im III. Akt des „Bettlers" konzentriert sich der Vater-Sohn-Konflikt in einem symbolbeladenen Geschehen: der Vater tötet einen Vogel mit seinem Zirkel — wobei also einem Symbol des organischen Lebens ein Symbol der mathematischen Wissenschaften entgegengesetzt wird —, und fast gleichzeitig rührt der Sohn das Gift für den Vater mit einem grünen Birkenzweig an. Dieses Symbol der Frühlingsnatur und des Neubeginns vereinigt in sich ein Ding- und ein Farbsymbol. Rot ist andererseits die symbolische Farbe für die Bereiche der Familie und der Technik: das Wohnzimmer gleißt in roten Farben; rot ist in den Träumen des Vaters der Mars; für seine technischen Entwürfe nimmt der Vater statt roter Tusche Blut. Aufdringlich wirkt das symbolistische Inventar, aber solche Augenfälligkeit ist funktional: sie soll helfen, der Vergiftungsszene ihre Realistik zu nehmen. In einem Geflecht symbolischer Bezüge soll auch der Vatermord symbolische Verweisungskraft gewinnen. Um in den nächsten Kreis der „Reinheit" schreiten zu können, hat der Dichter in seinem Vater den Vertreter eines inhuman gewordenen Weltbildes zu überwinden.

4. Geschichts- und Moralfeindlichkeit
(Werfel, Hasenclever, Sorge)

Doch spiegelt der Vater-Sohn-Gegensatz eine noch allgemeinere Konfliktsituation. Im Vater wird die autoritative Macht des Überlieferten und des Bestehenden überhaupt bekämpft. „Ich bin kein Erbe. Ich bin selbst Beginn!" erwidert in Werfels „Spiegelmensch" Thamal auf die Ermahnungen des Vaters. Und Spiegelmensch erläutert, Faust parodierend, den Mord Thamals an seinem Vater mit den Worten: „Das Erbe, dem du nicht entgehen kannst / Ermord es, um es — zu besitzen!"[14] Zwar spricht hier das mephistophelische Ich Thamals, und sein Zynismus ist nicht kennzeichnend für Werfels Sicht, die bereits mit der radikalen Position von Hasenclevers „Sohn" bricht. Aber auch Werfels Kommentar, in den dramaturgischen Betrachtungen zu „Spiegelmensch", weist die Vaterfigur als Symbol für das Überlieferte aus: der Vater ist „Vergangenheit", ist das „hereditäre Prinzip"[15]. Mit dem väterlichen, dem vom Vater weitergereichten und aufgedrungenen Erbe wird zugleich das historische Erbe ausgeschlagen. Um der Erneuerung des Menschen und der Welt willen soll mit der Geschichte tabula rasa gemacht werden.

So offenbart sich im Vater-Sohn- bzw. Generationen-Konflikt und in der Absage an die Familie, den kleinsten mit Geschichte angereicherten gesellschaftlichen Verband, die Geschichtsfeindlichkeit des Expressionismus. Nietzsches Frage nach dem „Nutzen und Nachteil der Historie für das Leben", seine Verdächtigung der Geschichte als einer das Leben hemmenden Macht und seine Lehre, daß die unhistorische Atmosphäre der Geburtsschoß der rechten Tat und jedes großen geschichtlichen Ereignisses sei, sie haben hier Resonanz bzw. künstlerische Entsprechung gefunden[16]. Die Geschichtsfeindlichkeit wird verständlich aus dem Widerstand gegen ein Übermaß an Historie (an geschichtlichem Wissen), als eine Reaktion auf den Historismus, genauer: auf den „Verlegenheitshistorismus" (Plessner[17]) der Zeit um die Jahrhundertwende. Sie wird in ihrer Intensität erst wieder erreicht von der Geschichtsfeindlichkeit, der programmatischen Geschichtslosigkeit einiger Gruppen der Studentenbewegung am

Ende der sechziger Jahre. Und dort wie hier ist es der Drang zur Aktion, der sich von der Historie nicht lähmen lassen will.

Hinter der Absage an das geschichtliche Erbe steht aber nicht nur der reine Erneuerungswille, dahinter können sich auch Subjektivismus und ein bedenklicher Hang zur Gewalt verbergen. „... laßt uns den Mut haben zur Brutalisierung unseres Ichs in der Welt", sagt ein Mann des Klubs „Zur Erhaltung der Freude", dem in Hasenclevers Drama der Sohn beitritt[18]. Und es gibt zu denken, wie oft in expressionistischer Dramatik der Mord nicht nur Handlungsmotiv ist (was er ja seit jeher in Dichtung sein kann), sondern als Mittel eines Erneuerungsstrebens auch gerechtfertigt wird. Die Beispiele geben ein hinreichendes Bild: ungesühnt bleibt bzw. legitim erscheint außer dem Vatermord bei Sorge und Bronnen der Tochtermord in Paul Kornfelds „Himmel und Hölle" (1919), der Kindesmord in August Stramms „Rudimentär" (1914) und Brusts „Schlacht der Heilande", der Freundesmord in Hermann Kasacks „Die tragische Sendung" (1920), der Mord am Geliebten in Stramms „Haidebraut" (1914) und an der Geliebten in Hasenclevers „Jenseits" (1920) oder der Mord an der Dirne in Georg Kaisers dramatischer Skizze „Die Erneuerung" (1919) und an einem sogenannten Dutzendmenschen in Kornfelds „Verführung" (1916). Auch die Ekstase soll den hohen Preis rechtfertigen: zum Tod eines im Massenrausch gestürzten und zertretenen Menschen bemerkt der Kassierer in Kaisers „Von morgens bis mitternachts" (1916) lakonisch: „Es geht nicht ohne Tote ab, wo andere fiebernd leben."[19]

Selbstverständlich ist philiströse Beckmesserei hier fehl am Platze. Expressionistische Kunst und die Dichtung und Ästhetik des europäischen Symbolismus treffen sich darin, daß der Bedeutungsgehalt von Metaphern und Symbolen oft nicht mehr durch den Rückbezug auf das Leben, auf die empirische Wirklichkeit erschlossen werden kann, daß Begriffe und Anschauungsformen der „realistischen" Kunstlehre ihnen gegenüber versagen. So soll in expressionistischen Dramen der Mord nicht als krimineller und deshalb juristisch erfaßbarer, gerichtlich zu sühnender Fall verstanden werden, sondern als symbolischer Akt: als befreiende Tat mit der überwältigt und überwunden wird, was die Erneuerung hemmt. Insofern wird im Mord nicht getötet, sondern „wahres Leben" befreit — der Vorgang steht jenseits des Horizontes von Gut und Böse.

Wieder ist auf Nietzsche zu verweisen[20]. Seine Kritik der herrschenden Moral und seine Polemik gegen die Gesellschaft als den Hort der Mittelmäßigkeit rütteln auch an der überlieferten Bewertung des

Verbrechens. Im „Willen zur Macht" wird das große Verbrechen als Aufstand gegen die Gesellschaft (also gegen die allgemein gewordene Mediokrität) erklärt und exkulpiert. Schon in Dramen Wedekinds tritt an die Stelle des Gut-Böse-Gegensatzes der von Stark und Schwach, scheint Vitalität die Moral als Maßstab zu ersetzen. Aber Wedekind bleibt Moralist, dem das Amoralische als Hebel seiner Kritik an der bürgerlichen Gesellschaft dient. Erst im Expressionismus wird das literarische Motiv des Verbrechens (des Mords) moralischer Beurteilung entzogen.

Wie tief der Einfluß Nietzsches reicht, läßt sich am Frühwerk Reinhard Johannes Sorges ablesen. Bevor Sorge (in einer nicht unvorbereiteten, aber dennoch jähen Wende) zum katholischen Glauben übertritt, fühlt er sich als Jünger — in buchstäblichem Sinne als Jünger — Nietzsches. Seine dramatische Dichtung „Antichrist" (entstanden September 1911) feiert Christus und Nietzsche als zwei Brüder im Geiste. Verleumdung soll berichtigt, Mißtrauen soll beseitigt werden:

> Nennt ihr ihn den Antichrist?
> Nietzsche?
> Den Auferstandenen,
> Niedergefahrenen
> Nenne ich ihn....
> O heilig, heilig der Schmerz,
> Mit dem der Erstandene
> An dem Gekreuzigten litt...
> O heilig, heilig die Tat
> Mit der der Erstandene
> Erneuerte
> Des Gekreuzigten Vermächtnis!...
> Träumten nicht beide das Paradies?[21]

An solcher Apotheose hält Sorge später nicht fest. Überhaupt durchdringt seine etwas verquollen philanthropische Auslegung die Gedankenwelt Nietzsches kaum. Aber selbst mit ihren Mißverständnissen bleibt sie beispielhaft für deren allgemeine Wirkung im Expressionismus.

Im „Bettler" wird die Tötung des Vaters als Schritt zu einer höheren Seinsstufe gerechtfertigt. Doch fällt ein Widerspruch in der Darstellung auf, von dem auch andere expressionistische Dramen nicht frei sind: eine verdächtige Mischung von Symbolen und Realien. Mit geradezu naturalistischer Genauigkeit im Detail wird der Giftmord vorbereitet, in spannender Weise wird er verzögert. Fast gerät dem Autor der symbolische Vorgang zur bühnenwirksamen Kriminalgeschichte. Zumindest wird die Symbolsprache in sich brüchig. Und so deuten die Unstimmigkeiten auf das grundsätzlich Problematische einer Umwertung des Verbrechens im Drama.

In der sinnlich wahrnehmbaren Realität der Bühne wird der Mensch durch den Schauspieler nie ausschließlich symbolisch, sondern immer auch in greifbarer Leiblichkeit dargestellt. Was dem Vergegenwärtigungsprozeß auf dem Theater seine Unmittelbarkeit sichert, das schränkt seine Fähigkeit zu metaphorischer Aussage ein: die körperliche Anwesenheit des lebendigen Menschen. Erst wenn die Stilisierung ins Äußerste geht, wenn der Mensch als Gliederpuppe oder als bloßer Körper neben anderen Körpern im Raum erscheint — wie etwa in den Entwürfen und Experimenten von Oskar Schlemmer —, erst wenn die Mechanik der Gebärde und der Sprache die seelenlose Materie im Lebendigen absondert, läßt sich der verkörperte Mensch ganz auf die Funktion des Symbolträgers zurücknehmen. Wo aber die Figuren in konkreter Umwelt und in vertrauten zwischenmenschlichen Beziehungen vorgestellt werden, wo alle übrigen Handlungen auf die Erfahrungswelt zurückweisen, da wird auch im symbolisch gemeinten Mord zugleich noch Vernichtung von Leben dargestellt.

Doch macht nicht nur der besondere Wirklichkeitsbezug des Bühnenschauspiels das sanktionierte Verbrechen problematisch. Der Mord als Symbol für die Erneuerungstat wird zum ästhetischen Erkennungszeichen ethischer Richtungslosigkeit — einer allgemeinen Unsicherheit der sittlichen Ordnung, wie sie schon Nietzsche signalisierte. Expressionistische Dramatik läßt die Krise sichtbar werden. Im Namen einer nicht formulierten, sondern durch das Gefühl nur ahnungsvoll beschworenen, im Namen also einer unkontrollierbaren neuen Ethik erhebt sich das Ich zur letzten Instanz. Obwohl von mächtigen Heilserwartungen getrieben, hinterläßt die expressionistische Botschaft ein moralisches Vakuum, in das hinein auch das Inhumane stoßen kann.

Was sich an Unmenschlichkeit in einem Leerraum solcher Art breitmachen konnte, das sollte die politische „Bewegung" Hitlers zeigen, die gerade in einer Zeit ihren Marsch beginnt, wo die künstlerische Bewegung des Expressionismus erlahmt. Freilich sollte man hier keine kausale Abhängigkeit konstruieren; wie ließe sich da der Leidensweg so vieler expressionistischer Dichter in der Emigration erklären? Zwischenglieder werden übersprungen und Beziehungslinien verkürzt, wenn man — wie Lukács — den Expressionismus zu einer der bürgerlich-ideologischen Strömungen stempelt, die im Faschismus münden[22]. Gewiß zog die Hitlerbewegung, als der künstliche Rausch der großen Gefühlsrevolution verflogen war, einige der Autoren in den Gleichschritt der Gedanken und in den Sog eines Handelns, das sich selbst als nationale und soziale Befreiung rühmte und bald als Aufstand der Barbarei enthüllte. Doch nicht zufällig fanden andere, die entschlossen blieben, die Welt zu verbessern, ihren Halt in der marxistischen Lehre. Der Expressionismus stieß das Tor nach vielen Richtungen auf. Und mancher Erneuerungs- und Freiheitsdrang endete im Dogma und sogar in der Akklamation zu einer neuen Unterdrückungspraxis. Es gab in den nachexpressionistischen Jahrzehnten nicht nur den Faschismus, sondern auch den Stalinismus. (Dies feststellen heißt nicht die grundlegenden Unterschiede der Gesellschaftssysteme übersehen.) Ebenso einseitig wie etwa das Schlagwort vom Nihilismus ist also hier die Faschismus-Theorie. Doch erweist sich expressionistische Kunst, indem sie eine moralische Krise sichtbar macht, als historisches Warnungszeichen — als ein Menetekel, das in den folgenden Jahrzehnten von der politischen Wirklichkeit auf schreckliche Weise bestätigt werden sollte.

5. Erneuerung als Aufbruch
(Kaiser, Barlach)

Die Heilserwartungen der expressionistischen Generation sind von vornherein auf einem Wunschdenken gegründet, das selber unbestimmt bleibt und ratlos ist gegenüber dem Umbruch der Daseinsbedingungen in der modernen Gesellschaft. Die Sehnsucht nach Erneuerung kann ihres Ziels nicht inne werden. Bezeichnend dafür sind die Variationen eines Leitmotivs expressionistischer Dichtung, des Aufbruch-Motivs. Bei Kaiser wird es in einer ganzen Kette von Dramen führend, so in „Hölle Weg Erde" (1919), „Kanzlist Krehler" (1922) und „Nebeneinander" (1923); auch im nachexpressionistischen Schauspiel „Mississippi" wirkt es noch nach. Alle diese Versionen des Themas aber haben ihren Keim schon in den Dramen „Die Bürger von Calais" (1914) und „Von morgens bis mitternachts" (1916, entst. 1912).

Kaisers Dramatisierung des Froissartschen Chronikberichtes von den opferwilligen Bürgern der Stadt Calais, die sich im Jahre 1347 dem englischen König als Geiseln anboten, ist zugleich das erste bedeu-

tendere Drama, dessen ausdrückliches Thema der „neue Mensch"
ist. Aus der Erweiterung jener Gruppe von sechs Geiseln, die Ro-
dins bekannte Plastik vorstellt, ergibt sich der Neuansatz und das
entscheidende Problem des Kaiserschen Dramas. Von den sieben
Opferwilligen muß, da nur sechs Geiseln benötigt werden, einer
zurücktreten; aber keiner will seinen Entschluß widerrufen. Der
Freitod, mit dem Eustache de Saint-Pierre schließlich den Weg für
die anderen ebnet, wird als die Geburtsstunde des „neuen Menschen" ausgerufen. Doch scheint der Witz der Geschichte die Opfer-
tat des neuen Menschen sogleich zu bagatellisieren: eine Botschaft
des Königs trifft ein, er verzichtet auf die Geiseln. Die Fakten üben
Verrat an der Idee.

Nun ist die ironische Absage an den „neuen Menschen" nicht Kaisers Absicht — auch wenn das Selbstopfer Eustaches, das den Sechs
ihre innere Sicherheit geben soll, durch deren Rettung um einen Teil
seines Ernstes gebracht wird. Die Regiebemerkungen des Schlusses,
die alle Aufmerksamkeit auf eine Himmelfahrts-Skulptur am Kir-
chengiebel lenken, setzen die Vorgänge in Analogie zum christlichen
Heilsgeschehen. Eustache wird so zum Messias eines neuen Men-
schentums verklärt. Der neue Mensch, das ist ein der Selbstopferung
Fähiger. Die Erfahrung des nahen Todes setzt ihn instand, sich selbst
zu verwirklichen. Aber erst im Tode realisiert sich der neue Mensch.
Da also Realisation und Vergehen eins sind, kann er immer nur zu
sich selber unterwegs sein. Aufschließend ist der Gedanke, den einer
der Sechs formuliert: „Aber der Weg ist oft wichtiger als die Ankunft — und schwieriger zugleich."[23]

Doch wird im ironischen Licht, in das der Freitod Eustaches durch
die Botschaft des Königs rückt, der neue Mensch noch in anderer
Weise fragwürdig: seine Tat kann an keinen Folgen überprüft werden. Als folgenlose ist sie Tat um ihrer selbst willen. Für die Ziel-
losigkeit muß die innere Glut der Erneuerungsbereitschaft ent-
schädigen. Von der Bedenklichkeit eines Opfermuts, „der an der
Intensität, nicht an der Sache gemessen wird", hat in diesem Zusammenhang Eberhard Lämmert[24] gesprochen.

Muß in den „Bürgern von Calais" der Aufbruch noch für die Erneuerung selbst einstehen, so zeigt das Drama „Von morgens bis
mitternachts" Stationen des Weges. Aber diese Stationen führen
nicht näher ans Ziel, sondern nur weiter von ihm ab. Der Aufbruchs-
optimismus wird Stufe um Stufe zurückgenommen, bis er umschlägt
in die völlige Desillusion. Die Erneuerung des Menschen scheitert
an der korrumpierenden Macht des Geldes.

Das Geldmotiv verknüpft — wie die Figur des „Kassierers", in dessen Namen es immer gegenwärtig bleibt — die Teile des Dramas und seinen Anfang und Schluß. Die Unterschlagung einer großen Summe bringt den Kassierer auf den Weg, aber nur ein Mißverständnis macht ihn zum Defraudanten. Ihn lockt eine Welt des Wunschtraumes, die Welt der geheimen kitschigen Sehnsucht des Spießbürgers. Erst als es kein Zurück mehr gibt, wird der Ausbruch aus der muffigen Enge von Beruf und Familie zur Suche nach einem neuen Menschentum. In seinem Ansatz war der Aufbruch verfehlt; das Mißverständnis des Anfangs nimmt die große Enttäuschung am Ende des Dramas vorweg. Zugleich bekundet sich hier wieder die Formalisierung des Aufbruchs- und Erneuerungsmotivs: dem Ausbruch an sich ist Wert zuerkannt; wichtig erscheint, daß er überhaupt unternommen wird.

Im Sportpalast, unter den erregten Zuschauern eines Sechstagerennens, meint der Kassierer einer elementaren Leidenschaft zu begegnen — einer Ekstase, die den Menschen aus der Vereinzelung erlöst und ihn von den Schranken der Schichten- und Klassenzugehörigkeit befreit. Aber beim Erscheinen des Fürsten fällt die Masse in die Unterwürfigkeit zurück. Nicht die Ekstase, sondern eine moderne Ersatzform im Massenrausch der Sportarena hat der Kassierer angetroffen. Er erhofft sich nun sinnlich-erotische Erfüllung in einem Ballhaus. Doch die ihn umgebenden Massen entpuppen sich als häßlich-gebrechliche Gestalten; er entflieht. Auf der letzten Station seines Wegs, im Lokal der Heilsarmee, sucht er die seelisch-religiöse Erneuerung. Er leistet nach dem Ritual der Heilsarmee Bekenntnis und Buße. Ihn erwartet die äußerste Desillusion, als er alles Geld von sich wirft: die Versammlung läßt die Hüllen der Frömmigkeit fallen und stürzt sich aufs Geld; in einem entfesselten Tanz ums Goldene Kalb verschlingt sich die Masse zu einem kämpfenden Knäuel. Noch glaubt der Kassierer letzten Halt in einem Mädchen der Heilsarmee, im uralten Verhältnis von „Mädchen und Mann" zu haben. Doch auch diese letzte Illusion zerbricht. Das Mädchen hat ihn bei der Polizei für einen Judaslohn verraten. So besiegelt er seine Verzweiflung mit einem Schuß in die eigene Brust. — Und es bestätigt sich Kaisers Neigung, die Idee des „neuen Menschen" mit Hilfe christlicher Heilssymbole zu sakralisieren: der Kassierer sinkt mit ausgebreiteten Armen gegen das Kreuz, das auf einen Vorhang genäht ist.

Das Modell des Heilsbringers, des Messias bleibt hinter mancherlei Brechungen auch in der Hauptfigur von „Hölle Weg Erde" erkennbar. Während der Kassierer dem Anruf eines Absoluten folgte, das sich nicht offenbarte, während dort dem Aufbruch keine Ankunft folgte, führt hier aus der Hölle der kommerzialisierten Welt der durch den Aufbruch vorgezeichnete Weg zum Neuland der befreiten Erde, wo alle Schuld getilgt ist und alle Gefängnisse überflüssig geworden sind.

Mit seinem optimistisch-utopischen Schluß nimmt „Hölle Weg Erde" eine Sonderstellung ein, denn schon in der dreiaktigen Tragikomödie „Kanzlist Krehler" endet der Versuch des neuen Menschen, sich zu realisieren, wieder tragisch. Der Ausbruch des Kanzlisten aus dem Einerlei des Alltags droht wiederum an der Macht des Geldes zu scheitern, an einer Macht, die in Kaisers Dramen zumeist dämonische, ja metaphysische Züge annimmt. — In konkreten wirtschaftlichen Zusammenhängen (nämlich als Antriebsmoment und Mittel skrupelloser geschäftlicher Praktiken bei der Gründung einer Filmgesellschaft) erscheint das Geld nur in „Nebeneinander".

Zugleich ist „Nebeneinander" jenes Kaisersche Drama, in dem das Aufbruchsmotiv am meisten soziale Wirklichkeit an sich bindet. Kaiser nennt das Drama ein Volksstück und vertraut sich hier einer für ihn ganz ungewöhnlichen Gattung an. Die Entpathetisierung, die das Volksstück verlangt, kommt dieser dramatischen Version des Erneuerungsthemas zugute. Ein Pfandleiher empfängt den Anruf, das Signal zum Aufbruch, als er in einem Kleidungsstück einen Brief entdeckt, aus dem die Selbstmordabsicht eines Mädchens hervorgeht. Er macht sich auf den Weg, das Mädchen zu finden. Nach langer Suche aller Hoffnung beraubt, vergiftet er sich und seine Tochter. Was ihn zum Handeln aufruft, umschreibt er zu Anfang mit den Worten: „Es wird alles ohne Sinn, wenn nicht alles jederzeit bereit ist, um einem einzigen Menschen das Leben zu retten!!!"[25] Hier erkennt der aufbrechende Mensch den Anspruch eines sehr konkreten sozialethischen Gebotes: der unbedingten Hilfsbereitschaft gegenüber dem Hilfsbedürftigen, wer immer er auch sei. In diesem Volksstück drängt das Erneuerungsstreben nicht mehr in eine unbestimmte, bloß geahnte neue Welt und wird der Wert des Aufbruchs nicht nur an der Intensität der Erneuerungsbereitschaft gemessen. Hier hat sich der „neue Mensch" an einem konkreten Fall zu beweisen, hier wird das Erneuerungsmotiv im Gefüge zwischenmenschlicher Beziehungen befestigt. In diesem Volksstück ist bereits ein Schritt vollzogen in Richtung auf jene Dramen des späteren Brecht, die das Motiv der Hilfsbereitschaft aller Pathetik entkleiden. Und es ist zu vermuten, daß die expressionistische Dramatik ihrem Erneuerungsappell mehr Wirkungskraft hätte sichern können, wenn es — wie hier — gelungen wäre, Elemente des Volksstücks einzuschmelzen. Immer gehört zu Kaisers Entwurf des neuen Menschen ein tragisch-ironisches Moment der Vergeblichkeit — so auch in „Nebeneinander". Fällt in den „Bürgern von Calais" erst von der Gnadengeste des englischen Königs, also vom Dramenschluß her, ein ironisches Licht auf die Tat des „neuen Menschen", so in „Nebeneinander" bereits sehr früh. Während der Pfandleiher seine gesamte Existenz unter das Gebot der Hilfsbereitschaft stellt, weiß der Zuschauer das gesuchte Mädchen längst außer Gefahr. Das gute Handeln erweist sich als ständiger Leerlauf. Die sittliche Kraft verschwendet sich an ein Phantom. Und so wird deutlich, daß in „Nebeneinander" zwar der „neue Mensch" um eine soziale Dimension bereichert, aber der Aufbruch nur um so folgenloser geworden ist. Die Erneuerung des Menschen vermag ihren objektiven Wert nicht nachzuweisen. Sie kann nicht von ihrer Wirkung her beurteilt, sondern nur in ihrer subjektiven Reinheit gewürdigt werden.

Die Sprache des Pfandleihers hebt sich durch ihre expressive Rhetorik von der Ausdrucksweise der anderen Personen ab und betont so die Isoliertheit des „neuen Menschen". Dennoch stellt gerade eine Zurücknahme des sprachlichen Aufwands die tragische Würde der Figur her. Und trotz der Täuschung, aus der auch vor seinem Tod der Pfandleiher nicht entlassen wird, bleiben wenige Worte Kaiserscher Dramenhelden so haften wie diese: „Ich vernahm die Stimme meines Nächsten, vor der sich die andern verschlossen . . ."[26]

Von Kaisers Entwurf des „neuen Menschen" unterscheidet sich der Barlachs grundsätzlich dadurch, daß Kaiser das ankunftslose Unterwegssein immer auch als ein Scheitern vorführt, während Barlach es als die einzige Möglichkeit zur Realisation des neuen — nämlich des werdenden — Menschen überhaupt zeigt. Doch bleiben die Umrisse des „neuen Menschen" in Barlachs Stücken noch unbestimmter als in den Dramen Kaisers, wo er sich immerhin — wie Eustache de Saint-Pierre — im Lebenskampf einer Stadt (wenn auch in einer sehr ausgeklügelten Entscheidungssituation) zu bewähren hat oder einen Heilsplan zu verwirklichen sucht — wie der Milliardärssohn in der Gas-Trilogie.

Die Sphäre des Vitalen und einer niederdeutschen Rustikalität, in die Barlach in den Dramen „Der tote Tag" (1912) und „Der blaue Boll" (1926) spukhafte Schatten fallen läßt, die Heidelandschaft an der Oberelbe und der Wirtshaustrubel in einem Dorf, die er in „Der arme Vetter" (1918) einander entgegensetzt, oder das Schützenplatz-

und Jahrmarktstreiben in der Komödie „Die echten Sedemunds"
(1920) — alle diese Elemente einer prallen Wirklichkeit vermögen
dem „neuen Menschen" kein Profil zu geben, nicht einmal als kon-
trastierender Hintergrund. Denn nicht die äußere Handlung, sondern
der Sinnvorgang entfaltet das Erneuerungsthema. Immer hat das
,Bedeutungsgeschehen' Vorrang vor dem ,Realgeschehen'[27] oder
läuft neben ihm her. Aber auch der Sinnvorgang erschließt nicht den
geistigen Kern, und die Gespräche umkreisen ihn nur. Denn schon
der Versuch, das Geistige des Erneuerungsprozesses zu bestimmen,
ließe ihn versteinern. Weitaus entschiedener als bei anderen Autoren existiert in Barlachs Dramen der neue Mensch nur als der werdende.
Zieht das Bedeutungsgeschehen die Welt der Körper und Dinge und
des sozialen Miteinanders immer wieder ins Ungefähre, um dem
Geistigen Raum zu öffnen, so stellt sich die Frage, ob die Bühne überhaupt das geeignete Organ ist, Barlachs Intentionen künstlerisch zu
vermitteln. Immer tritt das dramatische Werk bei der Aufführung
in den „Modus der Wahrnehmung"[28]. Was die Bühne zu präsentie-
ren vermag, kann — wenn der Bedeutungsvorgang nicht mit dem
und in dem Handlungsgeschehen entwickelt wird — nur die Gegenwelt zum Geistigen (zum wirklich Gemeinten) sein. So wären Barlachs Dramen eigentlich Stücke gegen die Bühne, und die richtige
Konsequenz daraus wäre der Verzicht auf sie. Tatsächlich zeugen die
Einwände des Autors gegen Leopold Jessners Inszenierung der „Echten Sedemunds" für sein Mißtrauen gegen die Bühne (auch die expressionistische).
Andererseits hat sich Barlach bei Aufführungen seiner Dramen
immer wieder gegen Interpretationsversuche wehren müssen, die
gewisse Wörter und Symbole mit allzuviel Tiefsinn befrachten wollten. Der Mystizismus Barlachs schließt — abgesehen vom „Toten
Tag", von der „Sündflut" und vom dramatischen Fragment „Der
Graf von Ratzeburg" (posthum 1951) — den Humor nicht aus. Und
gerade dem gespenstischen Halbdunkel mancher Szenen sind humo-
ristische Lichter aufgesetzt. Das gilt nicht nur für „Die echten Sedemunds", deren schnurrige Kleinstadtfiguren sogar Komödienatmo-
sphäre herstellen. Die Schlußszene im „Armen Vetter" — zwei
Männer in Beerdigungskleidern unterhalten sich über den Weg von
Fräulein Isenbarn, die den „Anruf" des „neuen Menschen" Iver
hörte — entrückt den Sinn mit bizarren Wendungen eher ins Zwie-
lichtige. Und schon zu Anfang befremdet Fräulein Isenbarn ihren
Verlobten Siebenmark mit skurrilen Redensarten: sie wolle nicht

nur mit ihm, sondern auch mit Ostern spazieren gehen; ihr sei nach Auferstehung zumute. Im „Blauen Boll" fällt das Wort „werden" ein wenig zu oft, um nicht in jenen Abnutzungsmechanismus zu geraten, der auch eine komische Seite des Erneuerungsstrebens sichtbar macht, zumal in Sätzen wie diesen: „Wie die Veränderungen sich hetzen — schon bei mir hat ein ganz hübscher Trieb angesetzt, bei Otto ist das Werden ja förmlich in Saat geschossen."[29] Und auch der Versuch, die Problematik des „neuen Menschen" mit Hilfe des Doppelgängermotivs wenigstens annähernd zu veranschaulichen — Boll erhält den Anruf seines anderen Ich, Boll ringt mit Boll —, entrichtet der komödiantischen Motivtradition einen gewissen Tribut.

So gehört zu Barlachs Visionen des „neuen Menschen" auch ein erheblicher Schuß kauzigen Humors, der vom Hintersinn der Worte und Geschehnisse Entlastung schafft und dem manche seiner Stücke einen wesentlichen Teil ihrer Bühnentauglichkeit verdanken. Jedenfalls trennt solch kauziger Humor den Bühnenautor Barlach von dem anderen niederdeutschen Expressionisten, von Hans Henny Jahnn, in dessen Dramen (z. B. „Pastor Ephraim Magnus", 1919, oder „Die Krönung Richards III.", 1921) die Spannung zwischen Geschlechtlichkeit und Sitte thematisch wird, aber die Erfahrung des Leiblichen und des Geschlechts keine Distanz kennt und in selbstzerfleischender, abstruser Brutalität endet.

6. Die soziale Utopie
(Kaiser, Rubiner, Toller)

Überschaut man die zahllosen Evokationen des „neuen Menschen" im expressionistischen Drama, so stößt man fast überall nicht auf den neuen Menschen selbst, sondern nur auf einen von allgemeiner Erneuerungsbereitschaft bewegten — auf eine Energie des bloßen Entschlusses, die leicht auch zu anderen als den angestrebten Zwecken gebraucht werden kann. Die Verführbarkeit des Erneuerungsstrebens bemißt sich nach seiner Unbestimmbarkeit.

Unbestimmtheit und ein bedenklicher Illusionismus kennzeichnen auch die sozialen Glücks-Utopien, die dramatischen Gegenentwürfe zur vorgefundenen und verworfenen gesellschaftlichen Realität. Die Fragwürdigkeit expressionistischer Utopien hängt mit dem Fehlen einer expressionistischen Satire zusammen.

Wo der Antrieb zur Satire ausbleibt, wo die Kluft zwischen Ideal und Wirklichkeit nicht den entschiedenen Widerspruch gegen die bestehende Welt herauszufordern vermag, da gebricht es auch an den Antrieben zum entschiedenen Entwurf einer besseren Welt. Umgekehrt muß die Utopie in ernsthafte Spannung zur gegenwärtigen politisch-sozialen Wirklichkeit treten, weil sie nur so als Vorgriff auf die Zukunft Gestalt gewinnen kann. So läßt sie das Bestehende weit hinter sich, bleibt aber — als Gegenentwurf — von ihm abhängig. Glücks-Utopien spiegeln Hoffnungen (wie Schreckens-Utopien Ängste), die nach Epochen, Kulturkreisen und sozialen Klassen verschieden sein werden. Die Utopie ist die umgedrehte Satire dadurch, daß sie als überwindbar erweist, woran jene sich stößt, und zur Erscheinung bringt, was jene vermißt.

Ihre Legitimität erhält die Glücks-Utopie aus dem Anspruch auf Erfüllung des Wünschbaren, sofern es im Horizont des Möglichen liegt. Sie versteht sich indessen nicht als Prophetie, die das tatsächlich Eintretende zu wissen vorgibt. Sie nimmt nur die Zukunftsoffenheit der Gegenwart beim Wort und richtet sich im schöpferischen Entwurf auf unverwirklichte Möglichkeiten, ja konkretisiert im Vorgriff eine mögliche künftige Realität. In der Utopie ist das menschliche Bewußtsein dem gesellschaftlichen Sein voraus.

Es wäre ein unbilliges Ansinnen an die Utopie, daß sie nicht nur die wünschbaren Bedingungen und Zustände, sondern auch die einzelnen Schritte zu ihrer Verwirklichung zu zeigen habe. Sie wird schon einer ihrer Funktionen gerecht, wenn sie — nicht durch Wirklichkeitskritik, wie die Satire, sondern durch Idealdarstellung — den Mangel und die Veränderungsbedürftigkeit der gegenwärtigen Verhältnisse bewußt macht. Und sie hat bereits viel bewirkt, wenn sie das Verlangen nach Realisation eines besseren Weltentwurfs weckt. Doch gibt sie ihre wichtigste Funktion preis, wenn sie nicht über die Gegenwart hinaus-, sondern hinter sie zurückgreift und als Zukunft nichts anderes denn die Vergangenheit anzubieten weiß.

Eine Utopie dieser Art steht in Kaisers „Gas I" zur Wahl, als auch das sozialistische Modell (der Teilhabe aller am Gewinn) versagt und der blinde Arbeitseifer zur Gasexplosion und damit zur Zerstörung der Fabrikanlagen geführt hat. Der Milliardärssohn will die Gelegenheit des völligen Neuanfangs nutzen und die Anlagen nicht wieder aufbauen. Wohnsiedlung statt Fabrik — so lautet sein Heilsprogramm der „grünen Siedlung". Nach diesem Plan erscheint die Technik als ein Sündenfall der Menschheit, der nur durch den vorbehaltlosen Verzicht auf die Technik wieder ausgelöscht werden kann. Der paradiesische Zustand wäre die Stufe der selbstgenügsamen Agrarwirtschaft. Eine rückwärts gewandte Utopie wie diese setzt keinerlei Vertrauen mehr in das schöpferische Vermögen der Menschheit, unrealisierte Möglichkeiten zu erdenken und zu erproben, sie hat deshalb auch keine appellierende oder gar mobilisierende Kraft (ebensowenig wie der Vorschlag in Kaisers Drama „Gats", das irdische Paradies um den Preis der Zeugungsfähigkeit zu erkaufen).

Nun wird ja der Plan der „grünen Siedlung" von den Arbeitern verworfen; im weiteren Handlungsverlauf der Gas-Trilogie setzt die verstockte Menschheit ihren Gang ins Verderben fort. Kaiser benutzt also den utopischen Entwurf lediglich als ein (scheinbar) retardierendes Moment innerhalb eines verhängnisvollen Geschehens. Das Ende zeigt den Zusammenbruch aller Glücks-Utopien und den Triumph der Schreckens- oder Katastrophen-Utopie. Über die Gebärde des ungebrochenen Optimismus aber verfügt Ludwig Rubiner in seinem sog. Ideenwerk „Die Gewaltlosen" (entst. 1917/18).

Daß Rubiners Drama die Identität von utopischer Wirklichkeit und dargestelltem Ideal voraussetzt, macht die Vornotiz deutlich: „Die Personen des Dramas sind die Vertreter von Ideen. Ein Ideenwerk hilft der Zeit, zu ihrem Ziel zu gelangen, indem es über die Zeit hinweg das letzte Ziel selbst als Wirklichkeit aufstellt."[30] Eine Legende nennt der Autor sein Drama auch, und tatsächlich wirken legendenhafte Wunder bei den Ereignissen der dramatischen Handlung mit. Rubiner stellt nämlich nicht eigentlich seine Sozialutopie dar, sondern vor allem den Kampf der Revolutionäre, der den Idealzustand herbeiführt, den Kampf einer revolutionären Opfergemeinschaft, in der sich Bürger, Namenlose, ein Offizier und sogar ein Gouverneur zusammenschließen. Und der Sprung von der wirklichen, der bürgerlichen, zur idealen Welt ist zu groß und wird zu rasch vollzogen, als daß es nicht des „Wunders" bedürfte. Rubiner läßt die kategorialen Unterschiede zwischen Idee und Realität zerfallen. Die Idee von „Freiheit" und „Brüderschaft" bricht wirkend in die Welt der Körper und Fakten ein und löst — wie eine Säure — die bürgerliche Gesellschaft auf. Idee und Realität werden eins im Modus der Gewaltlosigkeit. „Die Gewalt sprang ab vor Menschenwillen", heißt es im II. Akt, und im III.: „Einer nach dem andern wird umgurgelt von der steigenden und steigenden Flut der Gewaltlosigkeit." Es ist die große Verweigerung, die den Boden der bestehenden Gesellschaft erschüttert: die Weigerung des Volkes, für die Bürger zu arbeiten. Als die ersten Fabriken stillstehen, zeitigt die Gewaltlosigkeit ihre ersten entscheidenden Erfolge. Im IV. Akt gesteht der Führer der Bürger seine Ratlosigkeit ein: „Wir haben den Besitz, wir haben die

Macht, wir haben die Waffen ... — und wir sehen nicht, wohin. Der Widerstand rückt breiig weich zurück. Wir sind am Ende." Die Revolutionäre verkörpern die „heilige Machtlosigkeit". Deshalb aber bedeutet schon jede Form von Führerschaft Verrat. „Wir waren die Führer, wir ragten auf", sagt einer der Revolutionäre im III. Akt. „Das war unsere Sünde ... Wir haben kein Recht mehr, zu sein ... Über uns hinweg muß die Freiheit kommen." Und am Tage des Sieges verlangen die drei Führer der Revolution ihre eigene Opferung, weil die „Zeit der Kleinen" gekommen sei. Das Gesetz der historischen Revolutionen ist also gebrochen. Indem sich die Führer selbst als Handelnde auslöschen, wird die Phase der Diktatur und des Terrors schon im möglichen Ansatz erstickt.

Einige Parallelen zu Kaisers „Bürgern von Calais" sind nicht zu übersehen. Das Selbstopfer der revolutionären Führer erinnert an den Freitod Eustaches de Saint-Pierre. Und auch eine Art Geburt des „neuen" Menschen wird verkündet, nämlich in den Schlußworten des „jungen Menschen": „Ich bin am Anfang. In dieser Stunde bin ich geboren." Doch entzieht sich Rubiners Drama dem Vergleich mit Kaisers Stück durch das Revolutionsmotiv und den sozialutopischen Entwurf. Es eröffnet den Ausblick auf eine staaten- und staatslose Gemeinschaft aller Menschen der Erde, genauer: des arbeitenden Volkes, den Ausblick in eine verbrüderte Welt — in eine kommunistische Endzeit, könnte man sagen, fehlte nicht dieser Welt die materialistische Grundlage. Rubiner ist später zum entschlossenen Anwalt des proletarischen Klassenkampfes geworden, in den „Gewaltlosen" aber herrscht noch pazifistischer Verbrüderungsenthusiasmus. Die Vision einer Weltgemeinschaft ohne jegliche Delegation von Machtbefugnis bleibt eine Utopie, die von der Wirklichkeit nie wird eingeholt werden können und der wesentliche Elemente der „konkreten Utopie" (Ernst Bloch) fehlen, weil sie nicht unverwirklichte Möglichkeiten konkretisiert, sondern Zustände von Urgemeinschaften zurück erträumt. (Die Utopie eines die Menschheit umspannenden Gemeinwesens, das sich weder organisiert noch verwaltet, ist nicht zufällig wieder bei linksradikalen und sozialschwärmerischen Gruppen der Studentenbewegung am Ende der sechziger Jahre aufgetaucht.) In solch nebulöser Konzeption wirkt sich die übermäßig gefühls- und wertbetonte Unterscheidung von Gesellschaft und Gemeinschaft aus[31], die auch für die Ideen der Jugendbewegung eine bedeutende Rolle spielte und die ihre wissenschaftliche Grundlage bei dem Soziologen Ferdinand Tönnies („Gemeinschaft und Gesellschaft", 1887) gefunden hatte. (Daß sich Tönnies im übrigen keineswegs auf die spätere Linie des Expressionismus zubewegte, zeigt allein schon sein Anti-Nietzsche-Buch von 1897.) Die Verabsolutierung der Gemeinschaftsidee ist verantwortlich für die Illusion, daß sich die vielschichtigen sozialen Probleme einer Industriegesellschaft noch mit Kategorien organischer Kleingebilde bewältigen ließen.

Zwischen Rubiner und Kaiser scheint Ernst Toller zu vermitteln. Wie Rubiner ruft er nach der Einschmelzung einer in Klassen gespaltenen und vom Krieg zerrütteten Menschheit in die fugenlose Gemeinschaft der Arbeitenden. Aber zwischen dem Stationendrama „Die Wandlung" (1917/18 entst.) und dem „Stück aus der sozialen Revolution des 20. Jahrhunderts", „Masse Mensch" (1919 entst.), hat doch eine Desillusion statt, wie wir sie als ein Kaiersches Motiv kennen. Tollers eigene Erfahrungen bei dem Scheitern der bayerischen Räteregierung von 1919, als deren Mitglied er verurteilt wurde, spiegeln sich darin. Noch „Die Wandlung" endet in pazifistischer Zuversicht mit der Ausrufung des friedlichen Reiches der Freiheit. Die Revolution der Liebe gegen Macht und Krieg ist unaufhaltsam: „Nun öffnet sich, aus Weltenschoß geboren / Das hochgewölbte Tor der Menschheitskathedrale."[32] In „Masse Mensch" scheitert der Kampf zur Menschheitsbefreiung bereits in seiner ersten Phase. Die Revolution hat zur Gewalttätigkeit gegriffen, die vergeltungssüchtige Masse das Menschheitsideal verraten. Die tragische Heldin des Stükkes formuliert die bittere Erkenntnis: „Wer Menschenblut um seinetwillen fordert, / Ist Moloch: / Gott war Moloch. / Staat war Moloch. / Masse war Moloch." Das hat den Ton Kaiserschen Pessimismus. Aber am Postulat und an der Vision einer reinen, schuldlosen und „werkverbundenen freien Menschheit", an der Heilserwartung wird noch festgehalten: heilig sein wird die in Gewaltlosigkeit hergestellte Gemeinschaft.

Tollers Visionen, obwohl wie Rubiners Utopie an marxistischen Gedanken entzündet, sind säkularisierte Vorstellungen von kultischer Gemeinschaft. An konkreten sozialen Gehalten sind sie ärmer als jene Konzeptionen, die über Tolstoi an urchristliche Lebensformen anknüpfen und das Gebot der Armut und der Allgemeinheit des Eigentums ernstnehmen. Ansätze dazu finden sich etwa in Brusts „Schlacht der Heilande" oder in Rubiners „Die Gewaltlosen". Freilich ist nirgendwo in expressionistischer Dichtung die Inbrunst der von sozialer Verantwortung durchdrungenen Religiosität Tolstois spürbar. Barlach, während seines Rußlandbesuches zum religiösen Gefühl erweckt, bleibt mit seiner grüblerisch-bizarren mystischen Religiosität dem rustikalen und rigorosen Tat-Christentum Tolstois fern. Der deutsche Expressionismus kennt im wesentlichen nur den Versuch einer religiösen Erneuerung gegen die oder außerhalb der Gesellschaft.

7. Die Dramaturgie der Prozesse
(Kaiser, Sorge, Stramm)

Angesichts der Säkularisation religiöser, zumal christlicher Vorstellungen im expressionistischen Drama überrascht nicht die Aufnahme des sog. Stationendramas, eines Typus, dessen ursprüngliche Form sich im mittelalterlichen geistlichen Spiel, vor allem dem Passionsdrama, findet: die Stationen der Passion Christi waren auf der Bühne aufgebaut, und die Handlung bewegte sich von einer Station zur anderen weiter. Für die expressionistische Dramatik wird aber, mögen auch einzelne Anregungen von der mittelalterlichen Bühne ausgehen, als Vorbild das moderne Stationendrama entscheidend: vor allem August Strindbergs „Nach Damaskus". Das dreiteilige Drama, um die Jahrhundertwende geschrieben, steht im Zusammenhang mit einer geistigen Krise des schwedischen Autors (der sog. Infernokrise); es führt über eine Reihe von Stationen eine innere Passion vor, eine Leidensgeschichte, bei der es zu immer neuen Abspaltungen der Persönlichkeit kommt. Im Gegensatz zum mittelalterlichen geistlichen Spiel, das der biblischen Passionsgeschichte verpflichtet blieb, zeigt jedoch der erste Teil des Dramas keine lineare Folge von Stationen. Vielmehr rundet sich der Passionsweg hier zu einem Kreis, genauer: die Stationenabfolge ereignet sich als Hinweg und Rückweg. Bei den insgesamt 17 Bildern bzw. Szenen dient das 9. Bild, das mittlere, als Dreh- oder Wendepunkt. Denn im 10. bis 17. Bild kehren die Schauplätze des Hinwegs in umgekehrter Reihenfolge wieder, so daß sich das 17. und 1. Bild entsprechen. Diese Bauform symbolisiert das Zusammenfallen von Anfang und Ziel bzw. das Fehlen der Finalität und des Fortschritts: die Probleme erscheinen am Ende so ungelöst wie am Anfang. Diesem modernen Stationendrama steht eine Heilsgewißheit, die dem Leiden seinen Sinn und damit seinen sinnvollen Abschluß gäbe, nicht mehr zu Gebote. Deshalb aber ist der Kreis, der im Hinweg und in der Rückkehr zum Ausgangsort sich andeutet, nicht Zeichen der Abgeschlossenheit und der Vollendung, sondern der unaufhörlichen Bewegung und der Offenheit. (Selbst der Schluß des dritten Teils von „Nach Damaskus" — in der „Kapelle des Klosters" — bietet nur eine vage Lösung an.) Mitgegeben ist dieser Bauform des Hin- und Rückwegs das Symmetrieverhältnis der Szenen, die sich um die Achse des 9. Bildes lagern. Und sicherlich knüpft Georg Kaiser mit seiner Vorliebe für statuarisch-harmonische Proportionen und symmetrische Anordnungen nicht nur an Modelle klassischer Dramenstruktur, sondern auch an Strindbergsche Anregungen an. Allerdings übernimmt er — wie die expressionistischen Dramatiker allgemein — nur selten das Bauprinzip des Hin- und Rückwegs. Erkennbar ist es in „Hölle Weg Erde", wo die Stationen des Anfangs in umgekehrter Reihenfolge wiederkehren. Doch widerspricht das Ende, die Utopie der befreiten Erde und einer neuen Schöpfung, dem gedämpften, offenen Ausgang des ersten Teils von „Nach Damaskus" und selbst dem eher resignativen als optimistischen Schluß des dritten Teils. Kaisers „Von morgens bis mitternachts" entfaltet die Stationenfolge geradlinig bis zum tragischen Ende, bis zum Tod des Kassierers (die Linearität ermöglicht hier die — wenn auch sehr konstruierte — Analogie zur Passion und zum Kreuzestod Christi). Die Abspaltung der Persönlichkeit wird in Tollers Stationendrama „Die Wandlung" zu äußerster Anschaulichkeit getrieben: die Hauptperson fächert sich in verschiedene Gestalten auf, die freilich immer das gleiche Antlitz tragen. Der Aufbau des Dramas nach Stationen — es sind insgesamt sechs — wird noch einmal überschnitten von einer Gliederung nach (dreizehn) Einzelbildern. Der Stationenweg zeigt die Entwicklung eines Mannes vom Kriegsfreiwilligen zum Revolutionär; die entscheidende Wandlung geschieht im 7. Bild, also in der Mitte des Stücks. Auch wenn das symmetrische Schema des Hin- und Rückwegs nicht übernommen wird, bleibt das Prinzip der Kehre, der Wende auf halbem Wege, erhalten.

Ist es vor allem das Baugesetz der Abfolge von Stationen, mit dem Strindbergs „Nach Damaskus" in Deutschland wirkt, so wird es der epische Stil sein, mit dem das expressionistische Stationendrama seinerseits Nachfolge findet. Mit dem Verzicht auf Finalität und Kausalität der Handlung und auf Funktionalität der Teile erweist sich das Stationendrama als ein Gegentypus zu dem — im traditionellen Sinne — dramatischen Strukturtypus. Die Teile des Dramas bewahren eine relative Selbständigkeit, jede Station schließt sich, obwohl sie Glied einer Folge ist, gegen die andere ab, bildet ein kleines Stück im Stück. Das expressionistische Stationendrama nimmt — trotz unterschiedlicher Funktion — Baugesetze von Brechts Epischem Theater bereits vorweg.

Gegen die Offenheit des Schlusses, wie sie in der Struktur des Hin- und Rückwegs angelegt ist, hebt sich die Offenheit der linearen Bauform ab, die Sorges „Bettler" kennzeichnet. Im V. Aufzug der „dramatischen Sendung" kommt der Dichter zu der Erkenntnis, daß er seinem künstlerischen Auftrag nur gerecht zu werden vermag mit einer Sprache, die „durch Symbole der Ewigkeit" redet. Der Zuschauer indessen wartet vergeblich auf diese neue Sprache. Denn darin bekundet sich eben die Paradoxie der „dramatischen Sendung", daß sie ein Drama und eine Sprache verkündet, die jenseits ihrer eigenen Möglichkeiten liegen, daß sie innerhalb ihrer selbst ihr Ziel — ein das Drama transzendierendes Drama — nicht erreichen kann. So bestimmt sich Sorges „dramatische Sendung" selbst zum Fragment.

Ausdrücklich bezeichnet der Dichter, der sich auf den Weg zur höchsten Reinheit gemacht hat, seine Wanderung als Pilgerschaft. Er ist Pilger, ist Bettler des Ewigen (von daher versteht sich der Titel des Stückes). Und am Ende des Dramas befindet er sich doch erst am Anfang der Pilgerschaft: er schreitet „lichtwärts in den nächsten Kreis". Die Schlußszene bietet nur die letzte darstellbare Station auf dem Weg zu einer letzten Reinheit, zu einer mystischen Erlösung, die sich bloß ahnen läßt.

Solche Offenheit des Dramas ist von anderer Art als die der sogenannten „offenen Form", die Volker Klotz in seinem Buch „Geschlossene und offene Form im Drama"[33] analysiert hat. Denn im „Bettler" bleibt das Drama Fragment nicht etwa, weil ein atektonisches, reihendes Baugesetz mit Notwendigkeit die Reihung einmal beenden muß. Vielmehr wäre eine Fortsetzung des „Bettlers" nur möglich durch einen „qualitativen Sprung", nur denkbar in einem ganz anderen Medium als dem des Dramas und der Bühne. Ich habe eine Offenheit dieser Art unter dem Begriff der „offenen Dramaturgie" zu fassen versucht[34] (vgl. auch das Schlußkapitel). Das nach dem Gesetz der „offenen Dramaturgie" gebaute Drama bricht nicht nur eine Reihung von Ereignissen oder Stationen ab, sondern öffnet sich — als Teilstrecke auf dem Wege zum Ziel — Wirklichkeits- und Seinsbereichen, über die es als künstlerisches Gebilde nicht mehr verfügt.

Mit dieser konsequenten Offenheit hat Sorges „dramatische Sendung", so beispielhaft sie sonst auch sein mag, kaum ein Seitenstück im Drama des Expressionismus. Immerhin offenbart sie, in zugespitzter Form, die innere Neigung und die Möglichkeiten des Stationendramas, sich selbst zu übersteigen.

Kaum repräsentativ für das expressionistische Drama ist August Stramm, der, als Mitglied des Sturm-Kreises um Herwarth Walden, einen „abstrakten Expressionismus" anstrebt, dem sich das auf Versinnlichung angelegte Drama weitgehend entziehen muß. Dennoch lassen sich gerade an den dramatischen Experimenten Stramms, in denen allgemeine Formtendenzen radikalisiert erscheinen, Strukturzüge des expressionistischen Dramas erläutern.

Das letzte vollendete Drama Stramms, „Geschehen" (1915), kann zugleich als das exemplarische gelten. Es ist wie alle seine Stücke, sieht man vom frühen historischen Schauspiel „Die Bauern" ab, ein Drama von äußerster Kürze. Während sich aber bei anderen Dramoletts die Kürze auch aus der Einaktigkeit erklärt, bleibt hier mit der Gliederung in fünf Teile bzw. nach fünf Schauplätzen doch das Modell des fünfaktigen Dramas noch erkennbar; „Geschehen" ist eine Raffungs- und Reduktionsform des üblichen Bühnenstücks. Weitere Beobachtungen lassen sich an einem Dialogausschnitt vom Anfang des I. Teils gewinnen.

> (Gartendunkel, ferne Musik, Menschenwirren)
> SIE: herrschen?!
> ER (roh): herrschen!
> Sie (lacht).
> ER (betroffen).
> SIE (läuft lachend fort).
> ER (starrt nach).
> MÄDCHEN (aus dem Dunkel berührt seinen Arm). Du
> ER (starrt).
> MÄDCHEN (gekränkt). Du
> ER (gleichgültig). ich
> MÄDCHEN (stampft zornig).
> ER (stampft).
> MÄDCHEN (vor ihm). quälen
> ER (lacht auf).
> MÄDCHEN (schluchzt).
> ER (umarmt).
> MÄDCHEN (lehnt an).
>
> WEIB (tappt, leise). Du (horcht, preßt die Hände auf die Brust). Du (lauscht)
> ER (aus dem Dunkel leichthin). ich?!
> WEIB (befreit). ich (tastet seine Hand)
> ER (legt den Arm um).
> WEIB (schauert, haucht). du?
> ER (beugt zärtlich). Du?

WEIB (wehrt). ich
ER (zärtlich scherzig). ich?! (küßt)
WEIB (haucht).
ER (stark, über ihr). ich
WEIB (atmet hoch).
ER (küßt heiß).
WEIB (birgt). ich habe Angst
ER (lacht spöttisch).
WEIB (atmet schwer).
ER (führt sie spöttelnd). Angst
WEIB (geht schwach in seinem Arm ins Dunkle).[35]

Der Textausschnitt läßt bereits das Wesentliche des Vorgangs sichtbar werden. Auffällig ist der geringe Anteil der dramatischen Rede, der Dialogsprache selbst. Umfangreicher als sie sind die Regiebemerkungen, detaillierte Anweisungen für Bewegung, Gestik und Mimik. Vorgängliches äußert sich weniger in der Sprache als in der körperlichen Aktion.

Solches Übergewicht der Mimik ist nicht erst und nicht nur in Stramms Drama anzutreffen. Schon bei Arno Holz gibt es sprachlich reduzierte, der Pantomime sich annähernde Auftritte. Georg Kaisers Tanzspiel „Europa" (1915) verbindet Musik, Tanz, Pantomime, Farbsymbolik und eine auf Dynamik hin stilisierte Sprache. Und Lothar Schreyer, wie Stramm dem Sturm-Kreis angehörend, verlangt die Verkürzung von Wörtern und Sätzen zu rhythmischen Wortreihen. In seinen „Bühnenwerken" — mit dem „Bühnenwerk" hofft er das frühere Drama zu ersetzen — besteht die Dialogsprache aus Worttonreihen, die auf verschiedene Figuren und Masken verteilt sind. Dem Programm und der Bühnenwerk-Sprache Schreyers stehen die Dialoge in „Geschehen" nicht fern.

Daß Stramm Bewegung und Gesten, also eine mimische „Sprache" bevorzugt, bedeutet keinen Tribut an das Theater, an das Mimentum. (Das Drama Stramms, zumal „Geschehen", hat nur bedingte Bühneneignung.) Vielmehr ist das Übergewicht der Gebärde über das Wort Indiz für den expressionistischen Ausdruckswillen. In der Gebärde und dem mimischen Zeichen vermögen sich seelische Regungen, Gefühle und Affekte einen weit rascheren und unmittelbareren Ausdruck zu verschaffen als im Wort, in der Sprache. (So heißt es auch in Kaisers „Europa", der Tanz sei Seelensprache.) Das unmittelbarste Signal der Seele ins Außen ist zugleich das am wenigsten aufwendige. *Eine* Gebärde, *eine* mimische Regung, *ein* Blick kann voluminöse Satzperioden ersetzen. Die Gebärde erlaubt die äußerste Sammlung des Ausdrucks. Stramms Wille zu solcher Konzentration erklärt die Wortersparnis und die geraffte dramatische Form in „Geschehen".

Der Restbestand an Dialogsprache im zitierten Textabschnitt bietet nur ein einziges vollständiges Satzgebilde: „ich habe Angst." Im übrigen bleibt die dramatische Rede elliptisch. Solche Wortauslassungen sind nicht mit dem sog. Telegrammstil, der weithin die Dialogsprache Georg Kaisers bestimmt, zu verwechseln. Denn dort bleibt die Satzstruktur durchaus erkennbar. Man hat im übrigen Kaiser den wortreichsten Dramatiker der neueren Zeit nennen können: er häuft die im „Telegrammstil" verknappten Sätze, eine pathetische Wortfülle führt zu ausladender Rhetorik. Die verknappende und die rhetorisch ausgreifende Sprachtendenz sind ineinander verschränkt; und die eine leitet sich aus dem Prinzip expressiver Ausdrucksballung her, die andere aus Kaisers Verständnis des Dramas als eines Denkprozesses, als „Gestaltung vordringender Denkenergie". Bei Stramm aber wird gerade die logische Einheit, die der Satz bildet, mit Vorsatz aufgegeben. Der Sinn zieht sich in ein einziges Wort zurück. Das hat eine Überfrachtung des Wortes mit Sinn zur Folge.

Nur zwei Verben tauchen im Dialogausschnitt auf: herrschen und quälen. Sonst kommt als Wortart fast ausschließlich das Personalpronomen vor, und zwar in den beiden Nominativformen Ich und Du. Der Satz ist also reduziert auf das Subjekt, und als Subjekt begegnen nur das Ich und das Du des Paares. Nunmehr wird deutlich, was die äußerste Satz- und Dialograffung leistet: die syntaktische Abstraktion des Ich-Du-Verhältnisses. Hier ist die spannungsvolle Beziehung zwischen einem weiblichen und einem männlichen Partner nicht nur thematischer Gegenstand des Dramas. Ja, im Dialog fehlt ja gerade das Prädikat, die Satz*aussage*. Vielmehr ist das Thema bereits in der Sprachform enthalten. Die auf die beiden Subjekte Ich und Du verkürzte Satzform bringt das Thema des Geschlechterverhältnisses rein und im Extrakt, in letztmöglicher Verdichtung zum Ausdruck.

Freilich bleibt die Wechselbeziehung zwischen Dialogsprache und Regieanweisung, zwischen Wort und Gebärde zu bedenken. Aus der dramatischen Rede ergibt sich — obwohl der Titel des Dramas „Geschehen" lautet — so gut wie gar kein Geschehenszusammenhang. Vorgänge kommen erst durch die in den Regieanweisungen bezeichneten Gebärden zustande. Das kehrt das übliche Verhältnis von Dialog und Regiebemerkungen geradezu um. Selbst Dramen mit sehr ausführlichen, fast schon epischen Szenenanweisungen, wie naturalistische Stücke Gerhart Hauptmanns, ließen sich auch ohne diese Anweisungen begreifen — nie aber wären sie nur von ihnen her verständlich. Im übrigen haben Regiebemerkungen normalerweise keine poetische, sondern nur technische, die Inszenierung leitende Funktion; die Sprache der Anweisungen will nicht mit den für die dichterische Dialogsprache geltenden Stilkriterien gemessen werden. In Stramms „Geschehen" jedoch übernehmen die Szenenanweisungen eine strukturelle neben der technischen Funktion, denn erst durch sie erhält das Drama einen inneren Zusammenhang.

Ihr betont verbaler Charakter, die Anhäufung von Tätigkeitswörtern, fällt auf. Also nicht nur durch den Verzicht auf den ausgeführten Dialog, der mit der Diskussion und der abwägenden Reflexion Ruhepunkte im Bühnengeschehen zu schaffen vermag, wird ein mögliches statisches Moment in „Geschehen" ausgeschaltet. Auch die ungewöhnliche Ballung der Verbalformen in den Szenenanweisungen sichert eine restlose Dynamisierung der Vorgänglichkeiten. Alles wird Energie, angreifende und abwehrende Aktivität. Was zwischen den Partnern (den grammatischen Subjekten der verknappten dramatischen Rede) statthat, ist reines Geschehen. Die Regieanweisungen destillieren die Spannungen zwischen den Figuren (Abstoßung und Anziehung) zum unmittelbaren Aktivitäts- und Energieausdruck.

Sehen wir vom Textausschnitt des Anfangsteils auf das Ganze des Dramas, so bestätigt er seine Beispielkraft. Die Spannungen, in die das Ich des Mannes (ER) gerät, entfalten sich in horizontaler und dann in vertikaler Richtung. In der Horizontalen wird das Ich von der Übereinstimmung mit dem Du abgelenkt durch die Anziehungskraft des anderen Geschlechts in seiner Totalität. In der Vertikalen strebt das Ich von der Erde in kosmische Regionen, so daß es zu einem Gegeneinander menschlicher und kosmischer Energien kommt.

Stramms Drama entwickelt sein Thema als Formmotiv. Ein energetisches Geschehen treibt neue Szenen aus sich hervor, die auch nur in ihm ihre Einheit finden. Die abstrahierende Loslösung der dramatischen „Fabel" vom Inhaltlichen zielt darauf, Darstellungsgegenstand und -form zusammenfallen zu lassen. Solche Identität wird im expressionistischen Drama sonst kaum erreicht. Wie aber ein „rein energetischer Nexus" — im Unterschied zum kausalen und finalen — den Dramenaufbau bestimmen kann, hat Eberhard Lämmert an Kaisers „Die Bürger von Calais" gezeigt[36]. In einem ständig bewegten Prozeß „entsteht ein Katarakt von Szenen, in denen jeweils Spannung angestaut wird bis zum Überfließen, um dann aufs neue ein Stück weit ins Freie zu stürzen."

Die Figuren des Strammschen Dramas sind nicht einmal im Ansatz (historisch einmalige) Individuen, sie sind überhaupt keine eigentlichen Personen. Das deutet sich in dem Austausch der Namen durch Personalpronomen (Er, Sie, Mich, Dich) an. Was interessiert, ist das zwischen Personen anhängige, von ihnen bewegte oder sie erfassende Geschehen. Nicht mehr Persönlichkeiten werden dargestellt, sondern Prozesse.

Walter H. Sokel[37] hat auf die Umwandlung des alten Begriffes der Substanz in den modernen Begriff der Funktion hingewiesen und diesen philosophischen Umbruch als Wirkung der modernen Physik erklärt, einer Physik, in der Materie als Energie definiert wird. Er hat zugleich aufmerksam gemacht auf die Tendenz der modernen Psychologie, die Vorstellung einer beständigen Persönlichkeitssubstanz zu verdrängen durch Begriffe wie Aktivität, Methode und Expression oder durch die Vorstellung von Prozessen, in denen allein ein Persönlichkeitskern sich zu manifestieren vermag. Offensichtlich sucht Stramms Dramenform (wie seine Lyrik) auf solche neuen Bewußtseinsstrukturen zu antworten. Aber nicht nur im „abstrakten Expressionismus" tritt an die Stelle des Substanzgedankens die Vorstellung von Prozessen. So ist in Barlachs „Sündflut", wie sich zeigte, die Gottesidee von diesem Wandel betroffen, und ebenso sind es die vielfältigen Entwürfe des „neuen" als eines werdenden „neuen Menschen". Auch die „offene Dramaturgie" von Sorges „Bettler", die eingestandene Unabschließbarkeit des eingeleiteten Läuterungsvorgangs, gibt die Vorstellung der Substanz zugunsten der des Prozesses preis.

Allerdings ist der Spielraum der Entsprechungen zwischen historisch neuen Bewußtseinsstrukturen und neuen ästhetischen Strukturen weit. Innerhalb einer knappen Zeitspanne sind auf dem Boden gleicher Grundvorstellungen künstlerische Antworten von radikaler Gegensätzlichkeit möglich. Seit dem Erscheinen von Sorges „Bettler" und Stramms „Geschehen" sollte nur gerade ein Jahrzehnt vergehen, bis das Drama die Prozesse und die Personen aus der Abstraktion, aus der dünnen Luft kosmischer Regionen und reiner Aktivität und Energie herabzieht (und auch zurückholt) in die dichte Atmosphäre der sozialen Wirklichkeit.

Werden sowohl die Gesellschaft wie die Kategorie des Individuums von den Autoren des Expressionismus als bürgerliche Konstruktionen abgewiesen, so bleiben sie doch auch in der Negation noch als Bezugspunkte gegenwärtig. Und wo das immer problematischere Verhältnis des Ich zur Gesellschaft seinen künstlerischen Ausdruck erhält — wie in den Dramen des Generationsprotests oder der Zivilisationskritik —, da vermag das expressionistische Drama historisch-ästhetische Verbindlichkeit zu erreichen. Fragwürdig sind also grundsätzlich nicht die künstlerischen Symbole der Entfremdung zwischen dem Einzelnen und der Gesellschaft, wohl aber die Entwürfe zur Überwindung dieser Situation. Denn die Lösungsversuche — zumal der Sozialutopien und der Dramen vom „neuen Menschen" — gründen im Glauben an einen die Vereinzelung aufhebenden und doch gesellschaftslosen Zustand, in der Illusion, den Menschen in seiner reinen Wesenheit gewinnen und zugleich ein zur Wesensbestimmung unerläßliches Element ausschließen zu können. Eine der Grunderfahrungen menschlichen Daseins wird aus dem Bewußtsein verdrängt: die Spannung und unauflösliche Verschränktheit von Einzelexistenz und sozialem Dasein des Menschen. So verkörpert der „neue Mensch" nicht die Idee *des* Menschen, so stellt sich in ihm kein Urbild wieder her, vielmehr ist er ein Entwurf, der sich nur in größtmöglicher Entfernung zu den beiden Polen Individuum und Gesellschaft hält. Und die ekstatisch herbeigerufene Menschheits-„Gemeinschaft" soll nicht etwa den Ausgleich der Anziehungskräfte beider Pole schaffen, sondern den Menschen gerade aus allen Spannungen menschlichen Daseins erlösen. Insofern hat die expressionistische Verkündigung eschatologischen Charakter. Und sie hätte als eine quasi-religiöse Heilsverkündigung zu gelten, wäre nicht andererseits ihr erklärtes Ziel die Neugeburt des Menschen im Hier und Jetzt. Auch außerhalb der sogenannten Aktivismus-Gruppe um Kurt Hiller und Franz Pfemfert will die expressionistische Bewegung — allen Ästhetizismus verwerfend — ins Leben selbst hineinwirken. Doch der innere Widerspruch des Kunstprogramms ist unaufhebbar. Vom europäischen Symbolismus übernommen wird das mimesisfeindliche Prinzip, der Ruf nach Emanzipation der Dichtungswirklichkeit von den Anschauungsweisen des natürlichen Lebens. Aber man kann nicht in die Lebensrealität eingreifen wollen mit Symbolen, die ihr nicht zugeordnet bleiben. — Es war vorauszusehen, daß der Bann, den die expressionistische Bühne gegen die soziale Wirklichkeit verhängt hatte, recht bald wieder gelöst werden würde.

III. RÜCKKEHR ZUR WIRKLICHKEIT

1. Die Neue Sachlichkeit
(Mühsam, Weisenborn, Lampel, Bruckner, F. Wolf, Toller)

Die literarische Epoche, die der expressionistischen folgt, ist begrenzt durch die Nachkriegsjahre und durch Hitlers Machtergreifung bzw. den Sieg des Faschismus im Jahre 1933. Drei Ereignisse bestimmen und markieren in Deutschland während dieser Zeit die ökonomische Entwicklung, der eine gewisse Gegenläufigkeit gegen die Prozesse im sozialistischen Rußland eigen ist: die Inflation; das Wiedererstarken des kapitalistischen Systems, begünstigt durch den Dawesplan von 1924 und die Dollarkredite; sowie der große Rückschlag, die Weltwirtschaftskrise von 1929/30. Wirkt die Festigung der wirtschaftlichen Verhältnisse stabilisierend auch auf das politische Gefüge der jungen parlamentarischen Republik, so läßt die große Krise mit ihren Millionenheeren von Arbeitslosen die vorübergehend befriedeten Spannungen wieder aufbrechen und die politischen Kräfte einer gefährlichen Polarisation nach Links und Rechts zutreiben. Daß schließlich eine faschistische Diktatur die Weimarer Republik auslöschen kann, erklärt sich nicht nur aus dem starken Zulauf, den die NSDAP vom Kleinbürgertum und vom neuerdings ruinierten Mittelstand her erhält, oder aus der Unterstützung, die sie vom industriellen Unternehmentum gewinnt. Mitverantwortlich ist hier der Antagonismus der Arbeiterparteien, die mangelnde oder zu späte Bereitschaft der Sozialdemokratie, wie mit bürgerlichen Parteien so in der Stunde der Gefahr auch mit der KPD zusammenzuarbeiten, ebensosehr aber die bis zum letzten Augenblick beibehaltene Praxis der Kommunisten, die SPD als sozialfaschistisch zu verteufeln.

Es ist bis zum Börsen- und Bankenkrach der großen Wirtschaftskrise nicht nur die ökonomische Macht, mit der die USA (deren Eingreifen den Weltkrieg entscheiden und die deutsche Inflation überwinden hilft) in Europa zu imponieren vermag. Stärker noch ist die Faszination, die vom gigantischen Aufschwung der amerikanischen Technik ausgeht — auch in Deutschland, einem selbst bereits hochindustrialisierten Land. Bertolt Brecht hat aus der Rückschau, vom

Standpunkt der Desillusion und Kritik her, diese Bewunderung der Geblendeten beschrieben im Gedicht „Verschollener Ruhm der Riesenstadt New York". Die 9. Strophe sei zitiert:

> Welch eine Zuversicht! Was für ein Ansporn! /
> Diese Maschinenhallen: die größten der Welt! /
> Zeugungspropaganda betrieben die Autofabriken:
>   sie bauten schon Autos (auf Abzahlung) /
> Für die Ungeborenen! Denen, die /
> Beinahe ungebrauchte Kleidungsstücke wegwarfen
>   (aber so /
> Daß sie sofort verdarben, am besten in Kalk!) /
> Wurden Prämien bezahlt! Diese Brücken: /
> Blühendes Land verbanden sie mit blühendem Land!
>   Endlos! /
> Die längsten der Welt! Diese Hochhäuser: /
> Die so hoch ihre Steine geschichtet hatten /
> Daß sie alles überragten, betrachteten von ihrer
>   Höhe sorgenvoll die Neubauten /
> Die eben erst aus dem Boden wuchsen und die /
> Ihren Mammutbau überragen würden. /
> (Manche befürchteten schon, das Wachstum dieser
>   Städte /
> Könnte nicht mehr gestoppt werden, sie müßten /
> Ihre Tage beschließen mit zwanzig Etagen anderer
>   Städte über sich /
> Und würden in Särgen verstaut, die übereinander /
> Eingegraben werden!)[1]

Solche Faszination, bekannt als der „Amerikanismus" der zwanziger Jahre[2], offenbart den völligen Umschlag von der Zivilisationskritik (expressionistischer Dichter) in die Zivilisationsbejahung. Der Wandel wird, auch bereits aus der Rückschau, von Hans A. Joachim[3] so motiviert: „Lang genug war bei uns die glorreiche Disziplin der Technik nur in Form von Tank, Mine, Blaukreuz zum Vorschein gekommen und zwecks Vernichtung von Menschenleben. In Amerika stand sie im Dienst des Menschenlebens. Die Sympathie, die man für Lift, Funkturm, Jazz äußerte, war demonstrativ. Sie war ein Bekenntnis. Sie war eine Art, das Schwert zur Pflugschar umzuschmieden. Sie war gegen Kavallerie; sie war für Pferdekräfte. Ihre Meinung ging dahin, den Flammenwerfer zum Staubsauger umzuschmieden und die Pflugschar noch zum Dampfpflug. Sie hielt es an der Zeit, daß die Zivilisation zu einer Sache der Zivilisten werde."

Nicht die Möglichkeiten des militärischen, sondern des friedlichen Gebrauchs der Technik also sind es, die das Beispiel der USA sehen lehrt. Zugleich aber besticht das amerikanische technische System in Europa, selbst in Sowjetrußland, durch den Geist der Rationalität und Sachlichkeit. So spricht Stalin in seinen Vorlesungen in der Swerdlos-Universität (April 1924) der amerikanischen ökonomisch-technischen Sachlichkeit jene „unbezwingliche Kraft" zu, die alle Hindernisse hinwegfege und jede begonnene Sache unbedingt zu Ende führe. Zwar bleibt für Stalin die „Vereinigung des russischen revolutionären Schwungs mit amerikanischer Sachlichkeit" unabdingbar[4], doch beweist der Grundtenor der Anerkennung, daß der Amerikanismus zunächst keineswegs ausschließlich eine bürgerliche Haltung (oder gar Mode) ist und daß die sozialistische Kritik sich vorerst nur auf die kapitalistische Grundstruktur der amerikanischen Gesellschaft, nicht aber auf deren hocheffizientes technisches System richtet.

Der epochale Zug zur Versachlichung unterwirft sich alle Bereiche: die Natur, die Dingwelt, auch den Menschen (und damit die Soziologie, Anthropologie und Psychologie). Ausdruck dessen ist die neue pragmatische Psychologie, der Behaviorismus[5], eine Methode, die nicht mehr an innerseelischen Vorgängen interessiert ist, sondern den Menschen durch die Umwelt bestimmt sieht und in seinen Gewohnheiten und Verhaltensweisen untersucht, um von daher eine Soziologie zu entwickeln. Auf die ökonomische Verwertbarkeit dieser Psychologie (als Verhaltensforschung) hat in seiner streitbaren Abhandlung „Der Dreigroschenprozeß. Ein soziologisches Experiment" (1931) lobend und kritisch zugleich B. Brecht verwiesen: „Der Behaviorismus ist eine Psychologie, die von den Bedürfnissen der Warenproduktion ausgeht, Methoden in die Hand zu bekommen, mit denen man den Käufer beeinflussen kann, also eine aktive Psychologie . . ."[6] Ihre „kapitalistische Funktion" wird durchaus gesehen und bemängelt, doch macht sich Brecht in seiner Polemik gegen „die introspektive Psychologie des bürgerlichen Romans" und in seiner Filmtheorie selbst Argumente des Behaviorismus zu eigen. („Das Vonaußensehen ist dem Film gemäß und macht ihn wichtig.") Sogar in der späteren Theatertheorie und -praxis Brechts bleibt noch ein behavioristisches Element erkennbar in der Bedeutung, die den Verhaltensweisen und Gesten der Figuren beigemessen wird.

Auch die Lyrik Brechts — selbst noch zu einer Zeit, wo er bereits mit dem Studium des Marxismus begonnen hatte — verrät Einflüsse des Behaviorismus. Exemplarisch für die dichterische Rezeption dieser Psychologie überhaupt sind die Gedichte der Gruppe „Aus einem Lesebuch für Städtebewohner" (1930 ersch.). Brecht sieht das Leben der Großstadtmenschen als ein System von Verhaltensweisen. Imperative demonstrieren die Verhaltensnormen, die den Städtebewohnern aufgezwungen werden. In einem Abstraktionsprozeß ermittelt der Autor Modelle jener Haltungen und Aktionsweisen, welche die Gesellschaft zuläßt und erwartet. Aber diese Gesellschaft wird nicht in ihren Bedingungen und nicht von ihren Triebkräften her gesehen. Der Mensch erscheint weitgehend als Mechanismus und als das Ergebnis von Mechanismen. Die Rolle des Bewußtseins wird unterschätzt. Trotz kritischer Grundeinstellung zeigt die Verhaltensanalyse kaum Möglichkeiten zur Veränderung der Gesellschaft.

Eben diese fehlende Perspektive auf die Veränderlichkeit der bestimmenden Faktoren ist Gegenstand marxistischer Kritik am Behaviorismus[7]. Die pragmatische Psychologie wird, wie die Epochenhaltung der Sachlichkeit, deren Mitausdruck sie ist, als eine Erscheinung bürgerlicher Kultur gewertet. Doch bleibt festzuhalten, daß „Sachlichkeit" vor allem ein Grundbegriff und eine Grundhaltung des technischen Zeitalters ist, das sich seiner selbst bewußt wird. (Nicht umsonst rühmt und empfiehlt Stalin die „Sachlichkeit" zu einer Zeit, da Rußland beginnt, seine volle Kraft auf die Industrialisierung zu lenken.) Gegen Ende der zwanziger Jahre dann ist, wie Helmut Lethen gezeigt hat, Sachlichkeit die „herrschende Kategorie in der Philosophie, der Politik und der Kunst" geworden[8].

Der Begriff der „Neuen Sachlichkeit" taucht zum erstenmal 1925 bei einer Mannheimer Kunstausstellung auf. Er setzt sich bald als Bezeichnung durch für die nach- bzw. gegenexpressionistische Kunstströmung und Stilrichtung, die ihre Anfänge noch vor der Mitte der zwanziger Jahre hat. Eine Vielzahl programmatischer Äußerungen erlaubt es, von einer Theorie der Neuen Sachlichkeit zu sprechen[9]. Einer der Theoretiker, Wilhelm Michel[10], beschreibt den Stil und die Aufgabe des Dramatikers so: „Der Name Sachlichkeit ... ist nicht mehr, wie seine Urheber am Anfang meinten, eine einfache Übersetzung des Namens ‚Realismus'. Er besagt: an die Stelle des Kunstwerks will sich die ‚Sache' selbst schieben: das Ding selbst, das Leben selbst, der authentische Gegenstand. Der Schein ist kompromittiert ... Die technische Leistung, das ‚Ding selbst' (soweit es vom Menschen geschaffen wird) ist so sehr Muster aller Menschenleistung geworden, daß sie die Kunst zurückdrängt und ihr Raum abgewinnt. Was heißt Wirklichkeit, was heißt die ‚Sache selbst' für das Theater? Es heißt unmittelbares Auftreten des heutigen Lebens und seiner Kräfte, unvermenschlicht, ohne kunstgewerbliche Fassung und Harmonisierung ... Gerade eine problematische Zeit braucht direktes Theater; Theater der Aussage und der tatsächlichen Wirkung; Theater der Situationserfüllung und der radikalen Geschöpflichkeit ... Sie braucht ein Theater, das bereit ist, einstweilige, diskutierende, stoffhäufende Arbeit zu tun." Dabei ist, wie H. v. Wedderkop[11] bemerkt, „vorläufig der neue Inhalt wichtiger als die Form ..." Die Kunst soll, um eines objektiven und sachlichen Stils willen, vom Kothurn heruntersteigen. Herbert Iherings Forderung an den Theaterkritiker gilt auch für den Dichter: „Hinein in die Versammlungen, hinein in die Diskussionsabende, hinein in die Sportpaläste!"[12] Wie sich der neue Stil schauspielerisch verwirklichen läßt, deutet Kurt Pinthus[13] in der Charakterisierung des Schauspielers Fritz Kortner an: „er gibt Stil Neue Sachlichkeit, d. i. konzentrierte, aber überschärfte Einfachheit". Das gesellschaftskritische Engagement betont Hermann W. Anders[14], wenn er die Neue Sachlichkeit als den „Rationalismus eines bedingungslos sozialen Kritizismus" bestimmt.

Weit fortgerückt erscheint in diesen programmatischen Erklärungen der Kunstbegriff des Expressionismus mit seinen Implikationen: mit der Abkehr von Erfahrungswirklichkeit, mit den typisierenden, stilisierenden und abstrahierenden Tendenzen, mit den ekstatischen, visionären und utopischen Zügen. Die Bühne soll Schauplatz des gegenwärtigen Lebens sein: einer durch künstlerische Vermittlungsweisen nicht gebrochenen Wirklichkeit. Die Theorie der Neuen Sachlichkeit nähert sich der Theorie des „proletarischen Theaters", von der noch zu sprechen sein wird, in ihrer Skepsis gegen die Kunst überhaupt. In ihr deutet sich schon jene radikale Absage an, die in den Diskussionen und Produktionen der sechziger Jahre auf die Liquidation der Kunst dringen wird. Es ist der Ruf nach dem „authentischen Gegenstand" (dem Leben oder der Sache selbst), durch den die Bühne der Neuen Sachlichkeit mehr eine dokumentierende als eine künstlerische Aufgabe zugewiesen bekommt. Die Theorie des „dokumentarischen Theaters" der sechziger Jahre kündigt sich an. Doch sind die sprachlichen Nuancen zu beachten, die Einschränkungen: die ‚Sache selbst' will sich zwar an die Stelle des Kunstwerks schieben, aber sie drängt die Kunst nur zurück, gewinnt ihr Raum ab. Der authentische Gegenstand annektiert Boden der Kunst, aber hebt sie nicht auf.

Aus den theoretischen Grundsätzen ergeben sich Folgerungen für das Gattungsproblem. Die der Neuen Sachlichkeit gemäße dramatische Gattung ist das Zeitstück. Tatsächlich bleiben die Beispiele für Geschichtsdramatik in den zwanziger Jahren selten (Friedrich Wolfs „Der arme Konrad" von 1923, ein Schauspiel „aus dem Deutschen Bauernkrieg 1514", ist eine dieser Ausnahmen). Gegenstandsbereich des Zeitstücks ist, soweit es um Geschichtliches geht, die Zeitgeschichte, also die „Epoche der Mitlebenden" (H. Rothfels)[15]. Zeitgeschichte verbürgt ein unmittelbares Betroffensein, das Geschichte im weiteren (und eigentlichen) Sinne kaum bewirkt. Aber das Zeitstück der Neuen Sachlichkeit beschäftigt sich auch nicht in erster Linie mit Ereignissen, die in die Geschichtsbücher einzugehen pflegen. Vielmehr sammeln die Dramatiker ihre Anregungen und Fakten vornehmlich bei Gerichtsprozessen und an Stätten der Jugenderziehung, in den riesigen Wirtschaftsunternehmen und an den Brenn- und Konfliktpunkten des gesellschaftlichen Lebens. Etwas überspitzt ließe sich sagen: der Dramatiker wird zum Reporter. (Nicht zufällig erlangt zu dieser Zeit die Reportage durch Egon Erwin Kischs Prosa besonderen literarischen Rang.) Das freilich bezeichnet nur den einen Teil seiner Absicht. Denn zum anderen will der Dramatiker — Feind jeder Harmonisierung — schonungslose Diagnosen stellen, als Analytiker der „problematischen Zeit" Diskussionen in Bewegung setzen und Mißstände beseitigen helfen, indem er sie aufdeckt.

Am umfangreichsten unter den Theaterstücken der Neuen Sachlichkeit ist die Gruppe der Dramen, die sich mit Gerichtsprozessen der Zeit beschäftigen. Diese Justizdramen stützen sich zumeist auf Akten und Prozeßberichte. Eine strukturelle Verwandtschaft zwischen dem Drama und dem Gerichtsprozeß — die Gerichtsverhandlung mit dem Streit der Argumente könnte eines der außerkünstlerischen Modelle des dramatischen Dialogs sein — gelangt im Justizdrama zu einem optimalen Grad von Entsprechung. Wo der Prozeß rekonstruiert wird, liefert der Stoff schon eine spezifisch dramatische Form mit, so daß hier die neusachliche Forderung nach Authentizität des Gegenstandes auf der Bühne wie von selbst erfüllt scheint.

In nahezu allen Justizdramen versteht sich der Autor als Ankläger. Es werden Fälle von Justizirrtum aufgegriffen (so der Fall des unschuldig hingerichteten Polen Jakubowski in Eleonore Kalkowkas „Josef", 1929), Ermittlungsmethoden der Gerichte angeprangert (etwa in M. Alsbergs und O. E. Hesses „Voruntersuchung", 1930) oder Argumente gegen die Todesstrafe zusammengetragen (wie in

Alfred Wolfensteins „Die Nacht vor dem Beil" und Leonhard Franks „Die Ursache", 1929). Einen Gerichtsskandal um den Angestellten eines Industriewerkes, der auf Grund falscher Aussagen des Generaldirektors zu schwerer Zuchthausstrafe verurteilt worden war, nimmt Felix Ziege in der „Affaire Bullerjahn" (1931) auf. Möglichkeiten, die Justiz als Klassenjustiz zu zeigen, werden von Erich Mühsam und Bernhard Blume (1929 und 1930) wahrgenommen bei der weitgehend dokumentarischen Wiedergabe eines Falles, dessen Echo weltweite Proteste ausgelöst hatte: bei der Rekonstruktion des Prozesses gegen die Italiener Sacco und Vanzetti in den USA. Trotz der Bezeichnung „historisches Schauspiel" gehört auch Ernst Tollers „Feuer aus den Kesseln" (1930) in die Reihe der Zeit- und Justizstücke, weil es den Fall des Gerichtsprozesses nach den Matrosenunruhen von 1917 wieder aufrollt und die mangelnde Bereitschaft der neuen Justiz, Unrechts-Urteile kaiserlicher Gerichte aufzuheben, zeigen soll. Selbstverständlich fehlt unter den behandelten Stoffen auch die berühmte Affäre Dreyfuß nicht.

Jede literarische Richtung hat ihre Mitläufer. So mischen sich unter die zahllosen Justizdramen auch Erfolgsstücke, in denen Aufklärung zur modischen Attitüde und zum bloßen Vorwand für kommerzielles Erfolgsstreben heruntergekommen ist. Das literarische Leben nicht nur zwischen den beiden Kriegen, sondern auch der Jahrzehnte nach dem Zweiten Weltkrieg bietet hinreichend Beispiele dafür, daß eine „kritische" Methode ihre Konjunktur haben und unter den Gesetzen der Konsumwirtschaft zum höchst einträglichen Geschäft werden kann. Doch bestätigen die lebhaften Reaktionen auf einige der Justizdramen, zumal die erbitterten Diskussionen und die Angriffe einer größeren Öffentlichkeit gegen die gezeigten Mißstände, die „tatsächliche Wirkung", den bewußtseinsverändernden Einfluß der Zeitstücke[16].

Das thematische Interesse am Antikriegsstück ist ein Erbe des Expressionismus, das die Neue Sachlichkeit bereitwillig übernimmt. Aber wenn auch gelegentlich etwas von der pazifistischen Pathetik expressionistischer Herkunft erhalten bleibt, so wird doch der Krieg nicht mehr als mythische Größe, sondern in seinen realen Wirkungen dargestellt, also durch die Sprache der Tatsachen verklagt. Einige der antimilitärischen Schauspiele gehen — der Forderung des Zeitstücks konsequent entsprechend — nicht einmal mehr auf Weltkriegsstoffe zurück, sondern entfalten das Thema an aktuellen Ereignissen. So verarbeitet Günter Weisenborn in „U-Boot S 4" (1928) einen Unglücksfall, den Untergang eines amerikanischen U-Bootes, zu einer szenischen Anklage gegen die Kriegsrüstung. Das Stück bezieht einen wesentlichen Teil seiner Wirkung aus dem Kontrast zwischen dem langen Todeskampf der Matrosen im Torpedoraum und den scheiternden Hilfsversuchen sowie der Jagd nach Neuigkeiten in der Außenwelt. Für die Übereinstimmung von antikapitalistischer und antimilitärischer Tendenz des Stückes ist es bezeichnend, daß der letzte der erstickenden Matrosen die Internationale anstimmt. In den politischen Meinungsstreit um die Reichswehr schaltet sich Peter Martin Lampel ein, wenn er mit seinem Stück „Giftgas über Berlin" (1929) eine Gasexplosion in Hamburg zum Anlaß nimmt, gegen die Herstellung von Giftgas zu protestieren.

Mit „Revolte im Erziehungshaus" (1928) gehört Lampel auch zu jenen Autoren, die sich den Fragen der Schule zuwenden und mit einer Erziehung auseinandersetzen, deren pädagogische Grundsätze noch in der wilhelminischen Ära wurzeln. Probleme der Jugend, sowohl soziale wie sexuelle Probleme — zum erstenmal von Wedekind in „Frühlings Erwachen" (1891) zum zentralen Thema erhoben —, werden vor allem von Ferdinand Bruckner (Pseudonym für Theodor Tagger) aufgegriffen.

Gleich mit seinem ersten Drama, „Krankheit der Jugend" (1926), kommt Bruckner zu einem Welterfolg. Die sozial-psychologischen und psychoanalytischen Studien, die der gebürtige Wiener hier dramatisiert, verraten Anregungen Sigmund Freuds. Theatergeschichtlich bedeutungsvoller als diese Darstellung pathologischer Geschlechtlichkeit ist, seines experimentellen Charakters wegen, das Schauspiel „Die Verbrecher" (1928).

Das Experiment besteht nicht darin, daß sich Bruckner mit diesem Stück am agitatorischen Kampf einiger Dramatiker gegen bestimmte Gesetzesparagraphen beteiligt. (In die Diskussion um den § 218 des Strafgesetzbuches, den Abtreibungsparagraphen, greift wohl — als Arzt-Autor — am nachhaltigsten 1929 Friedrich Wolf mit „Zyankali" ein. Bruckners Angriff richtet sich sowohl gegen den § 218 wie den die Homosexualität unter Strafe stellenden § 175.) Das Ungewöhnliche des Stückes liegt vielmehr in seiner besonderen Szenentechnik. Bruckner geht davon aus, daß die Justiz vor Irrtümern — zumal bei Indizienbeweisen — nicht sicher ist, weil sie nicht in alle zur Beurteilung wichtigen Zusammenhänge einzudringen vermag (von daher versteht sich das Plädoyer gegen die Todesstrafe von selbst). Um nun im Drama zwischenmenschliche Verhältnisse in ihrer Verflochtenheit und Vieldeutigkeit überschaubar zu machen, bedient er sich einer differenzierten Form der Simultanbühne. Die

Bühne stellt drei Stockwerke eines Hauses mit jeweils mehreren Zimmern dar, in denen unter verschiedenen Personengruppen mehrere Vorgänge simultan verlaufen. Solche Gleichzeitigkeit einer Vielzahl von Schauplätzen hat mit der mittelalterlichen Simultanbühne nur dem Namen nach zu tun. Bruckner kann jedoch anknüpfen an Sonderformen des Volkstheaters im 19. Jahrhundert, an Johann Nestroys Versuche mit der Simultanbühne. In „Zu ebener Erde und im ersten Stock" läßt Nestroy Ober- und Untergeschoß eines Hauses — die Wohnungen einer reichen und einer armen Familie —, im „Haus der Temperamente" sogar vier Zimmer gleichzeitig bespielen. Wo aber bei Nestroy die Simultaneität letztlich der Intensivierung von Komik dient, soll bei Bruckner das Geschehen in dem einen Zimmer das Geschehen in anderen beleuchten, kommentieren, entlarven usw. Die Interferenz des scheinbar nicht Zusammengehörigen läßt verborgene Zusammenhänge sichtbar werden.

Bruckner benutzt dasselbe Prinzip noch einmal in einigen Szenen seines historischen Dramas „Elisabeth von England" (1930): die Auseinandersetzung der katholischen Weltmacht Spanien mit der werdenden protestantischen Weltmacht England spitzt sich zu in Szenen, in welchen der Hof Philipps II. und der Kronrat Elisabeths zugleich gezeigt werden und der englische Schauplatz scharf in den spanischen schneidet. Die Simultaneität bietet zwei Perspektiven auf die welthistorischen Vorgänge zu gleicher Zeit. Auch hier verzahnen sich — wie in „Die Verbrecher" — die Dialoge der verschiedenen Parteien ineinander: kontrastierend, enthüllend, kommentierend. Bruckner weist sich mit der Technik solcher Mehrperspektivität als einer der virtuosesten Bühnenautoren der Neuen Sachlichkeit aus.

Da die Simultanbühne auch theoretisch legitimiert oder gar gefordert wird (etwa von Walter Tappe, Felix Ziege und Hans Dietrich Kenter[17]), bleibt Bruckner mit seinen Experimenten nicht allein. Gerade das Theater der politischen Linken sucht die Möglichkeiten der Simultantechnik seiner aufklärenden bzw. agitatorischen Absicht dienstbar zu machen. Neben Ernst Fischers „Lenin" (1928) gehört vor allem Friedrich Wolfs „Bauer Baetz" (noch zu Anfang des Jahres 1933 aufgeführt) hierher. Im II. Teil des Stückes setzt sich auf der einen Seite der Bühne die „Tragödie" des für sich allein stehenden Kleinbauern fort, während auf der anderen Seite Beispiele kollektiven Handelns gezeigt werden. Die ineinandergreifenden Dialoge relativieren und erläutern sich nicht nur, sondern bringen auch einen Prozeß wechselseitiger Förderung in Gang, so daß schließlich — als

Resultat beider „Handlungsebenen" — der Fall des Bauern zu einer „allgemeinen Angelegenheit" wird[18]. — Vor Bruckner und anderen Dramatikern hatte aber bereits Erwin Piscator, der Repräsentant des „politischen Theaters", Techniken der Simultanbühne erprobt. Daß Piscator sein Theater am Berliner Nollendorfplatz im September 1927 mit Ernst Tollers „Hoppla, wir leben!" eröffnet, macht deutlich, wie entschieden sich Toller schon vor dem (1930 erschienenen) Schauspiel „Feuer aus den Kesseln" vom Expressionismus gelöst hat. Drei Stücke bezeichnen Tollers nachexpressionistische Entwicklung als Dramatiker: neben „Hoppla, wir leben!" das Drama „Die Maschinenstürmer" (1922) und die Tragödie „Hinkemann" (1924; Fassung von 1923: „Der deutsche Hinkemann").

Die Tragödie „Hinkemann" läßt sich vielleicht am ehesten dem Hörspiel und Theaterstück „Draußen vor der Tür" (1947) von Wolfgang Borchert vergleichen. Während Borcherts Stück ein Epilog auf den Zweiten Weltkrieg ist, liest sich Tollers Tragödie wie ein Epilog auf den Ersten. Findet der Unteroffizier Beckmann mit der Gewissenslast, die ihm der Krieg aufgebürdet hat, nicht in ein Leben zurück, in dem sich die Skrupellosen schon wieder breitmachen, so verwehrt dem Arbeiter Hinkemann eine Kriegsverstümmelung — er ist entmannt — für immer die Rückkehr ins natürliche Dasein. Toller treibt die Paradoxien der Existenz dieses Verstümmelten ins Groteske, wenn er ausgerechnet den Mann, der sein Geschlecht verloren hat, als Inkarnation des Kraftmenschen in einem Rummelplatz-Unternehmen auftreten läßt: Hinkemann hat sich, nach vergeblicher Arbeitssuche, schließlich bereitgefunden, vor einem sensations- und blutgierigen Publikum eine bestialische Nummer vorzuführen, nämlich einer Ratte und einer Maus die Kehle durchzubeißen, während ihn der Schaubudenbesitzer als den deutschen Bärenmenschen, den deutschen Helden und die deutsche Kultur anpreist.

Die Ehe Hinkemanns wird ernsthaft gefährdet durch den Treuebruch seiner Frau Grete und schließlich wieder gefestigt durch deren Rückkehr. Das Problem, das Hinkemanns Kriegsverletzung der Ehe aufgibt, scheint gelöst. Beantwortet scheint die Frage, ob eine Liebe ohne sexuellen Vollzug möglich ist, ob eine seelische Bindung allein die Liebe zweier Ehepartner zu tragen vermag. Doch eine Verleumdung des rachsüchtigen Nebenbuhlers Großhahn verletzt den Verstümmelten zu tief. Der Riß ist nicht mehr zu schließen. (Das Selbstmordmotiv — Hinkemann knüpft sich einen Strick — wird allerdings in der zweiten Fassung des Stückes zurückgenommen.)

In Handlungsaufbau und Figurendarstellung ist die dreiaktige Tra-

gödie das formal strengste und zugleich das „realistischste" Stück
Tollers. Die tragischen Ereignisse sind klar motiviert, Thema und
Gehalt werden nicht nur durch Meinungskundgabe, sondern durch
die dramatische Handlung entfaltet, die Personen sind sozial und
historisch verankert in einer proletarischen Umwelt der Zeit um
1921. Trotz der verhältnismäßig geringen Zahl von Szenen (es sind
insgesamt nur sieben), trotz „stationärer Wirkungen" (Goethe) also,
fallen die Parallelen zu Georg Büchners „Woyzeck" auf. Das Drei-
ecksverhältnis Hinkemanns, seiner Frau und Großhahns erinnert an
die Konstellation Woyzeck-Marie-Tambourmajor. In der Selbst-
sicherheit Großhahns spreizt sich wie in der des Tambourmajors
sexuelle Potenz. Grete fühlt sich, hierin der Marie gleich, nicht nur
als Treulose, sondern auch als Sünderin: „Ich will mich auf die Knie
werfen: Ich bin von Gott verworfen."[19] Und Hinkemann zerbricht
wie Woyzeck als eine geschlagene Kreatur. Nicht als Kämpfer für
eine Idee oder als Angehöriger einer Klasse — also anders als die
sonstigen Hauptfiguren Tollerscher Stücke — leidet Hinkemann. In
dem ideologischen Gespräch in der kleinen Arbeiterwirtschaft (II/4)
bringt er nicht zufällig den Vertreter der Parteimeinung, der für alle
möglichen Probleme einer künftigen Gesellschaftsordnung eine wissenschaftliche Lösung weiß, mit seinem besonderen Fall in arge Ver-
legenheit. Gewiß macht Hinkemann „das Vaterland" für sein Krüp-
peldasein verantwortlich und auch sich selbst und seinesgleichen:
„Als ich mich hätte wehren sollen, damals, als die Mine entzündet
wurde von den großen Verbrechern an der Welt, die Staatsmänner
und Generale genannt werden, habe ich es nicht getan." Aber solche
Anklagen und Selbstanklagen bleiben peripher in einem Stück, das
den Appell zur Weltveränderung hintansetzt. Nicht das einer Klasse
vorenthaltene Recht klagt Hinkemann ein, und für seinen Fall erhofft er sich bei keiner gesellschaftlichen Instanz eine Antwort oder
einen Rat. Die Schlußsätze des Dramas belassen es bei der Frage:
„Immer werden Menschen stehen in ihrer Zeit wie ich. Warum aber
trifft es mich, gerade mich? ... Wahllos trifft es. Den trifft es und
den trifft es. Den trifft es nicht und den trifft es nicht ... Was wissen wir? ... Woher? ... Wohin? ... Jeder Tag kann das Paradies
bringen, jede Nacht die Sintflut."
Die gehäuften unpersönlichen Wendungen — es trifft, es trifft nicht —
zeigen an, daß sich Hinkemann einer unkontrollierbaren Macht aus-
geliefert sieht. (Auch Woyzeck wird von einem nicht zu bannenden
Es zur Tat getrieben.) Das Gefühl der völligen Verlassenheit bricht
über Hinkemann herein; und deshalb ist es auch gleichgültig, ob

am Ende der Selbstmord durch das Requisit des Strickes ausdrücklich bestätigt wird oder nicht.

Die Diktion gerade des Schlußmonologs verrät den Abstand zur expressionistischen Leidensrhetorik. Schon im Drama „Die Maschinenstürmer" hatte Toller für den schlichten sprachlichen Ausdruck sozialer Verlorenheit das Volkslied zu Hilfe genommen (in IV/2): ein Kinderlied aus „Des Knaben Wunderhorn"[20]. Wenn auch die Volkslieddiktion hier inmitten einer teilweise stilisierten Prosa und einer pathetischen Verssprache noch isoliert wirkt, so ist sie doch ein Zeichen für Tollers neues Bemühen, proletarische Figuren auch im Sprachmilieu unterer Schichten anzusiedeln.

2. Revolutionsdramatik. Im Umkreis des sozialistischen Dramas (Toller, Wolf)

Das Drama „Die Maschinenstürmer", ein Jahr früher als „Hinkemann" im Festungsgefängnis Niederschönenfeld geschrieben, nimmt das Revolutionsthema wieder auf, das bereits die expressionistischen Stücke Tollers beherrscht. Als Handlungsvorwurf dienen Vorgänge der sogenannten Ludditenbewegung in der englischen Grafschaft Nottingham, jene Arbeiteraufstände der Zeit um 1815, bei denen Weber und Strumpfwirker in Fabriken eindrangen und die mechanischen Webstühle zerstörten. Auch wenn Toller in der Figurenbehandlung frei verfährt, ist dieser Rückgriff auf einen historischen Stoff kennzeichnend für das gewandelte Verhältnis zum Revolutionsthema. Er deutet an, daß es — gegenüber den früheren utopischfiktiven Revolutionsstücken — um den Versuch geht, das Thema zu objektivieren, durch die Analyse geschichtlich beglaubigter und nachprüfbarer Ereignisse eine neue Beziehung zur Wirklichkeit zu gewinnen. Zwar liefert der niedergeschlagene Luddenaufstand keine unmittelbaren Analogien zur gescheiterten bayerischen Revolution von 1919, an der Toller teilnahm — gerade dadurch beweist die Stoffwahl seine Distanz zu persönlichen Erfahrungen —, doch hofft Toller mit dem Beispiel falschen revolutionären Handelns Einsichten zu vermitteln.

Die Aktionen der Maschinenstürmer erscheinen im Stück als durchaus verständlich. Toller demonstriert ein soziales Elend, das alle Voraussetzungen für verzweifelte Kurzschlußhandlungen schafft. Die blinde Wut auf die mechanischen Webstühle entspringt der berechtigten Angst, den Arbeitsplatz zu verlieren; der Fabrikant Ure will nach der Aufstellung der Maschine drei Viertel der männlichen Arbeiter entlassen. Die Feindseligkeit gegen die Maschine drückt daher zugleich den Gegensatz der Arbeiter zum Unternehmer aus. Doch beruht der handlungsbestimmende Konflikt nicht auf diesem Klassengegensatz. Zum Gegenspieler der Maschinenstürmer wird Jimmy Cobbett, ein Arbeiter wie sie, aber von langer Wanderschaft in England und auf dem Kontinent zurückgekehrt. Er versucht sie zu überzeugen, daß es vielmehr die Maschine in Dienst zu nehmen gilt: „Erschreckt vom schauerlichen Antlitz der Maschine hat euch Verzweiflung überrannt. Ein Gott dünkt euch die Maschine, ein Dämon ..." „Der Mensch soll führen, nicht die Maschine!" Nicht von den mechanischen Webstühlen, nicht vom technischen Fortschritt rührt das Elend her: „Es leben andere Feinde, gewaltiger als das Gerüst von Eisen, Schrauben, Drähten, Holz, das man Maschine nennt." Gegen sie heißt es sich verbünden. „Die Schaffenden von England bereiten den Kampf vor. In London haben wir geheimen Bund gegründet, der alle Werkenden des Königreichs umfassen soll."[21] Jimmy Cobbett hält den offenen Kampf noch für verfrüht und Verhandlungen mit dem Fabrikherrn für angebracht. Aber er fällt den Machenschaften des hinterhältigen und demagogischen John Wible, seines Gegners unter den Arbeitern, zum Opfer. Die rasende Menge stürzt sich nicht nur auf die Maschine, sondern auch auf den vermeintlichen Verräter und erschlägt ihn.

Das Motiv der gewaltsamen Aktion verelendeter Weber gegen die mechanischen Webstühle war in der deutschen Dramenliteratur bereits vom Schluß der Hauptmannschen „Weber" bekannt. Auch in den „Webern" erscheint der Aufstand von vornherein zum Scheitern verurteilt, weil das spontane Aufbegehren der Masse durch keinerlei politisches Bewußtsein abgestützt ist: die Revolte bleibt ein dumpfer Verzweiflungsschritt. In Tollers „Maschinenstürmern" gibt es aber von Anfang an verschiedene Positionen, die auch von ihren Wortführern mit einem höheren Grad von Rationalität vertreten werden. Daß die Masse dem Volksverführer folgt und ihre Protestbereitschaft von ihm mißbrauchen läßt, macht nur die Notwendigkeit der Aufklärungsarbeit um so auffälliger. Der verhängnisvolle Ausgang des Geschehens — der Mord an Jimmy, die Verhaftung der Arbeiter — und die politischen Folgen — das harte neue Gesetz des Staates gegen die Zerstörung von Maschinen, das im Vorspiel schon thematisch vorweggenommen wird — haben ihre Ursachen in der Unaufgeklärtheit der Massen und in mangelnder Solidarität der Arbeiter. Der

Aufstand scheitert, weil eine revolutionäre Situation noch nicht gegeben ist.

Vielfach bleiben in den „Maschinenstürmern" expressionistische Elemente faßbar — so die ekstatisch verkündete Gemeinschaftsidee. Auch das Drama der verfehlten Revolte beharrt noch — wie Tollers „Masse Mensch" — auf dem „Traum" vom „Land der werkverbundenen Menschheit". In dem Stück jedoch, das nach Tollers Entlassung aus der Haft entsteht, in „Hoppla, wir leben!", ist solcher Traum ausgeträumt; hier wird sogar die Idee einer Gemeinschaft der Revolutionäre als eine Illusion enthüllt. Geht es schon in den „Maschinenstürmern" um eine objektivierende Auseinandersetzung mit dem Problem der scheiternden Revolution, so spiegelt „Hoppla, wir leben!" den tiefen Fall des einstigen Revolutionärs Toller in die Wirklichkeit der Zeit nach 1924.

Die Handlung läßt einen gewissen autobiographischen Hintergrund des Stücks erkennen. Ein zum Tode verurteilter, aber begnadigter Revolutionär, Karl Thomas, wird nach acht Jahren, nämlich 1927, in eine umgewandelte Welt entlassen. Enttäuschend ist vor allem die Begegnung mit Kilman, einem der früheren Mithäftlinge, der sich rasch den neuen Verhältnissen angepaßt hat und inzwischen Minister geworden ist, aber auch das Zusammentreffen mit anderen Freunden von einst, die politisch agitieren oder Streiks organisieren und deren Arbeit ihm sinnlos erscheint. Er will mit einer Tat ein Beispiel geben und Kilman töten; er wird auch, obwohl ihm ein radikaler nationalistischer Student zuvorkommt, als Verdächtiger festgenommen. Resignation übermannt ihn, er „springt ab". (In der ersten, ungedruckten Fassung des Stückes fehlte noch der Selbstmord.)

Trotz der Aktgliederung entfaltet sich der Handlungsablauf als Stationenfolge. Während das Vorspiel die Gefängnissituation von 1919 vergegenwärtigt, werden in den Szenen des eigentlichen Dramas die Gefährten von einst nacheinander mit dem Entlassenen konfrontiert. Dem epischen Charakter des Stückes entspricht es auch, daß keine dramatischen Konflikte den Handlungsgang bestimmen; der unglückliche Ausgang ist das Ergebnis von Thomas' Resignation. Im übrigen fehlt die Held-Gegenspieler-Konstellation, die noch in den „Maschinenstürmern" und in „Hinkemann" erkennbar blieb. Denn obwohl ohne die Begegnung mit dem Minister der Weimarer Republik Thomas' spätere Attentatsabsicht nicht denkbar wäre, steht er nicht in durchgehendem Widerstreit zu Kilman. (Bezeichnenderweise läßt sich ja auch der Entschluß dann nicht in die Tat umsetzen.) Kilman ist – wie die anderen Gefährten, wenngleich in stärkerem Maße als sie – Exponent der politischen Situation, die Thomas vorfindet. Es steht also der „Held", hier wie in Brechts Epischem Theater, nicht einem Gegenspieler, sondern einer Situation gegenüber. Und diese Situation wird durch die einzelnen Szenen in ihre verschiedenen Aspekte auseinandergefaltet.

Selbstverständlich erschöpft sich die Funktion der epischen Szenenfolge nicht darin, ein Situationspanorama zu entwerfen. Wesentlicher noch ist Tollers Absicht, „eine Reihe von Grundhaltungen zur Revolution"[22] zu demonstrieren. Dem Verräter an der Revolutionsidee stehen die illusions-, aber auch kompromißlosen, in der politischen Tagesarbeit unermüdlichen Revolutionäre gegenüber; neben den Vertretern der Revolution von Links fehlt auch deren allgemeines Gegenbild nicht: der völkische Student (dessen Vorstellungen von einer nationalen „Revolution" in der politischen Wirklichkeit des nächsten Jahrzehnts dann die größeren Chancen haben sollten). Karl Thomas' Haltung relativiert die Standpunkte der in der Partei (es wird nicht gesagt, in welcher) tätigen Revolutionäre, läßt deren begrenzten Horizont offenbar werden; aber die Argumente dieser Gefährten von einst enthüllen auch die Fragwürdigkeit seiner eigenen Position. So richtig sein Protest gegen den Zustand andauernder Ungerechtigkeit ist, so unangemessen erscheinen in der Situation von 1927 der wortgewaltige Revolutionsenthusiasmus und die kämpfende Gebärde des Alles-oder-nichts, die sich aus der Zeit vor der Haft erhalten haben. Er wird darüber belehrt, daß die Welt und also auch die Revolution nicht das Feuerwerk mit Raketen und Leuchtkugeln sein könne, das er sich erwartete. Mag dieser Vorwurf auch überspitzt sein, so wird doch das dialektische Verhältnis von Figur und Situation durch ihn verdeutlicht: vor dem früheren Revolutionär kann die politische Situation, in die er nach acht Jahren kommt, nicht bestehen; aber auch der Revolutionär von damals versagt vor der neuen Situation. Das erlaubt dem Autor auf der einen Seite Zeitkritik und ermöglicht ihm auf der anderen die Kritik einer revolutionären Haltung. Denn zweifellos benutzt Toller die Hauptfigur nicht als reines Sprachrohr eigener Erfahrungen und Urteile, sondern stellt neben den Haltungen der Gefährten von Karl Thomas auch dessen eigene in Frage. Gewisse Züge der Hauptfigur – wie Gefühlsüberschwang und Utopismus – weisen auf die Gestalt des „expressionistischen" Revolutionärs früher Stücke zurück. Ob vom Autor beabsichtigt oder nicht: die Abrechnung mit dem neuen angepaßten Pragmatismus mancher Revolutionäre von 1918/19 bringt andererseits auch eine Absage an den eigenen expressionistischen Revolutionsoptimismus mit ein. Daß Karl Thomas in subjektiver Ausweglosigkeit endet, schließt ein kritisches Moment nicht aus. Denn seine persönliche Tragik beruht auf einer an sich schon kritisch zu sehenden Konstellation: auf dem historischen Auseinanderfallen, der Ungleichzeitigkeit von Figur und Situation.

In Tollers „Hoppla, wir leben!" wird auf den Revolutionsversuch selbst bereits aus zeitlichem Abstand reflektiert, und mehr und mehr höhlt Resignation den revolutionären Willen der Hauptfigur aus. Das Gefühl der Vergeblichkeit wird beherrschend. – Unter dem Zeichen der Vergeblichkeit steht auch der Matrosenaufstand, den Friedrich Wolf zum Gegenstand seines Schauspiels „Die Matrosen von Cattaro" (1930) macht. Und doch verweist das Wort, mit dem der Anführer der Matrosen vor seiner Verhaftung das Fazit zieht: „Kameraden, das nächste Mal besser!"[23] auf eine grundsätzlich andere Haltung zur Revolution.

Wie Toller in den „Maschinenstürmern" dramatisiert Wolf einen historisch belegten Vorgang; im Unterschied zur Ludditenbewegung gehört aber die Revolte der Matrosen von Cattaro der Zeitgeschichte an. (Das gilt zwar auch für den Stoff von Tollers „Feuer aus den Kesseln", doch sind dort die Matrosenunruhen von 1917 in den Rahmen eines Justizdramas eingebettet.) Der Aufstand auf einigen österreichischen Kriegsschiffen in der Bucht von Cattaro (Dalmatien), im Februar 1918, wurde bereits nach wenigen Tagen niedergeschlagen; eine Notiz zum Drama nennt die Namen der vier standrechtlich erschossenen Rädelsführer. Wolf vergegenwärtigt in sechs Bildern den Gang der Ereignisse auf dem Kreuzer „St. Georg" bis zum Zusammenbruch des Aufstands. Die beiden ersten Bilder zeigen die Entstehungsbedingungen: die sich verschärfenden Gegensätze zwischen den Mannschaften und den Offizieren (wobei die Sonderverpflegung der Offiziere ständig neuen Zündstoff schafft); die mangelnde Kriegstauglichkeit der Schiffe, die für die Besatzungen zu „Leichenkannen" werden; die Nachrichten vom Streik der Munitionsarbeiter in der Wiener Neustadt, deren Aufruf den Matrosen Vorbild für eine eigene Revolution wird, usw. Im 3. Bild kommt es zur offenen Empörung, und sofort beginnen die Schwierigkeiten einer allzu spontanen Revolte. Die Unfähigkeit der Matrosen, den gewonnenen Freiheitsraum verantwortlich zu nutzen, ihre mangelnde Übung, sich selbst zu regieren, und das allzu lange Abwarten ihres Führers, des Maats Franz Rasch, seine Verzögerung des Auslaufens der Schiffe, begünstigen den Erfolg der Gegenaktionen. Küstenbatterien und herbeigerufene Flottenverbände versperren die Ausfahrt aus der Bucht, den Rest besorgt die Überredungsgabe des Fregattenkapitäns. Eine Abstimmung der Matrosen im 6. Bild macht dem Aufstand ein Ende. Doch der Autor stellt, durch das Schlußwort Franz Raschs, die mißlungene Revolte in den Zusammenhang der allgemeinen revolutionären Bewegung des Proletariats und münzt so den unglücklichen Ausgang in einen optimistischen Ausblick um: „Das ist nicht das Ende, ... das ist erst der Anfang!"

Mehr als jemals bei Toller sind die Dialoge unter den Mannschaften proletarischem Sprachgebrauch angepaßt. Wolf stand hier vor einem besonderen Problem: die Matrosen des Aufstands sind Angehörige der k. u. k. Kriegsmarine, also eines Vielvölkerstaats. Historisch-realistische Genauigkeit hätte nicht nur österreichische Dialekt-, sondern auch slawische und ungarische Sprachanklänge bei den Personen des Dramas gefordert. Wolf aber überträgt die Dialoge in ein eher norddeutsches Idiom und verzichtet auf eine sprachliche Differenzierung der Matrosen nach ihrer Nationalität. Der sprachliche „Naturalismus" des Stücks ist also unnaturalistisch. Auf zweifache Weise läßt sich das Verfahren des Autors begründen. Wolf rechnet mit einem Publikum in Deutschland. Was auf österreichischen Bühnen dem Stück vielleicht Milieuechtheit und einen höheren Grad von Authentizität gesichert hätte: die sprachliche Spiegelung der Völkerschaften in der Donaumonarchie, das hätte auf dem deutschen Theater umgekehrt seine Aktualität beeinträchtigen, vom Problem ablenken können. (Ganz abgesehen von der Gefahr ungewollter komischer Akzente! Während etwa in den Dramatisierungen des Hašekschen „Schwejk" die Komik unvollkommener Sprachbeherrschung in den Dienst der satirischen Attacke gegen die Fremdherrschaft tritt, würde sie hier als Satire eher auf die sprechenden Personen selbst zurückschlagen.) Außerdem kommt der Verzicht auf sprachliche Charakterisierung der Nationalitäten einer anderen Gestaltungsabsicht des Autors zugute. Der verhältnismäßig einheitliche proletarische Sprachgebrauch weist die Vertreter verschiedener Völker als Angehörige ein und derselben Klasse aus.

Im übrigen bilden die Aufständischen durchaus eine vielgliedrige, nach Herkunft, Eigenschaften und Verhalten abgestufte Gruppe. In den Diskussionen um die Entscheidungen, die nach der Übernahme der Macht auf den Schiffen nötig werden, gelangen zwei Männer bald in die Rolle von Antipoden: Franz Rasch und der Funker Stanowski. Daß Rasch — der Eigenname negiert die literarische Technik des „sprechenden" Namens — jegliche Übereilung vermeiden will und dem Drängen Stanowskis auf Ausfahrt der Schiffe noch in der ersten Nacht nicht folgt, erweist sich als ein Fehler. Keineswegs aber hätte rasches Handeln auch den endgültigen Erfolg gewährleistet. Denn der tiefere Grund für das Scheitern des Aufstandes liegt (auch hier) in seiner Verfrühtheit: das Motiv der meisten Matrosen ist nicht der Wunsch nach Revolution, sondern nach Heimkehr; und weder bei den anderen Flottenverbänden noch im Hinterland ist die — erhoffte — Bereitschaft vorhanden, sich dem Aufstand anzuschließen. Wichtiger an der Kontroverse Raschs und Stanowskis erscheint darum das allgemeine Problem der Führung in der revolutionären Aktion. Die Ausfahrt der Schiffe wird vor allem deshalb verschleppt, weil sich Rasch an die Beschlüsse des Matrosenrats gebunden fühlt. Er will nicht „Kommandant" sein, will nicht die Befehls-Gehorsams-Struktur des früheren Ordnungssystems einfach übernehmen. Stanowski bestreitet die Urteilsfähigkeit der Vertrauensmänner in dieser Entscheidungsfrage (will ihnen nur Stimmrecht in Verpflegungs- und Urlaubsangelegenheiten zugestehen) und fordert Rasch auf, sich über den Mehrheitsbeschluß des Matrosenrats hinwegzusetzen.

Hier ist an Ludwig Rubiners sog. Ideenwerk „Die Gewaltlosen" zu erinnern, in dem die Revolutionäre sich selbst opfern wollen, weil jegliche Form von Führertum Verrat am Gedanken der Volksherrschaft sei. Solchen Anwälten der „heiligen Machtlosigkeit" gegenüber stellt sich Stanowski als ein Pragmatiker der Revolution dar. Seine Forderungen laufen auf den Grundsatz hinaus, in der revolutionären Aktion die Demokratie zumindest so lange zu vertagen, als das allgemeine Bewußtsein nicht auf der Höhe der revolutionären Aufgabe ist. An dieser Theorie gemessen, versagt Rasch vor den Ansprüchen der Führerrolle, die ihm zugefallen ist.

Der Vielfalt von Charakteren in der Mannschaft steht eine vergleichbare Gegliedertheit des Offizierskorps nicht gegenüber. Während zu Anfang des Stücks der Leutnant das Offizierskorps allein repräsentiert, tritt in der zweiten Hälfte zugleich der Fregattenkapitän in den Vordergrund: für die Funktion des demagogischen Unterhändlers war die Figur des jungen Ehrgeizlings und Scharfmachers nicht zu verwenden. Die beschränkte Zahl von Offizieren versteht sich aus einer Tendenz zur Typisierung, von der nur die Vertreter des gegenrevolutionären Lagers betroffen werden.

Hier deutet sich bereits ein Gestaltungsprinzip des „sozialistischen Realismus" an, dessen Grundsatz der Parteilichkeit eine eindeutige Wertung verlangt: der Klassengegner hat immer in seiner Gefährlichkeit und damit als negative Figur erkennbar zu bleiben. Dieser

Forderung gegenüber bietet sich als einfachste Lösung eine doppelte Perspektive an, eine differenzierende und individualisierende Darstellung des Proletariers und eine schematisierende oder zumindest typisierende des Klassenfeinds. Solche Methode ist grundsätzlich nicht neu: die Satire verfährt seit jeher nach ähnlichen Prinzipien. Doch muß in einem „realistischen" Werk die schematisierte Eindeutigkeit mit einem unvertretbaren Verlust an Wirklichkeitsgehalt erkauft werden. Nur wo es gelingt, auch den Klassengegner in seinen wesentlichen Motivationen und auf dem Hintergrund seiner Verhaltensbedingungen zu zeigen, ist im Begriff „sozialistischer Realismus" auch das Wort „Realismus" gerechtfertigt. Wolfs Realismus beläßt den Repräsentanten der gegenrevolutionären Seite, zumal dem Leutnant, einen Schuß von Individualität, obschon es sehr auf den Schauspieler ankommt, daß die parteiliche Darstellung nicht ins Plakative vergröbert wird. Jenseits des Vermögens und der Absicht Wolfs — auch in den späteren Dramen — liegt, was Brecht im „Puntila" ohne den Preis der Wertindifferenz erreicht: an der Figur eines Gutsbesitzers nicht nur Brutalität, sondern auch eine faszinierende Vitalität und Persönlichkeitsaura zu zeigen, um so etwas von der widersprüchlichen Vielfältigkeit und Blendkraft einer Gesellschaft zur Erscheinung zu bringen, in der ein Grundbesitzer eben nicht daran zu erkennen ist, daß er die Peitsche schwingt.

Im räumlich und personell begrenzten Handlungsrahmen des Wolfschen Stückes wird der Klassengegensatz modellhaft ausgetragen. Das Offizierskorps des Schiffes steht für die Privilegierten; die Übereinstimmung von Mannschaftsbesatzung (zu der die Unteroffiziersgrade gehören) und proletarischer Klasse wird noch dadurch betont, daß sich die Aufständischen zu den Zielen der Wiener Arbeiter bekennen. Die „Matrosen von Cattaro" erfüllen damit eine der entscheidenden Bedingungen für „sozialistische Dramatik", wie marxistische Theorie sie formuliert hat[24].

Auch beim frühen bürgerlichen Drama kann der Klassengegensatz (als Standesgegensatz verstanden) konfliktbestimmend oder -fördernd sein. Er *kann* es, wie Schillers „Kabale und Liebe" beweist, aber er *muß* es nicht: das Beispiel von Lessings „Miss Sara Sampson" zeigt es. Wo bloß bürgerliche Empfindsamkeit und Häuslichkeitsmotive für den „bürgerlichen" Charakter des Dramas sorgen, spricht man ja mit gutem Grund auch von „Familiendrama". Sozialistischer Dramatik in Deutschland ist, zumindest in der Phase, um die es sich hier handelt, eine vergleichbare Alternative verwehrt. Der marxistischen Ästhetik zufolge hat der dramatische Konflikt den grundlegenden gesellschaftlichen Konflikt der Epoche zu spiegeln. Dieser Grundkonflikt aber kann (in einer nicht sozialistischen Gesellschaft) nur ein Klassenantagonismus sein, da Geschichte als eine Geschichte von Klassenkämpfen begriffen wird.

Friedrich Wolf hat später in seinem Aufsatz „Grundelemente des Dramas" (1948)[25] der Darstellung gesellschaftlicher Antagonismen eine bestimmte Figurenkonstellation zugewiesen und den in zwei Gegenspielern verdichteten Konflikt gefordert: „Denn eines der Grundelemente des Dramas ist das Vorhandensein des *Spielers* und *Gegenspielers* als Träger der inneren und äußeren Konfliktstoffe ... Der jahrhundertealte Konflikt zwischen Tyrannis und Freiheitsstreben, zwischen Tradition und Emanzipation, zwischen Altem und Neuen, zwischen Barbarei und Humanismus, zwischen Gut und Böse wird gerade von der Bühne aus notwendig repräsentiert durch den Antagonismus des Spielers und Gegenspielers ..." In den „Matrosen von Cattaro" bot der historische Stoff nur begrenzte Möglichkeiten, den Klassengegensatz auch in einem individuellen Konflikt des Spielers mit einem Gegenspieler zuzuspitzen. Jedenfalls gewinnt die Figur des Leutnants nirgendwo den Rang eines vollwertigen Antagonisten, und so wird die Funktionsteilung — das auf den Leutnant und den Fregattenkapitän verteilte Gegenspiel — nötig.

Im übrigen offenbart sich in Wolfs Forderung seine verhältnismäßig konventionelle Dramaturgie. Der dramatische Konflikt herausgehobener Gegenspieler war unabdingbarer Bestandteil der klassischen Dramaturgie, zumal Schillers. Er beruht auf Persönlichkeitsvorstellungen, an denen das Drama des späteren 19. und des 20. Jahrhunderts nicht festzuhalten vermochte, weil deren gesellschaftliche und geistesgeschichtliche Voraussetzungen nicht mehr gegeben waren. Dem Wandel der Figurenkonzeption entspricht das Vordringen epischer Elemente im Drama. Wolf versucht, den Held-Gegenspieler-Konflikt zu rehabilitieren — und zwar nicht nur, weil er allein in ihm den Epochenantagonismus glaubt veranschaulichen zu können. Es geht ihm zugleich darum, das klassische Erbe zu übernehmen, einen sozialistischen Humanismus mit dem emanzipatorischen Humanismus der bürgerlichen deutschen Klassik zu verknüpfen.

Der darin beschlossenen Gefahr epigonaler Anleihen ist Wolf nicht ganz entgangen. Und daß die Zeit für andere dramaturgische Entwürfe, für ein modernes episches Theater gekommen war, zeigen die Bühne Piscators und vor allem das Drama Brechts.

Von zwei Bühnenleitern und Regisseuren erhält das deutsche Theater in den ersten drei Jahrzehnten des 20. Jahrhunderts seine wichtigsten Impulse: im Jahrzehnt vor dem Ersten Weltkrieg von Max Reinhardt und in den zwanziger Jahren von Erwin Piscator. Reinhardt, seit 1904 Nachfolger Otto Brahms in der Leitung des Berliner „Deutschen Theaters", beendet die Epoche naturalistischer Wirklichkeitsimitation. Seine Regie zieht alle Register der Theatermagie, um den Zuschauer ganz durch das Bühnenkunstwerk zu überwältigen. Piscator führt sich mit einer schroffen Absage an jegliche Kunstabsicht und Kunstausübung ein. Schon das von ihm 1919 mitgegründete „Proletarische Theater" versucht, wie er später in seinem Buch „Das politische Theater" berichtet, an die Stelle der künstlerischen die ausschließlich politische Wirkung zu setzen: „Wir verbannten das Wort ‚Kunst' radikal aus unserem Programm, unsere ‚Stücke' waren Aufrufe, mit denen wir ins aktuelle Geschehen eingreifen, ‚Politik treiben' wollten."[26] Propagiert werden soll der Klassenkampfgedanke. Als Publikum intendiert ist in erster Linie die Arbeiterschaft. Nicht nur die revolutionären, sondern auch jene Massen sollen erzogen werden, „die politisch noch schwankend und indifferent sind ..." Piscators Absichten stimmen mit Programmen des internationalen Proletkults weitgehend überein.

Bereits 1921 gerät das „Proletarische Theater" in wirtschaftliche Schwierigkeiten und muß schließen, als ihm die Konzession entzogen wird. Aber für Piscator ist das „proletarische" nur die Vorstufe zu seinem „Politischen Theater", dessen Konzeption er zum erstenmal 1924 in der Berliner Volksbühne und seit 1927 im eigenen Theater am Nollendorfplatz zu verwirklichen sucht.

Der Schritt vom bürgerlichen zum neuen politischen Theater wird von ihm nun als der Schritt „vom Kunsttheater zum Zeittheater" beschrieben. Mit dem Begriff des „Zeittheaters" gerät er in die Nähe der Neuen Sachlichkeit, die andererseits ihm wesentliche Anregungen verdankt. Das „Zeittheater" ist Piscators Beitrag zum dokumentarischen Theater; erstes Beispiel ist seine Inszenierung von Alfons Paquets „Fahnen" (1924). Das Stück behandelt den Kampf amerikanischer Arbeiter in Chicago für den Achtstundentag (1886) und den anschließenden Prozeß mit den Todesurteilen gegen die Arbeiterführer. Der Autor versagte sich alle erfinderischen Eingriffe in den Stoff, er dokumentierte wie ein Journalist. Der Regisseur aber ergänzt das dokumentarische Material durch Leinwand-Projektionen, in denen die jeweilige Szene kommentiert, also das Dokument zugleich ausgedeutet wird. In späteren Inszenierungen entwickelt Piscator diese Montagetechnik weiter, indem er Filmszenen einblendet, die den Bühnenvorgang kommentieren (manchmal freilich auch nur illustrieren) oder gar ihn ersetzen, also die Spielhandlung in einem anderen Medium fortführen. Der Film soll das Drama auf die Ebene des „Lehr-Dramas", des „Tendenz-Dramas" heben.

Im Zusammenhang mit Paquets „Fahnen" wird auch der Begriff wichtig, der einen Kreuzungspunkt der Theorien Piscators und Brechts markiert. In der Druckfassung des Stückes von 1923 lautet der Untertitel noch „dramatischer Roman", bei der Inszenierung taucht dann die Bezeichnung „episches Drama" auf. Piscator bescheinigt dem Autor, das „Schema der dramatischen Handlung" durchbrochen, den Stoff episch ausgearbeitet und die „wesentlichen sozialen und wirtschaftlichen Hintergründe" gezeigt zu haben. Das „marxistische Drama" ist für Piscator ein episodenhaftes, die „Wurzel des Falles" bloßlegendes „episches Drama"[27].

Um Geschehensursachen oder die wechselseitige Bedingtheit historischer Ereignisse sichtbar zu machen, begnügt sich das „Politische Theater" nicht mit epischer Episoden- oder Revuetechnik. Wohl vom Konstruktivismus russischer Regisseure wie Tairow und Meyerhold beeinflußt, nimmt Piscator für Experimente mit der Simultanbühne die neuen Mittel der Technik zur Hilfe. Bei der Inszenierung von Tollers „Hoppla, wir leben!" hält ein Bühnengerüst ständig mehrere neben- und übereinanderliegende Schauplätze gegenwärtig; für die Aufführung von Alexej Tolstois „Rasputin" (ebenfalls 1927) wird eine Segment-Globusbühne gebaut, deren verschiedene Abschnitte das Geschick Rasputins „zur Schicksalsrevue ganz Europas" erweitern. Zugrunde liegt die Vorstellung eines Erdballs, „auf dem sich alle Geschehnisse in engster Verflechtung und gegenseitiger Abhängigkeit entwickelten".

Auch Experimente des Expressionismus wirken auf Piscators Bühne weiter, werden jedoch den Zielen des „Politischen Theaters" untergeordnet. Erscheint in Oskar Schlemmers abstrakt-konstruktivistischen Entwürfen am Bauhaus der Schauspieler (Artist, Sänger, Tänzer und Darsteller zugleich) als eine Art Übermarionette, in welcher der Mensch auf seine körperlichen Bewegungs- und Ausdrucksfunktionen stilisiert ist, so ersetzt Piscator 1928 in seiner Inszenierung der „Abenteuer des braven Soldaten Schwejk" (einer dialogisierten Fassung des Romans von Jaroslav Hašek) einen Teil der Schauspieler tatsächlich durch Marionetten bzw. marionettenhafte Typen, aber nun in satirischer Absicht. — Folgenreicher übrigens ist diese Inszenierung durch den Einfall, die Märsche Schwejks durch ein auf der Vorderbühne laufendes Band (und durch die Drehung der Dekorationen in umgekehrter Richtung) zu verdeutlichen. Ein Vierteljahrhundert später wird dem Regisseur Brecht in seiner Inszenierung des „Kaukasischen Kreidekreises" im „Berliner Ensemble" (1954) diese Technik des laufenden Bandes willkommen sein, satirisch den beschwerlichen Marsch der zu Fußgängern gewordenen Reiter zu veranschaulichen, von denen Grusche und das Kind verfolgt werden.

Den programmatischen Leitsatz seiner Bühnenarbeit formuliert Piscator in einem Brief an die Zeitschrift „Weltbühne"[28] so: „Wir wollen nicht Theater, sondern Wirklichkeit". Unter „Wirklichkeit" versteht er nicht nur die Gegenwelt zum Reich des ästhetischen Scheins. Im „Politischen Theater" heißt Wirklichkeit Aktualität des Stoffes und eine politische „direkte Aktion", in der die Schranken zwischen der dargestellten Welt und der Welt des Publikums fallen, in der die „Mauer zwischen Bühne und Zuschauerraum" mit „Eisenhämmern" und durch ein „Trommelfeuer von Beispielen" eingerissen wird. Und so sieht Piscator sich, etwa durch die Aufführung des dokumentarischen Dramas „Trotz alledem" (1925), bestätigt: „Die Masse übernahm die Regie ... Das Theater war für sie zur Wirklichkeit geworden und sehr bald war es nicht mehr: Bühne gegen Zuschauerraum, sondern ein einziger großer Versammlungssaal, ein einziges großes Schlachtfeld, eine einzige große Demonstration."[29]

In dieser „direkten Aktion" ist der Zuschauer zum Mitspieler geworden. Auch Max Reinhardt hoffte die Trennung von Bühne und Publikum zu überwinden. In seinen Versuchen findet die Bewegung, die sich unter den Ruf nach dem „Zuschauer als Mitspieler" stellte, im gleichen Maße einen Gipfelpunkt wie die Entwicklung der neuzeitlichen Illusionsbühne. Denn der mitspielende, der Suggestion der Bühne erliegende Zuschauer ist der völlig illudierte, in die ästhetische Wirklichkeit einbezogene Zuschauer. Piscator dagegen sucht um jeden Preis die ästhetische Wirkung zu verhindern. Doch deutet das Beispiel Reinhardts die ganze Problematik der Piscatorschen Konzeption an.

Denn der mit der „direkten Aktion" sich identifizierende Zuschauer ist nicht mehr der lernende, erkennende Zuschauer. Gewiß wird das Publikum im „einzigen großen Versammlungssaal", in der „einzigen großen Demonstration" im Gefühl der Solidarität zusammengeschmolzen, aber eben doch in einem durch Suggestion vermittelten Erlebnis. Und der Zuschauer kann leicht auch hier einer theatralischen Täuschung verfallen: die „direkte Aktion" schafft die Illusion einer tatsächlichen revolutionären Handlung. Aber diese Revolution findet buchstäblich nur im Saale statt. Das zur Wirklichkeit erklärte, in die Arena verwandelte Theater erzeugt politische Affekte und zehrt sie bereits selbst wieder auf. Lehr- und Ventilfunktion liegen dicht beieinander; das Theater ist in Gefahr, Ersatzraum für politisches Handeln zu werden. Nicht das Theater ist Wirklichkeit, sondern Wirklichkeit wird erst recht zum Theater. Die fatale Kehrseite des „Politischen Theaters" ist die Theatralisierung des Politischen.

Aus dem Fundus der vielfältigen Formen von Agitation, wie sie Piscator auf seiner Bühne erprobte, schöpfen in den Jahren um 1930 auch die sozialistischen Agitprop-Truppen, die sich ihr Publikum bei Kundgebungen und Versammlungen oder auf der Straße suchen. Doch wird nicht dem Piscatorschen, sondern dem Brechtschen Theaterentwurf die Zukunft gehören.

Brecht zieht aus den Erfahrungen des „Politischen Theaters" seinen Nutzen, aus den Fehlern wie aus den Beispielen. Während er seine eigene Theorie des „Epischen Theaters" zu entwickeln beginnt, experimentiert Piscator schon mit dem „epischen Drama" auf der Bühne. Brecht übernimmt nicht die drei Grundvoraussetzungen des „Politischen Theaters", er begreift die Aufführung nicht als „direkte Aktion", den Zuschauer nicht als Mitspieler und das Theater nicht als Wirklichkeit. Er verwechselt weder die Zuschauerreaktion mit politischem Handeln noch die gespielte, also ästhetische Realität mit der gesellschaftlichen und Lebenswirklichkeit. Und der sog. Verfremdungseffekt zielt auf einen Zuschauer, der gerade nicht in der theatralischen Aktion aufgeht, sondern ihr gegenübersitzt und sich kritisch zu Vorgängen verhält, die als veränderbare Vorgänge dargestellt werden. Brechts theatralische Verfremdung weist dem Zuschauer die Rolle des Gegenspielers zu.

Noch bevor das „Politische Theater" in wirtschaftliche und ideologische Bedrängnis gerät (1931), erkennt Brecht „den Piscatorschen Versuch der Theatererneuerung" als revolutionär nicht „in bezug auf die Politik, sondern lediglich in bezug auf das Theater"[30]. In der Emigration dann, vor Stockholmer Studenten im Mai 1939, setzt Brecht sich erneut mit ihm auseinander: „Der radikalste Versuch, dem Theater einen belehrenden Charakter zu verleihen, wurde von Piscator unternommen ... Die Piscatorschen Experimente richteten auf dem Theater zunächst ein vollkommenes Chaos an. Verwandelten sie die Bühne in eine Maschinenhalle, so den Zuschauerraum in einen Versammlungsraum. Für Piscator war das Theater ein Parlament, das Publikum eine gesetzgebende Körperschaft. Diesem Parlament wurden die großen, Entscheidung heischenden, öffentlichen Angelegenheiten plastisch vorgeführt." Aber von Piscator und anderen „war ein technischer Apparat und ein Darstellungsstil ausgebaut worden, der eher Illusionen als Erfahrungen, ... eher Täuschung als Aufklärung erzeugen konnte". An Piscatorschen Inszenierungen wie auch an Aufführungen seiner eigenen „Dreigroschenoper" bemängelt Brecht, daß die belehrenden Elemente nur „einmontiert" waren, daß Belehrung und Unterhaltung zueinander im Gegensatz standen[31].

Was Brecht den „Konflikt zwischen Unterhaltungskraft und Lehrwert" nennt, das pflegt die marxistische Theorie als die undialektische Trennung von Kunst und Lehre bzw. Kunst und Propaganda oder als bloße Illustration einer politischen These zu kritisieren. Von solcher Kritik sind nicht nur das „Proletarische" oder das „Politische Theater" Piscators betroffen, sondern auch dramatische Werke Brechts aus den Jahren um 1930, die sogenannten Lehrstücke. Brecht selbst zieht in der Stockholmer Rede die Linie schon über diese Phase des Theaters hinaus: „Die Entwicklung drängte auf eine Verschmelzung der beiden Funktionen Unterhaltung und Belehrung." Er erkundet fortan den Spielraum der Möglichkeiten, das künstlerische und das politische Element, das Ästhetische und das Didaktische ins Gleichgewicht zu bringen. Er ist nicht mehr unbefangen genug, das Theater als politisches Kampffeld anzubieten. Aber er ist auch nicht bereit, die Bühne aus den politischen Prozessen zu isolieren. Das Politische ist (bzw. bleibt) für ihn auf dem Theater vertreten durch Gesellschaftskritik[32].

IV. GESELLSCHAFTSKRITIK IM DRAMA

1. Rückblick: Von der Aufklärung bis Wedekind

Brechts „Kleines Organon für das Theater" (1948)[1], Konzentrat theoretischer Erörterungen von mehr als zwei Jahrzehnten, ist die Ästhetik eines Theaters, das sich „den reißendsten Strömungen in der Gesellschaft ausliefert und sich denen gesellt, die am ungeduldigsten sein müssen, da große Veränderungen zu bewerkstelligen". (§ 23) Diese Ästhetik intendiert ein kritisches Publikum, dessen Haltung produktiv wird „in der Umwälzung der Gesellschaft". (§ 22) Sie weist also der Gesellschaftskritik klar ihren Standort zu: den Blickpunkt der sozial benachteiligten Schichten, und stellt sich in den Zusammenhang des Kampfes zweier Gesellschaftssysteme.

Mit solchen Formeln ist über die Formen von Brechts Gesellschaftskritik noch nicht viel gesagt. Aber sie können als Stichworte dienen für die Skizze einer Geschichte der Sozialkritik im deutschen Drama.

Von der Gesellschaftskritik zu trennen ist die Standeskritik, die in einer weitaus älteren Tradition steht. Schon mittelalterliche Spiele kennen eine — wenn auch bescheidene — Rittersatire. Und in den ersten Jahrhunderten der Neuzeit tummeln sich in der Komödie die Standes-Typen (vom Marquis über den Advokaten, den Arzt und Kaufmann bis zum Bauern), die durch Komik und Satire kritisch erfaßt werden. Doch stellt diese Kritik nicht die bestehende gesellschaftliche Ordnung in Frage. Im Gegenteil: da sie die störenden, die dem zwischenmenschlichen und innergesellschaftlichen Gleichgewicht abträglichen Verhaltensweisen öffentlich an den Pranger stellt, hat sie stabilisierende Funktion. Sie wirkt hin auf die Korrektur des standesspezifischen Fehlverhaltens im Sinne der herrschenden gesellschaftlichen Normen.

Gewiß ist durch die Standeskritik hindurch immer auch die Gesellschaft betroffen: ihre mangelnde Intaktheit wird offenbar. Aber erst wo die bestehende Sozialordnung nicht nur leistungsfähiger gemacht, sondern umgebildet werden soll, läßt sich sinnvoll von Gesellschaftskritik sprechen. Im ganzen sind fünf Hauptarten zu unterscheiden, zwischen denen die Spielarten sich bewegen: 1. eine restaurative Gesellschaftskritik, die eine vergangene gesellschaftliche Ordnung wiederherzustellen wünscht und den Interessen der ehemals Privilegierten entspricht; 2. eine reformerische Sozialkritik, der es um entwicklungsbedingte Korrekturen und die Realisierung neugewonnener Möglichkeiten des gesellschaftlichen Systems, um die Herstellung der Gerechtigkeit für unterprivilegierte Schichten und den Abbau bestehender Hierarchien geht; 3. eine revolutionäre Gesellschaftskritik, die den Umsturz des Systems zugunsten einer selbstbewußt gewordenen neuen Klasse betreibt. Von diesen drei Arten, bei denen die Sozialkritik aus der Interessenlage bestimmter Schichten oder Klassen hervorgeht, aber die Gesellschaft selbst als ein notwendiges Beziehungssystem nicht angezweifelt wird, unterscheiden sich grundsätzlich zwei andere: 4. die individualistische Gesellschaftskritik, die nicht nur gegen Zwänge der bestehenden, sondern gegen die Ansprüche der Gesellschaft überhaupt das Individuum als ein Absolutes zu behaupten sucht; und 5. eine utopistische Gesellschaftskritik, die von der Idee einer gesellschaftslosen, hierarchiefreien, aller individualistischen und egoistischen Interessen ledigen Gemeinschaft der Menschen ausgeht.

Unmöglich bleibt Sozialkritik, genauer: die Sozialkritik aus dem Blickwinkel nichtprivilegierter Schichten, solange die alte hierarchische Ständegesellschaft und die Vorrechte der höheren Stände als gottgewollt, also als sakrosankt hingenommen werden. Noch das Barockdrama und das Schultheater des ausgehenden 17. Jahrhunderts stellen diese Standeshierarchie als unantastbar und die durch sie verbürgte Ordnung als die bestmögliche aller Ordnungen dar. Der Versuch, die Standesgrenzen zu überschreiten, erscheint als Anmaßung und fällt strengstem Gericht anheim. So geschieht es in Christian Weises „Wunderlichem Schauspiel vom Niederländischen Bauer" (1685 aufgef.). Der Bauer, der für kurze Zeit die Rolle des Fürsten spielen darf, aber mit den Gewohnheiten seines Standes diese Rolle sprengt, wird am schimpflichen Ende in seine Schranken zurückgestoßen. Schon in den Fastnachtspielen des Stadtbürgertums war der Bauer der meistverlachte komische Typ. Doch es ist bei Weise nicht nur das Bewußtsein der Überlegenheit, das den Bauern zur komischen Figur stempelt, sondern auch das Argumentationsschema einer sozialpolitischen Lehre. Trotz einiger (verhüllter) warnender Adressen an die Fürsten demonstriert der Dichter, wie notwendig die Bändigung chaotischer Triebe des Volkes sei. Kaum anders verfährt Weise in der Tragödie „Masaniello" (1688 aufgef.), wo der neapolitanische Fischer und Revolutionär zwar in der Handlung nicht ohne jegliche gute Gesinnung ist, aber in der Vorrede unmißverständlich als Schurke verurteilt wird.

Erst das bürgerliche Lustspiel der Frühaufklärung bringt die Wende. Nicht Albrecht Christian Rotths frühe Gleichgültigkeit gegenüber der Ständeklausel in der Komödientheorie seiner „Vollständigen Deutschen Poesie" (1688) und auch nicht Gottscheds Zusatz in der 3. Auflage der „Critischen Dichtkunst" (1742), der für das Komödienpersonal nun auch „Baronen, Marquis und Grafen" zuläßt und damit den Adel für die Satire freigibt, führen den Umschwung herbei. Entscheidender ist, daß die Komödienautoren die Signalfunktion der neuen poetischen Lizenz begreifen. Denn was sich in den vierziger Jahren an Adelssatire auf die Bühne wagt, das unterscheidet sich in seiner Aggressivität von aller vorhergehenden nicht nur graduell. Standeskritik verschärft und erweitert sich zur Gesellschaftskritik. Der brüske Schnitt, den die Gottschedin in der „Ungleichen Heirath" (1743) zwischen dem Bürgertum und einem — trotz seiner Verarmung — unerträglich arroganten Adel zieht, die Unnachsichtigkeit, mit der Johann Christian Krüger in „Die Candidaten" (1747 aufgef.) Mißstände aufdeckt: das korrupte Verfahren der Ämtervergabe, die Protektionswirtschaft, den Mißbrauch der Standesvorrechte zu sexueller Erpressung — sie lassen sich nicht mehr nur als Mißbilligung standesspezifischer Untugenden verstehen. Mit dem Adel wird zugleich die Ständeordnung, die dessen Übergriffe duldet, vors Gericht gerufen. Und Anklage gegen die bestehenden Herrschaftsverhältnisse wird im Namen eines emporkommenden, seiner selbst sicher gewordenen Standes erhoben: des Bürgertums.

Von diesem Vorgang bleibt ein Zweifaches festzuhalten. Erst die Aufklärung bringt im Drama eine Gesellschaftskritik hervor, die diese Bezeichnung verdient. Und fortan wird bei aller gesellschaftskritischen Dramatik, sofern sie nicht restaurativ (wie etwa die der nazistischen Blut- und Bodenliteratur) ist, ihre innere Affinität zur Aufklärung erkennbar bleiben. Ihr erstes wirksames Organ aber findet die Gesellschaftskritik in der Komödie. Und hier besteht ein Zusammenhang nicht zufällig. Die Distanz schaffende Komödie ist als Gattung für die Distanz verlangende Satire weitaus zugänglicher als die Distanz aufhebende Tragödie. Und die Satire, da sie sich am Widerspruch zwischen Ideal und Wirklichkeit entzündet und den Gegenstand ihres Angriffs in der Darstellung zu vernichten trachtet, verbürgt allein durch ihre Intention und Form schon kritische Eindeutigkeit. Die Komödie der Frühaufklärung erweist sich für Gesellschaftskritik als besonders geeignet dadurch, daß sie zunächst ganz auf die Satire verpflichtet ist (im Unterschied zu anderen Lust-spielarten, in denen Spielatmosphäre, nachsichtige Komik oder der versöhnliche Humor bestimmend sind). Auch die weitere Entwick-lung der gesellschaftskritischen Dramatik bestätigt das Dreiecksver-hältnis von Komödie, Satire und Gesellschaftskritik als eine günstige Konstellation.

Daß sich indessen auch die Tragödie als Operationsfeld für Sozial-kritik bewähren kann, bezeugt das bürgerliche Trauerspiel der Auf-klärung und des Sturm und Drang dort, wo es den Standesgegensatz, den Konflikt zwischen Adel und Bürgertum, thematisiert: in Lessings „Emilia Galotti" (1772) wie in H. L. Wagners „Kindermörderin" (1776), am überzeugendsten aber in Schillers „Kabale und Liebe" (1784). Schiller ist es ja auch, der in seiner späteren Schrift „Über naive und sentimentalische Dichtung" die alte Trennung von lusti-ger, also komischer, und ernsthafter oder beißender Satire erneuert bzw. nuanciert, indem er gegen die scherzhafte die pathetische oder strafende Satire setzt. (Seine Unterscheidung darf freilich nicht da-von ablenken, daß alle Satire strafende Absicht hat, auch die scherz-hafte.) In „Kabale und Liebe" bedient sich die Gesellschaftskritik der pathetischen Satire, künstlerisch am wirkungsvollsten sicherlich in der berühmten und bei zeitgenössischen Aufführungen nicht umsonst verbotenen Kammerdienerszene. Im erschütternden Bericht über den Verkauf der Landeskinder — die schändlichste Entwürdigung des Menschen zur Ware — gipfelt die Kritik an fürstlicher Willkür und an der absolutistischen Gesellschaftsordnung. Hier wird kein Wort von Revolution gesprochen, und doch schlägt durch die pathetische und sarkastische Rede des Kammerdieners ein Gefühl der Empörung durch, das von revolutionärer Kraft ist.

Die Problematik der Gattungsbezeichnung, der sich J. M. R. Lenz bei seinen Dramen „Der Hofmeister" und „Die Soldaten" (1774 und 1776) gegenübersah, sein Schwanken in der Wahl des Untertitels, leitet sich nicht nur aus den Mischungsproblemen des Tragikomi-schen her, sondern auch aus dem Dilemma der Frage, ob der Gesell-schaftskritik die Tragödie oder die Komödie gemäßer sei. In der Ge-schichte der sozialen Dramatik ist Lenz bahnbrechend dadurch, daß er das kritische „Gemälde der menschlichen Gesellschaft" mit Hilfe des grotesken Stils verschärft, also genauer werden läßt, und die neue ästhetische Erfahrung durchsetzt, daß ein Weniger an Realismus in der Darstellung ein Mehr an Realismus in der Erfassung von gesell-schaftlicher Wirklichkeit bedeuten kann. Brechts Interesse für den „Hofmeister" ist eine eindrucksvolle Reverenz vor solchem geschärften Realismus. Daß Brecht in seiner Bearbeitung das gesellschaftskritische Element noch einmal entscheidend verstärkt, macht allerdings deutlich, wie wenig bei Lenz schon Absichten der Sozialkritik Brechts vermutet werden dürfen. Nicht auf „Umwälzung" des Systems zielt Lenzens Kritik, sondern auf Reform in Teilbereichen der Gesellschaft. Das bestätigen die Reformvorschläge zum Erziehungswesen im „Hofmeister" und zur Befriedung der Konflikte zwischen Offiziersstand und Bürgerstand in der Schlußszene der „Soldaten".

Die von Lenz zu Brecht führende Entwicklung hat in Georg Büchner ihre wichtigste Zwischenstation. Der sozialrevolutionäre Geist des im politischen Untergrund kämpfenden Studenten Büchner und seiner Flugschrift „Der hessische Landbote" erscheint zwar in den Dramen merklich zurückgenommen — Ausdruck der Resignation ist die Darstellung der Revolution in „Dantons Tod" (1835) —, doch lassen die sozialkritischen Züge der Schulmeisterszene in „Leonce und Lena" und die Szenen mit dem Doktor und dem Hauptmann in „Woyzeck" noch immer genug politisches Engagement für die untere Klasse erkennen. Nirgendwo im Lustspiel des 19. Jahrhunderts wird die Situation verarmter Bauern so lapidar und sarkastisch veranschaulicht wie in „Leonce und Lena" (III, 2). Die verfremdende Form der sprachlichen Satire und Sozialkritik Brechts kündigt sich schon an[2]. Mit dem zum Versuchsgegenstand medizinischer Experimente denaturierten Woyzeck bringt Büchner die Entfremdungstendenzen einer Gesellschaft ins Bild, in welcher Besitzlose zu bloßen Objekten fremder und ihnen nicht mehr begreiflicher Interessen verdinglicht werden.

Nicht als spezifisch gesellschaftskritisches Drama, wohl aber als Wendepunkt in der Geschichte des bürgerlichen Trauerspiels gehört Hebbels „Maria Magdalene" (1844) in diesen Zusammenhang. Bezogen Dramen wie „Emilia Galotti", „Kabale und Liebe", „Die Kindermörderin" oder „Die Soldaten" wesentliche tragische Momente aus dem Motiv des Standesgegensatzes und ergab sich die Gesellschaftskritik aus dem Blickwinkel der sozial tiefer gestellten, der bürgerlichen Schicht, so entfaltet sich in „Maria Magdalene" die Tragik ausschließlich aus innerständischen Konflikten. Der Dramatiker wendet den kritischen — wenn auch indirekt kritischen — Blick auf ein Kleinbürgertum, das sich durch selbstauferlegte Fesseln einer kleinlichen Moral seine tragischen Situationen selbst bereitet. Damit wird die Absonderung eines innerlich unfreien, muffigen und borniertem Kleinbürgertums von einem liberalen und geistig offenen Bürgertum, die schon in Kotzebues Kleinbürgersatire — etwa im

Lustspiel „Die deutschen Kleinstädter" (1801) — ihren Ausdruck findet, nun auch für die Tragödie wirksam. Eigentliche Sozialkritik fehlt in „Maria Magdalene", weil nicht Probleme der gesellschaftlichen, sondern der sittlichen Ordnung aufgeworfen werden. Doch ist Hebbels Trauerspiel beispielhaft dafür, daß das bürgerliche Drama nun der Konfrontation von Adel und Bürgertum keine dramatischen Konfliktmotive mehr abgewinnt und seine Aufmerksamkeit auf die innerbürgerliche Auseinandersetzung umlenkt. Dabei geht Kritik nicht von einer nachdrängenden unteren Schicht aus, sondern wendet sich in umgekehrter Richtung von einem gehobenen gegen ein niederes Bürgertum, wird also zu einem Mittel bürgerlicher Selbstkorrektur. Diese entwicklungsgeschichtliche Situation des bürgerlichen Trauerspiels spiegelt die Konsolidierung der bürgerlichen Gesellschaftsordnung.

Gerade deren Fragwürdigkeit zeigt Henrik Ibsen auf, dessen Werk in Deutschland zu weitaus größerer Wirkung gelangt als in seiner norwegischen (und im weiteren Sinne skandinavischen) Heimat. Ibsens Dramen — nicht die historischen, sondern die nach 1875 entstandenen — sind bürgerliche Dramen der reinsten Art, weil ihre Handlungen und Figuren ganz in der bürgerlichen Welt befestigt sind. Nie zuvor wurden der Lebensraum, die Lebensgewohnheiten und die Psyche bürgerlicher Menschen so exakt erfaßt. Ibsen beschreibt diese Welt mit dem Blick des Analytikers, und die Gesellschaftsanalyse gerät ihm wie von selbst zur Gesellschaftskritik. Er deckt Korruptheit und Egoismus, die verschleiernde Phrase und die Lebenslüge, die Tabus und die Verdrängungsversuche im bürgerlichen Leben auf. Und diese Enthüllungen sind für die Zeitgenossen um so schockierender, als nicht eine kleinbürgerliche, fast dörfliche Welt wie in „Maria Magdalene" bloßgestellt wird, sondern die Welt der Hochgeachteten und Wohlsituierten. Doch bleibt Ibsens Blickweise der Hebbelschen darin vergleichbar, daß sie nicht den Standpunkt sozial tiefer gestellter Schichten teilt. Vielmehr richtet sich die Kritik auf jene Kräfte der Gesellschaft, die eine volle Selbstverwirklichung des Einzelnen verhindern. Die Spannungen zwischen Individuum und Gesellschaft werden also vom Blickpunkt des autonomen, nach freier Selbstentfaltung strebenden Einzelmenschen gewertet. Ibsen spielt gegen die bürgerliche Gesellschaft ihr eigenes Wunschbild, die „ideale Forderung" des Liberalismus aus, er klagt bei der bürgerlichen Gesellschaft die Rechte des bürgerlichen Individuums ein.

Der individualistischen Gesellschaftskritik Ibsens folgt Gerhart

Hauptmann nicht oder doch nur sehr bedingt. Gewiß verengt sich am Schluß der „Weber" (1892) der Blickwinkel; mit dem alten Hilse drängt sich der Einzelne, der Außenseiter in den Vordergrund. Doch ist es alles andere als die Freiheit des Individuums, auf der Hilse besteht, wenn er seine Teilnahme am Aufstand verweigert und den wirtschaftlichen und staatlichen Instanzen seine Treue bewahrt. Hilses Untertänigkeit hat ihre Wurzeln noch in jener frommen Ergebenheit, für die gesellschaftliche Hierarchien und Vorrechte von Gott gegeben und deshalb unangreifbar sind. Von daher gesehen, geht am Ende des Dramas der Vertreter einer Auffassung zugrunde, die noch jenem Denken vorausliegt, das erst ein gesellschaftskritisches Drama ermöglichte.

Im übrigen kann der Schluß den historischen Rang des Stückes nicht verdunkeln. Zum erstenmal in einem bedeutenden deutschen Drama wird der entscheidende Antagonismus der bürgerlichen Gesellschaft handlungsbestimmend: der Konflikt zwischen Besitzbürgertum bzw. Unternehmertum und Arbeiterproletariat. Es ist richtig, wenn man gesagt hat, daß „Die Weber" durch ihre Elendsschilderung zur Mitleidsdichtung werden und von Hauptmann nicht als sozialpolitisches Drama gedacht waren[3]. Aber man berufe sich nicht zu sehr auf Hauptmann selbst, der dazu neigte, das Provokatorische mancher seiner Dramen nachträglich abzustreiten oder zu verkleinern. In der historischen Situation der Jahre um 1892, in der man durchaus Analogien zur Situation des Weberaufstandes entdecken konnte, auch nach der Aufhebung des Sozialistengesetzes war es ein Akt brisanter Gesellschaftskritik, zum Himmel schreiendes soziales Elend und einen verzweifelten Revolutionsversuch auf die Bühne zu bringen[4]. Und was der Autor selbst dem Drama an Konsequenzen nicht mitgegeben hatte, das vermochte in der besonderen Lage der Aufnehmenden die Rezeption des Werkes hinzuzutun. Hauptmanns „Weber" sind ein eindrucksvolles Beispiel dafür, wie nicht nur die Intentionen des Autors, sondern auch die Erwartungen eines bestimmten Publikums in einer bestimmten geschichtlichen Situation die Aussage eines literarischen Werkes determinieren.

Züge einer individualistischen Gesellschaftskritik scheinen sich in naturalistischen Tragödien wie „Fuhrmann Henschel" (1898) oder „Rose Bernd" (1903) anzudeuten: der Einzelne ist von rücksichts- und verständnislosen Mitmenschen umstellt; er erstickt an der Umwelt. Deshalb aber ist es auch nicht das Recht auf freie Entfaltung der Individualität, das die Figuren mit tragischer Vergeblichkeit für sich beanspruchen, sondern das viel elementarere Recht auf die Luft zum Leben. Es ist mehr der Mensch als kreatürliches denn als geistiges Wesen, der hier an seiner Umwelt zerbricht. Gegenüber den „Webern" vollziehen diese naturalistischen Dramen, soweit es die Gesellschaftskritik betrifft, eine Wende, die wieder auf Hebbels „Maria Magdalene" zurückweist. Nicht Klassengegensätze — wie noch in den „Webern" — führen die Katastrophe herbei. Eine Unterschicht (in ländlichem Lebensrahmen) erzeugt in sich selbst menschliche Grenzsituationen tragischer Ausweglosigkeit.

Daß Hauptmann das Proletariat unter der doppelten Perspektive von Einverständnis und Kritik sieht, zeigen schon die Komödie „Der Biberpelz" (1893) und deren Fortsetzung, die Tragikomödie „Der rote Hahn" (1901). In beiden Stücken wird die Satire auf die — militarisierte — Bürokratie und damit auf das Staatsgefüge des kaiserlichen Deutschlands an der Figur von Wehrhahns entwickelt. In des Amtsvorstehers gleichzeitiger Arroganz und Unfähigkeit spiegelt Hauptmann kritisch die tönende Hohlheit wilhelminischer Staatsrepräsentation, weniger die Gefährlichkeit des wilhelminischen Regimes. Doch erlaubt es ihm gerade diese Verkleinerung des Gegenspielers der Mutter Wolffen, die Frau des Volkes in ihrer ganzen robusten Kraft und Schlauheit sich entfalten zu lassen und zugleich die Fragwürdigkeit ihrer Ambitionen zu zeigen. Dabei sind die Akzentverschiebungen von der „Diebskomödie" zu ihrer tragikomischen Fortsetzung von großem Gewicht.

Im „Biberpelz" erscheint die Kleineleute-Moral bzw. -Unmoral, der es gelingt, die geltenden Eigentumsgesetze und ihre Hüter zu hintergehen, im Lichte der Nachsicht und der Sympathie: als die Ethik proletarischer Selbsthilfe. Der offene Schluß — die Diebereien bleiben unentdeckt und ungesühnt — widerspricht den Erwartungen vom Komödienende, das die im „corriger la fortune" unterlaufene Eigentumsordnung widerherzustellen pflegt; er sanktioniert also indirekt die Verletzung des „Bürgerlichen Rechts". Der Wunsch nach sozialem Aufstieg bleibt im „Biberpelz" als Antriebsmoment für ungesetzliches Handeln verhältnismäßig unentwickelt. Aber eben dieser Wunsch hat sich im „Roten Hahn" zum skrupellosen Ehrgeiz gewandelt. Mutter Wolffen (jetzt Frau Fielitz) setzt zum Sprung in jene Schicht des Besitzbürgertums an, die sie einst bestahl. Dem entsprechend ist aus Gelegenheitsdieberei die Gaunerei, aus der robusten Ethik der Armen die Selbstrechtfertigung der Erwerbsgier geworden. Brandstiftung und Versicherungsbetrug und außerdem das Profitieren von der Verdächtigung eines Unschuldigen — das sind die kriminellen Mittel einer Frau, die den Weg von proletarischer Selbsterhaltung zu asozialem Egoismus gegangen ist und dabei innerlich ihre Klassenzugehörigkeit gewechselt hat. Ihr Leitbild ist nun der bedenkenlose, mit berechnender Bigotterie auftretende Unternehmer (von der Art Schmarowskis). Sie will am allgemeinen Wirtschaftsaufschwung ihren Anteil haben, auch wenn sie nur im Trüben fischen kann.

Hauptmann hat also den kritischen Blickwinkel entscheidend verschoben. Billigte er im „Biberpelz" mit einem Augenzwinkern den Standpunkt des Armen, der sich bei den Besitzenden sozusagen mit Mundraub schadlos hält, so geht er jetzt mit einem proletarischen Emporkömmling ins Gericht, der sich üble Praktiken der Eigentumsvermehrung aneignet. Damit hängt zusammen, daß die Satire auf die kaiserliche Bürokratie in den Hintergrund tritt und das Wirtschaftssystem und die Demoralisierungstendenzen nach der Gründerzeit zum Hauptgegenstand der Gesellschaftskritik werden.

Hauptmanns Tragikomödie „Die Ratten" (1911) wird den Erwartungen, die der Titel und seine ausdrückliche Erläuterung (im Streit Hassenreuters mit dem Kandidaten Spitta) wecken, kaum gerecht. Von der Hauptfigur (Frau John) her gesehen, ist das Stück eine Tragödie des übermächtigen und schuldig werdenden Muttertriebes. Zeitbezüge erhält es vor allem auf der komischen Handlungsebene. In der deklamatorischen Gespreiztheit und dem nationalistischen Pathos des ehemaligen Theaterdirektors Hassenreuter spiegelt sich die Posenhaftigkeit des offiziellen kaiserlichen Deutschlands und eine Theatralisierung des Lebensstils, wie sie in Kaiser Wilhelm II. selbst ihren Ausdruck fand. Aber die Kräfte, die — nach Hassenreuter — das wilhelminische Reich wie „Ratten" unterminieren, werden nicht klar genug sichtbar. Daß dieses Reich durch soziale Spannungen und politische Gegensätze ausgehöhlt und in seinem Bestand gefährdet ist, deutet sich allenfalls im Atmosphärischen an.

Dennoch sind Hauptmanns Figuren immer von ihrem gesellschaftlichen Status und ihren Umweltbedingungen her fixiert; sie tragen deshalb weitaus mehr soziale Wirklichkeitsaura auf die Bühne als die Figuren Frank Wedekinds, deren Exzentrizität immer einen Schritt aus der vertrauten Daseinswirklichkeit hinausführt. Es ist aber gerade Wedekinds Absicht, im Unvertrauten das Vertraute zu demaskieren. Wedekinds Gesellschaftskritik ist vor allem Moralkritik. Er bricht in eines der am hartnäckigsten verteidigten gesellschaftlichen Tabus ein, in das sexuelle. In der Bloßstellung einer verlogenen, scheinhaften bürgerlichen Moral übertrifft er an schockierender Aggressivität alle Vorgänger; mit seiner schonungslosen Ideologieentlarvung verweist er schon auf Brecht. Im Vorwort zu „Die Büchse der Pandora" (1904), dem zweiten Teil seiner Lulu-Tragödie, scheidet er von der „bürgerlichen" Moral eine „menschliche" Moral. Und wie seine Hauptdramen jene Moral demaskieren, so verkünden sie diese — eine Moral, die der Befreiung einer elementaren menschlichen Natur und der Emanzipation des Geschlechtlichen das Wort redet. Die Frage freilich, welcher neuen Gesellschaftsordnung diese wahre Moral entsprechen soll, liegt nicht im Problemhorizont der Dramen. Doch geht der Verdacht zu weit, daß Wedekind letztlich nur jene „verkniffenen Gelüste des Bürgers aufs Tableau" gebracht habe[5], welche die bürgerliche Moral zu verdrängen befahl.

2. Sternheim

Über Carl Sternheims Komödien (zumal über die bedeutendsten, unter dem Rahmentitel „Aus dem bürgerlichen Heldenleben" zusammengefaßten) schien lange Zeit das „letzte Wort" gesprochen zu sein: sie galten als erbarmungslose Bürgersatire. Erst Wilhelm Emrich versuchte das geläufige Sternheim-Bild entschlossen zu korrigieren, ja umzukehren: „In Wahrheit ist sein Werk das genaue Gegenteil von Satire."[6] Wo ein satirischer Grundzug so entschieden bestritten wird, ist auch eine gesellschaftskritische Intention des Autors verneint.

Emrichs Verdienst besteht darin, des Autors Kommentare zu seinem Werk wieder ernst genommen zu haben. Denn Sternheim selbst versteht seinen Darstellungsstil weder als ironisch noch als satirisch. Er will die „Wirklichkeit" des deutschen Bürgers geben, nicht Satire. Vor einer Veränderung der „göttlichen Welt" warnt er sogar, und seine Biographie — das luxuriöse Leben eines reichen Bürgerlichen — läßt ahnen, wie wenig er an einem Umbruch des bestehenden gesellschaftlichen Systems persönlich interessiert sein mochte. Kennwort seines individualistischen Denkens ist die „eigene Nüance": der Einzelne dürfe die von Gott in ihm angelegte „eigene" Bestimmung oder „Nüance" uneingeschränkt realisieren; alle überindividuellen Gebote sozialer oder politischer, kirchlicher oder moralischer Art zielten darauf ab, diese „eigene Nüance" zu beschneiden, und dürften als „lebensschwächend" mißachtet werden. Gedanken Nietzsches, ja des Anarchismus wirken hier fort, ohne mit ihren Konsequenzen übernommen zu werden. Die Rechtfertigung der Amoralität und einer reinen Erfolgsethik des Einzelnen schließt nicht ein gut Teil Einverständnis mit der bürgerlichen Gesellschaftsordnung aus, deren Liberalismus für jene immer noch das günstigste Aktionsfeld bietet. Legt man Sternheims programmatische Äußerungen (hauptsächlich in Schriften wie „Kampf der Metapher" von 1918 und „Berlin oder Juste Milieu" von 1920) zugrunde, so sind die kritischen Züge seines Werks allenfalls im Sinne einer individualistischen Gesellschaftskritik zu deuten. Aber daß Kritik geleistet wird, steht über allem Zweifel. Es ist Kritik, die unterläuft, die in die Darstellung wie von selbst mit eingeht. Die Literaturgeschichte kennt genug Beispiele dafür, daß das Werk eines Autors in seiner Selbstdeutung nicht aufgeht, vielmehr seine eigene Intentionalität entfaltet. Und es muß kein unlöslicher Widerspruch darin liegen, daß Sternheim nicht Satiriker sein will und doch immer wieder als solcher verstanden wird. Für die „Wirklichkeit" des deutschen Bürgers, die er zu geben beabsichtigt, hat er ein ungewöhnlich sicheres Auge und entwickelt er eine analytische Scharfsicht, unter der sich die Gestalten ins Groteske verformen und verdeutlichen. Die Klein- und Großbürger, die Aristokraten und die Snobs, die Industrie- und Bankgewaltigen, er kennt sie genau — und er anerkennt sie wohl auch, weil er einer der ihren ist. Aber in diesen Klassentypen liegen offensichtlich so viele Züge von satirischer Ergiebigkeit, daß sein unbestechlicher Blick nicht an ihnen vorbeisehen kann. Der Gegenstand selbst fordert — auch gegen den Willen des Autors — immer wieder zu satirischer Darstellung heraus. Und so ist Sternheims Werk durchaus nicht das Gegenteil von Satire, wie Emrich meint. Wo der Dichter sich der Wirklichkeit verpflichtet und diese Wirklichkeit für die Satire disponiert ist, da können Gestalten satirisch geraten, die der Dichter selber anerkennt. Sie werden um so mehr satirisch erscheinen, je genauer der Leser oder Zuschauer den Widerspruch der Wirklichkeit zum Ideal und damit den Mangel im „bürgerlichen Heldenleben" wahrnimmt. Das heißt nicht, daß erst die Einstellung des Aufnehmenden — hier eine kritische Haltung zur bürgerlichen Welt — Satire konstituiert. Satire ist zunächst eine Frage des Darstellungsstils und nicht der Rezeptionsweise. Doch kann in der Rezeption das latent Satirische im Darstellungsgegenstand wahrgenommen werden. Sowohl die Disposition des Gegenstandes wie die eines kritischen Publikums für die Satire machen es begreiflicher, daß Sternheims Komödien — zum Verdruß des Autors — als satirisch aufgefaßt werden.

Doch über den kritischen Gehalt der Stücke und ihren kritischen Stil entscheidet auch ihre Gattungszugehörigkeit. Sternheims Werk läßt sich nur dann als das „genaue Gegenteil von Satire" klassifizieren, wenn man völlig darüber hinwegsieht, daß sich das „bürgerliche Heldenleben" überwiegend in der Komödienform präsentiert. Mag es auch Sternheim vorgeschwebt haben, den Bürger als den modernen Helden vorzustellen, so wirkt doch solcher Absicht die Wahl der Komödiengattung entgegen. Der komische Held ist der durch die Banalität gebrochene und verkürzte, der verabschiedete oder unzeitgemäße, jedenfalls der mit dem Heldenbild nicht mehr identische Held. Wie Sternheims Wirklichkeitssinn den bürgerlichen als die bloße Hohlform des Helden erkennt, zeigt beispielhaft die Komödie „Bürger Schippel" (1911 entst.). Die im Wettkampf geprüften Helden von einst sind hier heruntergekommen zum Gesangsquartett der Bürger, das seine Siege im Wettsingen erficht (und nun nach dem Tod des Tenors auf den Proletarier Schippel angewiesen ist). Freilich halten diese Bürger an einem aristokratisch-heldischen Ehrenkodex fest. Erst durch ein Duell wird Schippel satisfaktionsfähig und der „höheren Segnungen des Bürgertums voll und ganz" würdig. Dieser Zweikampf indessen vollzieht sich nach den traditionellen Regeln für die komische Darstellung des Duells: die beiden Kontrahenten schlottern vor Angst. Nirgendwo in der Komödie wird die Demaskierung eines Bürgers, der in die Rolle des Helden geschlüpft ist, so sinnfällig wie in diesem Farcenmotiv. Angesichts des als Angstpartie sinnentleerten Ehrenduells erweisen sich auch die „höheren Segnungen des Bürgertums", zu denen der Zweikampf Zugang verschafft, als nichtig. – Hier müßte eine Inszenierung die dramatische Vorlage schon verfälschen, um den satirischen Effekt zu unterschlagen.

In der Fortsetzung der Komödie, dem 1914 entstandenen Schauspiel „Tabula rasa", steht der Neubürger Schippel bereits auf der Höhe einer glänzenden Karriere. Er hat die Gesetze der Gesellschaft durchschaut und ist – geschickt zwischen Anpassung und Gebrauch der Ellenbogen, zwischen Bescheidenheit und Unverfrorenheit balancierend – zum Werkdirektor emporgestiegen. Er läßt sich für seine Konformität, für den Verzicht auf Selbstbestimmtheit, von der bürgerlichen Gesellschaft belohnen, bleibt aber auch ihr Gefangener. Sein Gegenbild ist die Figur des Wilhelm Ständer. Auch Ständer hat das Rollendasein in Kauf genommen, zu dem die Anpassung zwingt, und sich emporgearbeitet. Er hat die Möglichkeiten des privatwirtschaftlichen Systems klug genutzt und Kapital zu guten Zinsbedingungen angelegt. Aber als seine äußere Existenz gesichert ist, wirft er die Masken ab und sagt sich vom Leistungsgesetz der industriellen Gesellschaft los – nicht einer sozialistischen Ordnung oder irgendeines Gemeinschaftsideals wegen, sondern ausschließlich um seiner selbst willen. Er bricht „in das eigene Selbst" auf[7], entscheidet sich also für die „eigene Nüance" und gegen jene nivellierenden Zwänge und Gesetze der Gesellschaft, die Sternheim immer wieder das „Juste Milieu" genannt hat.

In Ständers Kehrtwendung gegen alles, „was als Menschengesetz mir hier gepredigt wird", spricht sich exemplarisch Sternheims individualistische Gesellschaftskritik aus. Eine „Komödie von den heute verstärkten Schwierigkeiten, Individuum zu sein", hat Mennemeier das Stück genannt[8]. Als Protest gegen jegliche Einschränkung des Individuums ist sie eine Absage, die das Nein Ibsens zur bürgerlichen Gesellschaft durch ihr egoistisches Interesse weit übertrumpft. Von der „Utopie des Individualismus, des Egoismus" hat Schwerte gesprochen[9]. Freilich zeigt die Figur Ständers zugleich die Verankerung der „Utopie" in einem wirtschaftlichen System, dessen Kreisläufe durch das Kapital beherrscht werden. Ständer wird seine „eigene Nüance" nur auf Kosten der Arbeitskraft anderer durchsetzen können. Der Individualismus der Kritik Sternheims an der Gesellschaft, auch der bürgerlichen, bleibt gebunden an die Erwerbs- und Eigentumsprinzipien der bürgerlichen Gesellschaft.

Verfolgt Sternheim den Werdegang des proletarischen Bürgers Schippel — der Begriff »prolétaire bourgeois« taucht im Titel der zweiten Fassung von „Bürger Schippel" auf — durch zwei Stücke, so geht er in der Maske-Tetralogie der Geschichte einer Familie durch mehrere Generationen nach. Die Familiengenealogie ist zugleich eine Geschichte des Aufstiegs vom Kleinbürgertum zum Großbürgertum, vom unteren Beamtendienst zur Fabrikherrenmacht.

Im Lustspiel „Die Hose" (1908 entst.) entdeckt Theobald Maske — ein Haustyrann, sofern er nicht im Amtsbüro sitzt — seinen Sinn für Geschäfte, nachdem ein kleines Mißgeschick seine Frau Luise öffentlich in eine schlüpfrig-peinliche Situation gebracht und dadurch die erotische Phantasie von Männern gereizt hat, deren Interesse für die Ehefrau sich nun finanziell auszuzahlen beginnt. In der Komödie „Der Snob" (1912 entst.) treffen wir seinen Sohn Christian bei Beginn der Handlung bereits als einen Emporgestiegenen an, als einen Parvenü mit kaufmännischen Talenten und erheblichem Aktienbesitz. Mit der Ernennung zum Generaldirektor betritt er die nächste Stufe seiner Karriere. Er zahlt die Frau, mit der er Jahre hindurch lebte, aus und heiratet die Tochter des Grafen Palen. Zwei einander ergänzende Haltungen, die in der ersten Komödie erkennbar werden, haben sich in der zweiten ins Große entfaltet: zynisches Mißachten der Ehre einer anderen Person (Christian stempelt, um seiner adligen

Frau ebenbürtig zu erscheinen, seine Mutter zur Ehebrecherin und Geliebten eines Vicomte) und hemmungsloses kommerzielles Aufwärtsstreben. — Es wäre denkbar, daß Sternheim auch die Skrupellosigkeit des Snobs als ein vertretbares Mittel zur Realisation der „eigenen Nüance" billigte. Unabhängig aber von der Intention des Autors schlägt hier durch die Darstellung eines Handelns, das die menschliche Würde sogar der Mutter zum Manipulationsobjekt der Erfolgspraktiken macht, Satirisches durch.

Das dritte (1913 entstandene) Glied der Tetralogie, „1913", ist ein „Schauspiel", und die Gattungsbezeichnung hat Signalfunktion. Daß Sternheim den Werdegang der Familie Maske nun nicht mehr auf der Stilebene der Komödie fortführt, kündigt Umschläge in der Entwicklung an. Tatsächlich hat die Geschichte der Familie jenen Punkt — den Zenit —, von dem aus es bereits wieder abwärts geht, erreicht und schon überschritten. Christian Maske, der Snob, inzwischen siebzigjährig und selbst geadelt, besitzt zwölf Fabriken und ist hundertfacher Millionär; ein Graf ist sein Schwiegersohn. Die Familie Maske verkörpert nun die Verflechtung von Großindustrie, Hochfinanz und Aristokratie, von Briefadel und Geburtsadel. Damit erfaßt Sternheim in dieser Familie repräsentativ die Mächte, welche die wirtschaftliche und gesellschaftliche Verfassung des wilhelminischen Staates während der Nach-Gründerjahre und der Vorkriegszeit bestimmen. Was aber das Schauspiel „1913" gegenüber den vorhergehenden Komödien doppelt bedeutend macht, ist der nahezu prophetische Hinweis auf kommende Erschütterungen dieses Systems, auf seinen Untergang. Weder benutzt Sternheim dabei die expressionistischen Mittel der apokalyptischen Vision — er hat sich mehrfach in sehr herabsetzender Weise vom Expressionismus distanziert —, noch hat die Spätzeitstimmung, die sich im Fortgang des dramatischen Geschehens verdichtet, mit sog. Fin-de-siècle-Stimmung zu tun. Auch übernimmt Sternheim nicht die ökonomische Analyse des Marxismus. Dennoch ist es der kritisch-rationale, auf ungetrübte Erkenntnis gerichtete Geist, der die wirtschaftlichen Kämpfe der Industriemagnaten beobachtet. Sternheim veranschaulicht die Untergangsreife der bestehenden gesellschaftlichen Ordnung symbolisch an dem schon beginnenden Verfall der Familie Maske. Und er demonstriert die gefährlichen Antagonismen des Wirtschaftssystems an dem Kampf bis aufs Messer, den sich zwei Familienmitglieder liefern, und zugleich am Widerstreit zweier Produktionsprinzipien.

Unter den drei Kindern des Freiherrn Christian Maske von Buchow repräsentiert Ottilie, musisch und verspielt, die Züge kultureller

Verfeinerung, aber auch schwindender Vitalität der Familie. Eindeutig wird das Degenerationselement in der Figur des Sohnes, dessen einzige Sorge darin besteht, auf dem jeweils letzten Stand der Mode zu sein. Die Szenen, in denen Philipp Ernst und sein Freund Prinz Oels über die Modewaren des englischen Schneiders herfallen, um sie anzuprobieren, sind sehr bildhafte Beispiele nicht nur der komischen, sondern der satirischen Darstellung eines müßiggängerischen, veräußerlichten Aristokraten- und Großbürgertums. (Es ist nicht ohne Witz, daß dem großbürgerlich lebenden Bankierssohn Sternheim selbst „sein Hemdenmacher in Paris und der Schneider in London so wichtig waren wie die Frage nach dem Satzbau"[10].) Beide, Ottilie und Philipp Ernst, laufen — so formuliert es der Vater — an der „Peripherie des Lebens" herum, doch ihre Schwester Sofie, verheiratete Gräfin von Beeskow, „sitzt im Kern und spinnt Fäden. Mit gezücktem Messer nach meinem Tod holt sie dir die Börse aus der Tasche"[11]. Sofie setzt schon zu Lebzeiten des Vaters alles daran, ihm die Macht zu entreißen; in ihr kommt der Geist kommerzieller Skrupellosigkeit, der in der Familie Maske herangewachsen und durch den die Familie herangewachsen ist, zu seiner letzten Zuspitzung. Sie will die totale Uniformierung der Lebensgüter zum Zwecke der billigsten Serienfertigung durchsetzen, während der Vater dem Käufer und Verbraucher einen Rest an besonderem, individuellem Lebensstil retten möchte. Sein Kampf ist ein Rückzugsgefecht gegen die heranrückende Konsumwirtschaft und -gesellschaft mit ihrer Massenproduktion. Im übrigen deutet er Krisenzeichen als Symptome eines nahenden unglücklichen Kriegs und Zusammenbruchs. Als der Konflikt der beiden Generationsvertreter sich verschärft und die Tochter eigenmächtig über ein Rüstungsgeschäft verhandelt, zerstört der Vater mit einer Nachrichtenmanipulation alle Hoffnungen auf den Vertragsabschluß. Aber der Triumph — die übermäßige Erregung — kostet den Sieger im Familienkrieg das Leben.

Es fällt nicht schwer, im alten Christian Maske den Anwalt des Lebensprinzips der „eigenen Nüance" zu erkennen. Merklich hat Sternheim vom „Snob" zu „1913" sein Bild ins Sympathische gewendet — allerdings ohne die Farben der Beschönigung. Christian bleibt ein harter und verschlagener Pragmatiker. Aber er gewinnt durch den Gegensatz zu seiner Tochter. Diese spannungsvolle Doppelheit von Achtung und kritischer Distanz gegenüber dem Vertreter einer vergehenden Epoche kehrt wieder im vierten Stück der Tetralogie, dem 1922 entstandenen Drama „Das Fossil", das den in

„1913" vorausgesagten Untergang der alten Ordnung als vollzogen registriert. Das Drama steht mit der Familienchronik der Maskes in loserer Verbindung, und zwar nur durch die Figur der Sofie. Hauptfigur des Stückes ist ihr Schwiegervater, der General a. D. Traugott von Beeskow. Er ragt wie ein Fossil der zerbrochenen Monarchie in die demokratisierte Nachkriegsgesellschaft, in die (Weimarer) Republik. Wie weit die Auflösung der alten Familien- und Standeskonventionen fortgeschritten ist, wird an der Figur des Neffen sichtbar: er ist Kommunist geworden. Sternheim läßt die Gestalt des Generals nicht ohne Größe, aber diese Größe auch nicht ohne ernste Fragwürdigkeit: die durchaus vorhandene persönliche „Nüance" Beeskows bleibt an ein überholtes Gesetz gebunden, findet keine Lebensform mehr und erstarrt. Solche innere Versteinerung des Lebendigen erhält stilistisch ihren Ausdruck in der Karikatur.

Figuren wie Christian Maske in „1913" und der General von Beeskow sind aber nun exemplarisch für Sternheims Gestaltungsweise überhaupt. Sie zeigen, daß die Widersprüche und Paradoxien, die das Gesamtwerk durchziehen und den nach einfacher Eindeutigkeit Suchenden befremden, nicht in künstlerischem Versagen, sondern in der dichterischen Intention begründet sind. Sternheim läßt in der Darstellung des Einzelnen und der Gesellschaft zwei Wertungspole sich bestreiten und immer wieder sich auspendeln, so daß es zu einer Verschränkung von Einverständnis und Kritik, von Sympathie und Abweisung, von Faszination und Distanz kommt. Nicht zufällig hat Sternheim neben Molière und Lessing besonders Heine als Vorbild verehrt. Mit Heines Lyrik und Prosa teilt seine Dramatik einen facettierenden Stil, der — wechselnd oder zugleich — anerkennt und in Frage stellt. Von daher bestimmen sich auch Umfang und Grenzen der Satire und Gesellschaftskritik in Sternheims Werk. Beide haben eine Neigung, sich in der Anerkennung wieder aufzuheben, und die Anerkennung kann jederzeit in Satire und Gesellschaftskritik umschlagen. Dabei ist die Gefahr der Indifferenz ganz vermieden. Alle Figuren haben einen klaren Umriß. Nur liegen in ihnen Größe und Karikatur nahe beieinander. Ähnliches gilt für die Dialoge. Die geballte und verkürzte, bauende Sprache, die ihre scharfe Aussage gegen den Steuerungsanspruch der Syntax durchsetzt, ihre Metaphernabstinenz, aber auch die hackende, wie im preußischen Offizierston schnarrende Rede — sie muten oft wie sprachliche Gesten von Karikaturen an. Doch wirken die Prosa und die Briefe Sternheims kaum anders. So schließt in den Komödien und Schauspielen ein Realismus nicht die Groteske und Groteskes nicht den Realismus aus, wie auch Satire und Anerkennung nicht unvereinbar bleiben. Der künstlerische Stil spiegelt die Situation des Autors: seine kritische Distanz zur bürgerlichen Welt und seine existentielle Gebundenheit an sie.

Im Schauspiel „1913" ist der Konflikt zwischen Christian Maske und seiner Tochter nicht der einzige Gegensatz, an dem Sternheim die Spannungen im Wirtschaftssystem und in der Gesellschaft der Vorkriegszeit beispielhaft erläutert. Gegen die Familie Maske (als Inkarnation eines ökonomischen Prinzips) stellen sich argumentierend Christians eigener Sekretär Krey und dessen Freund Stadler (eine nur entfernt an den Dichter Ernst Stadler erinnernde Figur). Die Idee, die beide verbindet, ist die des Widerstandes gegen die internationale Verflechtung des Kapitals. Diese Idee macht sie zugleich zu Feinden der kommerzialisierten deutschen Gesellschaft. Krey spricht es der Familie gegenüber unumwunden aus: „Deutschlands besseres geistiges Teil ist von einem so grenzenlosen Haß gegen die Herrschaft des Geldes und jeder Überlegenheit, die aus seinem Verbrauch folgt, erfüllt, daß nur Ausrottung des Prinzips es beruhigen kann."[12] Das hat die Radikalität einer revolutionären Gesellschaftskritik. Doch ist es nicht die Revolution des internationalen Proletariats, von der die Beseitigung der internationalen Geldherrschaft, des kapitalistischen Systems erhofft wird. Krey geht es um den nationalen Widerstand, um leidenschaftliches Nationalgefühl. Und Stadler fordert ein „zurück an das klare Wasser unserer Wälder". Das steht gewiß den Gedanken der Jugendbewegung näher als der späteren Blut- und Bodenideologie. Doch was Krey und Stadler wollen, ist eine nationale und soziale Revolution. Noch allgemein und verschwommen artikuliert sich hier ein Denken, das dann vom „Nationalsozialismus" ins System gebracht und in politische Wirklichkeit umgesetzt werden wird. Und es beweist Sternheims untrüglichen Wirklichkeitssinn und seine Sensibilität für noch unverdichtete geistige und politische Strömungen, daß er nicht nur den Weltkrieg und den Zusammenbruch der wilhelminischen Monarchie und ihrer Gesellschaftsform ahnen, sondern auch schon jene Kräfte sichtbar werden läßt, die — obgleich noch guten Willens — zur Zerstörung der künftigen Republik und zur zweiten Weltkatastrophe den Keim legen.

Der „Haß gegen die Herrschaft des Geldes", der nach Kreys Worten „Deutschlands besseres geistiges Teil" erfüllt, ist auch wesentliches Antriebsmoment expressionistischer Gesellschaftskritik. Zumal Georg Kaiser zeigt, am anschaulichsten in „Von morgens bis mitternachts", wie eine Erneuerung des Menschen immer wieder an der kommerzialisierten, dem Gesetz der Geldwirtschaft gehorchenden Gesellschaft scheitert. Solche Kritik wird aber überlagert von der Technik- und Zivilisationsfeindlichkeit, etwa in Kaisers Gas-Trilogie oder Sorges „Bettler". Deshalb findet auch das Programm des „zurück an das klare Wasser unserer Wälder", in „1913" von Stadler vertreten, seine Entsprechung im Expressionismus: im Plan der „grünen Siedlung" in „Gas I". Wie eine expressionistische Satire unausgebildet bleibt, so wird auch die Gesellschaftskritik wenig konkret, weil die Ideen des „neuen Menschen" und der Menschheitsgemeinschaft über die Gesellschaft als solche hinwegfliegen. Exemplarisch für die utopistische Gesellschaftskritik des Expressionismus sind Ludwig Rubiners „Die Gewaltlosen", deren Utopie das Wünschbare vom Möglichen völlig löst: durch den Entwurf einer Weltgemeinschaft, in der die Idee der Brüderschaft jegliche Art von Organisation des Gemeinwesens überflüssig macht. In expressionistischer Dramatik geht es letztlich nicht um eine Umbildung der Gesellschaft, sondern um die Erlösung des Menschen *aus* der Gesellschaft.

3. Brecht

An der Rolle, die in den ersten Stücken der Sozialkritik zukommt, lassen sich Nähe und Abstand des frühen Brecht zum Expressionismus ermessen. Unverkennbar ist der Zusammenhang noch in „Baal" (1918/19 entst.). Baal, Dichter, Bohemien und Vagabund, läßt sich in die Randbezirke der Gesellschaft treiben. Ihn verlangt nach der Erlösung vom Ich, nach einem vegetativen Dasein, nach der Gemeinschaft mit den Pflanzen, kurz: nach der Rückverwandlung aus einem gesellschaftlichen in ein naturhaftes Wesen.
Im burschikosen Affront gegen alle „Bürgerlichkeit" und in der Bejahung des Triebhaften und Elementaren verrät sich das Erbe Wedekinds, im Wunsch nach Befreiung aus der Gesellschaft der Einfluß des Expressionismus. Doch wird am asozialen Einzelgänger Baal Gesellschaftskritik nur ex negativo faßbar: aus seinem völligen Desinteresse an der Gesellschaft. Baal kennt auch keine Verantwortung für seine Individualität, für die Verwirklichung seiner schöpferischen Möglichkeiten. Daß Individualität „eine der Arabesken" sei, die „abgestreift" worden sind, hat schon Hugo von Hofmannsthal in dem Prolog bemerkt, den er zur Wiener Aufführung von Brechts Stück im Jahre 1926 schrieb[13]. Die Zeit, läßt er einen der Schauspieler

sagen — es ist Egon Friedell, Autor einer „Kulturgeschichte der Neuzeit" —, möchte erlöst sein vom Individuum. „Sie schleppt zu schwer an dieser Ausgeburt des sechzehnten Jahrhunderts, die das neunzehnte großgefüttert hat ... und ich würde so weit gehen, zu behaupten, daß alle die ominösen Vorgänge in Europa, denen wir seit zwölf Jahren beiwohnen, nichts sind als eine sehr umständliche Art, den lebensmüden Begriff des europäischen Individuums in das Grab zu legen, das er sich selbst geschaufelt hat." Brechts Abkehr von der Kategorie der Individualität, hier in der Darstellung eines outsiders (so daß die Absage an das Individuum und an die Gesellschaft sich verbinden), wird für eine ganze Reihe von Stücken grundlegend bleiben.

Das Desinteresse an der Gesellschaft steigert sich zur Verneinung jeglichen Anspruchs der Gesellschaft im 1919 entstandenen (allerdings vor „Baal" erschienenen und aufgeführten) Drama „Trommeln in der Nacht". Der aus dem Weltkrieg und afrikanischer Gefangenschaft nach Berlin zurückgekehrte Soldat Kragler, der seine Braut Anna von einem anderen Manne geschwängert findet, setzt sich über den konventionellen Begriff der „Mannesehre", also über das Ansinnen der Gesellschaft, sich für gebrochene Treue und verletztes Ansehen zu rächen, hinweg und nimmt sich seine Braut zurück. Er ist auch nicht bereit, sich noch in ein politisches Engagement einzulassen. Der in Berlin ausgebrochene Spartakus-Aufstand strebt eine „Umwälzung" der Gesellschaft an (eben das, was Brecht später zum letztlichen Wirkungsziel der Sozialkritik erklärt). Kragler, nach Krieg und Gefangenschaft allen Parolen mißtrauend, lehnt die Beteiligung am Aufstand ab: „Mein Fleisch soll im Rinnstein verwesen, daß eure Idee in den Himmel kommt?"[14] Der Mißbrauchte zieht sich ins Private zurück. — Weitab liegt diese Figur des neusachlichen Anti-Helden vom expressionistisch-ekstatischen Entwurf des „neuen Menschen".

Kraglers Haltung des „Ohne mich" wird von Brecht auf zweifache Weise verständlicher gemacht. Als Vertreter der Revolution treten in der Mehrzahl Angehörige des Lumpenproletariats auf; die Revolution hat nichts Gewinnendes, Mitreißendes. (Brecht hat nach dem Zweiten Weltkrieg, bei der Durchsicht seiner ersten Stücke, die Darstellung des Spartakus-Aufstandes und die Gestalt des Kragler verurteilt, aber das Stück als ein historisches Dokument seiner Entwicklung gelten lassen.) Zum anderen wird Kraglers Entschluß zu nackter Ichbehauptung einleuchtender durch seine Konfrontation mit den Schwiegereltern und dem Nebenbuhler. Murk, den Annas Eltern als

Schwiegersohn wünschen, hat sich mit „Ellenbögen" und „genagelten Stiefeln" nach oben gekämpft und nun die brutale Mentalität derer angenommen, die nach unten treten: was seine Sicherheit stört, „Das gehört alles an die Wand!" Annas Vater ist im Kriege durch die Fabrikation von Geschoßkörben zu seinem Vermögen gekommen. Er gesteht zynisch ein, am Leiden anderer seinen Profit gemacht zu haben: „Der Sau Ende ist der Wurst Anfang! Richtig betrachtet, war der Krieg ein Glück für uns!"[15] Ihrem Egoismus gegenüber erweist sich der Anspruch des kriegsgeschädigten Heimkehrers auf Glücksentschädigung als gerechtfertigt. — Im übrigen bekunden die Gestalten des rücksichtslosen Emporkömmlings und des Kriegsgewinnlers Brechts Aufmerksamkeit für typische Erscheinungen der Jahre um 1920 und zeigen, mag auch in der Hauptfigur der Trieb zum Privaten triumphieren, erste Ansätze einer konkreten Gesellschaftskritik.

Gesellschaft und Sozialkritik erscheinen chiffriert in dem 1921/24 entstandenen Drama „Im Dickicht der Städte". Den völligen Zerfall der zwischenmenschlichen Beziehungen und die Vereinzelung der Menschen umschreibt die Fabel vom vergeblichen Versuch zweier Männer in Chicago, zu einer Feindschaft, einem Zweikampf zu kommen. Ein exotisches Milieu und die Form der Umschreibung wählt Brecht auch in dem Lustspiel „Mann ist Mann" (1926 aufgef.): als Schauplatz der Handlung das Operationsgebiet der englischen Kolonialtruppen in Indien und als dramatische Form einen Mischtypus von Thesenstück und Parabel. „Mann ist Mann" verhält sich zu „Trommeln in der Nacht" wie die Antithesis zur Thesis. Menschen, die sich in der Situation einrichten und ihre Haut retten wollen wie Kragler, können (erneut) mißbraucht werden. Das demonstriert Brecht in „Mann ist Mann" an der Figur des Packers Galy Gay, der sich im Lager der Kolonialtruppen über mehrere Stufen der Situationsanpassung in einen Soldaten verwandelt und zu einem rücksichtslosen Kämpfer entwickelt. Gay stellt eine Figur wie Kragler in Frage, führt sie gleichsam in jene Situation zurück, aus der sie in „Trommeln in der Nacht" heimkehrt: in die Trennung von der Frau, ins Soldatendasein, in den Krieg. Man könnte in der späteren Terminologie Brechts sagen: Die eine Figur verfremdet die andere. Beide sind aufeinander bezogen wie die Glieder einer dialektischen Einheit. An Kragler und Gay werden dialektische Widersprüche sichtbar, die Brecht später in ein- und dieselbe Figur hineinnimmt.

Der ehemalige Packer Gay hat seine Identität mit der des abhanden gekommenen Soldaten Jip vertauscht; bewiesen ist so die — in einem Zwischenspruch aufgestellte — Behauptung, Mann sei Mann und mit einem Mann könne man beliebig viel machen. Die These besagt, daß die moderne Gesellschaft — hier gleichnishaft dargestellt an einer Truppe des kolonialen Imperialismus — den Menschen zur Sache verdinglicht, so daß er austauschbar wird wie ein technisches Zubehör.

Aber der Beweis der These hat doch nicht nur gesellschaftskritische Funktion. Er macht zugleich, weitaus radikaler als alle vorhergehenden Stücke, die Kategorie des Individuums fragwürdig. Brecht zeigt sich hier uninteressiert an der Idee vom Recht des Einzelmenschen auf Selbstbestimmung und freie Selbstentfaltung.

Damit sind bereits in „Mann ist Mann" die beiden Stoßrichtungen der Kritik angedeutet, die im dramatischen Werk der nächsten Jahre beherrschend werden: die Kritik an der bürgerlichen Gesellschaft, deren Feld die Opern Brechts sind, und die Kritik am bürgerlichen Individuumsbegriff, die in den sogenannten Lehrstücken vorgetragen wird.

Der Welterfolg der „Dreigroschenoper" von 1928 beruht nicht auf ihrer sozialkritischen Durchschlagskraft. Gewiß schockierte die bruchlose Ineinssetzung von Bürgerwelt, Verbrecherwelt und Prostituiertenwelt, sie nahm aber auch der Gesellschaftskritik ihre Zielsicherheit. Die zündenden Songs, an deren Wirkung die aufreizende, zugleich sentimentale und parodistische Musik Kurt Weills zumindest gleichen Anteil hatte wie der Text (teilweise Villonscher Herkunft), rissen mit, statt kritische Distanz zu erzeugen. Frivole Lebensmaximen luden zu Mißverständnissen ein. Die Entlarvung der zynischen Moral schien durch Faszination bestochen. In der „Dreigroschenoper" und ihrem Welterfolg findet die Ungebärdigkeit der Nachkriegszeit, des Jahrzehnts der roaring twenties ihren einzigartigen Ausdruck, hier entladen sich noch einmal geräuschvoll die antibürgerlichen, aber politisch nicht eindeutigen Affekte, bevor mit der Weltwirtschaftskrise von 1929/30 die große Ernüchterung hereinbricht.

Die Untersuchung der Erwerbs- und Eigentumsverhältnisse im privatwirtschaftlichen System, angeregt durch das Studium des Marxismus, führt zur Oper „Aufstieg und Fall der Stadt Mahagonny" (aufgef. 1930). Brecht versucht die Gesetze der bürgerlichen Gesellschaftsordnung am Modell einer utopischen „Paradiesstadt" aufzuzeigen. In Mahagonny hat die Moral einen doppelten Boden, weil Geld der Existenzgrund ist. Für Geld gibt es alles, wird „alles käuflich", während Mangel an Geld „das größte Verbrechen ist". So wird der Holzfäller Paul Ackermann wegen „indirekten Mordes an einem Freund" nur zu zwei Tagen Haft und wegen der Verführung eines

Mädchens zu „vier Jahren Bewährungsfrist", wegen geringer Schulden aber zum Tode verurteilt. Der überspitzte Fall erläutert die Verankerung von Moral und Gesetz in einem Wertsystem, dessen Absolutes das Geld ist.

Auch in Kaisers „Von morgens bis mitternachts" muß ein Mann am bitteren Ende die Macht des Geldes erfahren. Während aber dort das Geld den Geist des Bösen verkörpert und Funktion in einem religiösen bzw. metaphysischen Bezugssystem bekommt, bleibt es in „Mahagonny" soziologisch faßbar als ökonomische Basis der Sitten- und Rechtsordnung. Dennoch verbindet die beiden Hauptfiguren, den Kassierer Kaisers und den Holzfäller Brechts, das Motiv der völligen Desillusion. Ackermann erkennt zum Schluß: „als ich diese Stadt betrat, um mir mit Geld Freude zu kaufen, war mein Untergang besiegelt. Jetzt sitze ich hier und habe doch nichts gehabt ... Die Freude, die ich kaufte, war keine Freude, und die Freiheit für Geld war keine Freiheit."[16] Mahagonny enthüllt sich als Stadt der Täuschungen, das Paradies als Ort des Betrugs und des Verkaufs von Lügen. Erst im Richtspruch des Gerichteten werden Wort und Sinn wieder identisch. Mahagonny, als Utopie getarnt, ist eine groteske Satire auf die kapitalistische Gesellschaft.

In den Lehrstücken vom Ende der zwanziger und dem Anfang der dreißiger Jahre verschwindet die bürgerliche Gesellschaft vorübergehend aus dem Blickfeld. Aufgegeben wird zugleich damit die Dramaturgie einer gewalttätigen Provokation, zu deren Formen — schon um 1920! — die Publikumsbeschimpfung gehört (etwa wenn am Schluß von „Trommeln in der Nacht" Kragler zornig das „Glotzt nicht so romantisch! Ihr Wucherer! ... Ihr Halsabschneider!" in den Zuschauerraum schreit). An ihre Stelle tritt nun die Absicht, den Anspruch eines Kollektivs an den Einzelnen zu demonstrieren, einem Arbeiterpublikum positive oder negative Verhaltensbeispiele aus den Wechselfällen des Klassenkampfes vorzuführen oder Schülern Anschauungsunterricht für situationsgerechte Entscheidungen zu erteilen. Der Kampf des Kommunismus in Rußland wird thematisch im Schauspiel „Die Mutter" (nach dem Roman von Maxim Gorki). Im übrigen kreisen fast alle Lehrstücke um das Problem des Einverständnisses, der Einordnung des Einzelmenschen. Auch hier bleiben noch Züge indirekter Sozialkritik erkennbar. Brecht betrachtet den Individuumsbegriff und die Idee von der Selbstverwirklichung des Einzelnen, die hier rigoros beschnitten werden, als Bestandteil der bürgerlichen Ideologie, als Schutzbehauptung für das Machtstreben weniger.

Seine dramaturgische Form erhält das Lehrstück-Thema vom Einverständnis in der Entgegensetzung von Einzelfigur und Chor. Der Chor, dem gegenüber sich der Einzelne zu verantworten hat, vertritt die gesellschaftliche Instanz. In Kurzdramen wie dem „Badener Lehrstück vom Einverständnis" und den Schulopern „Der Jasager" und „Der Neinsager" ist dieser Chor noch ein sehr allgemeines Kollektiv, im Lehrstück „Die Maßnahme" (1930 aufgef.) erhält er dann konkrete politische Umrisse als Kontrollchor der Kommunistischen Partei. Vor ihm haben sich vier aus China heimgekehrte Agitatoren zu rechtfertigen, und zwar für die Tötung eines jungen Genossen, der gegen die Anweisungen der Partei verstoßen und die Gruppe und ihre Arbeit in ernste Gefahr gebracht hat. Sie können sich berufen auf den jungen Genossen selbst, auf sein Einverständnis mit ihrer „Maßnahme".

Tragisch ist das Handeln, das in diesem Lehrstück als schuldhaft begriffen wird, dadurch, daß es zugleich menschlich und gut ist. Der junge Genosse wird, gegen das Gebot des illegalen Kampfes, ungeduldig beim Anblick des Elends Unterdrückter. Er will Hilfe leisten, sofort und in aller Offenheit, denn: „der Mensch, der lebendige, brüllt, und sein Elend zerreißt alle Dämme der Lehre. Darum mache ich jetzt die Aktion …"[17] Als seine Schuld erkennt er später den übereilten Drang zu helfen.

Es ist in der „Maßnahme" die Situation des Kampfes, also der ungelösten gesellschaftlichen Widersprüche, die das menschliche, dem Mitleidsantrieb folgende Handeln zwar subjektiv gut und richtig, aber objektiv verfrüht und falsch erscheinen läßt. Damit kommt der Figur des jungen Genossen eine Schlüsselstellung für die weitere Personengestaltung in der gesellschaftskritischen Dramatik Brechts zu. Denn hier zum erstenmal findet sich der Entwurf eines Menschen, dessen Verhalten durch die Motive der Güte und Hilfsbereitschaft bestimmt ist. Mehrfach wird man nun diesem menschlichen Typus in Brechts Stücken begegnen. Das Thema der Hilfsbereitschaft wird zum Korrelat der Sozialkritik werden.

Schon im Schauspiel „Die heilige Johanna der Schlachthöfe" (1929/31 entst.) treten Gesellschaftskritik und Erbarmensmotiv zusammen. (Im übrigen beginnt Brecht mit diesem Stück wieder die poetische Klausur zu verlassen, in die er sich mit den Lehrstücken begeben hat.) Zum zweitenmal, nach „Im Dickicht der Städte", ist Chicago als Schauplatz gewählt, nun aber das Chicago der Weltwirtschaftskrise. Die Sozialkritik Brechts sucht hier die Nervenstellen des kapitalistischen Wirtschaftssystems auf: Unternehmerzentralen, die den Markt beherrschen. Handlung und Dialog enthüllen die rücksichtslosen Geschäftspraktiken der „Fleischkönige" Amerikas. Als sprachliches Mittel der Entlarvung dient die Parodie: geschäftliche Verhandlungen werden im Stile Shakespearescher, Schillerscher oder Hölderlinscher Verse geführt; die Unangemessenheit der klassischen Sprachform macht den Inhalt der Rede auffällig und verdächtig. Das Motiv der Hilfsbereitschaft ist in einer modernen Nachfahrin der Jeanne d'Arc inkarniert. Um den Arbeitern und Arbeitslosen Trost zu spenden, begibt sich Johanna Dark vom Haus der Heilsarmee an die Stätten des Elends. Noch wird der Antrieb zu unmittelbarer Hilfe überlagert vom Missionsgedanken. Aber am Ende verkündet die Gewandelte, daß weder Gottvertrauen noch bloßes Gutsein das System der wirtschaftlichen Ausbeutung verändern. Und von der Unerbittlichkeit revolutionärer Gesellschaftskritik zeugen die Appelle der Sterbenden: „Es hilft nur Gewalt, wo Gewalt herrscht, und / Es helfen nur Menschen, wo Menschen sind." „Sorgt doch, daß ihr die Welt verlassend / Nicht nur gut wart, sondern verlaßt / Eine gute Welt!"[18] So bleibt in der „Heiligen Johanna der Schlachthöfe" der Bezug zur „Maßnahme" erkennbar: verurteilt wird eine „folgenlose Güte", die nicht die Trennung von Arm und Reich, von Oben und Unten grundsätzlich beseitigt.

In den bedeutenden Dramen Brechts, die nach 1933 in der Emigration entstehen, sind der Aufruf zur Gewalt und die Unbedingtheit der „idealen" Forderung Johannas merklich zurückgenommen. Aber Güte und Hilfsbereitschaft bleiben ein zentrales Thema. Daß dieses Motiv sogar in die Theatertheorie und in die dramaturgische Konzeption hineinwirkt, bezeugt die Rede „Über experimentelles Theater" (1939), in der auch die Frage nach einer modernisierten Katharsis-Lehre auftaucht: „Was konnte an die Stelle von *Furcht* und *Mitleid* gesetzt werden, des klassischen Zweigespanns zur Herbeiführung der aristotelischen Katharsis? Wenn man auf die Hypnose verzichtete, an was konnte man appellieren? ... War es möglich, etwa anstelle der Furcht vor dem Schicksal die Wissensbegierde zu setzen, anstelle des Mitleids die Hilfsbereitschaft?"[19]

Der programmatischen Forderung Johannas: „nichts werde gezählt als gut, ... als was / Wirklich hilft, und nichts gelte als ehrenhaft mehr, als was / Diese Welt endgültig ändert"[20] — diesem Gebot des alles oder nichts steht in den Exildramen ein bescheidener, aber auch konkreter gewordener Anruf an die Hilfsbereitschaft gegenüber. Weiterhin jedoch wird gezeigt, wie die bestehende Gesellschaft menschliche Güte zum Problem werden läßt. Am engsten an die „Heilige

Johanna der Schlachthöfe" schließt das Parabelstück „Der gute Mensch von Sezuan" (1938/41 entst.) an. In einer Welt, die in Besitzende und Besitzlose geteilt und vom wirtschaftlichen Konkurrenzkampf zerrissen ist, gerät die Forderung der Güte und Nächstenhilfe in Konflikt mit dem Recht auf das eigene Glück. Um sich zudringlicher Bittsteller und des rücksichtslosen Geliebten zu erwehren, sucht Shen Te, der gute Mensch, Zuflucht in der Rolle des — fiktiven — erbarmungslosen Vetters Shui Ta; damit Shen Te der „Engel der Vorstädte" werden kann, beutet Shui Ta in einer Tabakfabrik die Schwachen aus. Im Widerspruch des Verhaltens, zu dem der gute Mensch gezwungen wird, offenbaren sich die Widersprüche der Gesellschaft.

Auch im „Kaukasischen Kreidekreis" (1944/45 entst.) bedarf es der Härte zur Verwirklichung des Guten. In der Magd Grusche, die das verlassene und hilflose Kind der Gouverneursfrau aufnimmt und unter Entbehrungen aufzieht, liegen „das Interesse für das Kind und ihr eigenes Interesse im Widerstreit miteinander". Denn die „üblen Zeiten machen Menschlichkeit zu einer Gefährdung für die Menschlichen"[21]. (Darin ist Grusche der Antigone vergleichbar.) Von anderen gesellschaftskritischen Dramen unterscheidet sich aber dieses Stück dadurch, daß der Sozialkritik bereits das Motiv einer Überlistung des gesellschaftlichen Systems antwortet. (Ähnliches geschieht in der 1943 entstandenen Hašek-Dramatisierung „Schweyk im zweiten Weltkrieg", wo der listige Böhme seine faschistischen Peiniger durch überzogene Bekundungen der Staatsergebenheit entwaffnet.) Die im „Kaukasischen Kreidekreis" gezeigte Gesellschaftsordnung hat noch feudalen Charakter; eindeutig sind obere und untere Klasse getrennt, und hier findet die Sozialkritik ihr Feld. Aber diese Gesellschaft ist auch durch Machtkämpfe der Herrschenden zerrissen, und so gelingt es vorübergehend, die Lebensbedingungen der unteren Schichten zu erleichtern. Heil bringt dem Volke die listige Rechtsprechung des „Armeleuterichters" Azdak. Dieser in den Wirren emporgekommene Richter ist bestechlich und weise zugleich, die ständigen Umschläge in seinem Verhalten spiegeln das Chaotische der gesellschaftlichen Situation. In einem Zustand der Rechtlosigkeit erprobt er eine neue soziale Gerechtigkeit. Indem er das Kind nicht der lieblosen Gouverneursfrau, sondern der Magd und Pflegemutter zuspricht, sanktioniert er ein Mutter-Kind-Verhältnis, in dem Muttertum nicht biologisch, sondern sozial bestimmt ist, und zwar durch den Anspruch des Kindes auf die mütterlichste Mutter. So wird im „Kaukasischen Kreidekreis" die Gesellschaftskritik gleichsam positiv ergänzt durch den Entwurf einer vorbildlichen sozialen Beziehung (einer neuen, auch wenn bereits das Bürgerliche Gesetzbuch mit der Adoption eine Entbiologisierung des Mutterbegriffs billigt).

Am stärksten verdichtet sich das Thema der Güte und Hilfsbereitschaft wohl in der Figur Kattrins in „Mutter Courage und ihre Kinder" (entst. 1939). Das selbst hilfsbedürftige, stumme und geschändete Mädchen, das den im Kriege elternlos gewordenen Kindern Mutter sein möchte und eine schlafende Stadt unter dem Preis des eigenen Lebens vor der Vernichtung rettet, setzt sich über alle Vorbehalte des Eigenwohls hinweg. Brecht hat das Vorbildhafte der Figur ausdrücklich bestätigt im Gedicht „Suche nach dem Neuen und Alten":

> Die Hoffnungen der Händlerin Courage
> Sind den Kindern tödlich; aber die Verzweiflung
> Der Stummen über den Krieg
> Gehört zum Neuen. Ihre hilflosen Bewegungen
> Wenn sie die rettende Trommel aufs Dach schleppt
> Die große Helferin, sollen euch
> Mit Stolz erfüllen . . .[22]

Shen Te, Grusche und vor allem Kattrin sind als Vorbilder tätiger Hilfsbereitschaft keine schlackenlosen Idealfiguren. Sie bleiben Menschen mit allen Konflikten und Widersprüchen, die das lebendige Dasein schafft. Gerade deshalb aber können sie Leitbilder sozialen Handelns und damit Gegengewichte zur Gesellschaftskritik werden.

Im übrigen streben die kritischen Stoßrichtungen, die in den Stücken der Zeit um 1930 auseinanderlaufen: die Kritik an der bürgerlichen Gesellschaft und die am Individuumsbegriff, in den Exildramen wieder zusammen. Gegenstand der Individuumskritik ist — da Brecht die Frage individueller Verantwortlichkeit dialektisch faßt — das Verhalten des Einzelnen innerhalb der bürgerlichen Ordnung. Solche Individuumskritik greift nun mit der Gesellschaftskritik ineinander. Sozialkritik fordert die Kritik am Einzelnen heraus und diese bricht wiederum in Gesellschaftskritik um, so daß im dialektischen Prozeß beide voneinander eigentlich nicht mehr zu trennen sind. Das mag erläutert werden an zwei Beispielen, an Mutter Courage und Galileo Galilei.

Für seine dramatische „Chronik aus dem Dreißigjährigen Krieg" hat Brecht der Vorlage, Grimmelshausens Roman von der Landstörzerin Courasche, nur wenige Züge entnommen. Die wichtigsten Abweichungen deuten die Problematik der Figur an. Vom Leben der dirnenhaften Courasche, deren Glückskurve stetig fällt, ist nur jene

Station festgehalten, die ihren Erwerbssinn in besonderer Weise kennzeichnet: ihr Amt als Marketenderin; und im Unterschied zur kinderlosen Landstörzerin trägt Brechts Courage Verantwortung für drei Kinder. Wie ihre beiden Verhaltensantriebe, Geschäftssinn und Mutterliebe, in einen verhängnisvollen Wettstreit miteinander geraten, macht exemplarisch eine Szene vor der Mitte des Stückes deutlich. Die Courage kann durch Bestechungsgeld ihren angeklagten Sohn Schweizerkas vor der Todesstrafe bewahren, feilscht aber zu lange um die Summe. Das Verhalten der Händlerin erscheint verwerflich, inhuman. Doch hätte die Courage, um das Leben des Sohnes zu retten, ihre und ihrer Tochter Lebensgrundlage aufgeben, nämlich den Marketenderwagen verkaufen müssen. Die Courage ist überfordert durch die inhumanen Bedingungen des Krieges, der gesellschaftlichen Situation. Andererseits zieht sie keine Konsequenzen aus ihren Anklagen gegen den Krieg und gegen die Oberen, die Herrschenden. Kritik am Verhalten des Individuums und an der gesellschaftlichen Ordnung schlagen ineinander um.

Exemplarisch ist auch die Problematik der Tugenden, die in den Songs und den Dialogen zur Sprache kommt und in den Handlungsweisen der Figuren veranschaulicht wird. Unter Tugendgebot sei hier ein Imperativ der Gesellschaft an den Einzelnen verstanden. Es gibt Beispiele hoher Tugend im Stück: Kattrins Taten der Menschenhilfe und Courages Akt der Mutterliebe, als sie um Kattrins willen das Heirats- und Versorgungsangebot des Feldkochs ablehnt. Aber vielfach werden auch Tugendgebote verletzt. Und die Handlung demonstriert, wie Imperative der Gesellschaft in der heillosen Situation des Krieges fragwürdig oder widersinnig werden und wie umgekehrt etwas, was im Kriege Ehre einbringt, im Frieden als Verbrechen gilt. Das Individuum wird vom Tugendgebot nicht entlastet oder gar befreit, aber auch die Gesellschaft nicht von der Aufgabe, sinnvolle Imperative an den Einzelnen zu richten. Die Dialektik des Tugendbegriffs ist eine Dialektik von Individuums- und Gesellschaftskritik.

Von besonderem geschichtlichen Ernst ist diese Dialektik im Schauspiel „Leben des Galilei" (3 Fassungen, entst. 1938/56), in dem als Individuum die bedeutende historische Gestalt auftritt. Die gesellschaftliche Macht, der sich der bekannte Naturwissenschaftler des 17. Jahrhunderts gegenübersieht, wird vor allem repräsentiert durch die Institution der katholischen Kirche. Stärker als in der „Mutter Courage" tritt das Problem der individuellen Verantwortlichkeit in den Vordergrund, und so wird auch das Problem von Schuld und Versagen differenzierter. Indem Galilei aus Furcht vor der Folter seiner naturwissenschaftlichen Entdeckung abschwört, verrät er die Wissenschaft und das Wahrheitsgebot, das auch als ein Imperativ der Gesellschaft an den Wissenschaftler aufgefaßt werden kann. Es ist aber gerade die derzeitige Gesellschaft, die (hier durch das Organ der Inquisition) „von ihren Individuen erpreßt, was sie von ihnen braucht", wie Brecht, allen undialektischen Vereinfachungen den Boden entziehend, in den Notizen „Preis oder Verdammung des Galilei" bemerkt. „Er erhebt das Fernrohr zu den Gestirnen und liefert sich der Folter aus. Am Ende betreibt er seine Wissenschaft wie ein Laster, heimlich, wahrscheinlich mit Gewissensbissen. Angesichts einer solchen Lage kann man kaum darauf erpicht sein, Galilei entweder nur zu loben oder nur zu verdammen."[23] Was sich Galilei mit dem Widerruf erkauft, ist schließlich nicht gering zu achten: die Möglichkeit zur geheimen Niederschrift neuer wissenschaftlicher Erkenntnisse, durch die er der Nachwelt überhaupt erst sein bedeutendstes Werk sichert. Aber ein Wissenschaftler wie Galilei kann nicht unabhängig von seiner sozialen Wirkung gesehen werden. In seiner Selbstanklage am Ende des Stücks (3. Fassung) erklärt es Galilei seinem Schüler: „Ich hatte als Wissenschaftler eine einzigartige Möglichkeit. In meiner Zeit ... hätte die Standhaftigkeit *eines* Mannes große Erschütterungen hervorrufen können. Hätte ich widerstanden, hätten die Naturwissenschaftler etwas wie den hippokratischen Eid der Ärzte entwickeln können, das Gelöbnis, ihr Wissen einzig zum Wohle der Menschheit anzuwenden! Wie es nun steht, ist das Höchste, was man erhoffen kann, ein Geschlecht erfinderischer Zwerge, die für alles gemietet werden können."[24] Es wäre zu fragen, ob hier die Möglichkeiten des historischen Galilei nicht überschätzt werden. Offen bleiben muß auch, ob Galileis Schuld von jener Tragweite war, die Brecht ihr im Kommentar zuschreibt: „Die Atombombe ist sowohl als technisches als auch soziales Phänomen das klassische Endprodukt seiner wissenschaftlichen Leistung und seines sozialen Versagens."[25] Jedoch: eine geschichtliche Figur für die Erkenntnis des Gegenwärtigen nutzbar zu machen, ist ein Recht, das sich der Geschichtsdramatiker seit jeher genommen hat. Brecht erweitert zum Schluß den Fall Galileis zum Fall des Wissenschaftlers im Atomzeitalter. Und hier bedeutet individuelles Versagen ein Versagen von unendlicher sozialer Wirkung. So entwickelt die Dialektik von Individuums- und Gesellschaftskritik im „Galilei" auch eine Kritik an der sozialen Großmacht Naturwissenschaft.

Alle Individuums- und Gesellschaftskritik hat — oder sollte haben — einen Standpunkt und Wertmaßstab, von dem her sie urteilt, bzw.

die Vorstellung von einem Ideal, an dem sie die Wirklichkeit mißt. Daß Brecht, wie groß auch immer der Einfluß des marxistischen Häretikers Karl Korsch gewesen sein mag[26], seit den Lehrstücken der marxistischen Klassenkampftheorie verpflichtet ist, beweisen seine theoretischen Schriften und unter den Dramen vielleicht am augenfälligsten das Volksstück „Herr Puntila und sein Knecht Matti" (1940 entst.), wo sich der Klassengegensatz schon im Titel ausspricht. Welches Menschenbild aber ist der Bezugspunkt Brechts? Es kann, wie spätestens mit „Mann ist Mann" deutlich wird, nicht die Idee von der subjektiven, absoluten Freiheit des Einzelnen sein. Aber es ist auch nicht mehr, wie noch in den Lehrstücken, die Idee vom totalen Anspruch der Gemeinschaft oder Gesellschaft an das Individuum. Den Schlüssel findet man wohl in den Entwürfen eines aus Hilfsbereitschaft handelnden Menschen. Gegen die reine Selbstverwirklichung des Individuums einerseits und die völlige Fremdbestimmung durch die Gesellschaft andererseits setzt Brecht den Entwurf eines Menschen, der sich als soziales Wesen verwirklicht.

Individuums- und Gesellschaftskritik zielen darauf ab, den Menschen zu diesem sozialen Wesen zu erziehen und schließlich eine Welt herzustellen, in der — wie es Brecht im Gedicht „An die Nachgeborenen" formuliert — „der Mensch dem Menschen ein Helfer ist". Solche Intention darf freilich nicht im unscharfen Sinne des Allgemeinmenschlichen mißdeutet werden, sie ist realhumanistisch und konkret: es geht darum, die Widersprüche der bürgerlichen Gesellschaft, ihre ökonomisch-sozialen Verhältnisse zu überwinden (beispielsweise das Privateigentum an den Produktionsmitteln aufzuheben). Für Brecht vermag nur eine sozialistische, vom erbitterten Konkurrenzkampf befreite Gesellschaft jenes zwischenmenschliche Beziehungssystem zu verbürgen, in dem „der Mensch dem Menschen ein Helfer ist".

Die Sozialkritik soll den Boden bereiten für gesellschaftsveränderndes Handeln. Gesellschaftsveränderung aber wird von Brecht — in Übereinstimmung mit Karl Korsch — als ein unaufhörlicher, also auch in der sozialistischen oder kommunistischen Ordnung nicht überflüssig werdender Prozeß verstanden[27]. Bereits die scheinbar dogmatischen Lehrstücke bezeugen die undoktrinäre Haltung Brechts. Nach dem „Jasager" wird, auf Grund von Diskussionen mit Neuköllner Schülern, der „Neinsager" geschrieben. Und schon wird auch die Gesellschaftsveränderung als ein unendlicher dialektischer Vorgang gekennzeichnet.

> Habt ihr die Welt verbessert, so
> Verbessert die verbesserte Welt,

fordert im „Badener Lehrstück vom Einverständnis" der Chor.

> Habt ihr die Welt verbessernd die Wahrheit vervollständigt, so
> Vervollständigt die vervollständigte Wahrheit.
> Gebt sie auf! . . .
> Ändernd die Welt, verändert euch![28]

Die revolutionäre Gesellschaftskritik Brechts ist darauf angelegt, zu
stetiger Wachheit des Bewußtseins zu erziehen und „einen neuen
großen Brauch" einzuführen, wie es im „Neinsager" heißt — den
Brauch nämlich, „in jeder neuen Lage neu nachzudenken"[29].

Die Dramaturgie, die solcher gesellschaftskritischen Konzeption entspricht und die Brecht als Verfremdungstechnik oder nichtaristoteli-
sche Poetik, als episches oder später auch dialektisches Theater beschreibt, erhält ihre erste systematische Fixierung im Zusammenhang
mit der Mahagonny-Oper und wird während des Exils und dann
während der Regietätigkeit im „Berliner Ensemble" durch eine Fülle
von Abhandlungen, Anmerkungen und Notizen präzisiert. Wie
Aristoteles und in dessen Nachfolge Lessing entwirft Brecht seine
Dramenpoetik als Wirkungspoetik, ordnet also die Formen und Mittel ganz dem Wirkungszweck des Dramas unter. Gerade aus den
unterschiedlichen Wirkungszielen leiten sich deshalb die Gegensätze
zur Poetik des Aristoteles und zur Dramaturgie Lessings her. Die
sog. Furcht- und Mitleidtheorie, die Lessing aus seinem Aristoteles-
Verständnis entwickelt, setzt eine Analogie des Zuschauers zur tragischen Figur, seine Einfühlung in deren Erlebnisweisen voraus. Sie
verlangt daher einen streng kausalen, psychologisch folgerichtigen
Handlungsverlauf und Bühnenvorgänge von starker Illusionskraft,
eine in sich selbst bündige, nach einem einheitlichen Baugesetz ge-
fügte dramatische Welt, die ihren Charakter als Spiel-Welt zu verleugnen trachtet und ohne direkte Beziehung zum Publikum bleibt,
kurz: sie verlangt eine *geschlossene Dramaturgie*.
Gegen ein Einfühlungs- und Illusionstheater, das es dem Zuschauer
erleichtert, Vorgänge als notwendig, Katastrophen als schicksalsbe-
dingt und Gesetze der Gesellschaft als dauerhaft hinzunehmen, entwickelt Brecht eine Dramaturgie, die Vertrautes distanziert (verfremdet) und so der Kritik zugänglich macht. (Daß die hartnäckig
angegriffene sog. „aristotelische" Dramatik mehr mit dem Illusionstheater der Neuzeit als dem Drama der aristotelischen Poetik zu tun
hat, sollte allerdings nicht übersehen werden. Brechts Polemik und
Gegenentwurf brauchte offensichtlich ein Objekt von hinreichender

Dignität.) Hatte Lessing den „mythischen Fall" des Dramas der aristotelischen Poetik durch den „psychologischen Fall" (Kommerell) und der Expressionismus diesen durch den „utopistischen" abgelöst, so wird er nun durch den „soziologischen Fall" ersetzt (was nicht auf einen Soziologismus, sondern auf optimale Bedingungen für Gesellschaftskritik hinausläuft). Um die Geschehensgänge und die Beziehungssysteme, in denen die Figuren vorgeführt werden, als korrigier- und abänderbar zu zeigen — im Titel des Anti-Hitler-Stückes „Der aufhaltsame Aufstieg des Arturo Ui" (1941 entst.) drückt sich solche Absicht unmittelbar aus —, wird die dramatische Welt als Bühnenspiel, das heißt als eine gemachte, also auch anders zu machende Welt enthüllt. In Vorspielen, Prologen und Epilogen, Erzählerberichten oder Publikumsansprachen, in denen die Spieler aus dem Handlungs- und Illusionszusammenhang heraustreten, gibt das Drama die Bedingungen seiner Existenz zu erkennen und reflektiert sich selbst als ein wirkendes und zum Publikum hin offenes Gebilde. Formen der Handlungsunterbrechung wie die Lieder oder Songs und das epische Prinzip der Nebenordnung und relativen Selbständigkeit der Teile schaffen Nahtstellen, entlassen den Zuschauer immer wieder aus dem Bannkreis der Handlung und sichern ihm — um Schillers Begriff für die Wirkung des Epikers zu benutzen — die „Freiheit des Gemüts" und damit die Freiheit des Urteils.

Die Offenheit des dramatischen Gebildes, die *offene Dramaturgie* Brechts, wird am sinnfälligsten dort, wo sich das Drama als ein unfertiges dem Publikum überliefert, wo die Handlung am Stückende nicht — im Sinne des Aristoteles — abgeschlossen, sondern fortsetzbar ist. In „Mutter Courage" bricht die Marketenderin zum Schluß von der Leiche ihrer Tochter auf in der Hoffnung, wenigstens noch einen lebenden Sohn wiederzusehen; ihr ist unbekannt, daß nicht nur Schweizerkas, sondern auch Eilif hingerichtet wurde. Der Zuschauer kennt ihr ganzes familiäres Unglück, für sie aber wird sich die „Katastrophe" total erst vollziehen zu einem Zeitpunkt, den die Spielhandlung nicht mehr erreicht. Der Wissensvorsprung, den hier der Zuschauer besitzt, steht symbolisch für jenes Mehr an kritischer Einsicht, wozu ihm der Autor verhelfen will, also für den kritischen Einblick in das Fehlverhalten der Courage, die mit dem Krieg ihre Geschäfte glaubt machen zu können. In der Fortsetzbarkeit und Offenheit der Handlung manifestiert sich noch einmal die Wirkungsabsicht des Stücks: der Appell an die Individuumskritik und an jene Gesellschaftskritik, welche dieses Individuum nicht leistet.

In „Herr Puntila und sein Knecht Matti" beendet der Chauffeur

Matti sein Dienstverhältnis beim Gutsbesitzer Puntila etwas abrupt im 12. Bild, indem er den Gutshof ohne Kündigung verläßt. Was er der Köchin Laina als Grund angibt, klingt nicht so überzeugend, daß nicht nach dem 11. Bild noch Szenen denkbar wären, in denen Matti sich weiterhin auf das Spiel der Launen Puntilas einläßt. Die Handlung kommt nicht mit zwingender Notwendigkeit an ein Ende, sie wird eines Beispiels wegen abgebrochen. Darauf deutet Matti in seinen Schlußworten:

> Der Freundschaftsbund konnt . . . nicht bestehn . . .
> Weil sich das Wasser mit dem Öl nicht mischt . . .
> 's wird Zeit, daß deine Knechte dir den Rücken kehren.
> Den guten Herrn, den finden sie geschwind
> Wenn sie erst ihre eignen Herren sind.[30]

Der Entschluß Mattis, das Herr-Diener-Verhältnis von sich aus zu lösen, wird auf Gut Puntila kaum Nachfolge finden; das Beispiel erwartet sich aber viel vom Zuschauer: es ermuntert eine ganze gesellschaftliche Klasse zur Identifikation. Die weitgehend offene, wie von einem äußeren Eingriff angehaltene Handlung mündet in einer nur notdürftig verkleideten Publikumsadresse, wobei die gesellschaftskritische Intention des Stückes sich zusammenfaßt in einem Appell an revolutionäres gesellschaftsveränderndes Handeln.

Am konsequentesten bekundet sich die *offene, publikumgerichtete Dramaturgie* Brechts im „Guten Menschen von Sezuan", und zwar im Epilog des Parabelstücks. Zunächst reflektiert sich in den entschuldigenden Worten des Spielers vorm Vorhang das Stück selbst als ein Fragment: in der dargestellten Welt, die in Publikumsansprachen immer wieder als gleichnishaft für die Welt des Zuschauers entschlüsselt wird, sind die Widersprüche zwischen Tugendgebot und Glücksanspruch, zwischen der Existenz Shen Tes und Shui Tas, also zwischen Güte und Härte, die sie erst ermöglicht, nicht zu lösen. Dann wird der Hilfe erflehende „gute Mensch" mit seiner ganzen Ratlosigkeit dem Publikum überantwortet. Die an der Lösung scheiternde Parabel gibt sich an jene Wirklichkeit zurück, als deren Gleichnis sie entstand.

Damit ist die Frage, in welcher sozialen Ordnung Nächstenhilfe und Eigenglück unbeschränkt zugleich möglich sind und die Wohlfahrt für die einen nicht zu Lasten anderer geht, in die konkrete Realität des Zuschauers überwiesen. Und diese Frage zielt auf eine Antwort, die konkret nur in einer veränderten Gesellschaft gefunden werden kann. Aber hier erweist sich nun die Lösungsoffenheit des Dramas als eine tatsächliche Offenheit. Denn läßt sich auch die parabelhaft gezeigte Gesellschaft durch Momente wie das Privateigentum an Produktionsmitteln oder den Konkurrenzkampf bestimmen und die „Antwort" zu einem guten Teil in deren Überwindung finden, so bleibt doch die durch Veränderung oder „Umwälzung" herbeizuführende Gesellschaftsordnung im einzelnen unfixiert. Das entspricht der undogmatischen revolutionären Gesellschaftskritik Brechts. Für den Appell an eine Gesellschaftsveränderung, die als unaufhörlicher dialektischer Prozeß verstanden wird, ist das lösungsoffene Drama, die *offene, zukunftgerichtete Dramaturgie* das angemessene künstlerische Organ.

V. „KONSERVATIVE REVOLUTION"

1. Hofmannsthals Festspiele

Den einführenden Prolog „Theater des Neuen", den Hugo von Hofmannsthal 1926 für die Aufführung von Brechts „Baal" schrieb, machte der reservierte Sinn eines konservativen Wiener Publikums nötig. (Brechts Dramatik hat nie, auch nach dem Zweiten Weltkrieg nicht, auf Wiener Bühnen richtig Fuß fassen können.) Hofmannsthals „Ankündigung" des „Baal" ist deshalb erläuternd, dämpfend und tolerant. Sie verrät ein generöses Bemühen um Verständnis. Aber sie läßt auch das Befremden spüren, dem das Verständnis abgerungen werden muß — die Skepsis und ein leises Erschrecken über den „Durchbruch ins Unbedingte, Neue, Elementare": „Eine rohe, unartikulierte Sprache" werde die Zeit „nicht erlösen, sondern nur unsere Existenz untergraben". „Ohne Sprache kein Inhalt. Ohne Geist keine Welt."[1]

Gegen mangelnde Achtung vor Sprache und Geist richtet sich der behutsam geäußerte Vorwurf. So sind im „Theater des Neuen", in den ironischen und vorsichtig zurechtweisenden Kommentaren, Gedanken zu erkennen, die wenig später Hofmannsthals Münchner Universitätsrede über „Das Schrifttum als geistiger Raum der Nation" (10. 1. 1927) beherrschen. In diesem Vortrag[2] ist von einer anderen Bewegung als der, die „Baal" und Brechts Dramatik überhaupt vertritt, die Rede: von der Suche nach einem „Höchsten", worin „der Geist Leben wird und Leben Geist", vom Weg „zu der politischen Erfahrung des Geistigen und der geistigen des Politischen". Hofmannsthals Begriff für den Prozeß, der zu diesem „Höchsten" führen soll, ist ein Oxymoron: die „konservative Revolution". Und den Beginn dieses Prozesses sieht er in der „Gegenbewegung gegen jene Geistesumwälzung des sechzehnten Jahrhunderts, die wir in ihren zwei Aspekten Renaissance und Reformation zu nennen pflegen".

Durch den Begriff der „konservativen Revolution" sind sowohl das „Geistige" wie das „Politische" determiniert. So macht die Rede von 1927 den Gegensatz zu Brecht deutlicher. Hofmannsthal versucht, den mittelalterlichen (und barocken) ordo-Gedanken neu zu fassen. Exemplarisch dafür ist „Das Salzburger große Welttheater" (1922).

Dieses Festspiel, für die von Hofmannsthal mitbegründeten und von Max Reinhardt künstlerisch geleiteten Salzburger Festspiele geschrieben, steht als ein christliches Lehrstück der erneuerten „Jedermann"-Moralität (1903/1911 entst.) und den Legendendramen von Max Mell, dem Apostel-, dem Schutzengel- und dem Nachfolge-Christi-Spiel (1923/27), näher als dem „Kleinen Welttheater" von 1897. Hofmannsthal selbst verweist in einer Vorbemerkung auf die Vorlage, der er seine Anregungen verdankt: Calderons geistliches Schauspiel „El Gran Teatro del Mundo". So ist das Stück eines der Zeugnisse für die (weit über Grillparzer hinaus) andauernde Wirkung des spanischen Barocktheaters in Österreich.

Die der Handlung zugrundeliegende Metapher vom Leben als Schauspiel und dem menschlichen Dasein als Rolle wird sinnfällig vor allem im Rahmenspiel, wo anfangs Gott (der „Meister") den sechs Gestalten, welche die Menschheit vorstellen sollen: dem König, der Schönheit, der Weisheit, dem Reichen, dem Bauern und dem Bettler, ihre Rollen zuteilt. Das „Spiel im Spiel", die Prüfung der Figuren im Leben, wird verzögert, weil der Bettler sich seiner Rolle zunächst hartnäckig widersetzt. Andererseits ist er es, der am Ende (wenn sich der Rahmen schließt) beim Gerichtstag den höchsten Lohn zugesprochen bekommt, während den Reichen das härteste Urteil trifft.

Angesichts der Gebundenheit des Einzelnen an seine Rolle muß die Frage der menschlichen (Entscheidungs-)Freiheit aus christlicher Perspektive gesehen werden. Doch konnte und wollte sich Hofmannsthal der modernen sozialen Entwicklung nicht verschließen, die gerade den Bettler zur problematischen Figur macht. Daß jemand durch unumstößlichen göttlichen Entschluß zum Bettlerdasein bestimmt sei, diese Voraussetzung konnte nach dem Heraufkommen der Arbeiterbewegung und der Idee sozialer Gerechtigkeit im 19. Jahrhundert nicht mehr unreflektiert aus der Vorlage übernommen werden. Gewiß hat Hofmannsthal auch andere Figuren vorsichtig umgebildet; so wecken die Reden des Reichen gewisse Assoziationen zu Erscheinungen des kapitalistischen Wirtschaftssystems. Entscheidend aber ist das neue Modell, dem die Bettlergestalt — wenigstens anfänglich — zugeformt ist. In seinen haßerfüllten Anklagen und Angriffen wird der verzweifelt-verbitterte Bettler zum Wortführer des Aufbegehrens gegen eine ungerechte Sozialordnung. Man hat in ihm sogar den Vertreter der „proletarischen Revolution" sehen wollen[3]. Sicherlich ist der Bettler Verkörperung einer in die Welt gekommenen neuen sozialen Unruhe, Sprachrohr jener Kräfte, die am Dogma einer prästabilierten Armut der Massen rütteln.

Es wird also die verhältnismäßig unproblematische, auf die christliche Transzendenz ausgerichtete hierarchische Welt- und Standesordnung des Calderonschen „Großen Welttheaters" bei Hofmannsthal von einem modernen, Mobilität zulassenden Gesellschaftsentwurf unterwandert. Doch zeigt Hofmannsthal das Eindringen sozialer Aufsässigkeit nur zum Zweck ihrer Wiederaufhebung. Schlüssel dafür ist die innere Erleuchtung, die religiöse Bekehrung, die den Bettler wieder zum Bettler Calderonscher Herkunft macht: zum Armen, zu dem mit der Rolle Einverstandenen, ja zum Heiligen. Abgetan ist jene Haltung des Aufrührers, die ihn drohen ließ:

> Der Weltstand muß dahin, neu werden muß die Welt,
> Und sollte sie zuvor in einem Flammenmeer
> Und einer blutigen Sintflut untertauchen,
> So ists das Blut und Feuer, das wir brauchen.

Vergessen ist der Satz, mit dem er die Gegendrohung des Reichen: „Ordnung ists, die ihr braucht!" abfertigte:

> Mit dem verfluchten Wort
> Kommst du mir nicht. So nennt ihr die Gewalt,
> Die uns in Boden druckt.

Die Vision eines heiligen Lichts hat den Bettler auf einen anderen Weg gebracht. „Ich hab ein Wort gehört, das war mir lang verloren ..." „Ich bin bei Gott, in aller Dinge Mitt!"[4] Er geht als Eremit in den Wald, als der Entsagende, der nichts mehr wünscht als die Zwiesprache der Seele mit Gott, als die mystische Gottesschau.

So bleibt Hofmannsthals Antwort auf die Fragen, die er selbst durch die Aufnahme der sozialen Thematik ermöglicht, doch eindeutig im Sinnhorizont des Calderonschen geistlichen Spiels. Vielleicht hat er sich hier in eine Antinomie eingelassen, die im Rahmen der entlehnten Metapher vom Welttheater und ihrer christlichen Sinngebung nicht zu lösen war. Doch bedenkt man, daß etwa zur gleichen Zeit ein anderer Wiener, Karl Kraus, am Schluß seines Dramas „Die letzten Tage der Menschheit" die Welttheater-Metapher vom modernen Bewußtseinsstand her relativiert, so erscheint Kritik unumgänglich.

Da Hofmannsthals Vorrede die sechs Rollenträger ausdrücklich zu Repräsentanten der Menschheit erklärt, vertritt der Bettler die sozial tiefststehende Schicht. Im Zeitalter Calderons ist aber der Bettler noch geradezu ein „Stand", und zwar ein Stand, dem man nicht nur ein hohes Maß an Duldung, sondern auch—aus religiösen Gründen—an Achtung entgegenbringt. Er hat seinen gesicherten Platz in einer als gottgewollt verstandenen ständischen Hierarchie. Er kann geradezu Züge des Heiligen annehmen; bei der Verehrung mag auch das Franziskanische Armutsideal nicht ganz unbeteiligt sein. Wenn nun Hofmannsthal den allegorisch-gleichnishaften Rahmen des Calderonschen Spiels dadurch erweitert, daß er ins Verhältnis des Bettlers zum Reichen und zum Bauern soziale Spannungen des industriellen Zeitalters eingestaltet, so sprengt er damit zugleich das alte Ständemodell. Der Bettler ist nicht mehr Vertreter eines zwar geachteten, aber doch isolierten Standes, sondern einer Schicht, die in die Wirtschafts- und Sozialprozesse eingegliedert ist. Will Hofmannsthal seine Modernisierung des Stoffes nur halbwegs ernst genommen wissen, so kommt dem Weg des Bettlers in den Wald, ins Anachoretentum kein ausreichender Beispielwert mehr zu. Denn soziale Spannungen lassen sich nicht einfach dadurch auflösen, daß man den einen Teil aus der Gesellschaft hinaus, in die Isolation schickt. Das Festspiel schränkt den Reflexionshorizont und die geweckten Erwartungen fast doktrinär wieder ein. Hofmannsthal läßt das Problem der sozialen Gerechtigkeit, das er ernsthaft aufgeworfen hat, einfach wieder fallen.

Klaus Ziegler[5] hat gegen Hofmannsthals Wiederaufnahme des frühneuzeitlich-barocken christlichen Dramas die Erneuerungsversuche von Paul Claudel und T. S. Eliot und deren „echte Synthese von Christlichkeit und Modernität" ins Feld geführt. Tatsächlich findet im „ästhetischen Traditionalismus" des „Salzburger großen Welttheaters" eine Gegenstimmung gegen die Moderne Zuflucht. Ihr entsprechen die sich andeutenden Züge einer restaurativen Gesellschaftslehre. Solche Wertung muß sich nicht dem Vorwurf aussetzen, die Absicht des Salzburger Mysterienspiels mißzuverstehen. Dessen Lehre lautet: Rückkehr vom Randbezirk irdischer Interessen in die religiöse Mitte („in aller Dinge Mitt"). Wie aber diese Mitte finden und doch den Widersprüchen des sozialen Daseins nicht ausweichen? — das ist die Frage, zu der das Spiel herausfordert, deren Beantwortung es sich aber entzieht. In den christlichen Kirchen selbst gibt es starke Kräfte, die solche Frage durchaus als unausweichlich begriffen haben.

Bleibt Hofmannsthals Neuinterpretation des „Gran Teatro del Mundo" fragwürdig, so hat sich doch das Werk in der Entstehung verhältnismäßig rasch zu einem Ganzen gerundet. Unendlich viel schwieriger und quälender für den Autor ist die Auseinandersetzung mit einer anderen Calderonschen Vorlage, „La Vida es sueño". Eine erste Bearbeitung, in Trochäen, übernimmt von Calderon auch den Titel, „Das Leben ein Traum" (1901/02 entst.). Daraus wächst das Trauerspiel „Der Turm" hervor, von dem es zwei Fassungen gibt (1923/25 und 1926/27). Der Verzicht auf den alten Titel ist kennzeichnend für die Turm-Dramen: während am Ende von Calderons Schauspiel das richtige Leben zum bloßen Traum abgewertet wird, entwirft Hofmannsthal mit dem „Turm" eine politisch-geschichtliche Tragödie (auch wenn kein realhistorischer Stoff verarbeitet ist).

Das angestrengte Bemühen um die Formung dieses „Ideendramas" (Coghlan)[6] spiegelt Hofmannsthals Ringen um eine ihn selbst sehr bewegende geschichtliche Problematik. Tief getroffen hat ihn — wie wir aus vielen Zeugnissen wissen — der Zusammenbruch der habsburgischen Monarchie und damit eines Ordnungssystems von langer geschichtlicher Tradition, in die er selbst bewußt sich einbezog. Dieses Erlebnis wird doppelt schmerzhaft dadurch, daß der staatsgeschichtliche Umbruch mit einem Zerfall der Kulturtradition verknüpft ist. Hofmannsthal versteht die Ereignisse, für die das Auseinanderbrechen der Donaumonarchie symptomatisch ist, als einen Einbruch der Geschichte in die abendländische Kulturkontinuität und diesen als Mitausdruck einer tieferen Krise: der Bedrohung des Geistes durch Gewalt und Barbarei. Er ahnt die Heraufkunft eines Chaos und einer — wie auch immer gearteten — Tyrannis (worin ihm die Geschichte, schon bald nach seinem Tode im Jahre 1929, recht geben sollte). Seine Gedanken zur Therapie und Wiedergeburt des geistigen, politischen und nationalen Lebens trägt er vor in der Münchner Universitätsrede von 1927, und sein Begriff der „konservativen Revolution" faßt seine Vorstellungen von Erneuerung und gleichzeitiger Bewahrung zusammen. Doch bilden die Besorgnisse und Heilungsideen auch den geheimen existentiellen und geistigen Hintergrund des „Turm"-Dramas.

Zunehmende Resignation kennzeichnet die Veränderungen der zweiten gegenüber der ersten Fassung. In der früheren Version folgt der Königssohn Sigismund, der in einem Turmverließ aufwuchs, den Hilferufen eines gedrückten und verzweifelten Volkes und setzt sich an die Spitze von Aufständischen. Er hilft eine untergangsreife, durch seinen Vater Basilius repräsentierte Ordnung überwinden, eine sowohl von Besitz- und Machtstreben wie von Genußgier geprägte Welt. Die Tat mit dem Geist vereinend, widersteht er der Verlokkung zur Herrschaft. Er wird zwar die neue Ordnung nicht mehr sehen, aber er erlebt noch die Ankunft des Kinderkönigs, einer sagenhaften Figur, in der sich die Hoffnungen auf ein Friedensreich sammeln.

Zu einer ähnlichen „eschatologischen Vision"[7] gelangt der Schluß der zweiten Fassung nicht mehr. Zwar kann sich auch hier Sigismund zunächst den Bitten des Volkes, das in ihm den „Armeleute-König" sieht, nicht verschließen. Aber sehr viel drängender, geradezu erpresserisch ist die Versuchung zur Macht in der Gestalt Oliviers. Nachdem Sigismund das verführerische Angebot abgelehnt hat, wird er ein Opfer des politischen Täuschungsspiels und der Gewalt. Ein von Olivier gedungener Haufe, als begeistertes Volk getarnt, ruft ihn ans Fenster, wo ihn ein Schuß trifft.

Erwartungen, die sich in der ersten Fassung an den Kinderkönig knüpften, ruhen in der zweiten mit auf Sigismund. Aber sein letztes Wort zeigt, wie weit das messianische Bewußtsein seiner selbst schon unsicher geworden ist: „Gebet Zeugnis, ich war da, wenngleich mich niemand gekannt hat."[8]

Im Sigismund der neuen Fassung vermögen Geist und Tat nicht mehr zur Einheit zu kommen. Jetzt erst wird der ganze Umfang der Turm-Symbolik erkennbar. Sigismund, zum Dulder und Märtyrer werdend, tritt aus dem Turm nicht eigentlich mehr heraus. Er greift in die befleckte Tatwelt der Geschichte nicht mehr ein, weicht im Gegenteil vor ihr zurück in die Innerlichkeit, in die Welt des reinen Geistes.

Damit stellt sich eine Parallele zum „Salzburger großen Welttheater" her. Der symbolischen Funktion des Turms entspricht dort die der Eremitenklause. Auch der Bettler zieht sich in die Innerlichkeit zurück. Aber im Rahmen des Welttheater-Spiels gelangt der Bettler zu seiner Bestimmung, während Sigismund seine messianische Aufgabe, der vom Chaos bedrohten Geschichte den Stempel des Geistes aufzudrücken, nicht zu erfüllen vermag. Wo im Mysterienspiel das entwertete Soziale immerhin in die christliche Transzendenz hinein aufgehoben wird, bleibt im Trauerspiel die Geschichte der nackten Gewalt überlassen. — Das Entsagungsmotiv der letzten „Turm"-Fassung widerruft die einstige Zuversicht und das Vertrauen in die Fähigkeit des Geistes, den Einbruch chaotischer Mächte aufzuhalten.

2. Hofmannsthals Lustspiele

Angesichts des düsteren Geschichtsbildes in „Turm II" mag es verwundern, daß Hofmannsthal jemals eine so geschichtsbedingte Erscheinung wie den Krieg in den Motivationszusammenhang einer

Komödie aufnehmen konnte: im Lustspiel „Der Schwierige" (wahrscheinlich 1918 abgeschlossen, erschienen 1921) bildet der Erste Weltkrieg einen entscheidenden Erfahrungshintergrund.

Hofmannsthal sieht das historisch-reale Ereignis des Krieges und die ästhetische Form der Komödie miteinander vermittelt durch die Ironie. In der kleinen Betrachtung „Die Ironie der Dinge" (1921)[9] erinnert er an eine lakonische Bemerkung in den „Fragmenten" des Novalis: „Nach einem unglücklichen Krieg müssen Komödien geschrieben werden." Und er versteht und begründet diesen Aphorismus so: „Das Element der Komödie ist die Ironie, und in der Tat ist nichts geeigneter als ein Krieg, der unglücklich ausgeht, uns die Ironie deutlich zu machen, die über allen Dingen dieser Erde waltet." Wie die Komödie „ihre Individuen in ein tausendfach verhäkeltes Verhältnis zur Welt", in ein „Verhältnis zu allem und damit alles in ein Verhältnis der Ironie" setze, so werde im Krieg alles zu allem in Beziehung gebracht (z. B. das Heroische zum Mechanischen) und eines durch das andere ironisiert (das Individuum bis zur Vernichtung seines Selbstgefühls durch die Masse, später der Begriff der Nation durch den Begriff der sozialen Klasse usw.).

Der Komödienhandlung und den vom Krieg ausgelösten Prozessen ist also nach Hofmannsthal eine Ironie gemeinsam, die alles, was als Wert gilt oder sich selbst als Wert setzt, relativiert. Tatsächlich wird in den Lustspielen, die nach den großen Kriegen entstanden, die Relativierung des langhin Gültigen zu einem wesentlichen Motiv. In „Horribilicribrifax" des Gryphius demonstrieren die nach einem dreißigjährigen Krieg verarmten Adligen die Unsicherheit von Besitz und Vermögen, und das Heldentum wird ad absurdum geführt in den Fratzen der Krieger, die ihre Hosen so voll haben wie sie den Mund voll nehmen. In Lessings „Minna von Barnhelm" sieht der Major seine Standesehre und damit seine ganze Person in Frage gezogen. Und unvergleichlich bleibt Lessings Lustspiel durch das Element der doppelten Ironie. Es ist nicht der verlorene, der unglückliche, sondern der siegreiche Krieg, der das Individuum ironisiert.

Man hat den Major von Tellheim auch Lessings „Schwierigen" genannt. Und durchaus vergleichbar ist die innere Situation von Hofmannsthals Hauptfigur, dem Grafen Hans Karl Bühl, und Lessings Tellheim. Beiden ist es nicht gegeben, nach der Heimkehr aus dem Krieg sofort in die natürliche, scheinbar selbstverständliche Welt des zwischenmenschlichen, sozialen Miteinanders zurückzufinden und sich einzufügen. In beiden hat der Krieg Empfindlichkeiten zurückgelassen, die zu einer Bindungsscheu sublimiert erscheinen. Und bei beiden ist es schließlich die geliebte und liebende Frau, die aus innerer Sicherheit, aber auch mit Entschlossenheit den erlösenden Schritt zur Annäherung wagt.

Doch stoßen alle Vergleiche rasch an ihre Grenze. Der in einer Kontributionsangelegenheit schwer gekränkte, aber auf seinem Ehrenstandpunkt auch fast blind beharrende friderizianische Offizier und der mimosenhaft in sich zurückgezogene österreichische Adlige, hinter dem ein Krieg liegt, dessen Ende zugleich den Zusammenbruch der Donaumonarchie besiegelte — sie wollen sich nicht so recht auf dieselbe Ebene rücken lassen. Und die entscheidenden Erfahrungen beider: die demütigende Verdächtigung Tellheims und das vorübergehende Verschüttetsein Bühls, haben für das Gefüge der Komödien geradezu gegensätzliche Funktion. In Lessings Lustspiel ist die erlittene Ungerechtigkeit das eigentliche Hindernis für die Wiedervereinigung Tellheims mit Minna von Barnhelm. Im „Schwierigen" verbindet sich mit dem Kriegserlebnis ein Motiv, das — sobald es wieder erinnert wird — lösend wirkt und den Lustspielschluß vorwegnimmt: im Augenblick der Verschüttung hatte Hans Karl das Erlebnis eines äußerst zusammengedrängten Daseins, und in diesem „Stück Leben" war Helene Altenwyl seine Frau.

Trotz solcher Gegensätze und obwohl die Ehe bei Hofmannsthal in anderem Umfang und Sinne als bei Lessing thematisch wird, hat in beiden Stücken die schließliche Bereitschaft des Mannes zur Ehe die gleiche Symbolkraft. Der glückliche Komödienschluß, der nach alter Regel in Heiraten besteht und wohl auch im Triumph über einen Ehefeind, ist hier über jeglichen Verdacht bloßer Schablonenhaftigkeit hinweggehoben. In beiden Lustspielen ist die Ehe Zeichen für die Überwindung einer „Asoziabilität" (Bergson) des Mannes, für seine Resozialisation.

Daß sich Hans Karl der Resozialisation zunächst widersetzt, spricht durchaus nicht gegen ihn. Die Schicht der Wiener Gesellschaft, in die hinein er (wieder) integriert werden soll, ist eine aristokratische Nachkriegsgesellschaft, die — so nachsichtig sie auch vom Autor gezeichnet wird — unverkennbar Züge des Überlebten trägt. Der norddeutsch-preußische, genauer holsteinische Baron Neuhoff, der sie in einem ihrer Salons beobachtet, hat bei aller schnoddrigen Überheblichkeit so unrecht nicht: „Alle diese Menschen, die Ihnen hier begegnen, existieren ja in Wirklichkeit gar nicht mehr. Das sind alles nur mehr Schatten. Niemand, der sich in diesen Salons bewegt, gehört zu der wirklichen Welt, in der die geistigen Krisen des Jahrhunderts sich entscheiden."[10] Aber es ist nicht das Überholte dieser Gesellschaft, die zu vergessen sich die Geschichte gerade anschickt, es ist nicht ihre Patina, die Hans Karl stört. Dafür ist seine eigene Idiosynkrasie viel zu sehr Ausdruck jener Reizbarkeit, mit der eine überalterte Kultur sich selbst gegenübertritt. Was der Krieg — und vor allem wohl die existentielle Grenzsituation während der Verschüttung — hinterlassen hat, ist die Allergie gegen eine Sprache, in der diese Gesellschaft ihre Belanglosigkeiten austauscht.

Nun taucht ja das Motiv des Mißtrauens gegen die Sprache hier nicht zum erstenmal auf. Schon im bekannten Brief des Lord Chandos (1901/02) — und durch den fingierten Briefschreiber spricht gewiß zu einem guten Teil das Ich des Dichters — hatte Hofmannsthal eine Sprachskepsis formuliert, die bis zur Konsequenz „des gänzlichen Verzichtes auf literarische Betätigung"[11] gehen kann: „Ich empfand ein unerklärliches Unbehagen, die Worte ‚Geist', ‚Seele' oder ‚Körper' nur auszusprechen ... die abstrakten Worte, deren sich doch die Zunge naturgemäß bedienen muß, um irgendwelches Urteil an den Tag zu geben, zerfielen mir im Munde wie modrige Pilze." Geradezu auf den „Schwierigen" verweist bereits der Satz: „Es wurden mir auch im familiären und hausbackenen Gespräch alle die Urteile, die leichthin und mit schlafwandlerischer Sicherheit abgegeben zu werden pflegen, so bedenklich, daß ich aufhören mußte, an solchen Gesprächen irgend teilzunehmen."

Die Sprache versperrt den Zugang zum Eigentlichen, ja läßt die Ganzheit der Dinge in Teile zerfallen, atomisiert sie — dieser Erfahrung des Lord Chandos entspricht die Gewißheit, zu der Hans Karl gekommen ist: „daß es unmöglich ist, den Mund aufzumachen, ohne die heillosesten Konfusionen anzurichten!"[12] Bühls Schlüsselwort ist das Wort Dezenz bzw. — in seiner Negation — Indezenz. „Durchs Reden kommt ja alles auf der Welt zustande", und das „Reden basiert auf einer indezenten Selbstüberschätzung". Ja, „alles, was man ausspricht, ist indezent". Und so bleibt eigentlich nur das Schweigen, durch das nichts verletzt und nichts verfälscht wird: „ich versteh mich selbst viel schlechter, wenn ich red, als wenn ich still bin."

Wie sehr die Sprachskepsis der Figur die des Dramatikers ist, wird aus der Abhandlung „Die ägyptische Helena" (1928) ersichtlich. Hofmannsthal bekennt hier (im Bericht über ein Gespräch mit Richard Strauss): „Ich mißtraue dem zweckvollen Gespräch als einem Vehikel des Dramatischen. Ich scheue die Worte; sie bringen uns um das Beste — ... Die fälschende Gewalt der Rede geht so weit, daß sie den Charakter des Redenden nicht nur verzerrt, sondern geradezu aufhebt."[13] Und auch von dem künftigen, „synthesensuchenden" Dichter, dessen Umrisse Hofmannsthal in seiner Rede über das „Schrifttum als geistiger Raum der Nation" zeichnet, heißt es, er werde „durch Krisen einer Sprachbezweiflung durchgehen". Zugleich aber wird diesem Dichter eine „Ahnung der heilenden Funktion der Sprache" zugeschrieben[14]. Und Hofmannsthal selbst blieb der Schritt von der Sprachbezweiflung zur Verzweiflung vor dem Wort erlassen. Alles Mißtrauen gegen die Sprache hat ihn nicht gehindert, sich ihr weiterhin anzuvertrauen (ungeachtet des Umstands, daß selbst noch der Ausdruck totaler Sprachverdächtigung nicht der Paradoxie entgeht, auf Worte angewiesen zu sein). Gerade das Lustspiel „Der Schwierige" ist — trotz Bühls kritischen Reflexionen — ein Beispiel für des Dichters Vertrauen zur Sprache, denn in keinem Werk zuvor hat sich Hofmannsthal so sehr in die umgangssprachliche Redeweise eingelassen wie hier. Etwas überspitzt läßt sich sogar sagen: die Objektivierung der Sprachskepsis in der dramatischen Figur, Bühls Zweifel am Wort, ist Zeichen für Hofmannsthals Distanz zum Zweifel, wenn nicht gar geheimes Bekenntnis seiner Liebe zur Sprache. Immerhin ließe sich zum Beweis ein Aphorismus aus Hofmannsthals „Buch der Freunde" (1922 ersch.) zitieren: „Wahre Sprachliebe ist nicht möglich ohne Sprachverleugnung."[15]

Auch in Hans Karl ist eine Gegenkraft wirksam, die den Rückzug ins völlige Schweigen verhindert und ihn über die Stufe einer ständigen Zurücknahme des gesprochenen Wortes zur offenen Rede, also zum Einverständnis mit Sprache bringt. Hans Karl spricht beispielsweise mit Wärme, ja mit Feuer von der Ehe, als es gilt, das erkaltete Verhältnis der Antoinette Hechingen zu ihrem Mann wieder in Ordnung zu bringen. Gegenüber der diskreten, taktvollen und helfenden, Gemeinschaft herstellenden Rede entfällt alle Sprachscheu. Über die Bejahung dieser Sprache führt der Weg zur Resozialisation.

Deshalb bleibt dem „Schwierigen" das Los des „Menschenfeinds" erspart. Der Vergleich des Lustspiels mit Molières „Misanthrope" ist so abwegig nicht (ganz abgesehen davon, daß Hofmannsthal Molières „Heirat wider Willen" neu übersetzt sowie dessen „Bürger und Edelmann" und „Die Lästigen" bearbeitet hat). Schon Alceste leidet unter der Denaturierung der Sprache in einer gesellschaftlichen Konversation, die das Schmeichelwesen, die Verstellungskunst, die Verlogenheit begünstigt. Doch verlieren sich seine Vorwürfe ins Bodenlose, und Hypochondrie und das Vergnügen an den eigenen Launen machen ihn zum Tyrannen der Mitmenschen. Kurz, bei Molières Menschenfeind ist die antisoziale Haltung stark ausgeprägt. So läßt

125

weder die Gesellschaft, an deren Maskenspiel er nicht teilnehmen kann, noch seine „Asoziabilität", die von der Gesellschaft nicht gebilligt werden kann, eine Heilung des Menschenfeindes zu. Molières „Misanthrope" endet in tragikomischer Dissonanz. Hofmannsthals Lustspiel dagegen kann versöhnlich schließen, weil die Gesellschaft trotz allen Leerlaufs in der Welt der Salons doch der zwischenmenschlichen Gemeinschaft noch Entfaltungsraum bietet und der Schwierige nicht antisozial, sondern nur verstört ist. Was Helene Altenwyl in Hans Karl Bühl aufschließt, ist die Bereitschaft, sich dem Mitmenschen zu öffnen, das zu geben, was sie schließlich in klarer Sprache von ihm fordert: „Von deinem Leben, von deiner Seele, von allem — meinen Teil!"[16] Das Lustspiel führt die sanfte Korrektur des in seinem sozialen Verhältnis gestörten Einzelnen vor.

In den Aufzeichnungen „Ad me ipsum" (seit 1916 notiert) bemerkt Hofmannsthal: *Das erreichte Soziale: die Komödien.*"[17] Der „Weg zum Sozialen" wird als „der nichtmystische Weg" beschrieben, also als einer, der sich unterscheidet etwa vom Gang des Bettlers ins Eremitendasein, von der Hinwendung zu mystischer Gottesschau („Das Salzburger große Welttheater"); er führe „durch das Opfer", „die Tat" oder „durch das Werk und das Kind". Aber der Weg zum Sozialen sei zugleich ein „Weg zu sich selbst", „Weg zum höheren Selbst". Daraus wird deutlich, daß bei Hofmannsthal das „erreichte Soziale" nicht etwas ist, das zuallererst in den Zuständigkeitsbereich der Soziologie fiele. Im „Buch der Freunde" heißt es denn auch: „Das Gesellschaftliche kann und darf man nur allegorisch nehmen." (An einer anderen Stelle steht für allegorisch „symbolisch".)[18] Auf das Lustspiel bezogen: der Weg zum Sozialen ist der Weg in eine Gemeinschaft, für welche die Ehe ein Beispiel sein kann — in eine Gemeinschaft, in der das Sich-Öffnen zum anderen Menschen zugleich ein Akt der Selbsterweiterung ist.

Ausschließlicher noch als im „Schwierigen" kreisen im Lustspiel „Der Unbestechliche" die Spielintentionen um die Ehe. Aber vielleicht sind gerade die stärkere Eindeutigkeit und der Verzicht auf beziehungsreiche Zwischentöne verantwortlich dafür, daß sich Hofmannsthals letzte Komödie nie recht aus dem Schatten der vorhergehenden hat lösen können. Bezeichnend geblieben ist ihre späte Veröffentlichung: um 1922 geschrieben, ist sie als Ganzes erst 1956 erschienen.

„Der Unbestechliche" reiht sich — als Nachzügler — in die Tradition einer Komödienart ein, die man Dienerkomödie genannt hat und die ihre Blütezeit auf dem Theater des 18. Jahrhunderts, zumal in Frankreich, erlebt. Schon seit jeher räumt die Komödie dem Diener auf der

Bühne Freiheiten ein, die zu seiner Abhängigkeit im wirklichen Leben in ziemlichem Widerspruch (und zumeist in komischem Kontrast) stehen. Er kann durch Ironie seine heimliche Überlegenheit und durch Intrigen seine heimliche Macht ausspielen, er kann die Herren täuschen und tauschen. Vielfältig sind die Mittel der hinterhältigen oder gewitzten Revanche des sozial Untergeordneten. In der „Dienerkomödie" übernimmt das Bedientenpersonal endgültig die Regie im Haus und im Spiel, hier sind die Diener die Herren ihrer Herren. Noch bleiben zunächst die Schranken der Standeshierarchie äußerlich unangetastet. Daran rüttelt ernsthaft aber Beaumarchais' aufsässiger Diener Figaro. Und „Die Hochzeit des Figaro" wird zum Vorspiel der Französischen Revolution, wenn auch nur zu einem Vorspiel auf dem Theater.

Eine bestimmte Form der Aufsässigkeit nimmt sich auch der Diener Theodor, der „Unbestechliche", heraus; aber ein revolutionäres Aufbegehren ist sie nicht — es sei denn, man versteht sie von Hofmannsthals Begriff der „konservativen Revolution" her. Denn nicht auf Veränderung oder Umbruch der Ordnung, in der ihm seine Funktionen zugewiesen sind, sondern auf deren Wiederherstellung richtet sich seine aufsässige Aktivität. Insofern ist Theodor geradezu eine Gegenfigur zu Figaro.

„Unbestechlich" ist Theodor, weil er sich als das unbestechliche Gewissen der Familie fühlt, der er seit Jahrzehnten diente. Er hat nun den Dienst aufgekündigt, da ihn das ehebrecherische Treiben des jungen Barons bis an die Grenze des Zorns entrüstet. Sein Ungehorsam geht aus seinem Pflichtgefühl hervor. Und er will sich zum Bleiben nur bereitfinden, falls er die Möglichkeit erhält, sich selbst innere Genugtuung zu verschaffen: er möchte „das ganze Gebäude von Eitelkeit und Lüge zusammenstürzen" sehen[19]. Tatsächlich gelingt es ihm, die beiden früheren Geliebten des Barons, von denen her der Ehe erneut Gefahr droht, mit Hilfe wohldurchdachter Manöver zur raschen Abreise zu bewegen und der jungen Baronin ihren Mann wieder zuzuführen. Dabei hat die Sinnesänderung des Barons etwas vom Wunderbaren der Verwandlungen, wie sie Menschen in den Zauberspielen des Wiener Volkstheaters an sich erleben; und so fällt auf Theodors Tat ein Abglanz vom Wirken der guten Geister und Feen, die in den Zauberspielen den Irregeleiteten läutern und dem Tugendhaften (wieder) zu Recht und Glück verhelfen. Freilich ist hier der Schutzgeist der Familie und der reinen jungen Frau mit seinen Unverschämtheiten und Grobheiten sowie mit seiner eigenen handfesten Erotik ein guter Geist in ganz und gar irdischer Gestalt.

Doch weiß dieser „Servo Padrone"[20], der im Haus das Regiment übernimmt und seine Herrschaften in die völlige Abhängigkeit zwingt, sich tatsächlich mit der Aura eines höheren Wesens zu umgeben. Die junge Baronin, nicht ahnend, auf welche Weise sie zu ihrem unverhofften Glück gekommen ist, vermutet hinter allem ein Werkzeug Gottes. Als eine Art „Stellvertreter Gottes"[21] empfiehlt sich ihr in seiner Schlußrede denn auch der Diener: „Es kann auch eine sehr starke Hand keine Schutzmauer aufbauen für ewige Zeiten um ihre anbefohlenen Schützlinge. Aber ich hoffe, solange ich hier die Aufsicht über das Ganze in Händen behalte, wird demgemäß alles in schönster Ordnung sein!"

Hofmannsthal hat für die Rolle des Theodor an der Gestalt des großen Komikers Max Pallenberg Maß genommen[22]. Es gilt also die Komik der versteiften Würde und der gestelzten Sprache wahrzunehmen, die lächerliche Überhebung eines Lakaien, der einmal Geistlicher werden sollte und sich nun gleich in den selbstgeschneiderten Mantel des Schutzengels und der Vorsehung hüllt. Aber da ist auch — wie der Freund der alten Baronin bemerkt — „ein förmlicher Krampf von Hochmut", eine Anmaßung, die gar nicht mehr komisch wirkt. Theodor erhebt sich nicht nur zum Herrn seiner Herren — und sucht so die soziale Benachteiligung seines Standes wettzumachen —, er schwingt sich auch zum Tyrannen der ihm Untergebenen auf. Daß er seine Geliebte kujoniert, ließe sich noch seiner gekränkten Männlichkeit zugute halten (der Enttäuschung über Hermines vorübergehende Liebschaft mit einem Schlosser). Aber er blickt mit Geringschätzung auf Seinesgleichen überhaupt; d. h. er leitet aus seiner Befehlsgewalt über das Personal das Recht zu einer verächtlichen Herablassung ab, welche die adlige Familie ihm gegenüber längst aufgegeben hat. Und darin offenbart sich ein konservativer Grundzug dieser Figur, der verdächtig erscheinen muß. Nicht in Theodors Treue gegenüber der Familie, deren drohenden Verfall er aufhält, und nicht in der Unbestechlichkeit der Maßstäbe, die ihn zum moralischen Korrektiv werden läßt, bekundet sich ein fragwürdiger Konservativismus, sondern in seinem Festhalten an einem System des Zusammenlebens, in dem die Standesunterschiede als Ausdruck der menschlichen Ungleichheit betrachtet werden. Die Ordnung jener österreichischen Ständegesellschaft, deren letzte historische Stunde schon geschlagen hat — die Handlung spielt im Jahre 1912 —, Theodor klammert sich am hartnäckigsten daran, weil sie ihm Machtausübung erlaubt. Aber es ist nicht die humanisierte, sondern die archaische Form dieser Gesellschaft, nach deren Modell er sein Verhältnis zum Personal ausrichtet.

Jene menschenverächterische Haltung des Adligen, gegen die Figaro einst sich auflehnte, Theodor scheint sie sich zum Beispiel zu nehmen. So koppelt sich seine Aufsässigkeit (sein Aufbegehren um der sittlichen Ordnung willen) mit einem egoistischen Herrschaftsgelüst. Am Ende ist die Ehe der jungen Baronin gerettet und gesichert, aber die Lage des Hausgesindes hat sich durch den „Herrschaftswechsel" nicht verbessert. Der zum Herrn gewordene Diener entpuppt sich als ein restaurativer Rebell.

VI. DAS ERNEUERTE VOLKSSTÜCK

1. Horváth

In andere Zusammenhänge als Hofmannsthal rückt den Typus eines zugleich revolutionären und konservativen Dieners Ödön von Horváth, dessen Volksstücke und Komödien erst am Ende der sechziger Jahre die deutschen Bühnen eroberten, nicht zuletzt dank der Vermittlung von Fernseh-Adaptionen. Es ist das Urbild des aufsässigen Dieners selbst, an dem Horváth in der Komödie „Figaro läßt sich scheiden" (1936 entst.) die Domestizierung eines revolutionären Geistes aufzeigt. Die Handlung, auf dem Fundament der Komödie Beaumarchais' weiterbauend, aber unter Umweltbedingungen des 20. Jahrhunderts spielend, setzt etwa sechs Jahre nach der Hochzeit Figaros und Susannes ein: der Graf und die Gräfin Almaviva sind auf der Flucht vor der Revolution, begleitet von Susanne und dem (nur widerwillig folgenden) Figaro. Das Dienerpaar ist zerstritten; die politischen Ereignisse haben Susanne in eine gegenrevolutionäre Haltung gedrängt und ihr Treueverhältnis zu den Almavivas nur gefestigt, Figaro dagegen ist Anhänger der Revolution geblieben. Aber — sei es nun infolge des Emigrantendaseins oder aus innerer Veranlagung — er büßt allen Elan des Freiheitskämpfers ein. Während es mit dem gräflichen Ehepaar bergab geht, etabliert sich Figaro in einem Provinznest als Friseur und mutet auch Susanne eine Anpassung zu, die ihr viele kleine Erniedrigungen abverlangt. Figaro ist nicht nur — wie der Graf andeutet — verbürgerlicht; seine Wandlung wird von Susanne treffender beschrieben: der alte Figaro war ein Weltbürger, der jetzige ist ein Spießbürger. Die einander entfremdeten Partner lassen sich scheiden. Figaro kehrt nach Frankreich zurück und wird zum Verwalter des Schlosses Almaviva ernannt. Am Ende führen die Sehnsucht und die Liebe das Paar doch wieder zusammen, und auch der Graf darf im enteigneten Schloß wieder sein früheres Zimmer bewohnen.

Nicht unproblematisch ist die Idylle, mit der die Komödie schließt. Zwar hat Figaro die Haltung des opportunistischen Geschäftsbürgers abgelegt, aber dafür nicht das Selbstbewußtsein des Freiheit fordernden Dieners wiedererlangt. Er fällt hinter den Figaro des großen

Monologs im Beaumarchaisschen Stück zurück. Über die szenische Idylle breitet sich der zarte Goldton einer befriedeten patriarchalischen Ordnung, in der Almaviva wieder der „Herr Graf" sein darf und Figaro und Susanne sich wieder wie seine Diener aufführen. Figaros Ressentiment gegen das „Politisieren" und die stereotypen sprachlichen Formeln der Ehrerbietung signalisieren eine neue Domestikenhaltung unter veränderten Herrschaftsverhältnissen.

Freilich ist dies nur die eine Seite der Idylle, ihre andere ließe sich beschreiben als Versuch einer Vermenschlichung der Revolution. Auf die Frage des erstaunten Grafen, ob denn die Revolution zu Ende sei, antwortet Figaro: „Im Gegenteil, Herr Graf. Jetzt erst hat die Revolution gesiegt, indem sie es nicht mehr nötig hat, Menschen in den Keller zu sperren, die nichts dafür können, ihre Feinde zu sein."[1]

Die Komödie „Figaro läßt sich scheiden" ist eines der letzten dramatischen Werke Horváths; seine Sicht auf die Revolution — im Vorwort zur ersten Fassung heißt es ausdrücklich, daß nicht die „große Französische" gemeint sei — ist offensichtlich mitbestimmt durch die zeitgeschichtlichen Ereignisse der pseudorevolutionären national-sozialistischen Machtübernahme. So treten in der Gestalt Figaros Züge jenes opportunistischen Kleinbürgertums zutage, das Hitler als einen der Sockel für seinen Aufstieg benutzte; doch macht sich auch, durch die Figur hindurch, Kritik an revolutionärer Gewaltpraxis vernehmbar. Im übrigen spaltet Horváths Versuch, an Figaro zugleich Probleme des Emigranten und des domestizierten Revolutionärs zu erläutern, die dramatische Figur.

Bleibt „Figaro läßt sich scheiden" — wie auch die anderen letzten Schauspiele des 1938 in Paris einem Unfall zum Opfer gefallenen ungarisch-österreichischen Autors — künstlerisch hinter den Volksstücken der Schaffensperiode um 1930 zurück, so erhält sich doch in der Komödie noch etwas von Horváths Gestaltungstendenz, eine Welt freundlicher kleinbürgerlicher Biederkeit vorzuführen und zugleich die in ihr sich tarnende Bösartigkeit aufzudecken.

Es ist kein Zufall, daß der bedeutendste Volksstück-Autor der ersten Jahrhunderthälfte dem österreichisch-süddeutschen Sprachraum zugehört. Hier, zumal in Wien, hat das Volkstheater seit Jahrhunderten eine institutionalisierte und durch große Namen ausgewiesene Überlieferung. Mit der Volksdramatik eines Raimund und eines Nestroy haben die Stücke Horváths — sieht man vom Fehlen des Couplets ab — das Grundsätzliche gemeinsam: die Hauptfiguren entstammen in der Mehrzahl den unteren bürgerlichen Schichten, und die Handlungen bewegen sich um die eher alltäglichen, jedenfalls um keine einmalig-exzeptionellen Fälle, um keinerlei geistige Entscheidungen elitärer Gruppen (der auffällig hervortretende Gebildete gerät immer in die Fallstricke der Komik); wo eine vornehme Welt erscheint, wird sie gesehen und gewertet aus der Perspektive des einfachen Volkes; die Sprache ist vom Wiener bzw. süddeutschen Dialekt zumindest eingefärbt (wo auf ihn ganz verzichtet wird, ist zumeist Lächerlichkeit der Preis). Wie das Raimundsche und Nestroysche ist das Horváthsche Volksstück bedeutend dadurch, daß es zwar die Welt aus dem Blickwinkel unterer Schichten erfaßt (und dies mit einem kräftigen Schuß Naivität), aber offen bleibt für den Erwartungs- und Reflexionshorizont der anderen Schichten (auch der sogenannten gebildeten). Die besten Stücke Horváths sind Beispiele dafür, wie ein Volkstheater von Rang, ohne die bestehenden Klassenunterschiede zu verwischen, dennoch darauf gerichtet ist, sie zu überwinden — daß also das Volksstück ein Publikum intendiert, in dem sich das „Volk" im weitesten und uneingeschränkten Sinne vertreten findet.

Wesentliches trennt — über den historischen Abstand und die unterschiedlichen gesellschaftlichen Voraussetzungen hinaus — den Autor der Volksstücke „Italienische Nacht" oder „Geschichten aus dem Wiener Wald", „Kasimir und Karoline" oder „Glaube Liebe Hoffnung" (alle zwischen 1930 und 1932 entst.) von den großen Volksdramatikern des 19. Jahrhunderts. Wo Raimund das Gemüthafte und Rührende noch gerade vor dem Umschlag in die fade Sentimentalität abfängt, da läßt Horváth das Sentimentale sich ungehemmt entfalten und im kitschigen Zungenschlag sich selbst desavouieren. Mit seiner satirischen Absicht steht Horváth näher an Nestroy, aber es fehlt in seinen Stücken jene sarkastisch-gallige Schärfe, mit der sich bei Nestroy Menschen- und Weltverachtung äußern kann. Auch Horváths Satire richtet sich „rücksichtslos gegen Dummheit und Lüge"[2], doch liefert seine Darstellung zugleich die gefällige Schauseite mit, hinter der sie sich verstecken. Jene einfache Polarität von Gut und Böse, die sich noch im Schauspiel Raimunds und teilweise auch Nestroys behauptet, im Volksstück Horváths ist sie nicht mehr auffindbar. Die Bosheiten nähern sich im Gewande der Harmlosigkeit und artikulieren sich im Tonfall der Gemütlichkeit. Die Gattung des Volksstücks selbst, eine naiv und unproblematisch sich gebende Gattung, unterstützt diesen Schein der Harmlosigkeit — und schon mancher Regisseur ist auf das Volksstück-Etikett hereingefallen und hat eines jener „Juxspiegelbilder" inszeniert, von denen Horváth so entschieden abrückt[3].

In der Erfassung politischer und sozialer Wirklichkeit der zwanziger und der frühen dreißiger Jahre hält sich Horváth, im Gegensatz zu Brecht — sieht man vielleicht von dessen „Trommeln in der Nacht" ab —, unmittelbar und in realistischer Ausschnitt-Wiedergabe an die deutschen und österreichischen Verhältnisse selbst. Von den Vertretern der Neuen Sachlichkeit trennt ihn andererseits der Verzicht auf die Reportage; auch teilt er nicht jenes ungeduldige Engagement, das die sofortige Diskussion erzwingen will. Horváths Art der Bestandsaufnahme steht der agitatorischen Absicht und der unkritischen Indifferenz gleich fern. Sie verfolgt die ökonomische und politische Entwicklung der Nachkriegszeit, und kaum ein anderer zeitgenössischer Dramatiker hat ein so empfängliches Organ für das bedrohliche — zunächst noch heimliche — Erstarken der faschistischen Ideologie und Bewegung gerade innerhalb des Kleinbürgertums. ‚Historie aus dem Zeitalter der Inflation' nennt Horváth sein Stück „Sladek oder Die Schwarze Armee" (1927 entst.). Welcher Geist der Gewalt unter nationalistischen Parolen heranwächst und wie er sich rechtfertigt, zeigt der stereotype Glaubenssatz Sladeks, des Angehörigen einer illegitimen militärischen Organisation: „In der Natur wird gemordet, das ändert sich nicht." Und in welcher Rolle sich die Gruppen sehen, die den Sturz der Weimarer Republik vorbereiten, macht Sladeks Hauptmann in seiner Hohnrede gegen „die vertrottelten Oberlehrer und verkalkten Exzellenzen in den Bünden und Verbänden, Orden und Parteien" deutlich: „Die nationale Revolution bin ich."[4]

Das Volksstück „Italienische Nacht" (1930) führt ein Stadium der politischen Entwicklung in Deutschland vor, in dem die nationale Machtübernahme bereits vor der Tür steht: schon beherrschen die faschistischen Kampfgruppen die Straße. In einer süddeutschen Kleinstadt wird die gewaltsame Sprengung eines Gartenfestes der Republikaner schließlich nur von der linksoppositionellen Jugend vereitelt. Aber selbst die augenfällige Demonstration der faschistischen Gewalt vermag die Vertreter der republikanischen Gruppen, vor allem den (offensichtlich sozialdemokratischen) Stadtrat, nicht aus ihrer illusionären Sorglosigkeit und politischen Naivität zu reißen: „Von einer akuten Bedrohung der demokratischen Republik kann natürlich keineswegs gesprochen werden." Martin, der Führer der linksoppositionellen Gruppe, sieht die Gefahr deutlicher: „Bald zieht sich die Bourgeoisie in den Turm der Diktatur zurück." Wenn überhaupt jemand, dann wäre dieser Martin der „Held" des Stückes. Aber an ihm werden auch Züge eines beschränkten und rigoristischen

Funktionärstums sichtbar: in seinem Mißtrauen gegen den „fremden Kameraden", den „Preußen" aus Magdeburg, oder in dem unerbittlichen Verlangen an seine Braut Anna, sich mit Faschisten einzulassen, um bei ihnen zu spitzeln. Als er mit seinen Argumenten beim papieren-progressiven Vokabular Zuflucht sucht, bringt Anna — das sprachliche Wertungssystem des Volksstücks zur Geltung bringend — ihn zum Schweigen mit dem Satz: „Jetzt redst du wieder so hochdeutsch."[5]

Die Verbindung des Faschismus mit einem revanchelüsternen Kriegertum wird sinnfällig an der Figur des Majors, eines in der ehemaligen Kolonialuniform auftretenden Offiziers, der mit der faschistischen Gruppe für kurze Zeit den Stadtrat zu terrorisieren vermag. In „Geschichten aus dem Wiener Wald", einem Volksstück, das im übrigen auf die politische Situation nicht unmittelbar Bezug nimmt, repräsentiert der einzige Reichsdeutsche unter den Figuren, der Student Erich, ein Akademikertum, das zu militantem Nationalismus erzogen ist (man hat sich nun im „akademischen Wehrverband" gesammelt) und der Rassenideologie anhängt. Doch wird gerade an dieser Figur des Studenten sichtbar, wie Horváths Satire die Überzeichnung ins Einseitige — die durchaus zu den legitimen Mitteln von Satire gehört — scheut und ihren Gegenstand in seiner äußeren Biederkeit und scheinbaren Ungefährlichkeit schillern läßt. In den „Geschichten aus dem Wiener Wald" erweisen sich einige der gemütlichen österreichischen Kleinbürger sogar als böswilliger denn der Vertreter des deutschen Nationalismus: der Ladenbesitzer aus dem achten Wiener Bezirk, der im Namen der Anständigkeit seine Tochter dem Elend überläßt, oder die Großmutter „draußen in der Wachau", die vorsätzlich, aber mit dem guten Gewissen der „ehrlichen Leut" das uneheliche Urenkelkind dem tödlichen kalten Zug aussetzt.

Die unbarmherzige Welt der Kleinbürger erscheint in „Geschichten aus dem Wiener Wald" überzuckert von der Idylle der Picknick- und Badefreuden „an der schönen blauen Donau", von weinseliger Stimmung und Schrammelmusik im Heurigenlokal oder von den leitmotivisch wiederkehrenden Walzermelodien, doch sind in kaum einer Szene die satirischen Signale zu überhören. Dagegen hat Horváth satirische Absichten im Volksstück „Kasimir und Karoline", in der Darstellung eines Münchner Oktoberfest-Abends, bestritten: „es ist überhaupt keine Satire, es ist die Ballade vom arbeitslosen Chauffeur Kasimir und seiner Braut mit der Ambition, eine Ballade von stiller Trauer, gemildert durch Humor..."[6] Schon Else Lasker-Schüler nannte ihr — in erster Fassung im Dialekt geschriebenes — Schauspiel „Die Wupper" (1909) eine Ballade, eine „Stadtballade" von der Arbeiterstadt Elberfeld mit ihren rauchenden Schornsteinen und Signalen. Im Panorama des Lebens dieser Stadt werden Arbeiterfamilien, die Familie einer Fabrikbesitzerin, bürgerliche Herren mit grauen Zylindern, drei Herumtreiber und Zirkusleute zusammengeführt, durcheinandergewirbelt und wieder auseinandergebracht. Die Stadtballade der Lasker-Schüler ist mit Märchenelementen durchsetzt, das Milieu entgrenzt sich manchmal in träumerischer Vision; und eine Kölner Inszenierung (1958) tat recht daran, sich von Motiven der Bilder Marc Chagalls anregen zu lassen. Der Realismus in Horváths „Ballade" schließt Chagallsche Bildmotive aus, und trotzdem reicht die Übereinstimmung beider Stücke weit. Denn nicht zufällig wird im Wupper-Schauspiel eine große Jahrmarktsszene zum Mittelpunkt des Stücks. Jahrmarkts- und Oktoberfest-Spiel sind Stücke vom bunten Wirbel des Lebens, Spiele, in denen der Schauplatz mit seinem unaufhörlichen Durcheinander der Menschen, mit den billigen Attraktionen und auch den Enttäuschungen zum kleinen Abbild des Erdentreibens wird.

Gewiß stellt sich in Horváths „Kasimir und Karoline" gelegentlich eine fade Lustigkeit zur Schau, doch schlägt durch die Oktoberfest-Fröhlichkeit immer wieder eine Wehmut durch, wie man sie manchmal in Volksliedern findet: eine Wehmut, die mit keiner kitschigen Sentimentalität zu verwechseln ist, weil sie viele Erfahrungen in sich aufnimmt (hier u. a. die der Arbeitslosigkeit und ihrer Folgen). Solcher Erfahrungshintergrund gibt Volksstück-Sentenzen wie den folgenden Tiefe, so daß ihre Einfachheit nicht mit Banalität gleichgesetzt werden kann: „Wir sind halt heutzutag alle älter als wie wir sind." — „... die Menschen wären doch garnicht schlecht, wenn es ihnen nicht schlecht gehen tät." — „Die Welt ist halt unvollkommen." „Man könnt sie schon etwas vollkommener machen." — Und: „Solange wir uns nicht aufhängen, werden wir nicht verhungern."[7] Ein Trostspruch wie dieser beschönigt nichts, in der Ermunterung bleibt das Bewußtsein der wirklichen Lage aufgehoben. Bezeichnend ist auch der Schluß des Stückes: Zwar gibt es zwei Liebespaare — und doch kein rechtes happy-end, denn wohl verlassen Kasimir und Karoline das Oktoberfest nicht ohne Partner(in), doch haben sie beide nicht wieder zusammengefunden. Die Zuversicht der Liebenden ist ohne alle Selbsttäuschung, sie rechnet mit einem Minimum an Glück; an das allerdings klammert sie sich.

Horváths Volksstücken ist jener Veränderungsappell fremd, mit dem

Brechts Volksstück „Herr Puntila und sein Knecht Matti" so ausdrücklich schließt; nicht thematisch wird der Gegensatz zweier Klassen, sieht man vielleicht vom frühen Werk „Revolte auf Côte 3018" (1927, später „Die Bergbahn") ab. Dennoch überdeckt Horváth nicht die Widersprüche der sozialen Wirklichkeit; darin unterscheiden sich seine Bühnenwerke von den gängigen, Figuren- und Handlungsklischees fortzeugenden volkstümlichen Theater-Produktionen. Auf Horváths Volksstück läßt sich ein Brechtscher Satz zum Volkslied übertragen: daß es nicht etwas Einfaches oder gar Einfältiges einfach sagt — wie moderne Nachahmer —, daß es vielmehr etwas Kompliziertes einfach sagt[8].

2. Zuckmayer

Es ist durchaus folgerichtig, daß Ödön von Horváth 1931 den Kleistpreis für seine beiden Volksstücke „Italienische Nacht" und „Geschichten aus dem Wiener Wald" auf Vorschlag Carl Zuckmayers zugesprochen bekam. Zuckmayer selbst hatte seinen Anteil an der Entwicklung des Volksstücks im 20. Jahrhundert, ja, er war Horváth in der Rückkehr zum Volkstheater voraufgegangen[9]. Seine Stunde als Dramatiker schlug, als er sich vom Expressionismus, dem noch der Erstling „Kreuzweg" (1920) verpflichtet geblieben war, entschieden löste. Das geschah in dem Lustspiel „Der fröhliche Weinberg" (1925).

In der Selbstbetrachtung „Pro Domo"[10] berichtet Zuckmayer über seine Wandlung. Aus der „Bereitschaft zur Ekstase, ... zur Maßlosigkeit des inneren Lebens" habe sich der Wille zur Form, zu Klarheit und Selbstgestaltung entwickelt, aus dem Dunst der Weltliebe sei schließlich ganz von selbst „die Kontur der irdischen Landschaft" als „Nährboden des künstlerischen Schaffens" hervorgetreten. Landschaft als „Nährboden" — damit bietet sich ein Schlüsselwort für einen Großteil Zuckmayerscher Dramen, und sicherlich für den „Fröhlichen Weinberg". Zieht dieses Lustspiel auch aus den Stiltendenzen der Neuen Sachlichkeit, aus der Rückwendung zum Gegenständlichen und zu einer unpathetischen Sprache seinen Nutzen, so offenbart es doch zugleich schon das besondere Verhältnis zur Natur und zum Leben, das den Dramatiker Zuckmayer kennzeichnen wird.

Die rheinhessische Landschaft, in der Zuckmayer geboren wurde, ist das Element, durch das sowohl Handlung wie Figuren des Lustspiels unverwechselbar werden. Landschaftliche Atmosphäre verdichtet sich auch in der Sprache, der Mundart. „Was den Dialekt betrifft", heißt es in der Vorbemerkung, „so kommt es nicht auf philologische Genauigkeit, sondern auf die Melodie und den Charakter an, der keineswegs idyllisch ist, sondern wie die Landschaft der Weinberge eher spröd, rostig, holperig, und von einer eignen geruchstarken herbstlich heiteren Luft umweht."[11] Sprache wird hier zur Ausdrucksgebärde des Landschaftscharakters. Das ist etwas anderes, als wenn im Naturalismus der Dialekt Milieuechtheit verbürgen soll.

Der „Fröhliche Weinberg" hat Züge des Schwanks und scheut — wie einst das altdeutsche Fastnachtspiel — Derbheiten nicht. Der überraschend starke Erfolg der Berliner Erstaufführung versteht sich vor allem daraus, daß nach einer Theaterepoche äußerster Stilisierung des Lebens die rustikale Volksnähe des Stückes wie eine Befreiung wirkte. Der Haupteinfall Zuckmayers, aus dem sich wesentliche Handlungsverwicklungen ergeben, besteht in der Umkehrung eines altvertrauten komischen Typs der Bühne: des polternden, die Heiratserlaubnis verweigernden Vaters oder Oheims. Ja, der Weingutsbesitzer Gunderloch kann sogar als ein Gegenbild zur Gestalt des Meisters Anton aus Hebbels „Maria Magdalene" begriffen werden. Ganz im Gegensatz zum unerbittlich sittenstrengen Anton hält Gunderloch nicht viel vom Grundsatz vorehelicher Enthaltsamkeit und schafft sich seine eigene, pragmatische Moral. Er knüpft an die Verlobung seiner Tochter eine Bedingung, die er mit den vertrauten geschäftlichen Gepflogenheiten erläutert: „Was wolle denn de Leut? Wenn se Wein kaufe, wird e Prob gemacht, sonst kann ich ja Firnessig für Meßwein verkloppe!"[12] Und deshalb verlangt er eine Art Eheprobe: Klärchen darf sich nur mit einem Mann verloben, von dem sie ein Kind erwartet. Die List der Tochter sorgt dafür, daß sich das Zusammengehörige findet und aus den Verwicklungen drei glückliche Paare hervorgehen.

In heimatlichem Umkreis bleibt Zuckmayer auch mit dem Schauspiel „Schinderhannes" (1927). Schinderhannes, mit eigentlichem Namen Johann Bückler, ist eine historische Figur aus den Jahren der napoleonischen Besetzung Deutschlands, ein Räuberhauptmann bzw. Bandenführer am Mittelrhein und im Hunsrück. Seine Taten und sein Ende wurden im Volk überliefert durch den Bänkelsang (seine Geliebte, Julchen Blasius, war sogar Tochter eines Bänkelsängers). Züge der dramatischen Moritat bestimmen zu einem Teil auch die Handlung des Schauspiels.

Zuckmayer übernimmt von der historischen Gestalt jenes Motiv, das Schinderhannes zu einem populären Räuber machte: Bückler bestiehlt und beraubt nur die Reichen, und er hilft den Armen. Hierin stimmt die Figur mit der Räubergestalt aus Brechts späterem „Kaukasischen Kreidekreis" überein, mit Irakli, der sich „der wundertätige Sankt Banditus" nennt und einem armen Mütterchen eine dem Großbauern gestohlene Kuh schenkt (und der selbst nur Spiegelfigur des Richters Azdak ist, von dem es heißt: „Und er nahm es von den Reichen / Und er gab es Seinesgleichen"). „Schinderhannes" und „Der kaukasische Kreidekreis" berühren sich auch durch den balladesken Grundzug des Geschehens. Doch die Sympathie mit den Besitzlosen ist bei Zuckmayer eine Mitgift des im Volk überlieferten Stoffes; das Thema des Klassengegensatzes bleibt peripher, und schon gar nicht darf ins Schauspiel die sozialkritische Intention des Brechtschen Stükkes hineingelesen werden.

Was Zuckmayer an der Figur des Schinderhannes interessiert, sind eher die Züge der kraftvoll großen Natur — wenn man so will: der Sturm-und-Drang-Gestalt. Dennoch hat der Räuberhauptmann wenig mit der Figur des Karl Moor in Schillers „Räubern" gemein. Bückler fordert sein Säkulum nicht in die Schranken, es geht ihm um keine neue Weltordnung. Er steht außerhalb der Gesetze, weil er nur so seine Kraftnatur uneingeschränkt verwirklichen kann. Und von dieser Unbedingtheit und Willkür sind alle magisch gebannt: seine Bande, seine Geliebte, das Volk. Seine Vitalität ist auch angesichts des Todes noch ungebrochen. Mit Triumph vermerkt der Bandenführer, daß 15 000 Menschen zu seiner Hinrichtung zusammengeströmt sind. So ist „der Schlußakt nicht als Untergang, sondern als Apotheose ausgefallen"[13].

Das Hinrichtungsmotiv, balladeske Elemente, die landschaftliche Gebundenheit des Stoffes und das gesellschaftliche Außenseitertum der Hauptfigur — alles dies sind Momente, die sich im Schauspiel „Der Schelm von Bergen" (1934) wiedererkennen lassen. Der Handlung dieses Stückes liegt eine niederrheinische Sage zugrunde, auf die bereits Heinrich Heine mit seiner Romanze „Schelm von Bergen" zurückgegriffen hatte. Allerdings stützt sich Zuckmayer auf eine novellistische Bearbeitung des Stoffs. In den Vordergrund rücken die außereheliche, aber durch Naturgesetze legitimierte Liebe zwischen der Kaiserin und dem jungen Scharfrichter von Bergen sowie die verzeihende Großmut des Kaisers, der — als eine Art Gegenfigur zum Herzog Ernst in Hebbels „Agnes Bernauer" — nicht durch Buchstabentreue, sondern durch ein höheres Verständnis der Gesetze die ihnen anvertraute Ordnung bewahrt. Der Entrückung des Geschehens in eine legendenhafte Zeit entspricht die altertümelnde Sprachform:

eine Mischung von Dialektanklängen und Spätmittelhochdeutsch, die zudem teils in rhythmisierte Prosa, teils in Verse übergeht. – Übrigens nimmt Zuckmayer mit diesem Schauspiel Abschied vom Dialektstück.

Auch im „Schelm von Bergen" bestätigt sich die Kunstabsicht, Menschen als ein Stück Natur darzustellen. Doch zelebriert Zuckmayer Natur nicht und meidet alle pseudoreligiöse Symbolik. Er ergreift das Drama als Ausdrucksorgan einer elementaren Lebensfreude, einer Lebensbejahung, die sich durch Reflexion nicht in Frage stellt – Mißtrauen gegen ein Übermaß an Reflexion erklärt wohl auch Zuckmayers geringe Neigung, gelegentliche dramaturgische Bemerkungen zur Theorie auszubauen.

Es läßt sich nicht übersehen, daß durch die Darstellung einer unreflektierten, von der Landschaft geprägten menschlichen Natur eine Bewunderung für das „Erdhafte" durchschlägt, die in der Blut- und Bodenmystik des Dritten Reiches zu fragwürdiger Geltung kommen sollte. Auffallender noch als bei Zuckmayer ist solche unfreiwillige Verwandtschaft bei dem österreichischen Dramatiker Richard Billinger, der gegen die große Verführerin Stadt das Bild der gesunden, im bäuerlichen Brauchtum symbolisierten ländlichen Ordnung setzt, auch wenn er deren Kehrseite nicht unterschlägt: die Gewalt dämonischer und chtonischer Mächte im Menschen (z. B. „Rauhnacht", 1931). Doch reicht die ungewollte Nachbarschaft nicht zum Verdacht der Komplicenschaft, schon gar nicht bei Zuckmayer, der 1938 in die Emigration getrieben wird. Wie weit entfernt Zuckmayer von aller Blut- und Bodenideologie bleibt, zeigt das sog. Seiltänzerstück „Katharina Knie" (1929), in dem die Tochter des Zirkusdirektors gerade nicht ihrer Neigung zu dem Landwirt Rothacker folgt und auf der bäuerlichen „Scholle" seßhaft wird, sondern nach dem Tode ihres Vaters die Leitung des kleinen Zirkus übernimmt und damit die Unsicherheit der Artistenexistenz wählt.

Jenseits aller unreflektierten Bejahung von Vitalität und Natur steht das Schauspiel „Der Hauptmann von Köpenick" (1931) – ein künstlerischer Wurf, wie er dem Autor (auch nach dessen eigenem Urteil) nie wieder gelang. Besondere Verbindlichkeit gewinnt das Stück dadurch, daß es den begrenzten Bereich der Lokalsage oder landschaftsspezifischer Ereignisse verläßt und sich auf die Bühne öffentlich-politischer Vorgänge begibt, auch wenn dies die Bühne des politischen Satyrspiels ist.

Der Authentizität des historischen Vorfalls, auf den sich das Stück bezieht: der bekannten Köpenickiade des Schusters Wilhelm Voigt im

Jahre 1906, scheint der Untertitel, „Ein deutsches Märchen in drei Akten", zu widersprechen. Es scheint, als wolle Zuckmayer das geschichtliche Faktum nicht nur in die Fiktionalität, sondern innerhalb ihrer auch in die Ort- und Zeitlosigkeit des Märchens überführen. Und tatsächlich hat man das Schauspiel ganz als ein Märchen zu deuten versucht. Etwa so: „... wie im Märchen bahnt sich schließlich das Gute seine Bahn."[14] Aber wo das Stück wie hier in den Horizont der naiven Moral und des Tugend-Lohn-Automatismus rückt, wird der Hintersinn im Gebrauch der Gattungsbezeichnung verkannt. Schon einmal erschien ein bedeutendes literarisches Werk mit ähnlichem Untertitel: Heinrich Heines Versdichtung „Deutschland. Ein Wintermärchen". Und wird man Zuckmayer auch die volle ironische und zugleich satirische Absicht Heines nicht unterstellen, so kann doch der Anklang an Heines Titel kein bloßer Zufall sein.

Zuckmayer hat einmal von dem Stück gesagt, daß es ein deutsches Märchen erzähle, das längst vorbei und vielleicht überhaupt nicht wahr sei und nur ein Gleichnis darstelle für das, was nicht vorbei sei. Der Gleichnis-Begriff schränkt den Märchenbegriff ein und macht alle Interpretationen fragwürdig, die jegliche satirische Intention des Autors ausschließen und die Stadt Köpenick, deren Bürgermeister und Beamten auf die Hauptmannsuniform des verkleideten Schusters hereinfallen, ins Irgendwo-Nirgendwo-Land aussiedeln möchten. Gewiß läßt sich das Schauspiel nicht einseitig als Gesellschafts-Satire deuten; ein sozialkritischer Autor hätte den historischen Stoff dramatisch ganz anders verwertet. Wie der Schuster Voigt nach Zuchthaus- und Auslandsaufenthalt in das Labyrinth der Bürokratie gerät, keine Arbeit bekommt, weil er keine Aufenthaltsgenehmigung hat, und keine Aufenthaltsbewilligung bekommt, weil er keine Arbeit hat — diese Situation verweist über ihre nationalen Bezüge hinaus auf die seelenlose Mechanik einer verwalteten Welt, der gegenüber die verzweifelte Kreatur nur zur listigen Selbsthilfe greifen kann, indem sie das System in seinen Funktionären überrumpelt. Aber was der in Offiziersuniform auftretende Voigt richtig einschätzt, das sind ein obrigkeitsstaatliches Denken, ein Untertanengeist und ein Uniformfetischismus, die nun doch ihre spezifische Ausprägung in der wilhelminischen Ära Deutschlands gefunden haben. Will auch der Autor das Schauspiel als Gleichnis verstanden wissen, so ist es doch der preußisch-deutsche Staat, der diesen Gleichnisfall liefert.

In welchem Maße Zuckmayers „deutsches Märchen" tatsächlich Gleichnis für etwas noch nicht Vergangenes war, mögen wohl nur wenige bei der Uraufführung des Stückes im Jahre 1931 schon geahnt haben. Zwei Jahre später hat Deutschland ein Regime, das den wilhelminischen Obrigkeitsstaat noch weit in den Schatten stellen und alles daransetzen wird, die Deutschen zu einem „Volk in Uniform" zu machen.

VII. IM GEGENSTROM ZUR MODERNE

1. Das völkisch-heroische Theater des Dritten Reichs
(Johst, E. W. Möller, Kolbenheyer, Bacmeister, Langenbeck)

Die Herrschaft der nationalsozialistischen Ideologie beginnt nicht mit dem 30. Januar 1933. Aber erst nach Hitlers Machtergreifung erlangt sie, mit Hilfe der Propaganda-, Erziehungs- und Kulturinstitutionen des Staates, Totalität. Die Leitgedanken des Dramas, das in ihren Dienst tritt, sind: Volksgemeinschaft, Rassereinheit und Erbgesundheit, germanisches und soldatisches Heldentum, nationale Größe und Auserwähltheit, Führertum und Gefolgschaftstreue, Schicksal und Opferbereitschaft[1].

Zum Sieg der Hitlerbewegung trägt wesentlich jener Nationalismus bei, der durch den Haß auf die fremden Besatzungstruppen, das Ressentiment gegen die Weimarer Republik sowie die verklärende Erinnerung an das Fronterlebnis des Ersten Weltkriegs genährt wird und der den Widerstand gegen den Versailler Vertrag mobilisiert. Hanns Johst, schon in seiner expressionistischen Phase Verkünder der heroischen Individualität, macht sich zu seinem Anwalt im Schauspiel „Schlageter" (1933). Das Stück behandelt den Fall des früheren Frontoffiziers und Freikorpsangehörigen Leo Schlageter, der während des Ruhrkampfes von den Franzosen gefangen genommen, verurteilt und erschossen wurde. Den ekstatisch feiernden Ton seines expressionistischen Grabbe-Dramas freilich nimmt Johst nicht wieder auf. Die Hauptfigur steht keineswegs von Anfang an als der aktive Held da. Schlageter ist zunächst nicht zu bewegen, zur Waffe und zum Kampf zurückzukehren; er studiert Wirtschaftswissenschaften und stellt sich auf einen bürgerlichen Beruf ein. Und er wehrt sich lange gegen die Überredungsversuche des nationalistischen Partners. Doch erweisen sich diese Rededuelle schließlich als Scheingefechte, konstruiert, um gerade die Vernunftwiderstände auszuräumen, das Heldentum um so überzeugender und strahlender zu machen und die emotionale Wirkung des Stückes zu steigern. Am Schluß, in der Exekutionsszene, wird die völlige Identifikation des Zuschauers mit dem Helden und seinen Kampfzielen angestrebt. Während Schlageter, mit dem Rücken zum Publikum, ein erwachendes und entflammendes Deutschland herbeiruft, legen die Soldaten des Erschießungskommandos an; und die Feuergarbe blitzt, wie durch Schlageter hindurchgehend, in den Zuschauerraum hinein. Johst hat eine Theorie zur Einbeziehung des Zuschauers in den theatralischen Vorgang entwickelt, von der im letzten Kapitel (Die offene Dramaturgie) noch einmal zu sprechen sein wird. Der Schluß in „Schlageter" zielt darauf, die nationale Empörung von der Bühne ins Publikum zu tragen. Seine Wirkungsmittel sind also denen des Piscatorschen Theaters verwandt — bei völlig entgegengesetzten politischen Zielen. Der Autor des Schauspiels „Schlageter" konnte im Dritten Reich als Herold des national-heroischen Dramas gelten, und nicht zufällig wurde er 1933 Präsident der Deutschen Akademie der Dichtung und 1935 erster Präsident der Reichsschrifttumskammer.

Das Fronterlebnis, das in Johsts Stück nur in der Erinnerung beschworen wird, ist in Heinrich Zerkaulens Schauspiel „Jugend von Langemarck" (1933) Bestandteil des dramatischen Geschehens selbst. Zu der Kriegsdramatik sowohl des Expressionismus als auch der Neuen Sachlichkeit treten Stücke wie dieses in bewußten Widerspruch: dort die beklemmenden Bilder des Schreckens und die Ächtung des Krieges, hier seine Glorifizierung als eine Schule der nationalen Gemeinschaft. Es ist bezeichnend, wenn gerade die sinnlos in den Tod getriebenen jugendlichen Kriegsfreiwilligen von Langemarck dem Autor dazu dienen müssen, Krieg und Opfertod zu einer rauschhaften, mystischen Vereinigung des Einzelnen mit dem Volk und seines Blutes mit dem Blut der Toten früherer Kriege emporzustilisieren: wo ungeprüfte Begeisterung statt Erfahrung zum Bezugspunkt wird, läßt sich die Wirklichkeit des Krieges leichter verfälschen. Der im Kriegserlebnis hergestellten Volks-Gemeinschaft wird eine Kraft zugesprochen, die nicht nur die Gegenwart mit der Vergangenheit und Zukunft der nationalen Geschichte verschmilzt, sondern auch alle sozialen Unterschiede in der derzeitigen Gesellschaft einebnet. Am Ende des Stückes läßt Zerkaulen einen heimgekehrten Arbeiter zur Stellung seines gefallenen Kameraden, eines Fabrikdirektors, aufrücken. Der Krieg wird als Schöpfer einer Gesellschaft ohne Klassenschranken mystifiziert.

Auf eine lange Tradition kann sich die Deutschtumsmetaphysik des Dritten Reiches stützen[2]. Der Gedanke des deutschen Idealismus, daß die Deutschen die eigentliche Menschheitsnation seien, berufen, das Reich des Geistes und der Vernunft zu begründen, wird im 19. Jahrhundert aus der Verankerung in Weltbürgertum und Universalismus

gelöst. Die Nationalidee nimmt mehr und mehr militanten Charakter an; wo ehemals von Geist die Rede war, drängen sich Begriffe wie Art und Wesen vor. Die Aufgabe der Deutschen, eine „Weltherrschaft" des Geistes herbeizuführen, wird zum missionarischen Auftrag, die Welt mit dem Deutschtum zu beglücken — Emanuel Geibel hat dafür in seinem Gedicht „Deutschlands Beruf" (1861) die schlagkräftigste Formel geprägt: „Und es mag am deutschen Wesen / Einmal noch die Welt genesen." Nach dem Ausbruch des Ersten Weltkriegs greift ein nationalistischer Neuidealismus auf die militante Deutschtumsmetaphysik zurück und feiert den Krieg sowohl als einen Akt der Selbstbefreiung wie auch als weltgeschichtliche Heilstat deutschen Geistes und Wesens. Solche Gedanken finden im Dritten Reich wieder fruchtbarsten Boden. So wird der nackte Anspruch auf Weltherrschaft pseudomythisch und -religiös verbrämt in Kurt Eggers sog. Mysterium „Das Spiel von Job dem Deutschen" (1933). Der Autor borgt sich zunächst das literarische Renommee des Goetheschen „Faust": Zu Anfang des Stückes stellt Gott dem „bösen Geist" begehrte Belohnung in Aussicht, falls er ihm den besten der Menschen, Job den Deutschen, abtrünnig macht. Selbstverständlich hält Job (eine Ableitung des biblischen Hiob) trotz vielfacher Heimsuchungen und Kämpfe an seinem Glauben fest. Am Ende erklärt Gott ihn zum Herrn der Welt und die Deutschen zum Volk der Offenbarung. Mit seinen Engelschören verweist das „Mysterium" wieder auf den „Faust".
Die mythisch-religiöse Verkleidung des Spiels läßt doch den aktuellen Bezug durchscheinen. Der Autor gibt, wie Ketelsen sagt[3], „dem — durchaus gegenwartspolitisch verstandenen — Elend der Deutschen einen kosmisch-eschatologischen Sinn, die politischen Ereignisse von 1933 werden göttlich sanktioniert, Hitler und seine Verbündeten bekommen eine Erlöserfunktion . . ."
Das besondere Moment, das die Führer und Ideologen des Dritten Reiches, Hitler, Rosenberg, Goebbels oder Himmler — aber auch Vorläufer wie etwa Houston Stewart Chamberlain — in die Deutschtumsmetaphysik hineintragen, ist die Rassenideologie, die Vorstellung von der Überlegenheit einer nordischen Rasse bzw. eines germanischen Seelentums und von deren Identität mit dem wahren Deutschtum. Rasseneinheit gilt nun als unabdingbarer Bestandteil „deutschen Wesens", das damit weitgehend biologisiert ist. Während die marxistische Lehre geschichtliche Kämpfe als Klassenkämpfe begreift, erklärt die Hitlersche Ideologie zumindest den zeitgeschichtlichen Grundkonflikt zum Rassenkampf. Zwei Dramen von Eberhard

Wolfgang Möller, „Rothschild siegt bei Waterloo" (1933) und „Das Opfer" (1941), bezeichnen am Beispiel historisch drapierter Fälle die beiden Hauptfronten des Rassenkampfes, die angeblichen Widersacher der germanisch-deutschen „Rassenseele": das Judentum und das Slawentum. In der Gestalt des Bankiers Rothschild, der mit dem Krieg und dem Tod der Soldaten seine skrupellosen Geschäfte macht, versucht Möller das ganze Judentum als eine unheldische, niedere Rasse abzustempeln. Im „Opfer", dessen Handlung vor vielen Jahrhunderten im südöstlichen Siedlungsgebiet des Reiches spielt, sollen Rassenkonflikte — deren Obskurität ans Lächerliche grenzt — die Notwendigkeit zur Sicherung deutschen Lebensraums und damit zum wachsamen Rassenstolz demonstrieren. Das Stück ist nach dem Beginn des Zweiten Weltkriegs erschienen; über seine antislawische, den Krieg im Osten rechtfertigende Tendenz konnte es keinen Zweifel geben.

Mit dem Ressentiment gegen südländisches „Welschtum" — jedenfalls bis zum Bündnis des deutschen und italienischen Faschismus und dann nach dem Bruch der „Achse" Berlin/Rom — rechnet Erwin Guido Kolbenheyers Kontrastierung von Rassetypen im Schauspiel „Gregor und Heinrich" (1934). Dem Papst Gregor VII., der Figur eines falschen und fanatischen Priesters, setzt Kolbenheyer den deutschen Herrscher Heinrich IV. als eine Lichtgestalt und als Verkörperung der altgermanischen Königsidee entgegen. Bittgang und Demütigung Heinrichs zu Canossa werden als Schritt zur Wiederherstellung der Reichseinheit gefeiert und zum Sieg der germanischen über mediterrane Rasseeigenschaften umgedeutet.

Die Rassentheorie des Dritten Reiches, die ohne wissenschaftliches Fundament bleibt, sucht sich gleichwohl in die Aura wissenschaftlicher Beweisbarkeit zu hüllen. Zumeist aber gibt sich der Irrationalismus der nationalsozialistischen Weltanschauung unverhüllt. Nicht Wissenschaft, sondern Mythos ist die Losung; das bis 1945 in mehreren hundert Auflagen erschienene Buch des Hauptideologen, Alfred Rosenbergs „Der Mythus des 20. Jahrhunderts", verdeutlicht das exemplarisch. Selbstverständlich richten sich dessen Überlegungen nicht auf Wiederherstellung von Gesellschaftsstrukturen der germanischen Vorzeit; im industriellen Zeitalter wären solche Gedanken denn doch zu absurd erschienen. Andererseits strebt das Programm der Hitlerbewegung keine bloß innere Wiedergeburt der germanischen, arischen oder nordischen „Seele" an. Die restaurativen Absichten verdichten sich in der Wiedereinführung bzw. Nachbildung altgermanischer Bräuche und Riten, zumal in Himmlers SS.

Im Zusammenhang solcher Bestrebungen werden dem Drama und Theater neu-alte kultische Funktionen zudiktiert. Hymnische Spiele, chorische Dramen für vielerlei Arten von Feiern, sog. Thingspiele und Weihespiele entstehen, propagandistisch empfohlen und gefördert, in großer Zahl. Mit einem der bekanntesten Thingspiele, mit E. W. Möllers „Frankenburger Würfelspiel", wird zur Olympiade 1936 die Dietrich-Eckart-Freilichtbühne in Berlin eröffnet. Das Drama hat sich der Liturgie einer völkischen Weltreligion unterzuordnen. Freilich streicht Goebbels bereits 1935 das Wort „Kult" wieder aus dem offiziellen Vokabular und 1937 die Thingspielbewegung aus der Liste staatlich geförderter Unternehmen, um Vergleichen mit dem christlichen Kult vorzubeugen[4]. An der religiösen Ersatzfunktion von Spielen und Kantaten, wie sie bei Gemeinschaftsfeiern aufgeführt werden, ändert die Sprachregelung nichts. Andererseits öffnen sich den völkischen Feier- und Weihespielen die Staats- und Stadttheater, also die großen Berufsbühnen, kaum. Beim Bühnenschauspiel setzt sich im Gegenteil eine Neigung zum hohen Drama, eine Wiederannäherung eher an das klassisch-antike als an das germanische Erbe durch (weil das germanische Altertum keine Vorbilder für das Bühnendrama zu liefern vermag). Der Selbstbestätigung des Dritten Reichs soll ein neuer Klassizismus die monumentale Form geben.

Hier bietet sich zur Anknüpfung die Dramentheorie eines Autors, der nicht unmittelbar mit dem Nationalsozialismus verbunden ist: die klassizistische Dramaturgie Paul Ernsts. Schon 1906 entwickelt P. Ernst, in den ästhetischen Abhandlungen „Der Weg zur Form", seine Theorie von einem strengen, stilisierenden dramatischen Wortkunstwerk, das sich heroischer Sittlichkeit verpflichtet. Lange Zeit so gut wie unbeachtet, gelangt seine neuklassizistische Tragödienpoetik bei jüngeren Dramatikern des Dritten Reiches zu ungeahnter Wirkung. Alle Theoretiker einer heroischen Tragödie beziehen sich auf sie, gehen freilich auch über sie hinaus. Sie radikalisieren Ernsts Versuch, die nationale Geschichte zum letzten Grund der Weltordnung zu machen, durch deren Bindung an die rassischen und völkischen Idole.

Vertreter einer heroisch-klassizistischen Tragödie in der Nachfolge Paul Ernsts sind vor allem Ernst Bacmeister und Curt Langenbeck. Beiden ist die Rückkehr zum Vers und zur überhöhenden Sprache selbstverständlich; Bacmeister wählt den Blankvers, den Vers der deutschen Klassik, Langenbeck gar den jambischen Trimeter des antiken Dramas. Bacmeister bevorzugt, in „Der Kaiser und sein Antichrist" (1935) und „Kaiser Konstantins Taufe" (1937), religionsgeschichtliche Stoffe; die germanisierende Neigung gibt sich beispielhaft zu erkennen am Ende der ersten Tragödie, wo Christentum und germanische Mythologie, Christus und Baldur ineins gesetzt werden. Langenbeck verarbeitet im tragischen Schauspiel „Der Hochverräter" (1938) einen Fall aus der Siedlungsgeschichte Amerikas, den nach ihm Hans Friedrich Blunck in „Kampf um Neuyork — Jacob Leisler" (1940) noch einmal aufgreift: ein Deutscher, provisorischer Gouverneur von New York und Vertreter soldatischer Ehrenhaftigkeit, zerbricht an gemeinen Machenschaften. „Das Schwert", ein tragisches Drama aus dem Jahre 1940, dem zweiten Jahr des Hitlerkrieges, thematisiert und rechtfertigt den Krieg um völkischen Lebensraum. Immer werden am Schluß, sowohl von Bacmeister wie von Langenbeck, die Helden durch das Motiv des — zumeist frei gewählten — Opfertodes ins Denkmalhafte gesteigert.

Diese heroische Monumentalität entspricht nicht nur den eigenen programmatischen Äußerungen der Autoren, sie ist Postulat der Theorie allgemein. So verlangt Friedrich Wilhelm Hymmen, der auch als Dramatiker hervortritt, im Aufsatz „Um ein neues Drama" (1939/40) die Auseinandersetzung zwischen gewaltigen Menschen und Kräften, also das monumentale Wesentliche, das vom Schauspieler mit priesterlicher Würde darzustellen sei. Monumentalität ist ja ein Hauptzug der offiziösen Kunst des Dritten Reiches überhaupt, und noch augenfälliger wird sie in den gewaltigen Dimensionen der Statuen von Arno Breker oder der Architekturentwürfe von Hitler selbst.

2. G. Hauptmanns Atriden-Tetralogie

In den Bühnenwerken der Hitlerzeit dokumentiert sich eine Gegenbewegung gegen das moderne Drama, an der auch — von ganz anderen Voraussetzungen her — das Spätwerk Gerhart Hauptmanns teilhat.
Im allgemeinen Bewußtsein ist die Leistung des Dramatikers Hauptmann nach den Stücken der ersten Schaffensjahrzehnte zu bemessen. Dramen aus den zwanziger und dreißiger Jahren wie „Herbert Engelmann", „Dorothea Angermann" oder „Vor Sonnenuntergang" bleiben sozusagen Spätprodukte der frühen Schaffensperiode. Wie ein erratischer Block aber liegt im Gesamtwerk des Autors die Atriden-Tetralogie (zwischen 1940/44 entstanden).
Hauptmanns entscheidende Begegnung mit der Antike fällt bereits in das Jahr 1907; die vielfachen Eindrücke seiner Griechenlandreise sind

in den Tagebuchnotizen aufbewahrt, die 1908 unter dem Titel „Griechischer Frühling" erschienen. Darin finden sich Bemerkungen zur griechischen Tragödie, ungewöhnliche Ansichten, die für das Verständnis der dreieinhalb Jahrzehnte später entstandenen Dramen unentbehrlich sind. Nicht in Athen nämlich, sondern in Delphi glaubt Hauptmann dem Ursprung der antiken Tragödie nahe zu sein: „Anders als im Theater von Athen, tiefer und grausamer und mit größerer Macht, offenbart sich hier, in der felsichten Pytho, unter der Glut des Tagesgestirns, das Tragische, und zwar als die schaudernde Anerkennung unabirrbarer Blutbeschlüsse der Schicksalsmächte: keine wahre Tragödie ohne den Mord, der zugleich wieder jene Schuld des Lebens ist, ohne die sich das Leben nicht fortsetzt, ja, der zugleich immer Schuld und Sühne ist." Es ist der maßlose Schrecken, durch den ihm die griechische Tragödie definiert erscheint, Schrecken angesichts blutigen Wahnsinns und blutiger Menschenopfer. „Tragödie heißt: Feindschaft, Verfolgung, Haß und Liebe als Lebenslauf! Tragödie heißt: Angst, Not, Gefahr, Pein, Qual, Marter, heißt Tücke, Verbrechen, Niedertracht, heißt Mord, Blutgier, Blutschande, Schlächterei ..."[5] Was ins Menschenleben eingreift, sind ihm weniger die Götter als vielmehr die chtonischen Mächte. Seine Vorstellung vom antiken Drama geht noch hinter die Tragödie des Aischylos zurück.

Aber nicht in dem 1907 konzipierten „Bogen des Odysseus" (1914), sondern erst in der Atriden-Tetralogie wird dieses Modell einer archaischen Schreckenstragödie bestimmend. Paradoxerweise lenkt die Lektüre von Goethes „Italienischer Reise" im Jahre 1940 Hauptmanns Aufmerksamkeit auf die griechische Tragödie zurück. Goethe skizziert an einer Stelle die Fabel einer „Iphigenia von Delphi" — zu deren Ausführung es freilich nicht kam: Goethe beschränkte sich auf die Teilbehandlung der Atridensage in „Iphigenie auf Tauris". Hauptmann indessen ist gerade vom „Argument" der Iphigenia von Delphi fasziniert. Seine „Iphigenie in Delphi" erscheint — in 2. Fassung — 1941. Der Goethesche Vorwurf (weitgehend mit der Version in den „Fabeln" des Hyginus identisch) ist verändert, das Drama endet mit dem freiwilligen, dem Opfertod Iphigenies. Dieser Schluß drängt Hauptmann zur Darstellung auch der ersten — unfreiwilligen — Opferung Iphigenies in Aulis, einer Opferung, die im letzten Augenblick durch das Eingreifen der Götter verhindert wird. Erst die 9. Fassung, die 1943 fertig wird, befriedigt ihn. In der größeren Konzeption, in die er sich eingelassen hat, bilden aber die beiden Iphigenie-Dramen nur die Rahmenstücke. So entstehen als Zwischenglieder 1942 bzw. 1944 die beiden einaktigen Tragödien „Agamemnons Tod" und „Elektra".

In „Iphigenie in Aulis" stützt sich Hauptmann auf die Fabel des euripideischen Dramas. Doch werden jene Züge von Rationalität, die das Drama des dritten großen Dramatikers der Antike ins mythische Geschehen immerhin schon einläßt, wieder aufgelöst. In der brutalen Forderung des Heeres (des Volkes) nach dem Menschenopfer entfesselt sich Blutgier. „Es wird der Mensch sogar des Menschen Wolf." (II/6). Apokalyptische Stimmung bricht herein:

> Die Erde hat gebebt. Der Menschen Städte
> erzittern, fürchten ihren Untergang.
> Was für die Ewigkeit gemauert schien,
> zerbröckelt knisternd, knirscht und wankt im Grund.
> Die Sterne werfen sich aus ihren Bahnen,
> die Erde fiebert, und der Mensch mit ihr.
> Die Götter ...
> ... zeigen drohend sich allüberall
> dem Menschenvolk, das nun voll jähen Schrecks
> allüberall auf seine Götter stößt. (II/6)

Der Chor (der Altmänner) bringt hier nicht die Stimme der Mäßigung und Besonnenheit zur Geltung, sondern billigt das Verlangen nach dem Opfer. Verzicht auf Verstandesargumente und Zustimmung zum allgemeinen Opferrausch sind bezeichnend für die Macht der magisch-dämonischen Bindungen. Deutlicher noch als am Chor des Altmännerrats zeigt sich das an der Figur einer rotäugigen Hundertjährigen, die nachts auf schaurige Weise der „schwarzen Göttin", der „verruchten Göttin Hekate" Gefangene zum Opfer bringt. Als die Tochter dieser hundertjährigen Alten bezeichnet sich Peitho, die Amme Iphigenies und Dienerin Klytämnestras. Sie wird zur Schlüsselfigur für die archaisierende Tendenz Hauptmanns. Indem Iphigenie über ihre Amme und deren Mutter mit Hekate in Zusammenhang kommt, wird zugleich der Bezug zu jener frühesten mythischen Schicht der Antike hergestellt, in der Artemis und Hekate sich noch vermischen. — Die nicht zum Kreis der „homerischen" Götter gehörende Demeter, Erdmutter und Göttin des Ackerbaus im eleusinischen Kult, erhält Bedeutung in den beiden folgenden Einaktern. Schauplatz beider Dramen ist ein Tempel der Demeter in der Nähe Mykenes.

In „Agamemnons Tod" konzentriert Hauptmann Vorgänge, die aus Aischylos' „Ermordung Agamemnons" bekannt sind. Eine der wesentlichsten Veränderungen besteht darin, daß Agamemnon nicht wie bei Aischylos als stolzer Held in einem Siegeswagen, sondern im Bettlergewand von Troja heimkehrt. Zwar war Hauptmann im „Bogen des Odysseus" schon mit der Hauptfigur in ähnlicher Weise verfahren; er ließ Odysseus, der bei Homer nur zur Täuschung seiner Feinde in einen Greis verwandelt ist, als wahrhaft gebrochenen Mann zurückkommen. Doch ist der Abbau des Heldenbildes in „Agamemnons Tod" viel weiter fortgeschritten. Eine Entheroisierung hat stattgefunden, in der sich gewiß auch die Auseinandersetzung mit Krieg und Heldentum spiegelt, die das zeitgeschichtliche Geschehen dem Autor aufdrängte. Andererseits ist festzuhalten, daß Hauptmanns künstlerische Antwort auf den Hitlerkrieg in der Atriden-Tetralogie in völligem Gegensatz steht zu Brechts Versuch, Katastrophen kritisierbar und ihre Ursachen einsehbar zu machen. Ausschließlicher noch als im antiken Drama ereignet sich in „Agamemnons Tod" Tragik als Schicksalstragik. Die Menschen stehen unter dem Zwang von Gesetzmäßigkeiten, die sie der Verantwortlichkeit für ihr Tun entheben. Wie schon im ersten Drama der Tetralogie vermitteln Träume Antriebe zum Handeln aus der Sphäre des Unbewußten und Außermenschlichen. Der zentrale Vorgang, die Ermordung Agamemnons, erwächst aus traumhaften Gesichten und vollzieht sich in einem Zustand des Außer-sich-seins, in dem Klytämnestra dem Willen dämonischer Kräfte anheimgegeben ist.

Nicht aus eigenem Willen handelt auch Orest im anschließenden Einakter „Elektra". Und doch durchstößt Hauptmanns Gestalt des Orest die ur- bzw. vormythische Schicht, in der die beiden vorhergehenden Dramen und die übrigen Figuren verankert sind. Neuzeitliche Anregungen wirken vermittelnd. Hauptmanns Orest hat nicht nur Züge des Goetheschen Orest, sondern zugleich des Shakespeareschen Hamlet aufgenommen (auch Hamlets Verhältnis zur Mutter ist ja durch den Mord am Vater belastet). Orests Zögern vor der Ausführung des Muttermords und seine Trauer nach der Tat entspringen humanen Bedenken, die sich geradezu fremd ausnehmen in der Welt „unabirrbarer Blutbeschlüsse der Schicksalsmächte". Seine Tat erhält sogar den Charakter der Notwehr: erst als ihm die Mutter in rasendem Schmerz über den Tod ihres Geliebten Ägisth an die Kehle greift, schlägt er zu.

Der in „Elektra" wenigstens sich andeutende Geist der Humanität wird im Schlußteil der Tetralogie, in „Iphigenie in Delphi", durch die Figur des Priesters Pyrkon verkörpert, eines Priesters im Apollon-Tempel zu Delphi, dem Schauplatz aller drei Akte. Diese Verlegung

des Geschehens in den Apollon-Tempel ist symptomatisch für eine —
wenn auch begrenzte — Aufhellung der düsteren archaischen Welt.
Eine Überwindung der ur- bzw. vormythischen Stufe bahnt sich an:
Hekate, die Göttin der Nacht und der Unterwelt, will sich enger mit
Apoll — dem lichten Gott — verbinden und „in Hellas einen neuen
Dienst" bereiten. Für Iphigenie hat die sichtbar werdende Ablösung
der archaischen mythischen Welt ihren besonderen tragischen Aspekt.
Aus Aulis entführt, hat sie als Priesterin der Hekate Griechensöhne
opfern müssen; die Blutschuld kommt ihr zum Bewußtsein, sobald
ihr Hekate die übermenschliche Kraft entzieht. So sucht sie mit ihrem
Freitod, dem Sprung in die Phädriadenschlucht, nicht nur die Blutschuld ihres Geschlechts, sondern auch die persönliche zu sühnen.
Auch in Goethes Iphigenie-Drama spielte das Sühnemotiv eine bedeutende Rolle. Das vielzitierte, kommentierende Wort des Dichters
selbst bestätigt es: „Alle menschlichen Gebrechen sühnet reine
Menschlichkeit." Bei Goethe bedarf es eines neuen Menschenopfers
nicht. Durch seelische Größe und durch den Anruf der Liebe bewirkt
Iphigenie einen Läuterungsprozeß. Und Orests Wiedergenesung ist
mit einem tiefen Sinneswandel verbunden. Glaubhaft wird die Überwindung einer barbarischen Stufe der Menschheit durch eine Stufe
höherer, humaner Kultur. Humanismus und Kulturoptimismus verdrängen die Tragik. Nach Hauptmanns Auffassung von Tragik dagegen vermag nur ein Blutopfer zu „versöhnen" und bleibt die
menschliche Kultur immer von irrationalen, nächtlichen und dämoni-
schen Mächten bedroht. Auf Goethes „Iphigenie" bezogen, ist die
Atriden-Tetralogie Ausdruck eines desillusionierten Humanismus.
Hauptmann wollte das „Urdrama" noch einmal neu erschaffen, so,
wie er es sah: ohne alle Beschönigungen, und ohne dem furchtbaren
Medusenantlitz auszuweichen. Er konnte sogar, im Hinblick auf die
attische Tragödie, mit einigem Recht sagen: „Mein neueres Griechen-
tum ist gewissermaßen das ältere." (Brief an F. A. Voigt vom 10. 4.
1941.) Auch mochte eine archaische Welt geeignet sein, jene gewal-
tige Rebarbarisierung im 20. Jahrhundert, deren Zeuge er war, zu
spiegeln. Doch hätte zugleich ein Urteil not getan, das heißt: in die
Darstellung hätte die Distanz zur vormythisch-barbarischen Welt mit
eingestaltet werden müssen. So wie sie vorliegt, ist die Atriden-
Tetralogie ein — vielleicht bewundernswerter — Anachronismus. Der
historischen Situation, in der sie geschrieben wurde, ließ sich nicht
mit der Absicht begegnen, griechischer sein zu wollen als die Griechen selbst.

VIII. IM BANNKREIS BRECHTS: DRAMATIK NACH 1945

1. Das Drama der ersten Nachkriegsjahre
(Borchert, Zuckmayer, Frisch, Ahlsen)

In der deutschen Theatergeschichte schafft das Ende des Zweiten Weltkriegs für eine Zeitlang einen Leerraum, aber zugleich erst die Möglichkeit, moderne Dramen- und Bühnenexperimente wieder aufzunehmen. Schon während der letzten Kriegsjahre, nachdem Goebbels' Proklamation des „totalen Krieges" den Theaterbetrieb gedrosselt hatte, verlor das völkisch-heroische Drama gegenüber dem heroisch-vaterländischen Film seine Bedeutung; mit dem Zusammenbruch des Dritten Reiches verschwindet es endgültig — und durchaus im Sinne des Bühnenfachwortes — in der Versenkung. Dramatiker wie Brecht, Wolf und Zuckmayer senden zwar bald neue Stücke oder kehren mit ihnen aus der Emigration zurück (einige wichtige Exilstücke Brechts gelangten in Zürich auch während des Krieges auf die deutschsprachige Bühne), aber Schweizer Dramatiker wie Frisch und Dürrenmatt, die in den fünfziger Jahren die deutschen Bühnen erobern werden, beginnen gerade erst ihre Laufbahn als Theaterautoren.

Das Dritte Reich hat dem Theater ein Defizit hinterlassen, das nicht nur durch die Ausweisung der bedeutendsten Stückeschreiber, sondern auch durch die Aussperrung der modernen Dramatik des Auslands von den Bühnen entstanden ist. So folgt die Entwicklung nur einem natürlichen Gesetz, wenn mit dem Ende der erzwungenen Isolation die deutschen Theater den Dramen der modernen Weltliteratur weit geöffnet werden. Das Jahrzehnt nach dem Kriege ist auf der deutschen Bühne im wesentlichen die Zeit des ausländischen Dramas. Sofort aber wirkt sich das Auseinanderstreben zweier deutscher Gesellschaftssysteme nach 1945 auch auf die Spielpläne aus. Auf den Bühnen der DDR vertreten russische und im weiteren Sinne sozialistische Autoren die Auslandsdramatik. In den Theatern der Bundesrepublik finden westeuropäisch-amerikanische Dramatiker teilweise ein breiteres Echo als auf den Bühnen ihrer Heimatländer;

ein aus langer Bevormundung befreites Publikum begegnet einem unerwartet reichen Angebot: Jean Anouilhs und Jean Giraudoux' modernen Bearbeitungen antiker Stoffe, dem poetischen Theater Thomas S. Eliots, Christopher Frys und Federico Garcia Lorcas, der in Strindberg-Nachfolge stehenden psychoanalytischen Dramatik Eugene O'Neills und Tennessee Williams, Jean Paul Sartres und Albert Camus' existentialistischem Drama, Paul Claudels religiösem und Thornton Wilders humanistischem epischen Drama und schließlich dem absurden Theater Samuel Becketts, Eugène Ionescos oder Arthur Adamovs.

Die Wirklichkeit, mit der sich das neue deutsche Drama auseinanderzusetzen hat, das sind die Wirkungen der faschistischen Barbarei und des Krieges, die Schrecken der Konzentrationslager, Totenheere und Trümmerstädte. Es gilt, der Vergangenheit geistig und emotional Herr zu werden, das Ungeheuerliche sprachlich und szenisch zu bannen, ehe es verdrängt wird oder sich ins Unbegreifliche entzieht.

In die Reihe jener Dichter, deren Schaffen ein früher Tod unterbricht und bei denen selbst das Epitheton „frühvollendet" nur notdürftig die Erwartungen entschädigt, die man an ihr Werk knüpfen durfte, gehört Wolfgang Borchert. Dem infolge von Strafdienst, Verwundung und Gefängnishaft tödlich Erkrankten bleiben nach dem Kriege nur zwei Jahre schriftstellerischer Arbeit. Sein einziges dramatisches Werk, „Draußen vor der Tür", wird 1947 zunächst als Hörspiel gesendet und in demselben Jahr in den Hamburger Kammerspielen uraufgeführt — unter der Regie von Wolfgang Liebeneiner, der es unter dem Titel „Liebe 47" auch verfilmt. Es bleibt für Jahre das einzige Antikriegsstück von Bedeutung, in dem aus unmittelbarem Erleben des Zweiten Weltkriegs das Gewissen Schuldiger vors Gericht gerufen wird. (Das ist bemerkenswert angesichts der Fülle expressionistischer Antikriegsdramen und verdeutlicht schlagartig den Verlust jeglicher geistigen Freiheit, der die Situation des Schriftstellers im Zweiten Weltkrieg von der im Ersten unterscheidet.) Durch seine Sonderstellung fällt dem Drama „Draußen vor der Tür" eine Einmaligkeit zu, die aus der kritischen Sicht späterer Jahrzehnte künstlerisch nicht voll legitimiert erscheinen mag. Doch erhielt eine junge, betrogene und aus verführerischen Illusionen furchtbar erwachte Generation in dem Stück ihren repräsentativen Ausdruck, und es ist wahrlich kein geringes Verdienst, Sprachrohr einer ganzen Generation gewesen zu sein.

Das Drama „Draußen vor der Tür" entspricht — wie die Prosa Borcherts — der besonderen Situation von Literatur nach 1945: das so lange unterdrückte dichterische Sprechen artikuliert sich als Schrei. Von daher lassen sich bestimmte Gemeinsamkeiten mit expressionistischer Dichtung verstehen; gleiche „Ausdruckszwänge" (G. Benn) rücken die Dokumente verschiedener Epochen einander näher. Freilich bleibt die Sprache Borcherts ohne pathetische Gebärde. Der schneidende Lapidarstil erinnert eher an Brechts Stück „Trommeln in der Nacht", das wie „Draußen vor der Tür" ein Heimkehrerdrama ist. Doch dem Heimkehrer Beckmann fehlt der Zynismus von Kraglers Ichbehauptung. Auf den Expressionismus — und damit hinter Brechts Heimkehrerstück zurück — weist das Borchertsche Drama durch seine visionären Züge. Den Unteroffizier Beckmann bedrängt die Qual des Gewissens, die Verantwortung für die Toten, mit schrecklichen Gesichten und Erinnerungsbildern. Expressionistisch mutet — denkt man etwa an Werfels „Spiegelmensch" — auch die Ichverdopplung oder -spaltung Beckmanns an: der Heimkehrer wird begleitet, ja verfolgt von seinem anderen Ich, dem optimistischen Jasager.

Solche Züge deuten nicht auf Abhängigkeit vom Expressionismus, sie ergeben sich aus der Ähnlichkeit der Themen und Intentionen, aus einer Problemverwandtschaft, die Borcherts Stück auch mit Karl Kraus' Drama „Die letzten Tage der Menschheit" in Beziehung setzt. Auf Kraus' Pandämonium weist nicht nur die Figur des Obersten, des banalen und gewissenlosen Menschen, der den blutigen Kriegsdienst wie Bürodienst versehen hat und dessen Inhumanität durch seine phrasenhafte, korrumpierte Sprache enthüllt wird, sondern vor allem die Vorstellung des Welttheaters, die noch durchscheint. Diese Konzeption erlaubt es Borchert, auch den Tod zu personifizieren. Die Darstellung bedient sich des Grotesken: der Tod erscheint einerseits als ein Mitglied der modernen Gesellschaft, als ein Beerdigungsunternehmer, bleibt aber andererseits auf kannibalischer Stufe: er ist — nach diesem Krieg — überfressen und muß ständig rülpsen. Während Gott bei Kraus nur durch seine Stimme vernehmbar wird, tritt er bei Borchert als Gestalt auf, als „der alte Mann, an den keiner mehr glaubt", als ein hilfloser und einsamer Greis, der ohne Übersicht und ohne Verständnis für das Geschehene ist. Lehnte Gott in den „Letzten Tagen der Menschheit" schließlich die Verantwortung für das „Welttheater" ab, vermochte er sich dort von dem grauenvollen Schauspiel noch zu distanzieren und in seiner Unantastbarkeit zu behaupten, so wirkt er hier selbst wie ein Zerstörter. Seine eigene Schöpfung ist ihm rätselhaft und fremd, er ist in einer bemitleidenswerten Welt selbst des Erbarmens bedürftig geworden. Nicht mehr die Theodizee, die Rechtfertigung Gottes angesichts des Bösen und des Leidens in der Welt, steht — wie noch in Barlachs „Sündflut" — zur Diskussion. Mit der Gestalt des orientierungslosen, verzweifelten Gottes stellt sich die Frage nach seiner Notwendigkeit: eine sinnlose Welt kann auch ohne ihn auskommen.

Vokabeln wie Nihilismus, Blasphemie, Atheismus oder dergleichen passen hier nicht. Die Gottesgestalt Borcherts ist Projektion eines kompromißlosen Fragens, das sich gegenüber Barlachs und Kraus' Ansatz noch einmal radikalisiert hat. So bekundet sich in „Draußen vor der Tür" ein Zweifel am Sinn der Welt und der Geschichte, wie ihn die Zeit nach dem Ersten Weltkrieg noch nicht kannte.

Es hängt mit dem Wiederauftauchen expressionistischer Stilzüge zusammen, daß sich in Borcherts Antikriegsstück vor allem die Leidenserfahrung ihren unmittelbaren Ausdruck verschafft. „Draußen vor der Tür" ist ein Drama mehr der Klage und allgemeinen Anklage als der Analyse. Darin stimmt es mit dem „Versuch eines Requiems" von Max Frisch, „Nun singen sie wieder" (1945 aufgef.), überein. Zwar vermittelt die Handlung des Stückes von Frisch auch Kriegsgeschehen — hauptsächlich die Geschichte eines Soldaten, der Geiseln hat erschießen müssen, „Fahnenflucht" begeht und sich schließlich erhängt —, doch die eigentliche Perspektive des Dramas ist die Totenwelt. Im letzten Bild erscheint hinter den Überlebenden die Tafel der Toten (der erschossenen Geiseln, der gefallenen Flieger, der Opfer von Luftangriffen usw.), die sogar die Anklage noch zurücknehmen, aber auch ihrem Tod allen Sinn für die Lebenden absprechen.

Der geradezu elegische Charakter des „Requiems", zumindest seines Endes, ist freilich kein Zeichen für Indifferenz des Autors. Es ist die Scheu des Beobachters im neutralen Ausland, die der Anklage Zurückhaltung auferlegt. In seiner Anmerkung zum Stück warnt Frisch davor, das Spiel mit dem „wirklichen Geschehen" zu vergleichen, „das ungeheuer ist. Wir haben es nicht einmal mit Augen gesehen, und man muß sich fragen, ob uns ein Wort überhaupt ansteht."[1] Dennoch ist das moralische Urteil des Autors unzweideutig. Kenntlich gemacht wird das klischeehafte Feindbild in beiden Lagern, die Schuld der Geiselmörder und — in der Gestalt des deutschen Oberlehrers — eine Mischung von Kulturtradition und Barbarei, für die Frisch im „Tagebuch 1946—1949" das Beispiel Heydrichs zitiert, jenes SS-Führers, der einerseits kaltblütig Mordbefehle erteilte und andererseits Mozart spielte.

Zu einer versöhnlicheren Haltung als Frisch neigt bereits in den ersten Nachkriegsjahren Carl Zuckmayer, der in seinem Drama „Der

Gesang im Feuerofen" (1950 aufgef.) die Trennungslinie von Gut und Böse nicht zwischen den Nationen (der deutschen und französischen), sondern mitten durch sie hindurch verlaufen läßt. Eine französische Widerstandsgruppe, von einem Franzosen verraten, wird am Weihnachtsabend bei einem Tanzfest von deutscher Heerespolizei umzingelt und dem Feuertod überliefert. Zuckmayer hat, wie er in einem Vorwort anmerkt, die Anregung zum Stück von einem kurzen Zeitungs-Prozeßbericht empfangen. Die Notiz allein mag für ein Bühnenstück nicht ergiebig genug gewesen sein, aber die Fabel hat nicht dadurch gewonnen, daß der Verrat durch Eifersucht motiviert wird. Zudem kommt ein Zug von dumpfer Schicksalhaftigkeit in das Stück; Zuckmayer selbst signalisiert ihn mit dem Hinweis auf eine zweite Zeitungsnotiz, eine Meldung von Walfischherden, die sich — aus wissenschaftlich unerklärlichen Gründen — an die Küste Floridas schwemmen ließen, um auf dem Sand zu verenden. Damit ist eine mysteriöse, mythische Dimension angedeutet, die im Stück durch zwei Engel und die Figuren Vater Wind, Mutter Frost und Bruder Nebel, durch allegorisch-mythische Vor-, Nach- und Zwischenspiele versinnlicht wird. Hier scheint im Werk Zuckmayers das frühe Echo des Expressionismus noch einmal spät nachzuhallen. Auffallend überhaupt ist an einem Teil der Kriegsdramatik auch des Zweiten Weltkriegs die Tendenz zum Surrealen, als reiche ein realistischer Stil nicht aus, die Erfahrungen der Zeit zu fassen. Brechts Gericht über den Krieg und seine Feldherrn im Hörspiel „Das Verhör des Lukullus" (bzw. in der späteren Oper „Die Verurteilung des Lukullus") findet im Totenreich statt. Frischs Motiv der Totentafel in „Nun singen sie wieder" steht dem des Totengerichts nicht allzu fern. Und daß sich das Thema des Widerstandskampfes offensichtlich selbst für Brecht nicht der mythischen Verkleidung widersetzte, zeigt das 1942/43 entstandene Stück „Die Gesichte der Simone Machard". Hier wird auf den Jeanne d'Arc-Mythos sehr viel unmittelbarer Bezug genommen als im früheren Schauspiel „Die Heilige Johanna der Schlachthöfe". Aber es ist nun doch bezeichnend für Brecht, daß die Rückgriffe ins Mythisch-Legendäre — die Visionen der Simone — in die Traumszenen verwiesen werden. Ganz der realistischen Darstellung und den eigenen Erfahrungen in einer Widerstandsgruppe vertraut sich Günther Weisenborn in seinem Drama „Die Illegalen" (1945) an.

Weitaus erfolgreicher auf den deutschen — genauer: den westdeutschen — Bühnen wird „Des Teufels General", Zuckmayers zwischen 1942 und 1945 im amerikanischen Exil entstandenes Zeitstück. Die moralische und humanitäre Problematik des Widerstandes gegen das Hitlerregime konkretisiert sich hier in der Figur des Chefingenieurs Oderbruch. Ihn stellt das Handeln gegen die Diktatur und für das „Ewige Recht" der Freiheit in die unaufhebbaren Antinomien des inneren Widerstandskampfes: er gefährdet mit der Sabotage (an Flugzeugen) das Leben der Freunde. Ihn läßt die sittliche Tat zugleich schuldig werden. Doch ist Oderbruch eine Nebenfigur, und damit bleibt das Thema des aktiven Widerstandes sekundär. Das Hauptinteresse zieht die Gestalt des Generals Harras, eine Schlüsselfigur für den ehemaligen Kunstflieger und späteren Luftwaffengeneral Udet, auf sich. Harras ist zwar ein Gegner Hitlers, und er ist sich bewußt, des „Teufels" General zu sein, aber er umgeht den entschlossenen Bruch mit dem Regime. Ins politische Kräftespiel verwickelt, sucht er dennoch seine private Lebensform gegen politischsoziale Ansprüche zu behaupten. Sein Engagement hört auf, wo Bedürfnisse seiner vitalen Natur berührt werden. Harras setzt eine Reihe Zuckmayerscher Figuren fort, deren naturhafte Sicherheit andere fesselt. Er wirkt durch eine starke Persönlichkeitsaura, weiß zu genießen, ist großzügig und tolerant, human. In seinem Beruf fallen Pflicht und Leidenschaft: die Fliegerei, zusammen. So liegt ihm eine politische Entscheidung auch in dem Augenblick noch fern, da die Agenten des Regimes ihn eingekreist haben. Er wählt den Freitod im Flugzeug.

Es ist zu einem guten Teil gewiß die Ausstrahlungskraft der vitalen, von Zuckmayer mit großer Bühnenkenntnis geschaffenen Figur des Generals Harras, aus der sich die breite Wirkung des 1946 uraufgeführten Dramas und des nach ihm gedrehten Films erklärt. Doch gibt es tiefer liegende Gründe für den Erfolg. Das Stück kommt einer Haltung entgegen, die besonders in Deutschland ihre Tradition hat und auch nach dem Ende des Dritten Reichs, nach dem Offenbarwerden ihrer verhängnisvollen Folgen, weithin noch als rechtens gilt. Diese Haltung wird von der Auffassung bestimmt, daß sich pflichtgemäße Ausübung des Berufs, zumal des Soldatenberufs, von der Mitverantwortung für die Politik, der sie dient, freihalten könnte. General Harras, der das Hitlerregime als verbrecherisch erkannt hat, aber in den Schutz- und Fluchtraum politikfernen Soldatentums zurückweicht und sogar den Tod politischem Handeln vorzieht, verkörpert solche Haltung auf eine gewinnende Art — der Charme der Persönlichkeit verwischt die Konturen des Problems. Für eben die Auffassung, daß der Soldaten- oder Beamteneid von politischer Mitverantwortung entbinde, sehen sich nach 1945 die vielen Zeitgenossen des Generals Udet zur Rechenschaft gezogen. Ihnen bietet sich in der Bühnenfigur des Harras ein Identifikationsobjekt, das ihre Haltung insgeheim zu rechtfertigen oder doch zu entschuldigen vermag.

Im Unterschied zum „Gesang im Feuerofen" ist „Des Teufels General" durchweg realistisch konzipiert. Zuckmayer setzt hier, wie in seinen Vorkriegsschauspielen, die von Gerhart Hauptmanns naturalistischen Stücken ausgehende Entwicklungslinie deutscher Dramatik des 20. Jahrhunderts fort. Er selbst hat sich zu Hauptmann als seinem großen Vorgänger bekannt, wie umgekehrt auch der Ältere — an seinem eigenen 70. Geburtstag, 1932 — ihn als einen seiner geistigen Erben begrüßte. So ist es mehr als eine äußerliche Geste, wenn er das 1924 von Hauptmann begonnene, aber Fragment gebliebene Drama „Herbert Engelmann" vollendet (1952). Eine merkliche Vitalisierung der Hauptfigur kennzeichnet allerdings die anderen Gestaltungsintentionen des Bearbeiters.

In den Zusammenhang realistischer Nachkriegsdramatik gehört auch Leopold Ahlsens Drama „Philemon und Baukis" (Hörspielfassung 1955, Schauspielfassung 1956), dessen maßvollen Naturalismus der Autor selbst als eine Alternative zum zeitgenössischen Avantgardismus betrachtet. Ein Vorfall aus dem griechischen Partisanenkampf des Jahres 1944 erläutert die Tragik einer naiven Menschlichkeit, die zwischen die Fronten gerät. Ein altes Ehepaar gewährt in der bäuerlichen Behausung zunächst einem Partisanen Unterschlupf, es versteckt dann einen verwundeten deutschen Soldaten und wird dafür gehängt.

Ahlsen verzichtet auf Formen der Verfremdung, wie sie die meisten seiner Generationsgenossen von Brecht entlehnen. Zwar hat sich Brecht selbst in der Szenenreihe „Furcht und Elend des Dritten Reiches" (entst. 1934/38) in einen Realismus eingelassen, der dem von Friedrich Wolfs „Professor Mamlock", der Tragödie um einen jüdischen Chefarzt im nationalsozialistischen Deutschland (1933 geschrieben), nicht fernsteht. Aber das Vorbild Brechts wird stilprägend nicht mit den wenigen Beispielen von Einfühlungsdramatik (wozu auch „Die Gewehre der Frau Carrar" von 1937 zu zählen wären), sondern mit denen der „nichtaristotelischen" Dramaturgie. Und kaum ein Dramatiker der Nachkriegsjahrzehnte hat sich dem Einfluß Brechts ganz entziehen können.

2. Parabel und sozialistisches Drama
(Brecht, Hacks, Strittmatter, Baierl, H. Müller, Lange)

Mit der Rückkehr Brechts nach Deutschland (1948) und mit der Gründung des „Berliner Ensembles" in Ostberlin (1949), der Bühnentruppe, die mit seinen Stücken und seinen Inszenierungen Weltruf erlangt, beginnt eine neue Epoche des deutschen Theaters. Die Aufführungen, in denen er seine Konzeption des Epischen (oder später auch Dialektischen) Theaters auf exemplarische Weise verwirklicht, werden als Modelle wirksam, an denen Regisseure wie Dramatiker lernen. Sie bestätigen, daß Brechts Theatertheorie nicht einer Schimäre gilt, sondern praktizierbar ist; sie erweisen die gedanklichen Entwürfe als praxisbezogen, ja als praxisentsprungen.

Eine so offenkundige Aufwertung der Dramentheorie und Theaterästhetik hat zündende Kraft. Brechts Anregungen finden nicht nur in den Dramen der jüngeren Generation ihren sichtbaren Niederschlag, sie leiten auch eine lebendige Epoche der Theatertheorie ein. Die Vielfalt der Entwürfe ist eine Vielfalt der Möglichkeiten, sich mit Brecht auseinanderzusetzen, sei es durch Modifikation, durch Widerspruch oder durch Absage[2].

Das Problem, um das Brechts theoretische Überlegungen nach der Periode der Lehrstücke in immer neuen Ansätzen, freilich auch mit einer gewissen Monotonie kreisen, ist die Frage, wie Kunstcharakter und didaktische Funktion des Bühnenwerks, wie Ästhetik und Politik in Einklang zu bringen seien. Seine Analyse des Piscatorschen Politischen Theaters zeigte ja, daß die gewonnenen Einsichten ihn davor bewahren, die Revolutionierung des Theaters oder die Revolution auf der Bühne mit der Revolution in der Politik zu verwechseln: die bestformulierte politische Gesinnung und die bestdargestellte Tat, auch das intensivste Mitspielen des Publikums ersetzen kein Handeln in der Realität. Andererseits ist Brecht nicht bereit, das Theater den bloß ästhetischen Bedürfnissen zu überlassen. Das Politische erhält auf der Bühne sein Wirkungsfeld in der Gesellschaftskritik. Und die Abwehr gesellschaftskritischer „Tendenzen" steht bei ihm unter Ideologieverdacht; sie „kommt von denen, die unter dem Mantel, daß sie die Kunst verteidigen, einfach die bestehenden Zustände gegen Kritik verteidigen". (Die Dialektik auf dem Theater)[3].

Mit seiner Definition des Theaters als einer Stätte sowohl der Unterhaltung wie der Belehrung stützt sich Brecht auf die großen Aufklärer Diderot und Lessing[4]. Er hätte sich auch auf den Gottschedschüler und Vorläufer Lessings, auf Johann Elias Schlegel, berufen können, für den zwar das ästhetische Vergnügen bereits zu den „Sachen" gehört, „die man um ihrer selbst willen sucht", dem aber das Lernen ein selbstverständlicher Teil des Vergnügens ist: „Es vergnügt den Verstand des Menschen nichts so sehr, als was ihn lehret, zumal ohne daß es ihn zu lehren scheint."[5] Vorformuliert ist bei diesem Autor der Frühaufklärung schon ein Argument für Brechts Lösungsversuch, der darin besteht, die Lehre selbst, das kritische Erkennen und die Dialektik auf dem Theater zur Unterhaltung und zum Genuß zu machen.

Als dramatische Form, in der sich Lehr- und Unterhaltungsfunktion verbinden lassen, entdeckt Brecht das Parabelstück wieder, das eine der bevorzugten Formen frühneuzeitlicher Dramatik war. Es wurde im 16. Jahrhundert zum Kampfinstrument sowohl der Reformation wie der Gegenreformation. Und so läßt sich die Wiederaufnahme der Parabel im 20. Jahrhundert auch aus einer Parallelität der historischen Situation verstehen: dem konfessionell-politischen Gegensatz von damals ist die gesellschaftlich-politische Konfrontation von sozialistischer und bürgerlicher Welt vergleichbar. Offensichtlich ist das Parabelstück in solchen Zeiten willkommen, wo die Kunst in das Spannungsfeld eines umfassenden geistig-politischen Antagonismus, eines epochalen Grundkonflikts gerät.

Die Parabelform wirkt jeder möglichen Tendenz des Dramas zum l'art pour l'art-Produkt entgegen, sie verbürgt aber auch den Sondercharakter der künstlerischen gegenüber allen anderen Formen politischer Auseinandersetzung. Wie die literarische Gattung der Fabel — nach Lessings Definition (Vorrede der Abhandlungen zur Fabel) — auf dem „gemeinschaftlichen Raine der Poesie und Moral" liegt, so die Parabel Brechts auf dem der Poesie und Politik. In ihr bewährt sich, so hat es Walter Benjamin formuliert, „die artistische Meisterschaft dadurch . . ., daß die Elemente der Kunst am Ende sich in ihr wegheben."[6] Indem sie gesellschaftliche Wirklichkeit nicht kopiert, sondern an einem Gleichnisfall erläutert, ermöglicht sie die poetische Verkleidung. Aber da sich die ästhetische Wirklichkeit immer wieder als eine gleichnishafte zu erkennen gibt, wird der Zuschauer ständig an die gesellschaftliche, an seine Realität zurückverwiesen. Indem die Parabel aus der Realität nicht ihre statistischen Daten, sondern ihre Strukturen übernimmt, entgeht sie dem Zwang zur naturalistischen Form, dem soziale Dramatik gemeinhin unterliegt. Dennoch ermöglichen Gleichnisform und Gleichnisfall eine zusammenhängende und gegenständliche Handlung im Sinne der aristotelischen Poetik. Und § 12 des „Kleinen Organons für das Theater" stimmt dem Aristoteles ausdrücklich darin zu, daß die Fabel „die Seele des Dramas" sei. Andererseits erlaubt die Lehrfunktion des Gleichnisses den Verzicht auf die aristotelische Katharsis-Lehre. Die Parabel erfaßt zeitgeschichtliche Wirklichkeit, umschreibt sie aber. Sie sichert die Freiheit des dramatischen Spiels gegenüber der Aufdringlichkeit der Lehre und die Lehre gegen die Selbstherrlichkeit des Spiels. Sie macht die Lehre zur Kunst und das Künstlerische lehrhaft, sie ist eine ästhetische Form des Didaktischen.

Brechts Experimente mit der Parabel beginnen bereits um die Mitte der zwanziger Jahre in „Mann ist Mann". Für die noch mechanistische Auffassung der Form in diesem frühen Versuch ist das Resümee der Lehre im Zwischenspruch kennzeichnend: Mann sei Mann, und mit einem Mann lasse sich beliebig viel machen. Nicht die gesellschaftliche Wirklichkeit selbst gibt die Grundlage des Gleichnisses, sondern eine These, die der Autor beweisen will. Kurzsichtigkeit gegenüber der Realität ist verantwortlich für das Scheitern der nächsten Bemühung um die Parabelform, in „Die Rundköpfe und die Spitzköpfe oder Reich und Reich gesellt sich gern" (entst. 1931/35). Das Interpretationsmodell, dem diese Auseinandersetzung mit Hitler und dem Dritten Reich folgt, ist nur dem Schein nach marxistisch. Die geschichtlichen Voraussetzungen des Nationalsozialismus, etwa seine Herkunft aus der völkischen Bewegung, werden zugunsten eines Schemas unterschlagen, in das die Rassenlehre als Mittel kapitalistischer Verschleierungstaktik eingeordnet ist. Wenn es am Ende zum Bündnis der reichen Rundköpfe und Spitzköpfe, also Vertreter beider Rassen kommt (der „arischen" und der jüdischen), so zeigt sich, daß im Horizont dieser Parabel die „Endlösung" der Judenfrage und die Vernichtungslager nicht einmal als Möglichkeiten gedacht und angedeutet werden. Die Geschichte des Dritten Reiches hat dieses Gleichnis vom Dritten Reich rasch widerlegt. Aber nicht nur die Rassenproblematik wird von Brecht verfehlt, sondern auch die gesellschaftlich-ökonomische. Die an vornehmlich agrarwirtschaftlichen Verhältnissen demonstrierten politischen Konflikte werden den Bedingungen der modernen Industriegesellschaft und ihren differenzierten Strukturen nicht gerecht. Das Gleichnis versagt vor dem Verglichenen. Einer Vereinfachung der ökonomischen Zusammenhänge verfällt auch „Der aufhaltsame Aufstieg des Arturo Ui" (1941 entst.), ein Parabelstück, das die Vorgänge um Hitlers Machtergreifung ins Gangstermilieu verlegt; doch macht hier die Schärfe des Grotesken die Gefährlichkeit Hitlers und seiner Clique wahrnehmbar. Die meisten der bedeutenden Exilstücke Brechts sind zugleich seine überzeugendsten Parabeln. Auf eine durchgehende Analogie zwischen Gleichnis und Verglichenem ist allerdings nur „Der gute Mensch von Sezuan" angelegt. Ausdrücklich als Parabelstück klassifiziert, ist dieses Drama auch in kleineren Gefügeeinheiten noch vom Strukturprinzip des Gleichnisses bestimmt. Im Ganzen als Parabel zu nehmen ist „Der kaukasische Kreidekreis", der die im einführenden „Streit um das Tal" diskutierten Probleme an der Geschichte des Kindes, der Magd und des Richters verdeutlicht, sich jedoch nicht auf deren gleichnishafte Erläuterung beschränkt. Er ist Modell umfassenderer sozialer Beziehungen und gesellschaftlicher Widersprüche — wie „Mutter Courage", deren Chronikcharakter über die parabolischen Züge nicht hinwegtäuschen kann. Es sind nicht zuletzt die Songs oder Lieder in den Stücken, an denen die Parabelstruktur offenbar wird.

Brechts Experimente haben die Parabel im 20. Jahrhundert wieder theaterfähig gemacht. Einer seiner begabtesten Schüler, Peter Hacks[7], der sogar mit der Bearbeitung von John Gays Fortsetzung der „Beggar's Opera", mit „Polly oder Die Bataille am Bluewater Creek" (1963), an die „Dreigroschenoper" anknüpft, übernimmt mit dramaturgischen und sprachlichen Mustern auch das parabolische. Seine Komödie „Die Schlacht bei Lobositz" (1954 aufgef.) zieht Nutzen aus der Technik, die Brecht einerseits in „Mutter Courage" und in „Pauken und Trompeten" (nach Farquhars „Recruiting Officer"), andererseits in der Komödie „Der Hofmeister" entwickelt hat, einer Bearbeitung, in der die Geschichte des Lenzschen Hofmeisters als Gleichnis für den „deutschen Schulmeister" und seine „Misere" ausgedeutet wird. Hacks verwendet als stoffliche Grundlage seines Stücks die 1789 erschienene „Lebensgeschichte ... des armen Mannes im Tokkenburg", die Autobiographie des Schweizers Ulrich Braeker, der sich von einem preußischen Leutnant anwerben ließ und als Soldat Friedrichs II. in der Schlacht bei Lobositz (1756) gegen die Österreicher zog. Im Gegensatz zu Lenzens Hofmeister Läuffer macht sich aber der Musketier Braeker aus den Diensten, in die er sich hat zwingen lassen, los. In Hacks' Stück ist die Konsequenz aus der Lehre gezogen, die Brechts Hofmeister im Epilog ausspricht: Braeker befreit sich von seiner „Knechtseligkeit", er desertiert zu den Österreichern. Mädchenliebe ist ihm wichtiger als soldatischer Ruhm. Er demonstriert gleichsam auf praktische Weise den Satz der Courage Brechts: „Die Ehr ist verloren, aber nix sonst." So wird Hacks' Stück zum Gleichnis für das Handeln eines ganz undogmatischen, am Leben orientierten Pazifismus.

Was die Darstellung der Schlacht aus der Perspektive dessen, der nicht für fremde Herren zu sterben bereit ist, nebenbei leistet: die Entmythisierung der Gestalt „Friedrichs des Großen", das wird zum Hauptzweck im „bürgerlichen" Lustspiel „Der Müller von Sanssouci" (1955 aufgef.). Hacks stellt die bekannte Anekdote vom König und vom Müller, die den Gerechtigkeitssinn Friedrichs exemplifiziert, auf den Kopf, um sie als eine Legende zu entlarven. Der bürgerliche Müller, in der Anekdote ein Mann ohne „Furcht vor Königsthronen", wird zum preußischen Untertanen, der erzählte Vorgang überhaupt zu einem Propagandacoup, den der König selbst in Szene setzt, um die Unverletzlichkeit der Rechtsordnung in Preußen zu dokumentieren. So ist die historische Anekdote zum Gleichnis für die Verschleierungspraktiken der Herrschenden umgemünzt. Wie in der „Schlacht bei Lobositz" gelingt es auch hier, der marxistischen Entlarvungsabsicht und der parabolischen Funktion die Mittel der Komödie dienstbar zu machen.

Hacks ist 1955 von München nach Ostberlin übergesiedelt. Es mangelt also seinem Protest gegen die bürgerlich-westliche Welt nicht an Folgerichtigkeit. Der Schritt wird zugleich durch den Wunsch nach unmittelbarem Kontakt mit Brecht motiviert gewesen sein.

Durch die Zusammenarbeit mit Brecht bringt Erwin Strittmatter seine Komödie „Katzgraben" in die Bühnenfassung, die 1954 vom „Berliner Ensemble" aufgeführt wird. Strittmatter vergegenwärtigt in diesen „Szenen aus dem Bauernleben" ökonomische Prozesse und die Wandlungen von Menschen während der Nachkriegsjahre. Vorgeführt werden — wie in Hacks' „Moritz Tassow" (1965) — Probleme des Übergangs vom Deutschen Reich in die sozialistische Republik (die DDR). Rahmenthema ist der „Aufbau des Sozialismus", und die Details der Bodenreform, der Land- und Viehwirtschaft oder des Straßenbaus wollen nicht gleichnishaft, sondern direkt verstanden werden, so daß die Parabelform gar nicht zur Wahl steht. Gleichzeitige Nähe und Distanz zu Brecht kennzeichnet Helmut Baierls Komödie „Frau Flinz" (1961). Baierl, zwischen 1959 und 1967 Dramaturg am „Berliner Ensemble", zeigt mit der Hauptfigur eine umgedrehte Courage, eine Mutter, in welcher der Krieg eine tiefe Staatsfeindlichkeit hinterlassen hat, die aber nun „einen Sohn nach dem anderen an den Staat verliert" und im „Übergang von der präsozialistischen in die sozialistische Gesellschaft eine deutliche Bewußtseinsveränderung durchmacht"[8], so daß sie am Ende sogar für die landwirtschaftliche Produktionsgenossenschaft agitiert. Auch bei Brecht gibt es — was über der bedeutenden und eindrucksvollen Bühnengestalt der Courage leicht vergessen wird — die Mutterfigur, die ihre Abwehrhaltung schließlich aufgibt und zur politischen Parteigängerin wird: neben der Pelagea Wlassowa in der Dramatisierung von Gorkis „Mutter" (1931/32 entst.) die Frau Carrar in „Die Gewehre der Frau Carrar" (1937 geschr.). Aber Brecht hat doch in einer Tagebuchaufzeichnung dieses Stück aus der Zeit des spanischen Bürgerkriegs einen „Rückschritt" (zur aristotelischen Dramaturgie hin) genannt. Und so signalisiert die Gestalt der Frau Flinz, als eine Aufhebung des Courage- durch den Carrartypus, die Rückwendung der sozialistischen zur Einfühlungsdramatik.

Einen Plan zur szenischen Darstellung von Problemen des aktivistischen Arbeiters, und zwar des 1950 bekannt gewordenen Maurers Hans Garbe, hatte Brecht — gewiß nicht zufällig — liegen gelassen. Das Thema nimmt Heiner Müller in seinem Stück „Der Lohndrücker" (1958) wieder auf. Nicht Klassenantagonismen bestimmen die Konflikte in diesem sozialistischen Drama, sondern Spannungen innerhalb eines Arbeiterkollektivs, genauer Auseinandersetzungen um Arbeitsnorm und Normerfüllung. Sowohl dem agitierenden Lehrstück wie der Parabel nähert sich Müllers „Die Korrektur" (korrigierte Fassung 1959). Aber da einige weitere Stücke mit Gegenwartsthemen von der offiziösen Kritik und den Bühnen der DDR abgelehnt werden, konzentriert sich Müller auf die Bearbeitung antiker Stoffe bzw. auf die Umwandlung dieser Bearbeitungen: etwa in „Herakles" (1964/66) oder „Philoktet" (1958/66). Eine Tendenz, den mythischen Fabeln Gleichnischarakter zu geben, verbindet sich mit dem Bemühen um einen neuen Klassizismus, zumal im Experiment mit dem Vers. Heiner Müllers Stücke sind weit entfernt von einer apologetischen Dramatik, in der es beispielsweise — wie in Baierls „Schlag 13" (1971 aufgef.) — um die Rechtfertigung der „Berliner Mauer" geht.

An die Brechtsche Parabel knüpft lose mit einigen seiner Stücke Hartmut Lange an, der den umgekehrten Weg des Peter Hacks ging und im Jahre 1966 — wie schon Heinar Kipphardt 1959 — aus der DDR in die Bundesrepublik überwechselte. Anregungen Brechts offenbaren sich bereits eindeutig in einer Variation des Puntila-Themas in der Komödie „Marski" (geschr. 1962/63). Die Knecht-Herr-Beziehung Mattis und Puntilas ist umgeformt zum Abhängigkeitsverhältnis der Kleinbauern zum Großbauern Marski. Aber in der Zeit der ersten Produktionsgenossenschaften, unter neuen ökonomischen Voraussetzungen, machen sich die Kleinbauern frei und lösen damit jene Erwartung ein, mit der in Brechts Stück Matti dem Gut Puntila den

Rücken kehrt. Marski jedoch, der durchaus seine Tugenden hat, wird am Ende vom neuen ökonomischen System nicht ausgestoßen, sondern integriert. Den entscheidenden Schritt zur Parabel vollzieht Lange im „Hundsprozeß" (1964), einem Stalin-Gleichnis, das die Groteske des „Arturo Ui" noch einmal überdreht. Das Gezwungene der Parabolik in Langes „Die Gräfin von Rathenow" (1969), einer freien Dramatisierung der Kleistschen „Marquise von O . . .", verrät sich in des Autors eigenem Kommentar: „Die Geschichte von der unberührten Witwe, die gewaltsam resozialisiert wird, dem Urheber dieser Gewalt aber ihr Glück opfern will, hat Analogien zum französisch-preußischen Krieg, der mit ähnlicher Vehemenz über den rechts-elbischen Feudalstaat herfiel, um ein politisches Kind zu hinterlassen, sehr gegen den Willen des offiziösen Preußen: die Reform Hardenbergs und Steins."[9] Die antike Welt Homers dient zur parabelhaften Verkleidung in „Die Ermordung des Aias oder Ein Diskurs über das Holzhacken" (1971). Lange greift in die immer noch nicht beruhigte Auseinandersetzung um das revolutionäre Erbe Lenins ein und verdeutlicht seine Stellungnahme, indem er das Stück Trotzki widmet. In das Rivalitätsverhältnis Stalins und Trotzkis treten hier Odysseus und Aias ein, die sich um die Waffen des toten Achill streiten.

Schwieriger als in den parabelhaften Stücken von Hacks ist in den Langeschen die Entschlüsselung des Gleichnisses. Hacks' Verwendung von Parabeltechniken steht in engem Zusammenhang mit seinem Schülerverhältnis zu Brecht, bei Lange werden diese Parabeltechniken nicht selten zur Manier. Doch geht es in Langes wie in Hacks' Stükken um Versuche einer materialistisch-dialektischen Geschichtsdeutung. Bei beiden treffen deshalb noch Bedingungen zu, ohne die Brechts Parabelform nicht zu denken ist.

Diese Voraussetzungen, begründet in Brechts Auffassung von der Gesellschaft, dem Publikum sowie der Aufgabe und den Möglichkeiten des Theaters, sind: die Überzeugung von der Analysierbarkeit der Gesellschaft, von der Durchschaubarkeit der Welt und ihrer Veränderbarkeit; das Vertrauen in die Lernwilligkeit und Belehrbarkeit des Zuschauers; schließlich die Zuversicht, daß Drama und Bühne — wenn auch nicht in direkter, so doch in vermittelnder Weise — einen Beitrag leisten können zur Veränderung der Welt. Als Methode der Gesellschaftsanalyse dient Brecht die materialistische Dialektik. Das Publikum hofft er zu einer neuen, für Aufklärung offenen, kritischen Zuschauerhaltung erziehen und aktivieren zu können. Die Verbesserung der Welt soll das Theater dadurch dringlich machen, daß es die dargestellte Welt als eine veränderbare zeigt, daß es ein „praktikables Weltbild" gibt. „Eine Kunst, die das könnte, würde in die gesellschaftliche Entwicklung tief eingreifen können, sie würde nicht nur mehr oder weniger dumpfe Impulse verleihen, sondern dem fühlenden und denkenden Menschen die Welt, die Menschenwelt, für seine Praxis ausliefern." (Über experimentelles Theater)[10].

3. Parabel ohne Schlüssel: Absurdes Theater (Hildesheimer, Grass)

Ihren Voraussetzungen, ihren Intentionen und deshalb auch ihren Formen nach bleibt die Brechtsche Parabel unverwechselbar. Doch hat das Beispiel seiner Erneuerungsversuche selbst dort zur Nachfolge gereizt, wo die Parabel nur noch als Metapher genommen werden kann, jedenfalls ihrer eigentlichen Entfaltungs- und Wirkungsmöglichkeiten beraubt wird. Und es ist wohl kein Zufall, daß es einem deutschen Dramatiker vorbehalten bleibt, die Parabel auch für das „absurde Theater" in Anspruch zu nehmen. Wolfgang Hildesheimers apodiktische These in seiner „Erlanger Rede über das absurde Theater"[11] lautet: „Jedes absurde Theaterstück ist eine Parabel!" Und seine Absicht ist es offensichtlich, zwischen zwei so gegensätzlichen Theaterformen wie dem Brechtschen und dem absurden Theater zu vermitteln. Tatsächlich gibt es Berührungspunkte in der spezifischen Modernität der absurden und der Brechtschen Dramen, zumal auf jener Ebene, wo Brechts sogenannter Verfremdungseffekt für den Epochenstil repräsentativ ist. Hildesheimer deutet sie an: die Preisgabe der aristotelischen Katharsislehre, das Element des Grotesken, die Verfremdung. Ganz unverkennbar ist die Anspielung auf Brechts neue Technik der Schauspielkunst: „Verfremdung wahrt die Würde des Schauspielers. Sie gibt ihm in jedem einzelnen Moment die Möglichkeit, seine Distanz zur Rolle zu demonstrieren." Absurdes und Episches Theater entfernen sich gleichermaßen von Einfühlung und Psychologie. Doch können Ähnlichkeiten die grundlegenden Unterschiede nicht verdecken. In der Abkehr von der aristotelischen Dramaturgie gehen die Autoren absurder Stücke über Brecht noch einmal wesentlich hinaus; sie verwerfen die Forderung nach der erzählbaren Fabel, der gegenständlichen Handlung. In diesem Punkt ist Brecht ihnen gegenüber geradezu ein Traditionalist[12]. Die Absage an den logischen Handlungszusammenhang entspricht dem Verzicht auf Sinnaussprache, mit dem der Autor des absurden Theaters auf die

Sinnleere einer für ihn undurchschaubar und unanalysierbar gewordenen Welt antwortet.

Die Gegensätze zwischen absurdem und epischem (oder dialektischem) Theater sind keine bloß formalen. Scharf scheidet sich die Philosophie (bzw. Kunstphilosophie) des Absurden vom marxistischen Denken Brechts und von dessen Aufklärungsoptimismus. „Das Kunstwerk", sagt Albert Camus, „entsteht aus dem Verzicht des Verstandes, das Konkrete zu begründen."[13] Bei Brecht sind es nach Walter Benjamin gerade die Bemühungen, „die Kunst gegenüber dem Verstande zu legitimieren", welche „ihn immer wieder auf die Parabel verwiesen"[14].

Deshalb aber kann Hildesheimer den Parabelbegriff für das absurde Theater nur retten unter Preisgabe des „Konkreten" und jenes Lehrwertes, der in der Möglichkeit des Analogieschlusses zwischen Vergleichendem und Verglichenem begründet ist. Den Verlust der Lehrfunktion sieht Hildesheimer bedingt durch die Undurchsichtigkeit des Verglichenen selbst. Das absurde Theaterstück wird ihm „eben durch das absichtliche Fehlen jeglicher Aussage zu einer Parabel des Lebens ... Denn das Leben sagt ja auch nichts aus". Aber er sieht sich gezwungen, die Gültigkeit des Parabelbegriffs noch einmal einzuzengen: „Das absurde Stück ... kann nicht ein der Aussagelosigkeit und der Fragwürdigkeit des Lebens analoges Geschehen darstellen, denn für etwas was fehlt, was also *nicht* ist, läßt sich schwerlich ein Analogon finden ..." Es sei denn, man versteht die Tatsache des Mangels als Frage: das Leben „stellt eine permanente, unbeantwortbare Frage, so würde der Dramatiker des Absurden argumentieren, zöge er es nicht vor, sein Argument in die Parabel eines Theaterstücks zu kleiden, das die Konfrontation des Menschen mit der ihm fremden Welt — also mit der Frage — zum Thema hat".

Nun kann für Hildesheimers Parabelbegriff nicht einfach der Brechtsche zum Maßstab genommen werden. Daß die Parabel in der modernen Literatur vieldeutig geworden ist, vermerkt mit Recht Marianne Kesting: „Auch Eugène Ionesco, Samuel Beckett schreiben vielschichtig verrätselte Parabeln ..." Schon Kafka habe in seinem Prosastück „Von den Gleichnissen" das Auseinanderbrechen von dichterischer Gleichnissprache und dem Alltäglichen erörtert und auf die eigene verrätselte Parabel hingewiesen, die Ausdruck für den verlorenen Sinnzusammenhang sei[15]. Moderne Parabeln dieser Art wollen für nichts anderes Gleichnis sein als für die Rätselhaftigkeit einer Welt, zu der sie keinen Schlüssel zu liefern vermögen.

Zwar bietet auch Hildesheimer diesen Schlüssel nicht an: „Der

Dramatiker des Absurden ... analysiert ja nicht, sondern schreibt Stücke und wartet höchstens ... darauf, daß man sie ihm erkläre", doch erweist er der Parabel Brechts seine Reverenz, indem er den Gedanken der Lehrfunktion durch die Hintertür wieder hereinläßt: „Erst die Summe der Darstellungen ergibt das ganze Bild. Und erst die Summe der absurden Stücke — also die Existenz des absurden Theaters als Phänomen — wird zum Analogon des Lebens." So offenbart „erst das absurde Theater als Ganzes die didaktische Tendenz der Parabel". Es ist „eine Parabel über die Fremdheit des Menschen in der Welt".

Doch es leuchtet nicht ein, wie eine „didaktische Tendenz" noch faßbar und wirksam sein soll, wenn sie sich in die unüberschaubare, nie dem konkreten Theaterpublikum, sondern nur dem Historiker zugängliche Gesamtheit der absurden Stücke verflüchtigt. Hier weicht Hildesheimer einer Konsequenz aus, die Camus für das „Drama des Verstandes" oder das „intellektuelle Drama" gezogen hatte: „Das Kunstwerk ist ... die Inkarnation eines intellektuellen Dramas. Das absurde Kunstwerk verdeutlicht den Verzicht des Denkens auf sein Ansehen; seine Resignation, mehr sein zu wollen als die Einsicht, die die Erscheinungen in das Werk umsetzt und das, was keine Vernunft hat, mit Bildern zudeckt."[16] Diesen letzten Schritt zur Resignation vollzieht Hildesheimer nicht, wenn er dem absurden Theater noch die „didaktische Tendenz der Parabel" unterlegt, wo es doch — will man an Begriff und Bild unbedingt festhalten — gerade zum Gleichnis für die Unmöglichkeit der Lehrparabel wird.

Trotz der starken Resonanz, die europäische Autoren absurder Stücke (vor allem Beckett, Ionesco, Adamov, Jean Genet, Fernando Arrabal und Harold Pinter) auf den deutschen Bühnen gefunden haben, bleibt der deutsche Beitrag zum Theater des Absurden schmal und im ganzen auch epigonal. Außer Hildesheimer hat sich der frühe Günter Grass mit einigen kürzeren Stücken durchsetzen können. Katastrophenerlebnisse entfalten eine seltsame Magie in „Hochwasser" (1957). „Onkel, Onkel" (1958) führt einen „verhinderten" Verbrecher vor: die Mordabsichten des jungen Bollin scheitern immer wieder auf absurde Weise an den ausersehenen Opfern, deren Verhalten seinen Erwartungen völlig widerspricht: keiner hat Angst vor ihm. Am Ende dreht Grass das Mörderklischee einfach um: Bollin, der zu Anfang ein kleines Mädchen umbringen wollte, wird mit der eigenen Pistole von zwei Kleinen erschossen. So erscheint am witzigmakabren Ende der „Kindermord" als ein Bumerang. Eine Doppelbödigkeit, in der Harmloses sich als gefährlich entpuppt, kennzeichnet das absurde Spiel um ein geheimnisvolles Suppenrezept in „Die bösen Köche" (1961). Im Einakter „Noch zehn Minuten bis Buffalo" (1954) triumphiert der absurde Jux.

Von solcher Leichtigkeit haben Hildesheimers „Spiele, in denen es dunkel wird" (1958) nichts. Der Titel des Sammelbandes ist durchaus wörtlich zu nehmen. In allen Stücken hat der Wechsel von Licht und Dunkel eine wichtige dramaturgische Funktion, und überall wird die Mechanisierung des Menschlichen thematisch. In „Pastorale oder Die Zeit für Kakao" klappert der Dialog-Automatismus eines mit Poesie versetzten Geschäftsjargons, in „Landschaft mit Figuren" werden die von einem Maler porträtierten Menschen als ihre eigenen Porträts verpackt und verkauft, während „Die Uhren" am Ende zwei Menschen zeigen, die zu mechanisch tickenden Wesen geworden sind. Ein alternder Professor, der sich einen Urvogel erfindet, da wirkliche wissenschaftliche Neuentdeckungen nur schwer noch zu machen sind, ist Hauptfigur in Hildesheimers Zweiakter „Die Verspätung" (1961), der im übrigen Absurdes an einer Sprache exemplifiziert, deren Sinn in Widersprüche zerfällt oder in der glatten Phrase so glitschig wird, daß er nicht mehr zu fassen ist. Noch einmal konkretisiert erscheinen die Motive der Vergeblichkeit und Nichtigkeit in „Nachtstück" (1962), wo sich ein Mann mit einem Ritual von Vorkehrungen schlafen begibt und mit den raffiniertesten Mitteln Schlaf zu finden versucht. Die Absurdität selbst wird reflektiert; der Mann erkennt die Sinnlosigkeit aller Vorgänge und allen Tuns (ist nicht nur absurdes Objekt), nimmt sie aber dennoch auf sich.

Hält auch Hildesheimer vor jener letzten Resignation ein, von der Camus spricht, so eignet sich doch selbst die bewußte Hinnahme des Absurden in „Nachtstück" nicht zur aktivierenden Botschaft an den Zuschauer. Es ist deshalb durchaus folgerichtig, wenn der Autor der „Erlanger Rede über das absurde Theater" allem Glauben an die „Sendung des Theaters" entsagt: „Der absurde Dramatiker vertritt die Ansicht, daß ... das Theater noch keinen Menschen geläutert und keinen Zustand verbessert hat, und sein Werk zieht — je nach Veranlagung seines Autors — bittere oder komische Konsequenz aus dieser Tatsache."[17] — Zu einer ähnlichen Illusionslosigkeit gelangt in den sechziger Jahren Max Frisch.

Frisch gehört nicht, auch mit „Biedermann und die Brandstifter"
nicht, zu den Dramatikern des Absurden; zu Unrecht wird er von
Martin Esslin[18] hier eingereiht. Er bleibt bei aller Skepsis gegenüber
den Wirkungsmöglichkeiten des Theaters von dessen politischem
Charakter überzeugt. Und weil er den Effekt der Entpolitisierung
nicht billigt, ist ihm das absurde Theater verdächtig: „Selbst die
Poesie des Absurden, das sich ihm zu entziehen scheint, bestätigt das
Politische des Theaters; das Publikum, das sich im Absurden befriedigt, müßte einen Diktator entzücken: es will keine Aufklärung von
Ursachen, sondern genießen, was es ängstigt, Urlaub in apokalypti-
scher Gartenlaube."[19] Solche Distanzierung vom Drama des Absur-
den schließt aber den Zweifel am Lehrwert des Theaters nicht aus.
Die resignative Haltung ist um so auffälliger, als Frisch nie ein Hehl
aus den Antrieben gemacht hat, die er dem Werk und der Person
Brechts verdankt.

Nirgendwo im Werke Frischs ist, wie etwa bei Hacks, unmittelbare
Abhängigkeit oder gar Nachahmung feststellbar; Frisch führt Stil-
experimente Brechts weiter. In der sog. Farce „Die chinesische Mauer"
(1. Fassung 1946, 2. Fassung 1955 aufgef.) überschneiden sich Anregungen Thornton Wilders und Brechts; das Stück verrät Frischs
Auseinandersetzung mit dem Epischen Theater. Die Szenen reihen
sich revueartig aneinander, jegliche Illusion der „vierten Wand"
wird zerstört. Die Rolle des Spielleiters, Conférenciers oder Erzäh-
lers, also dessen, der zwischen Bühne und Publikum vermittelt,
nimmt hier Der Heutige wahr, der aber zugleich Figur innerhalb der
Handlung selbst ist. Er verkörpert, um Hans Bänziger zu zitieren,
„die Ohnmacht des Intellektuellen in der Despotie. Er schreibt Gedichte gegen den Erbauer der chinesischen Mauer und riskiert damit
seinen Kopf. Er riskiert ihn nicht ganz, sondern flieht in die Maske
des Narren"[20]. Hier klingt, wenn auch weitaus weniger scharf als
dann in der Figur des Dr. phil. in „Biedermann", das Problem von
Brechts „Turandot oder Der Kongreß der Weißwäscher" an, das
dort als „Mißbrauch des Intellekts" definiert ist. Freilich kannte
Frisch die erst 1954 vollendete „Turandot" noch nicht. Auffällig sind
aber einige Übereinstimmungen mit Brechts „Gutem Menschen von
Sezuan": vor allem in der Wahl des Schauplatzes und in der Figur
des Wasserträgers. Doch teilt er nicht den Veränderungsoptimismus,
der etwa aus den Publikumsadressen und dem Epilog des „Guten
Menschen" spricht — und das verdient im Hinblick auf Frischs Posi-

tion der sechziger Jahre festgehalten zu werden. In der Grundstimmung nähert sich „Die chinesische Mauer" der pessimistischen Tragödie von Karl Kraus, an die auch der Welttheater-Entwurf erinnert: Größen der Weltgeschichte und Figuren der Weltliteratur werden herbeizitiert und defilieren als Masken, sie veranschaulichen die ständige Wiederkehr der Gewalt bzw. die Abgegriffenheit der Bildungskultur. Unter ihnen sind Brutus, Philipp von Spanien und Napoleon sowie Romeo und Julia und Don Juan. Was sie alle repräsentieren, ist im neuen Zeitalter fragwürdig geworden. Frischs Stück antwortet bereits auf die bestürzende historische Wende, auf den universalen Schock, den die erste Atombombenexplosion auslöste, und gerade im apokalyptischen Ausblick berührt es sich am meisten mit Kraus' „Die letzten Tage der Menschheit". „Zum ersten Mal in der Geschichte der Menschheit", sagt Der Heutige, „stehen wir vor der Wahl, ob es die Menschheit geben soll oder nicht. Die Sintflut ist herstellbar. Technisch kein Problem." „Wer heutzutag ein Tyrann ist, ... ist ein Tyrann über die gesamte Menschheit. Er hat ... ein Mittel in der Hand, um sämtlichem Leben auf dieser Erde ... den Garaus zu machen."[21] Unter dem Damoklesschwert der Atombombe ist die hoffnungsvolle Erleichterung, die sich in Thornton Wilders „Wir sind noch einmal davongekommen" (1942) nach der überstandenen Weltkatastrophe einstellt, nicht mehr möglich.

In der „Chinesischen Mauer" spricht die „Maske" Don Juan von der Liebe zur Geometrie, also von jenem Motiv, das in „Don Juan oder Die Liebe zur Geometrie" (1953 aufgef.) titelprägend ist. Frisch nimmt in dieser Komödie eine der bedeutendsten Figuren der Weltliteratur auf, um sie historisch zu verabschieden. In der langen Reihe von Bearbeitungen des Don-Juan-Stoffes, die von Tirso de Molina über so bedeutende Stationen wie Molière und Mozart/Da Ponte weiterführt, ist es vor allem G. B. Shaws Zwischenspiel zu „Mensch und Übermensch", „Don Juan in der Hölle", an das eine Deutung anzuknüpfen hat. Denn schon bei Shaw bahnt sich jene Entwicklung an, die ihren — zumindest vorläufigen — Schlußpunkt in Frischs Don-Juan-Gestalt findet. Bei Shaw ist Don Juan ganz aus dem Bereich des Sinnlichen in den Bereich der Reflexion getreten, aus dem frevelnden Verführer ist der im brillanten Paradoxon streitende Intellektuelle geworden. Entfaltet also Shaw das Verführermotiv im Paradoxon, so überliefert es Frisch der Parodie. Den Don Juan Frischs hindert die Reflexion an der Liebe, aber er ist deshalb nicht der „reflektierte Verführer" im Sinne Kierkegaards; er ist überhaupt nicht mehr Verführer, sondern selbst der Verführte. Durch Anspielungen auf frühere Behandlungen des Stoffes, zumal die erste von Tirso, macht Frisch die Literarizität der Figur bewußt und läßt Don Juan sich selbst zur historischen Figur werden. Don Juan, das ist eine Rolle, die Frischs Don Juan anzunehmen sich weigert. Um nicht durch das Weibliche sich selbst zu verlieren, zieht er sich ins Kloster zurück und will sich ganz seiner geliebten Geometrie widmen. Aber die Flucht, die Versenkung in die Wissenschaft der klaren Verhältnisse, gelingt nicht. Don Juan wird zum Ehemann und Philister, der schließlich Mirandas Ankündigung beim Abendessen: „ich glaube, wir bekommen ein Kind", mit einem „Mahlzeit" quittiert[22]. Don Juan als der mathematisch-technisch orientierte Mensch der Moderne und als der Bürgerliche hört auf Don Juan zu sein. Das ehemals den Schluß bestimmende religiöse Problem des Zusammenhangs von dämonischer Sinnlichkeit und Sünde ist unwichtig geworden, genauer: es wird aufgehoben in einer Parodie, die den Don-Juan-Stoff entmythisiert. Die Rache des Komturs und die Höllenfahrt Don Juans sind ein grandioses, von Don Juan selbst inszeniertes Spektakel, das nur die versammelten Damen, die früheren Geliebten Don Juans, für wahr nehmen. Indem Frisch die Legende von der Höllenfahrt als eine entstehende zeigt, trägt er sie zugleich zu Grabe. — Die Komödie ist eine der bedeutenden Versionen des überlieferten Stoffes und scheint die Don-Juan-Dramatik an ein Ende oder doch eine Wende geführt zu haben. Jedenfalls wird es nicht leicht sein, hinter eine Entmythisierung wieder zurückzugehen, die sogar noch weitaus konsequenter ist als die in Brechts Bearbeitung von Molières Komödie „Dom Juan" (1953), wo der große Verführer durch Kostüm, soziale Stellung und Reichtum wirkt und als Epikureer, Parasit und „sexuelle Großmacht" erscheint[23].

Wie auf andere Dramen Frischs weisen Notizen und Skizzen im „Tagebuch 1946—1949" auch auf „Graf Öderland" voraus. „Moritat in zwölf Bildern" nennt Frisch dieses Stück, dessen drei Fassungen (1951, 1956 und 1961) die Schwierigkeiten bezeugen, die der Autor mit dem Vorwurf hatte. Ein redlicher Staatsanwalt bricht plötzlich aus dem Kerker des Alltags aus und sprengt die Fesseln der Bürgerlichkeit. Hier scheint das Aufbruchsmotiv des Expressionismus erneuert zu werden, scheint sich etwas wie der Ausbruch des Kassierers in Kaisers „Von morgens bis mitternachts" zu wiederholen. Aber der Staatsanwalt greift auf dem Wege zum wirklichen Leben nach der Axt, wird zum Mörder. Schließlich reißt er die Macht im Staate an sich. Die Ansätze verschiedener Konzeptionen hinterlassen Brüche im Stück. So entzieht der Autor seiner Figur nach dem Ausbruch aus der häuslichen Enge offensichtlich sein anfängliches Einverständnis. Aber die Brüche verlieren ihre Schärfe, sobald man Handlung und Figur nicht logisch bzw. psychologisch überfordert. Wenn Frisch sein Stück als „Moritat" klassifiziert, wird man weniger an Zuckmayers „Schinderhannes" als an Brechts grotesken „Aufhaltsamen Aufstieg des Arturo Ui" denken. Und mit Recht hat Hellmuth Karasek auf die Tendenz zur politischen Parabel bzw. zum politischen Lehrstück in „Öderland" hingewiesen[24]. Die Geschichte des Staatsanwalts demonstriert, wie eine Sphäre pedantischer Ordnung und muffiger Bürgerlichkeit nicht nur Freiheitsverlangen erzeugt, sondern auch Aggressionen ausbrütet, und wie die enthemmten Aggressionen in Gewalttaten explodieren, um schließlich zur Macht zu werden, die den Staat erobert und eine neue terroristische Ordnung aufrichtet. Nach genauen geschichtlichen Parallelen zu suchen, verbietet sich freilich. Versuche, „Graf Öderland" zu Hitler und der nationalsozialistischen Bewegung in Analogie zu setzen, hat Frisch zurückgewiesen; er sah das Problem nicht historisch erledigt. Es geht hier, wie in anderen Stücken Frischs, um Tendenzen zum „Faschismus", die überlebt haben und insgeheim fortwirken, nicht nur in Deutschland. „Graf Öderland" handelt von einer Brutalität, die in kleinbürgerlicher Mentalität und in der bürokratisierten Gesellschaft latent bleibt.

Auch als politische Parabel jedoch ist „Graf Öderland" nicht ganz schlüssig. Selbst die dritte Fassung, mit ihrem opernhaften Schluß und dem Traummotiv, macht das Gleichnis nicht zwingend. Schon deshalb tat Frisch recht daran, vor allzu einfacher Ausdeutung zu warnen. Zu protestieren hatte er auch gegen Interpretationen, die das gleichnishafte Geschehen zweier anderer Stücke zu ausschließlich mit Vorgängen im Dritten Reich gleichsetzen wollten.

Diese beiden Stücke, „Biedermann und die Brandstifter" (1958) und „Andorra" (1961), bestätigen, was sich voraussagen und in „Graf Öderland" schon nachweisen ließ: daß Frisch durch Anregungen Brechts und das Experimentieren mit dramatischen Formen einmal zur Parabel geführt werden mußte. Nachträglich hat er über den Gattungscharakter der Stücke keinen Zweifel gelassen:

„‚Biedermann' und ‚Andorra' sind Parabeln. Ein bewährtes Verfahren, um dem Imitier-Theater zu entgehen, jener hoffnungslosen Art von Theater, das sich Realität durch Imitation von Realität verspricht. Das Verfahren der Parabel: Realität wird nicht auf der Bühne imitiert, sondern kommt uns zum Bewußtsein durch den ‚Sinn', den das Spiel ihr verleiht; die Szenen selbst geben sich offenkundig als ungeschichtlich, als Beispiel fingiert, als Modell und somit aus Kunst-Stoff. Das geht; es hat nur einen Nachteil: Die Parabel strapaziert den Sinn, das Spiel tendiert zum *quod erat demonstrandum*. Es hilft dann wenig, wenn ich mich durch Untertitel verwahre: ,Lehrstück ohne Lehre'. Die Parabel impliziert Lehre — auch wenn es mir nicht um eine Lehre geht."[25]

Frisch zieht sich auf keinen wolkigen Begriff zurück. Er leugnet nicht die didaktischen Absichten, die der konkreten (unverrätselten) Parabel eigen sind — also auch nicht die seines „Biedermann". Er weiß später, daß sein Versuch, die Intentionalität der dramatischen Form durch den Untertitel „Lehrstück ohne Lehre" zu durchkreuzen, die Rechnung ohne den Wirt gemacht hat. Gewiß ist „Biedermann" weder ein reines Lehrstück noch eine reine Parabel, aber unverkennbar sind die Züge dessen, was Brecht den „Parabeltypus mit Ideologiezertrümmerung" nennt[26]. Den ideologischen Mißbrauch des Schicksalsbegriffes entlarven am Eingang des Stückes Chorführer und Chor:

> „Feuergefährlich ist viel,
> Aber nicht alles, was feuert, ist Schicksal,
> Unabwendbares.
> Anderes nämlich, Schicksal genannt,
> Daß du nicht fragest, wie's kommt,
> Städtevernichtendes auch, Ungeheueres,
> Ist Unfug ...
> Nimmer verdient,
> Schicksal zu heißen, bloß weil er geschehen:
> Der Blödsinn,
> Der nimmerzulöschende einst!"[27]

Auch Brecht ging es darum, die historischen und die sich anbahnenden Katastrophen kritisierbar zu machen. Frisch teilt hier noch Brechts Vertrauen in die Durchschaubarkeit der Welt und die Beeinflußbarkeit politischen Geschehens.

Die Hauptfigur des Stückes selbst, Biedermann (der Name ist sprechend), bleibt unbelehrt — in so provozierender Weise unbelehrt, daß man unwillkürlich an Brechts Kommentar zu „Mutter Courage" erinnert wird: „sie lernt so wenig aus der Katastrophe wie das Versuchskarnickel über Biologie lernt. Dem Stückschreiber obliegt es nicht, die Courage am Ende sehend zu machen ..., ihm kommt es darauf an, daß der Zuschauer sieht."[28] Der Fall des Haarwasser-Fabrikanten Biedermann ist der Fall dessen, den gerade sein Ruhe-

und Sicherheitsverlangen den Verbrechern ausliefert. Gegen den wirtschaftlich Abhängigen berechnend und brutal, verliert er sich in humanitärer Sentimentalität denen gegenüber, die ihn wirklich bedrohen. Durch Zeitungen über Gefahren im Draußen vollständig unterrichtet, übersieht er die im eigenen Hause. Alles wissend, erkennt er nichts. Den Brandstiftern, die sich auf seinem Dachboden eingenistet und Benzinfässer gestapelt haben, vertraut er trotz widersprechenden Augenscheins; er hält ihnen sogar noch die Lunte. So wird er mitschuldig an einer Katastrophe, die er zwar nicht wollte, aber die er hätte verhindern können. Frischs „Nachspiel" (in der Hölle) verstärkt das Motiv der Unbelehrtheit noch einmal: Biedermann weist jeden Gedanken an Mitschuld von sich. Und während der Chor die in Glas und Chrom wiedererstandene, schöner und reicher gewordene Stadt besingt, läßt sich schon die nächste Katastrophe ahnen.

Die Parabel des „Biedermann" ist durch geschichtliche Exempel als wahr beglaubigt. Weimarer Republik und Drittes Reich, der deutsche Bürger und Hitler — sie liefern ein markantes Beispiel. Aber eben nur eines unter anderen. Im übrigen dient die Parabel nicht in erster Linie der Analyse des historisch Vergangenen, sie will Andauerndes, Gegenwärtiges bewußt machen. Die Geschichte Biedermanns hat ihre Gültigkeit als Gleichnis, wo der erkennbaren Bedrohung politische Vertrauensseligkeit und Unentschlossenheit begegnet, wo Gruppen oder Völker ihre eigenen Verderber aushalten und großziehen. Und sie könnte die furchtbarste Gültigkeit erhalten, wenn Gewöhnung und fahrlässiger Biedersinn jene totale Menschheitskatastrophe ermöglichen, deren technische Voraussetzungen längst geschaffen sind.

Ein „Modell" nennt Frisch sein Stück „Andorra". Man hat deshalb Modell und Parabel grundsätzlich zu trennen versucht. Helmut Krapp[29] sieht das Modell — im Unterschied zur Parabel — auf ein „soziales Gebilde" bezogen, und für Karasek[30] verdichtet und verfremdet die Parabel tatsächliche Geschehnisse, während das Modell eine soziologische Konstellation entwirft, die sich zur Wirklichkeit erweitern läßt. Doch richtet sich das Interesse beispielsweise in Brechts bekanntestem Parabelstück nicht nur auf den „guten Menschen" Shen Te, sondern auch auf das gesellschaftliche Gebilde Sezuan; zum anderen nimmt auch das dramatische „Modell" die Wirklichkeit (ihre Struktur) zum Ausgangspunkt und darf nicht mit dem Modell des Architekten oder Städtebauers verwechselt werden, das Wirklichkeit erst im Plan- und Entwurfstadium zeigt. Modell und Parabel Frischs, beide ermöglichen gleichermaßen Lehren, die an Gleichnisfällen gewonnen werden. Die Parabel mag mehr auf Personen und Vorgänge, das Modell mehr auf soziale Beziehungssysteme konzentriert sein; eine allzu forcierte Trennung jedoch verbietet sich. Und Frisch selbst macht ja, in der zitierten Äußerung, die Unterscheidung nicht.

„Andorra" ist nur bedingt ein Stück über den Antisemitismus und sicherlich nicht einfach ein Schlüsseldrama für die Judenverfolgung im Dritten Reich (einige, und nicht einmal unwesentliche, Züge des Kleinstaats Andorra sind sogar der Schweiz abgesehen). Daß der junge Andri, der von den Andorranern als Jude abgestempelt und schließlich ausgestoßen wird, der sich zum Judentum trotzig bekennt, in Wahrheit kein Jude ist, sollte jedem Mißverständnis vorbeugen. Das Jüdische selbst wird zu einer Funktion im Parabelgefüge. Die Vorgänge in „Andorra" sind Gleichnis für das Zustandekommen und die Wirkungen des gesellschaftlichen Vorurteils, Gleichnis auch für den Terror, mit dem Menschen in Rollen hineingezwungen werden, die dem Bild entsprechen, das sich andere von ihnen machen. (Damit variiert auch „Andorra" ein Zentralthema Frischs, das vor allem im „Don Juan" und im Roman „Stiller" schon begegnete: das Problem der Identität und der Annahme einer Rolle.) Daß freilich zur Demonstration des gesellschaftlichen Vorurteils das Rassenvorurteil und hier wiederum die Ächtung des Juden gewählt wird, ist kein Zufall. Jahrhunderte der Geschichte haben den Antisemitismus zum Paradigma menschlicher Vorurteile werden lassen. Und das Bewußtsein davon schlägt in „Andorra" durch alle gleichnishaften Verkleidungen durch, zumal in der Schlußszene, in der sog. Judenschau, wo die teuflische Verrücktheit der Rassenideologie und des Antisemitismus von Frisch ins Sinnfällige gebracht wird.

Die Zeitebene der kontinuierlich fortschreitenden Handlung wird in „Andorra" durchkreuzt von einer anderen, die das Geschehen schon als ein vergangenes reflektiert. Zwischen den Bildern treten Figuren der Handlung als Zeugen an eine Schranke im Bühnenvordergrund. Aber ihr Verhalten gleicht dem Biedermanns. Die Mitschuldigen beteuern ihre Unschuld. Der verhängnisvolle Ausgang hat sie im entscheidenden Punkt nicht sehend gemacht. Sie sind in herausfordernder Weise verstockt und unbelehrt. — Frisch benutzt die Zwischenauftritte als ein Mittel, den Zuschauer in die Position des geheimen Gegenspielers, d. h. des Erkennenden, zu bringen.

So wird in „Andorra", wie in „Biedermann", Unbelehrbarkeit auf der Bühne im Vertrauen auf die Belehrbarkeit des Zuschauers demonstriert. Doch die äußerste Annäherung an Brecht, in den Parabeln, leitet auch den Umschlag, die Wende ein: in Frischs dramaturgischen Überlegungen nimmt die Skepsis zu. Die Reflexion greift der Praxis des Dramatikers vor, zumal in der Rede „Der Autor und das Theater" (1964).

Daß der politische Charakter des Theaters unbestritten bleibt, machte die Kritik am Drama des Absurden deutlich. Aber Frisch verschweigt seine Zweifel an den Möglichkeiten aufklärerischer Wirkung nicht mehr: „Millionen von Zuschauern haben Brecht gesehen und werden ihn wieder und wieder sehen; daß einer dadurch seine politische Denkweise geändert hat oder auch nur einer Prüfung unterzieht, wage ich zu bezweifeln."[31] Was Frisch dem Theater noch zuspricht, ist die Fähigkeit, verborgene Verhaltensweisen und Wertnormen der Gesellschaft ins Licht, an die Öffentlichkeit zu bringen: „Zumindest zeigt sich, was die Mitbürger wissen wollen, was nicht, was sie für heilig halten, was sie empört und womit sie zu trösten sind. Indem sie beispielsweise ein Vorgang, den sie in der Wirklichkeit jahrein jahraus hinnehmen, auf dem Theater entrüstet, zeigt sich (im Dunkel des Zuschauerraumes deutlicher als im hellichten Alltag) ihr Verhältnis zur Wirklichkeit außerhalb des Theaters." Also nur als Stätte der ungewollten Selbstoffenbarung einer durch das Publikum vertretenen Gesellschaft, als Beobachtungsfeld für den Soziologen oder als Ort des Meinungstests für den Politiker scheint das Theater noch gesellschaftliche Bedeutung zu haben.

Auch Brechts Auffassung, daß die heutige Welt durch das Theater wiedergegeben werden könne, sofern sie als eine veränderbare beschrieben werde[32], begegnet nun den Vorbehalten Frischs: Brecht zeige „nicht die vorhandene Welt, sondern Modelle der brecht-marxistischen These, die Wünschbarkeit einer anderen und nichtvorhandenen Welt: Poesie". Für Frisch ist die Welt überhaupt unabbildbar geworden, und das „Spiel" ist ihm geradezu eine „Antwort auf die Unabbildbarkeit der Welt". Also ein Rückzug allerorten!

Dennoch behalten die Brechtschen Denkmodelle ihre Anziehungskraft — es ist ein Rückzug mit verstohlenem Rückblick auf sie. „Unser Spiel ... ändert diese Welt noch nicht, aber unser Verhältnis zu ihr ..." Etwas wesentlich anderes hatte auch der spätere Brecht nicht erstrebt, wenn er die Welt kritisierbar machen und damit dem Menschen „für seine Praxis ausliefern" wollte. Und sogar den Gedanken von der Veränderbarkeit der Welt läßt Frisch wieder ein: „dadurch, daß wir ein Stück-Leben in ein Theater-Stück umzubauen versuchen, kommt Veränderbares zum Vorschein, Veränderbares auch in der geschichtlichen Welt, die unser Material ist ..."

Freilich bleiben diese Zugeständnisse Überbleibsel einer früheren Dramaturgie — Gepäck, das abzuwerfen sich der Zurückgehende noch nicht entschließen kann. Sicher ist andererseits, daß sich Frisch von der Parabel trennt oder zumindest auf ihren ästhetischen Teilbereich, das Spiel, zurückzieht. „Wir erstellen auf der Bühne nicht eine bessere Welt, aber eine spielbare, eine durchschaubare, eine Welt, die Varianten zuläßt, insofern eine veränderbare, veränderbar wenigstens im Kunst-Raum."

Solche Gedanken verweisen bereits auf „Biografie. Ein Spiel", das 1967 erschienene Stück. (Frischs Positionswechsel erklärt die lange Pause zwischen „Andorra" und „Biografie".) Hier ist eine „Welt, die Varianten zuläßt", ins theatralische Spiel gebracht, ist die Zeithörigkeit der Handlung aufgehoben; hier erhält der Mensch die Freiheit, Geschehenes zurückzunehmen und seine Wahl noch einmal, ja mehrfach zu treffen, seine Biographie neu zu entwerfen.

Das Spiel, so sagte Frisch, „ist eine Selbstbehauptung des Menschen gegen die Geschichtlichkeit". Während Brechts Verfremdungseffekt den Menschen im Bewußtsein seiner Geschichtlichkeit bestärken und ihn in dieser seiner Geschichtlichkeit zu verantwortlichem Handeln verpflichten will, sucht Frischs Spielbegriff eine Insel im Strom der Geschichtlichkeit zu errichten. Das Gesetz geschichtlicher Abläufe, ihre Unumkehrbarkeit, ist in „Biografie" außer Kraft gesetzt. Vornehmlich am Verhältnis zweier Ehepartner wird in gestellten Szenen vorgeführt, wie menschliches Leben außerhalb der Geschichtlichkeit gedacht werden kann. Mehrere Möglichkeiten des Verhaltens und der Entscheidung werden von der Hauptfigur, dem Verhaltensforscher Kürmann, durchgespielt. Und die eine Alternative löscht die andere auf dem Band der Zeit. (Hier wird im übrigen deutlich, daß Frischs Spiel die Thematik des erzählerischen Werks, zumal des Romans „Mein Name sei Gantenbein", fortführt: menschliches Leben wird nicht als Existenz vorgestellt, sondern als Rolle, aus der man wieder heraustreten kann.)

Zur Komödie wird „Biografie" dadurch, daß sich der Held in seinem Vorhaben übernommen hat und zwischen Erwartung und Erfüllung ein Mißverhältnis besteht, daß Kürmann trotz aller Alternativen seine Ehe mit Antoinette, überhaupt seine Lebensentscheidungen nicht zu widerrufen vermag. Nur Antoinette macht von ihrer Freiheit der Wahl wirklich Gebrauch; sie verläßt Kürmann. Aber abgesehen davon, daß der Hauptfigur die „Selbstbehauptung ... gegen die Geschichtlichkeit" mißlingt, bleiben alle ihre Versuche ein Variantenspiel der Kunstwelt, das keine Analogie in der historischen und empirischen Wirklichkeit hat. „Biografie" ist also nicht etwa nur eine Alternativform, sondern ein Gegenentwurf zur Parabel[33]. Der Gedanke von der Veränderbarkeit der Welt ist aller politischen und sozialen Implikationen beraubt und in die ästhetische Fiktion verwiesen.

Damit hat sich Frisch für eine „Reprivatisierung" des Theaters entschieden. (Sie wird ablesbar auch daran, daß „Biografie" ein Ehestück ist.) Zwar sollte Frischs Bewertung des „Privaten" beachtet werden: selbstverständlich, so meint er im Briefwechsel mit Walter Höllerer, könne das „Private" Gegenstand der Literatur sein, und zwar „nicht nur einer apolitischen, sondern gerade einer Literatur, die sich auf eine gesellschaftliche Situation bezieht; diese bestimmt ja die Personen in ihrer ‚privaten' Existenz"[34]. Doch bleibt — jenseits aller Darstellungsprobleme — der Verzicht auf politische Wirkungsabsichten eine Wendung ins Private.

Daß ein Brechtscher Denkansatz umspielt und schließlich verlassen wird, zeigt sich auch, sobald man „Biografie" als den Versuch einer Überwindung dessen begreift, was Frisch in seiner Schillerpreis-Rede von 1965[35] die „Dramaturgie der Fügung" nennt: „die klassische, die unentwegt den Beweis erbringt, daß es so und nicht anders habe kommen müssen". Kürmanns Erprobung von Varianten bricht das Gesetz der Determiniertheit des Lebensablaufs. Sein schließliches Verharren bei den alten Entscheidungen stellt dieses Gesetz freilich wieder her. Hierin bleibt das Drama hinter der Theorie zurück, die für eine Dramaturgie plädiert, in der auch dem Zufall sein Gewicht belassen wird. „Tatsächlich sehen wir, wo immer Leben sich abspielt, etwas viel Aufregenderes: es summiert sich aus Handlungen, die oft zufällig sind, und es hätte immer auch anders sein können, es gibt keine Handlung und keine Unterlassung, die für die Zukunft nicht Varianten zuließe." Schon Brecht hatte die Dramaturgie der notwendigen Abläufe durch den Entwurf eines „praktikablen Weltbilds" auf der Bühne zu ersetzen versucht. Im Titel des Stückes „Der aufhaltsame Aufstieg des Arturo Ui" ist ja die dramaturgische Absicht, Vorgängen den Charakter der Zwangsläufigkeit zu nehmen, geradezu auf eine programmatische Formel gebracht. Allerdings lag Brecht der Gedanke fern, an die Stelle der klassischen eine Dramaturgie zu setzen, welche — wie Frisch es will — „die Zufälligkeit akzentuiert". Wo der eine dem Spiel des Zufalls, das er in der Lebenswirklichkeit antrifft, ästhetische Würde verleihen möchte, wünscht der andere die historischen Abläufe als beherrschbar zu zeigen: beherrschbar durch Vernunft.

Daß diese Vernunft eine der materialistisch-dialektischen Analyse sich bedienende, eine „brecht-marxistische" Vernunft ist, überliefert sie dem Mißtrauen Frischs. Und gewiß ist die zunehmende Distanzierung von den marxistischen Denkansätzen Brechts mitverantwortlich für die Gebrochenheit der Parabelform bei Frisch und für seine schließliche Abkehr von ihr. Bei Brecht in den Dienst der kompromißlosen Auseinandersetzung mit der bürgerlich-kapitalistischen Gesellschaft gestellt, bewährte sich die Parabel als ein künstlerisches Organ für klare Parteinahme. Von Brecht her gesehen, versteht sich Frischs gebrochenes Verhältnis zur Parabel aus seiner Unentschiedenheit zwischen bürgerlicher und sozialistischer Position.

5. Geschichte als Komödie: Dürrenmatt

Auch Friedrich Dürrenmatt hat sich der Beispielkraft des Brechtschen Werkes nicht entziehen können; „Verfremdung" ist ein Stilelement auch seiner Dramatik. Aber von Anfang an hält er, deutlicher als Frisch, Abstand zu den Prämissen des Brechtschen Theaters. So verneint er in der Abhandlung „Theaterprobleme" (1955), obwohl mit Schillers Geschichtsdrama sich auseinandersetzend, eine der wesentlichsten Bedingungen Brechtscher Dramatik: die Überzeugung von der Durchschaubarkeit der Welt. „Der heutige Staat ist . . . unüberschaubar, anonym, bürokratisch geworden, und dies nicht etwa nur in Moskau oder Washington, sondern auch schon in Bern . . . Die echten Repräsentanten fehlen, und die tragischen Helden sind ohne Namen . . . Die Kunst dringt nur noch bis zu den Opfern vor, dringt sie überhaupt zu Menschen, die Mächtigen erreicht sie nicht mehr."[36] Das zweifelt die Möglichkeit des klassischen „Helden" auf der heutigen Bühne an, bedeutet aber auch Verzicht auf die Analyse der Herrschaftsverhältnisse in der Gesellschaft und ist eine Äußerungsform dessen, was Hans Mayer im Zusammenhang mit Dürrenmatts „Physikern" die „Zurücknahme" genannt hat[37]. Brecht protestierte gegen solche „Zurücknahme": Nicht länger mehr könne der Mensch dem Menschen „als Opfer beschrieben werden, als Objekt einer unbekannten, aber fixierten Umwelt . . . Weil nämlich — im Gegensatz zur Natur im allgemeinen — die Natur der menschlichen Gesellschaft im Dunkeln gehalten wurde, stehen wir jetzt . . . vor der totalen Vernichtbarkeit des kaum bewohnbar gemachten Planeten"[38]. Den Dialog setzt Dürrenmatt, wenn auch auf einseitige Weise, nach Brechts Tod im Jahre 1956 fort. Die Rede zur Verleihung des Schillerpreises (1959) bezeugt zwar seine Achtung für Brechts Dichtung, „für eine der wenigen ehrlichen Antworten auf unsere Phrasen, ... auch wenn es eine kommunistische Antwort ist", aber ebenso deutlich seinen Zweifel: „Der alte Glaubenssatz der Revolutionäre, daß der Mensch die Welt verändern könne und müsse, ist für den einzelnen unrealisierbar geworden, außer Kurs gesetzt, der Satz ist nur noch für die Menge brauchbar, als Schlagwort." Diese Absage hat den Charakter der Endgültigkeit, doch der Stachel der Brechtschen Fragen bleibt, wird erneut wirksam in der „Standortbestimmung zu ,Frank dem V.'" (1960): „Wie kann die Welt durch das Theater wiedergegeben werden? Brecht hält dies für eine gesellschaftliche Frage. Er hat recht. Die Welt, die durch das Theater wiedergegeben werden kann, ist die Gesellschaft, kann nur die Gesellschaft sein."[39] In einer sog. „Kleinen Dramaturgie der Politik" (1969) wird dieser Gedanke wieder aufgenommen: „meine Denktätigkeit als Dramatiker besteht darin, die gesellschaftliche Wirklichkeit des Menschen in Theater zu verwandeln und mit dieser verwandelten Wirklichkeit weiterzudenken. Ich denke die Welt durch, indem ich sie durchspiele. Das Resultat dieses Denkprozesses ist nicht eine neue Wirklichkeit, sondern ein komödiantisches Gebilde, in der sich die Wirklichkeit analysiert wiederfindet, genauer, in der sich der Zuschauer analysiert wiederfindet." Die Zurückstufung des analytischen Vermögens erinnert an den skeptischen Satz Frischs, demzufolge das Theater nicht die Wirklichkeit, sondern nur des Zuschauers Haltung zu ihr enthüllen könne. Doch Dürrenmatts Vertrauen in die Leistungskraft des Theaters ist ungebrochener. Das dramaturgische Denken rücke „die politische Wirklichkeit in ein anderes Licht, ins Licht der Bühnenscheinwerfer, ins grelle Licht der Satire". Es weise „auf den Widerspruch zwischen dem Denken und dem Handeln des Menschen hin" und sei „eine Anleitung, spielerisch über die Wirklichkeit kritisch nachzudenken"[40]. Dürrenmatt hat Brecht nie so nahe gestanden, hat sich aber auch von ihm nie so weit entfernt wie Frisch.

Es ist die Absicht, politische Wirklichkeit der Kritik und der Satire auszusetzen, in der sich Dürrenmatt mit Brecht trifft, und es ist der Drang nach schonungsloser Objektivität, der ihn zum Grotesken[41] und damit zu einer der bestimmenden Stilformen moderner Kunst geführt hat. Der Scharfblick seiner Satire schließt eine Verwechslung seiner Groteske mit dem Absurden aus. „Die Fiktion darf nicht als bloße Absurdität konzipiert werden. Das Absurde umschließt nichts." Dagegen ist das Groteske „eine äußerste Stilisierung, ein plötzliches Bildhaftmachen und gerade darum fähig, Zeitfragen, mehr noch, die

Gegenwart aufzunehmen, ohne Tendenz oder Reportage zu sein", heißt es in der frühen „Anmerkung zur Komödie" (1952). „Das Groteske ist eine der großen Möglichkeiten, genau zu sein."[42] Zum späteren Diktum von der unüberschaubar gewordenen Welt wird hier schon die Alternative geboten. Was die heutige Welt für eine bloß abschildernde Darstellung nicht mehr herausgibt, das vermag das Groteske in überscharfer Belichtung herauszustilisieren. Nur das Groteske vermag das Anonyme noch zu benennen und das Ungesehene bildhaft zu machen. Nur in der künstlerischen Deformation kann die Form noch wahrgenommen werden.

Nicht eine phantastische, romantische Groteske indessen meint Dürrenmatt, sondern die Distanz schaffende, Zeitprobleme aufnehmende satirische Groteske, deren Meister Aristophanes, Rabelais und Swift waren. Da aber die Groteske das vorgefundene Wirklichkeitsmaterial ins Deutliche zerren, also umformen, verformen muß, bedarf es eines die Umformung regulierenden Kunstgriffs, den Dürrenmatt „Einfall" nennt. Durch einen Einfall wird „die Wirklichkeit verändert, ins Groteske gehoben". So leben die Komödien des Aristophanes vom Einfall. „Es sind Einfälle, die in die Welt wie Geschosse einfallen ..., welche, indem sie einen Trichter aufwerfen, die Gegenwart ins Komische umgestalten." Diese Komödien „sind Eingriffe in die Wirklichkeit"; der Spott des Aristophanes gegen Sokrates habe sogar tödlich gewirkt.

Die Verknüpfung des Grotesken mit der Komödie mag sich von selbst verstehen: das Groteske hat seinen Ort nicht in der Distanz überwindenden Tragödie. Sie ergibt sich aber für Dürrenmatt nicht nur aus einer gattungsgesetzlichen, sondern auch aus einer historischen und gesellschaftlichen Voraussetzung, aus seiner Ansicht, daß die Tragödie in unserem Jahrhundert unmöglich geworden sei. — Ein erneuter Rückblick auf Brecht ist nötig.

Auch Brecht hatte sich gegen die Tragödie erklärt, hatte dem Komischen viel Spielraum gewährt und das Groteske als ein Mittel zur „Verfremdung" genutzt. Ihm war die Tragödie durch ihre Wirkungsintentionen verdächtig: als eine auf Erschütterung zielende und die kritische Haltung verhindernde Gattung. Er sah im Tragischen eine Weise der Welterfassung, welche historische Katastrophen als schicksalhaft hinnehmen heißt und deshalb mittelbar dem Schutze bestehender Ordnungen und Herrschaftsverhältnisse dient. Andererseits wollte er die „ernste" Handlung nicht grundsätzlich preisgeben, nicht an die Stelle der Tragödie einfach die Komödie — und sei es auch die „Gesellschaftskomödie" — setzen (komödienhafte Stücke wie „Mann ist Mann" und „Puntila" bleiben in seinem Werk Ausnahmefälle). Er enthielt der „ernsten" Handlung die Elemente des Tragischen und des spezifisch Dramatischen vor, nämlich Kausalität und Finalität, bzw. tauschte sie gegen Formen der Episierung aus und gewann so statt der Tragödie das Epische Theater, das die dramatisch-tragischen Wirkungen zu neutralisieren vermag und die distanzierte Haltung des Zuschauers ermöglicht. Brechts Theorie konnte sich auf Goethes und Schillers Diskussion über die epische und dramatische Dichtung stützen, zumal auf Schillers bekannten Brief vom 21. April 1797, wonach uns der epische Dichter „die höchste Freiheit des Gemüts" erhält, während uns „der tragische Dichter unsre Gemütsfreiheit" raubt. Man hat sich aber zugleich der Bestimmungen Schillers für die Komödie zu erinnern. Die „Freiheit des Gemüts in uns hervorzubringen und zu nähren", wird im Aufsatz „Über naive und sentimentalische Dichtung" als Aufgabe auch der Komödie verstanden; und in den Nachlaß-Notizen zur Tragödie und Komödie heißt es: „Unser Zustand in der Komödie ist ruhig, klar, frei, heiter ..."[43] Tatsächlich sind es bei Brecht neben den epischen die komischen Elemente, die der Tragödie den Boden entziehen. Zugleich war ihm das Komische wie das Groteske willkommen als Mittel der entlarvenden Klassensatire.

Wo sich für Brecht die Tragödie auf Grund seiner Wirkungsabsichten verbot, sieht Dürrenmatt nicht einmal mehr Bedingungen für ihre Entstehung. „Die Tragödie", sagt er in den „Theaterproblemen", „setzt Schuld, Not, Maß, Übersicht, Verantwortung voraus. In der Wurstelei unseres Jahrhunderts ... gibt es keine Schuldigen und auch keine Verantwortlichen mehr ... Schuld gibt es nur noch als persönliche Leistung, als religiöse Tat. Uns kommt nur noch die Komödie bei. Unsere Welt hat ebenso zur Groteske geführt wie zur Atombombe ..." In der grotesken Komödie als der von der Wirklichkeit unseres Jahrhunderts geforderten dramatischen Gattung erscheint Tragisches nur noch möglich, sofern es „aus der Komödie heraus" gewonnen wird. „Der Besuch der alten Dame", ausdrücklich als „tragische Komödie" bezeichnet, ist ein solcher Versuch, aus der grotesken Komödie heraus Tragisches „als einen schrecklichen Moment, als einen sich öffnenden Abgrund" zu erzielen[44]. So ist „Play Strindberg" (1969 aufgef.) mehr der Gegenentwurf zu Strindbergs „Totentanz" als dessen Bearbeitung. Aus der bürgerlichen Ehetragödie, so hat Dürrenmatt seine Konzeption kommentiert, wird die Komödie über die bürgerliche Ehetragödie.

In welchem Maße die Komödie zur verbindlichen Gattung erhoben ist, wird erst dort deutlich, wo Dürrenmatt der Handlung geschichtliche Stoffe zugrunde legt, also sich auf die in deutschsprachiger Literatur so seltene historische Komödie einläßt (selten angesichts der Fülle historischer Tragödien und Oberlehrerdramen im 19. Jahrhundert). Zwar weicht Dürrenmatt dem Gattungsbegriff zunächst noch aus; sein erstes Stück, „Es steht geschrieben" (1947 aufgef.), wird als „Drama" geführt und erst in der Neufassung, „Die Wiedertäufer" (1967 aufgef.), als „Komödie in zwei Teilen". Aber die Komödienform ist in der Frühfassung schon angelegt.

Den historischen Hintergrund bilden Geschehnisse aus der Zeit der Wiedertäuferherrschaft während der dreißiger Jahre des 16. Jahrhunderts in der Stadt Münster. Ein Vorwort sichert das Drama gegen Einsprüche des Historikers ab: es sei nicht darum gegangen, „Geschichte zu schreiben" und die Dokumente zu befragen. Dürrenmatt verspricht also weder ein Geschichtsdrama im engeren Sinne noch ein Dokumentarstück. Er warnt aber auch davor, von der Handlung aktualisierte Geschichte zu erwarten: „Inwieweit sich heutiges Geschehen in ihr spiegelt, sei dahingestellt. Es wäre jedoch der Absicht des Verfassers entsprechender, die mehr zufälligen Parallelen vorsichtig zu ziehen."[45] Damit wird zugleich mittelbar dem Versuch vorgebeugt, das Stück als Parabel auszudeuten. Die Tendenz zur Komödie offenbart sich in der parodistischen Behandlung der Figuren und der Sprache sowie durch das, was Beda Allemann den „Verlust der Möglichkeit des tragischen Todes und des Helden" genannt hat[46]. In der Neufassung, den „Wiedertäufern", ist der historische Vorwurf ganz ins Theatralische gewendet, so daß das „Drama" endgültig zur Komödie umbricht. Der Bischof, Gegenspieler der Wiedertäufer, wird zum Liebhaber und Kenner des Theaters, Bockelson, einer der Hauptgestalten unter den Wiedertäufern, zu einem Schmierenkomödianten, den das Untergangsdelirium der Wiedertäuferbewegung für Heldenrollen entschädigt, die ihm als Schauspieler versagt blieben. Im verschauspielerten Helden und in der theatralisierten Geschichte triumphieren jene farcenhaften Züge, die schon in der Frühfassung auffällig sind und ein Erkennungszeichen Dürrenmattscher Dramatik bleiben.

Allemann hat auf die Stetigkeit einer bestimmten Figur im dramatischen und erzählerischen Werk Dürrenmatts aufmerksam gemacht, auf die konstante Henkerfigur. Eine höchst verfeinerte Spielart des Henkers verkörpert sich in der Hauptgestalt der Komödie „Romulus der Große" (vier Fassungen: 1949/57/61/64). Ein Kaiser richtet sein Imperium hin.

Lieferte in den Wiedertäuferdramen ein zwar religionsgeschichtlich bemerkenswerter, aber lokal begrenzter Vorgang den Stoff, so führt die Romulus-Komödie an eine große welthistorische Wende: an das Ende des römischen Reiches, in die Zeit des letzten Kaisers, Romulus Augustulus, den bereits nach einjähriger Regierung die Germanen stürzten (476 n. Chr.).

Unmißverständlicher noch als in „Es steht geschrieben" bekundet der Autor sein Desinteresse am Grundsatz historischer Treue, und zwar schon im paradoxen Untertitel „Eine ungeschichtliche historische Komödie". Dürrenmatt geht so weit, geradezu einen Gegenentwurf zu dem von der Geschichtswissenschaft überlieferten Kaiserbild zu schaffen. Wieder bietet er nicht die historische Figur, sondern ihre Parodie. Darin verfährt er noch konsequenter als G. B. Shaw, der in der Komödie „Caesar und Cleopatra" bereits eine bekannte Gestalt der römischen Geschichte durch Ironie enthistorisiert hatte, formal konsequenter auch als Brecht, dem es im Romanfragment „Die Geschäfte des Herrn Julius Caesar" und in Filmentwürfen bzw. Kalendergeschichten[47] auf die materialistische Korrektur des von bürgerlichen Historikern vermittelten Caesarbildes ankam und der deshalb die römischen Eroberungskriege auf rein wirtschaftliche Motive zurückführte. (An Brechts Version erinnert Dürrenmatts Figur des Cäsar Rupf, eines „Industriellen" und Händlers, der sich erbietet, das Imperium mit seinem Gelde zu retten, und dafür die Hand der Kaisertochter verlangt, um die Verflechtung seiner „Weltfirma" mit dem Staat durch familiäre Bande abzusichern.) Daß Dürrenmatt den bei seiner Entthronung noch nicht einmal achtzehnjährigen Romulus zu einem älteren Mann umstilisiert, wirkt sich auf die Gesamtstruktur der Figur aus; bezeichnender aber ist es, daß er ihn — ein historisch-anekdotisches Motiv ausbeutend — als einen Hühnerzüchter vorstellt.

Die parodistischen Brüche ziehen andererseits die Figur nicht zur Nichtigkeit herab. Dürrenmatts Romulus besitzt eine Selbstironie, die ihm die Sympathie des Zuschauers einbringt. Mit welchem Gleichmut er der historischen Situation, dem Zusammenbruch des Reiches, begegnet, zeigt die Wahl der Namen für seine Hühner: das eine heißt Marc Aurel, nach dem kaiserlichen Vorläufer und spätstoischen Philosophen, ein anderes trägt den Namen des heranrückenden Gegners, des Germanenfürsten Odoaker. Aber die Parodie des Stoikers und Fatalisten wird sich im Romulus ihrer selbst bewußt und hebt sich dadurch immer wieder auch auf. Romulus sieht dem Untergang des Imperiums nicht nur zu, er beschleunigt ihn auch noch, etwa indem er einen Reiterpräfekten, der mit einer wichtigen Nachricht vom Kampfplatz eintrifft, ohne Anhören zur Ruhe befiehlt mit dem Verweis, die heutige Zeit habe sein Heldentum in eine Pose verwandelt. Romulus sieht das römische Legionärstum zur lächerlichen Theatralik entleert, und deshalb betreibt er bewußt Sabotage an seinem eigenen Staat. Aus seiner Perspektive erscheint das historische Ende des Imperiums nicht als Tragödie, sondern als Komödie, deren guten Schluß es schneller herbeizuführen gilt.

Dürrenmatt hat sich in seiner Theatertheorie weder der Hegelschen „Ästhetik" noch der Marxschen Geschichtsauffassung irgendwo angeschlossen. Dennoch drängt sich hier ein Rückblick auf, der zum Anknüpfungspunkt Aristophanes nehmen kann, auf dessen Vorbild sich Dürrenmatt mehrfach beruft. Von Aristophanes sagt Hegel, daß er nicht über das „wahrhaft Sittliche" im Volksleben Athens, sondern über „die Auswüchse ... der Demokratie" spotte. Was sich in seinen Komödien „in voller Auflösung" darstelle, sei die „Erscheinung, in welcher die eigentliche Sache ... nicht mehr vorhanden" sei. Die Helden der antiken Tragödie sind für Hegel Vertreter eines heroischen Zeitalters, in dem die religiöse und sittliche Ordnung noch intakt ist, die Komödie dagegen spiegelt den Verfall und ist zugleich dessen Korrektiv. Im Abschnitt über die „komische Behandlung der Zufälligkeit" bringt sich der historische Aspekt noch stärker zur Geltung. Hegel fragt, warum in Cervantes' „Don Quijote", bei Ariost und zum Teil auch bei Shakespeare das Rittertum und seine Tugenden zum Gegenstand der komischen Darstellung geworden sind, und findet die Antwort darin, daß sich die „Abenteuerei" des Rittertums eben „als eine sich in sich selbst auflösende" und deshalb „komische Welt der Ereignisse und Schicksale" erweise[48].

Hegels historische Begründung des Komischen bzw. der Komödie wird von Marx insofern umgedreht, als es ihm nicht auf die geschichtliche Ansicht ästhetischer Gattungen, sondern auf die — hilfsweise ästhetische — Umschreibung historischer Ereignisse und Verläufe ankommt. In der Einleitung zur Kritik der Hegelschen Rechtsphilosophie kennzeichnet er die anachronistisch gewordene, überlebte Ordnung, die keine Existenzberechtigung mehr besitzt, als komisch. Das *ancien régime*, das in Frankreich noch seine Tragödie erlebt habe, spiele in Deutschland, nachdem die bürgerliche Freiheit durch die Französische Revolution zu einem realen Faktor geworden sei, seine Komödie. „Das moderne *ancien régime* ist nur mehr der *Komödiant* einer Weltordnung, deren *wirkliche Helden* gestorben sind. Die Geschichte ist gründlich und macht viele Phasen durch, wenn sie eine alte Gestalt zu Grabe trägt. Die letzte Phase einer weltgeschichtlichen Gestalt ist ihre *Komödie* ... Warum dieser Gang der Geschichte? Damit die Menschheit *heiter* von ihrer Vergangenheit scheide."[49]

Was Dürrenmatt in „Romulus der Große" darstellt, ist das römische Imperium in eben seiner Komödien-Phase. Und es ist der Kaiser, dessen komische Gestalt und Amtsführung dieses Gesetz der Geschichte zur Erscheinung bringt, der aber zugleich dessen Notwendigkeit erkennt und sich bewußt zu dessen Vollstrecker macht, was, auch wenn es anmaßend erscheint, durchaus Tapferkeit verlangt. Im Unterschied zu jenen Römern, die mit ihren anachronistischen Heldentugenden zum komischen Objekt der Geschichte werden und nichts sind als dies, ist Romulus sowohl Objekt als auch Subjekt der Geschichte.

Freilich bleibt es ihm versagt, den Weg der kaiserlichen Selbstopferung bis zum — gewünschten — Ende zu gehen. In den späteren Fassungen des Stücks findet Romulus nicht nur in Odoaker einen ähnlich Denkenden, sondern muß auch nach seiner Abdankung die Rolle des Pensionärs auf sich nehmen. Die Weltgeschichte honoriert ihm sein Richteramt nicht. Unter den eingerückten Germanen befindet sich Theoderich, der von der Weltherrschaft träumt und jene Humanisierung der Welt vereiteln wird, die Romulus und Odoaker erhoffen. Vom Scheitern her fällt auch ein Schatten von Tragik auf Romulus, und so enthüllt die komische Verweisung auf Marc Aurel, in dessen stoischer Philosophie Tapferkeit und Resignation tragisch verbunden sind, sich doch als hintergründig.

Dürrenmatt rechnet Romulus zu den „mutigen Menschen"[50], die darzustellen weiterhin möglich sei, gerade in der Komödie. Der „mutige Mensch" will weder die Welt von einer politischen Idee her retten noch vor ihrer Hoffnungslosigkeit die Waffen strecken, er will nur nach seinen bedingten Kräften das Humane retten. — Als „mutigen Menschen" möchte Dürrenmatt auch Übelohe in der Komödie „Die Ehe des Herrn Mississippi" (2 Fassungen, 1952/57) verstanden wissen.

Nach der Uraufführung dieses Stückes reichte die Witwe Frank Wedekinds eine Plagiatsklage ein. Und sicherlich lassen sich in der weiblichen Hauptfigur der Komödie, Anastasia, Züge der Wedekindschen Lulu wiedererkennen. Dürrenmatt räumte auch in den „Bekenntnissen eines Plagiators" Wedekindsche Anregungen durchaus ein, Anregungen vor allem durch ein Stück, das nicht angeführt zu haben das besondere Pech von Frau Wedekind sei. „Der Marquis von Keith" habe ihn auf die Idee gebracht, die Menschen als Motive einzusetzen. Danach entwickeln sich in der „Ehe des Herrn Mississippi" Figuren kaum als Personen, sondern repräsentieren Kräfte, die miteinander in Konflikt geraten. Es geht, wie ein versteckter Autorenkommentar in einer der Publikumsansprachen der Spieler verrät, Dürrenmatt darum, „zu untersuchen, was sich beim Zusammenprall bestimmter Ideen mit Menschen ereignet, die diese Ideen wirklich ernst nehmen und mit kühner Energie, mit rasender Tollheit und mit einer unerschöpflichen Gier nach Vollkommenheit zu verwirklichen trachten ..."[51]. Was sich hinter dem spannenden Geschehen eines Kriminalfalls ereignet, ist der Zusammenprall von Ideen wie „die absolute Gerechtigkeit" (vertreten durch den Staatsanwalt Mississippi), „die politische Gleichheit" (verfochten von dem — freilich sehr eigenwilligen — Kommunisten Saint-Claude) und „die absolute Liebe und Wahrheit" (repräsentiert durch den Grafen von Übelohe-Zabernsee). Alle diese Ideenvertreter hatten, wie es Saint-Claude in der ersten Anrede ans Publikum formuliert, sich in den Kopf gesetzt, „die Welt teils zu ändern, teils zu retten", aber sie alle scheitern — und hierin kommt ihr hoher Anspruch komisch zu Fall — an einer Frau, „die weder zu ändern, noch zu retten war, weil sie nichts als den Augenblick liebte".

Der Anfangsbericht und -kommentar des Stückes ist bereits epische Rückschau, aus der sich die szenische Handlung freisetzt, die erst am Schluß wieder die Zeitstufe des Anfangs erreicht. Die Technik der Vor- und Rückblenden, seit langem vom Epischen Theater her vertraut, mochte hier in besonderem Maße zu einer Filmversion verlokken; jedenfalls gibt Dürrenmatt nicht nur die Zustimmung zur Verfilmung, sondern verfaßt selbst das Drehbuch (Regie Kurt Hoffmann, 1961). Die Figur des Grafen Übelohe, des „mutigen Menschen", tritt hinter der des Revolutionärs (hier Diego) zurück. Dennoch widerruft Dürrenmatt seine Zweifel am „alten Glaubenssatz der Revolutionäre, daß der Mensch die Welt verändern könne und müsse", auch im Film nicht.

Der Abstand zu Brecht bleibt deutlich, selbst (oder gerade) in dem von Brechts „Gutem Menschen" inspirierten „fragmentarischen" Stück „Ein Engel kommt nach Babylon" (2 Fassungen, 1953/57. Fragmentarisch nennt Dürrenmatt diese Komödie, weil er die Weiterführung der Handlung zumindest in einem zweiten Stück offenläßt). Mit den Göttern, die in Brechts Parabelstück nach Sezuan kommen und einen guten und glücklichen Menschen auf der Erde suchen, ist der an den Ufern des Euphrats erscheinende Engel verwandt; wie sie läßt er, in den Himmel zurückkehrend, seinen Schützling in Hilflosigkeit zurück; doch fehlt die parodistische Zuspitzung. Wo Brecht entzaubert, um zu entlarven, wirken hier Elemente des Märchens und Traums eher verzaubernd. Ein metaphysisch-religiöser Horizont wird angedeutet und bleibt unangetastet.

Eine entschlossene Rückkehr zur grotesken Komödie und einen entscheidenden Schritt zur Entlarvungstechnik Brechts hin bedeutet „Der Besuch der alten Dame". Das Stück wurde, nach der Uraufführung in Zürich (1956), ein Welterfolg. Es schmälert die Eigenleistung Dürrenmatts nicht, daß die Erinnerung an Brechts Oper „Aufstieg und Fall der Stadt Mahagonny" sich aufdrängt. Hier wie dort wird an einem grotesk zugespitzten Fall eine Gesellschaft gezeigt, in der für Geld alles käuflich, also die Moral kommerzialisiert ist. Wie in der Stadt Mahagonny geringe Geldschulden weitaus schwerer wiegen als ein Mord, so wird in der Stadt Güllen der Mord öffentlich sanktioniert, weil man mehr als ihn den Mangel an Geld fürchtet. Unübersehbar sind im „Besuch der alten Dame" die parabelhaften Züge. Mahagonny war ein utopisches Modell des Kapitalismus, auch Güllen ist — wie sehr sich Dürrenmatt immer gegen den Beifall aus sozialistischen Ländern verwahrt haben mag — das Modell einer vom Kapital beherrschten Gesellschaft (was nicht heißt, daß das Stück voll in solcher Deutung aufgeht). Die Multimilliardärin Claire Zachanassian, die sich an dem Kleinwarenhändler Ill rächen will, weil er sie in ihrer Jugend mit einem Kind hat sitzenlassen, kehrt aus Amerika zurück, kauft alle Industriewerke der Stadt auf und legt sie still, um die Bewohner für ihren Racheplan reif zu machen. Zweck und Mittel stehen in einem grotesken Mißverhältnis. Es geht also um mehr bzw. um anderes als um Gerechtigkeit; Claire ist keine Inkarnation der Nemesis, keine moderne Rachegöttin, sie ist auch keine zweite Medea, als die der Gymnasiallehrer sie feiert — die Parodie des griechischen Chors am Schluß des Stückes bestätigt die Unmöglichkeit der antiken Tragödie in der Gegenwart. Claires Racheabsicht richtet sich über Ill hinaus auf die ganze Stadt, weitet sich aus zu dem Plan, ein Gemeinwesen, die Gesellschaft insgesamt durch Verführung zu korrumpieren. Insofern wächst sie doch zu einer Art mythischem Ungeheuer auf, an dem die Dämonie des Kapitals sichtbar wird. Und hierin wären auch die Grenzen zu Brechts Modell markiert.

Aber in keinem Stück hat Dürrenmatt die Brechtschen Mittel grotesker Verfremdung in ähnlicher Weise übernommen und übersteigert wie in diesem. Die vertraute Welt der Wohlstandsgesellschaft und ihrer zwielichtigen Moral ist verfremdet in einer monströsen Fabel. Daß die Auseinandersetzung mit Brecht weitergeht, zeigt „Frank der Fünfte", eine Komödie mit Musik, die zunächst den Untertitel „Oper einer Privatbank" trug (1. Fassung 1959 aufgef., sog. Bochumer Fassung 1964 geschr.). Einige haben das Stück als eine Kopie, andere als eine Parodie der „Dreigroschenoper" verstanden. In Wahrheit mischen sich parodistische Züge mit denen der Nachbildung. Brecht suchte im Exposé zu einem Dreigroschenfilm („Die Beule", 1931) jene Frage, die er im Zusammenhang mit der Dreigroschenoper gestellt hatte: „Räuber sind Bürger — sind Bürger Räuber?" zu beantworten, indem er Bürgertum und Räubertum unmittelbar koppelte: die Macheath-Bande übernimmt die National Deposit Bank. Solche Gleichsetzung findet sich auch in „Frank V.": die Privatbank ist eine Firma von Gaunern. Und die Verlegung des Handlungsmilieus vom Londoner Stadtteil Soho an die Ufer des Zürchersees verstärkt noch das provokatorische Element. Doch der Mißerfolg des Stückes bestätigt ein künstlerisches Gesetz, wonach sich weder die Parodie noch die kritische Schärfe beliebig potenzieren lassen — schon Brecht hatte ausgeschöpft, was an Möglichkeiten zur Parodie und zur gesellschaftskritischen Aktualisierung in der „Beggar's Opera" bereitlag.

Einer Phase der Anziehung im Verhältnis zu Brecht folgt mit der Komödie „Die Physiker" (1962 aufgef.) wieder die Phase der Abstoßung. Sie wird schon in der Form des Stückes signalisiert. Grundsätzlich neigt das Drama Dürrenmatts nur wenig zur szenischen Reihungstechnik des Epischen Theaters. Weder in „Romulus der Große" noch in „Besuch der alten Dame" verselbständigen sich die Teile. Geradezu Geschlossenheit aber, etwa durch die Beachtung der sog. drei Einheiten und durch strenge Verknüpfungen, erreicht die Handlung in den „Physikern", so daß man den Autor sogar einen „Aristoteliker" hat nennen können[52]. Entscheidender als solche Gegensätze zum „Nichtaristoteliker" Brecht sind die Differenzen in der Behandlung des gleichen Themas. Wie im „Galilei" steht die Problematik der modernen Naturwissenschaften zur Diskussion. Brecht betonte, indem er den Fall Galileis auf den Fall der modernen Atomphysiker projizierte, die unendliche soziale Wirkung der wissenschaftlichen Entdeckungen und sprach deshalb dem Einzelnen ein hohes Maß an Verantwortlichkeit zu. Er verstand die Wissenschaft als eine soziale Großmacht. Dürrenmatt denkt diesen Gedanken mit einer Folgerichtigkeit zu Ende, die fast auf Umkehrung hinausläuft. Die soziale Wirkung atomwissenschaftlicher Entdeckungen ist so unermeßlich, daß das Forschergenie die Pflicht hat, „verkannt zu bleiben", d. h. sich von der Gesellschaft zu isolieren. So simuliert der deutsche Physiker Möbius in einer Irrenanstalt den Wahnsinnigen, wird aber beschattet von zwei Beauftragten des westlichen und östlichen Geheimdienstes, die wie er Physiker sind und als Newton und Einstein gleichfalls Wahnsinnige spielen. Dürrenmatts neue Sicht auf die Problematik der modernen Naturwissenschaft deutet sich in Möbius' Formulierung an: „Wir müssen unser Wissen zurücknehmen ... Entweder bleiben wir im Irrenhaus oder die Welt wird eines. Entweder löschen wir uns im Gedächtnis der Menschen aus oder die Menschheit erlischt."[53] Aber die drei Physiker sind von der buckligen Irrenärztin und Anstaltsleiterin, die zugleich das Haupt eines mächtigen Trusts ist, längst durchschaut worden und werden gefangen gesetzt: „Mein Trust wird herrschen, die Länder, die Kontinente erobern, das Sonnensystem ausbeuten ... Die Rechnung ist aufgegangen." Die Flucht aus der Gesellschaft liefert die Physiker dem Bösen aus, einem Bösen, das wieder in der fast mythischen Figur einer Frau gesammelt erscheint und selbst Züge des Wahnsinns trägt. (Nach einem farcenhaft-kabarettistischen Zwischenspiel um einen Nobelpreisträger, der nicht sterben kann, während um ihn herum die Zahl der Toten wächst, in „Der Meteor" [1966 aufgef.], nimmt Dürrenmatt das Motiv der Weltkatastrophe wieder im „Porträt eines Planeten" auf. Die Düsseldorfer Aufführung [1970] bestand aus 25 Szenen, die kosmisches Geschehen vergegenwärtigen sollten. Der Mißerfolg läßt eine Neufassung des Stückes erwarten.)

In den „21 Punkten zu den Physikern" heißt es: „Ein Drama über die Physiker muß paradox sein" und „Im Paradoxen erscheint die Wirklichkeit."[54] Dürrenmatts Begriff des Paradoxen steht in engstem Zusammenhang mit dem des Grotesken, das für ihn „ein sinnliches Paradox" ist, „die Gestalt nämlich einer Ungestalt, das Gesicht einer gesichtslosen Welt ..." Wie unser Denken nicht mehr ohne den Begriff des Paradoxen auskomme, so auch die Kunst. Zwar hat das Paradoxe als eine Gestaltungs-, Anschauungs- und Denkweise bei Dürrenmatt keinen unmittelbar aktivierenden Charakter, denn das (scheinbar) Widersprüchliche soll ertragen werden; doch will solche Hinnahme nicht als Verzweiflung verstanden werden, sondern als Entschluß, „die Welt zu bestehen". Sie erfordert den „mutigen Menschen". Dem Paradoxen standzuhalten, ist einer der künstlerischen Antriebe des Autors selbst. „Die Welt ... steht für mich als ein Ungeheures da, als ein Rätsel an Unheil, das hingenommen werden muß, vor dem es jedoch kein Kapitulieren geben darf."[55] Die Hinnahme des Paradoxen setzt einen Akt der Resignation voraus — einer Resignation, die freilich mit der „absurder" Dichtung nicht zu verwechseln ist —, ein Mißtrauen gegen den Optimismus marxistischer Weltdeutung. Indem Dürrenmatt Widersprüche aufzeigt, sie aber nicht aus der Geschichte von Klassenkämpfen zu erklären versucht, macht er vor den Konsequenzen der dialektischen Methode Brechts halt. So ist das Groteske in Dürrenmatts grotesken Komödien ein halber — kein völliger — Widerruf der Dialektik des Brechtschen Theaters.

6. Neuere Gesellschafts- und Provinzkritik
(Michelsen, Walser, Asmodi, Sperr, Kroetz, Fassbinder, Bauer)

Gesellschaftskritik im Drama der sechziger Jahre ist zu einem guten Teil Auseinandersetzung mit der Vergangenheit (der ungelöschten, fortwirkenden oder wiedererstehenden). Man begegnet ihr gerade bei Autoren, deren Erfahrungen noch in die Hitlerzeit zurückreichen, die aber, vom Vorwurf der Mitschuld und des Mitläufertums nicht unmittelbar betroffen, diese Erfahrungen nicht verdrängen und deshalb ein besonderes Organ für das besitzen, was sich nach den Entnazifizierungsverfahren und unter dem Schutz neuer wirtschaftlicher Macht an restaurativen Tendenzen entfaltet.

Eine Vergangenheit, die als unfaßliche Drohung auf der Gegenwart lastet, wird mit grotesk-symbolischen Mitteln von Hans Günther Michelsen im Einakter „Stienz" (1963) demonstriert: die Figur, in der sich offensichtlich die Macht des Einst verkörpert, der Hauptfeldwebel Stienz, ist zwar immer gegenwärtig, tritt aber nicht ein einziges Mal auf. In einem Haus, das vom Zweiten Weltkrieg her noch deutliche Spuren der Zerstörung zeigt, versucht ein Major seine Memoiren zu schreiben und damit zugleich die Kriegsvergangenheit loszuwerden. Doch schon bei den Anfangssätzen scheitert er. Mit ihm zusammen wohnt seine Tochter. Weder er noch sie vermögen das Haus zu verlassen. Es wird aber auch niemand hereingelassen, weder ein gewisser Paul, den man anfangs ein paarmal rufen hört, noch ein gewisser Santowski, dessen Kommen die beiden erhoffen. Der Wächter dieses Gefängnisses, Stienz, ist sowohl Kreatur und Befehlsempfänger des Majors wie sein Tyrann, eine Konkretion militaristischen Geistes, die in der Lapidarität des gelegentlich zu hörenden „Jawohemajo" ihren sprachlichen Ausdruck findet. Als Stienz schließlich aufgefordert wird zu verschwinden, aber stattdessen bedrohlich nahe kommt, erschießt ihn der Major. — Die Symbolik des Stückes wäre zu einer Zeit, wo die Wiederbewaffnung Deutschlands geschichtliche Tatsache war, leicht entschlüsselbar und der Appellcharakter der Selbstbefreiungstat unübersehbar gewesen, wenn nicht den Schluß des Stückes Resignation kennzeichnete: die Tochter übernimmt das Wächteramt des toten Hauptfeldwebels, und der Major sitzt am Ende nicht anders vor seinen Memoiren als zu Anfang des Stückes. Die Kreisstruktur des Vorgangs bestätigt, daß sich grundsätzlich nichts geändert hat und das Gegenwärtige an die düstere Vergangenheit gekettet bleibt.

„Lappschiess" (1963), Michelsens folgendes Stück, „führt das Thema der hoffnungslosen Ausweglosigkeit ... weiter"[56]. Stärker als in „Stienz" ist das Gefangenschaftsmotiv durch das Moment der Wiederholung des Gleichen bestimmt; doch verschwinden, zugunsten des Absurden, die politischen Aspekte der Situation. Den Gefängnischarakter von Alltags- und Kleinbürgerwelt machen Michelsens „Feierabend I und II" (1963) und „Drei Akte" (1965) deutlich. Erst „Helm" (1965) knüpft wieder an „Stienz" an. Die „Gespenster der Vergangenheit" sind wieder die des Krieges, der zeitgeschichtliche Bezug ist sogar konkreter geworden. Eine rächende steht gegen eine verdrängte Vergangenheit auf; hier gelingt der Befreiungsversuch, den in „Stienz" die banale Macht des Vergangenen abwürgte. — Doch geht Michelsen mit „Frau L." (1967) wieder einen Schritt zurück in die Darstellung einer Privatsituation.

Eine vorübergehende Rückwendung ins Private, freilich eher eine „Reprivatisierung" im Sinne Max Frischs, zeichnet sich auch im dramatischen Werk Martin Walsers ab. Am Anfang steht „Der Abstecher" (1961 aufgef.), eine Verbindung von Ehestück und Dienerkomödie (mit Modifikationen der Herr-Diener-Beziehung in Brechts „Puntila"). Wie Michelsen hat Walser, zumindest in diesem Stück, dem absurden Theater seinen Tribut entrichtet, doch meldet sich schon das kräftige gesellschaftskritische Engagement, zumal in der Darstellung eines Kleinbürgertums, das sich mit der Macht arrangiert.

Dieses Thema ist zentral in „Eiche und Angora" (1962 aufgef.), es wird demonstriert an einem Kleinbürger namens Alois Grübel und der Gesellschaft, die ihn hervorbringt. Walser führt den Weg eines Mannes durch die verschiedenen Stadien der jüngsten deutschen Geschichte vor, eines Mannes mit unbegrenzter Anpassungsfähigkeit. Als Kommunist von den Nazis ins Konzentrationslager gesperrt, wird Alois politisch umerzogen, so daß er in die Gesellschaft wieder entlassen und sogar zu seiner größten Genugtuung in den Gesangverein aufgenommen wird (was er freilich nur der Kastratenstimme verdankt, die ihm von der Operation im KZ geblieben ist). Aber die Tage des Dritten Reiches sind bereits gezählt, und als der Umgeschulte nach dem Kriege ins erlernte Vokabular zurückfällt, wird er erneut eingesperrt, diesmal in eine Heilanstalt. Der Wiederentlassene ist Pazifist, aber inzwischen hat die Wiederaufrüstung begonnen. Und als er die Sangesgenossen an die Ausrottung der Juden in Deutschland erinnert, wird er für immer in eine Anstalt eingeliefert. Alois ist eine Art Kontrafaktur der Schweykgestalt, ein entkernter Schweyk, dessen Anpassung nicht der List, sondern biederem Eifer entspringt. Immer bereit, auf der Höhe der jeweiligen politischen Situation zu sein, ist er im Augenblick der Anpassung bereits von der politischen Entwicklung wieder überholt. Das Mißgeschick dieses stets nachhinkenden Mitläufers wirkt komisch, aber auf ebenso hinterhältige Weise komisch wie die Gesangvereinsmentalität einer Spießbürgergesellschaft, die sich an jeden Situationswechsel flink akkomodiert und Vergangenes rasch aus dem Bewußtsein streicht (etwa wenn sie den ehemaligen Kreisleiter zum Bürgermeister wählt). Die satirische Dialektik läßt den Anpassungsmechanismus der anderen durch die Verspätung bzw. Rückfälligkeit des einzelnen auffällig werden, so daß die Kritik am opportunistischen Individuum und die Kritik an einer Gesellschaft, die ihre politischen Prinzipien tauscht wie ein Hemd, wechselweise auseinander hervorgehen.

Wie der gesellschaftskritische Realismus im „Abstecher" auf den „Krücken des absurden Theaters" (Joachim Kaiser)[58] ging, so wird er in „Eiche und Angora" überfrachtet mit sprachlichen Symbolen und Chiffren (schon der Titel ist bezeichnend) und ausgehöhlt durch breite, gemäldehafte Episoden. Eine Neigung zur Abstraktion verstärkt sich noch einmal in „Überlebensgroß Herr Krott" (1963 aufgef.), in der Konstruktion einer Gestalt, an der ein Kapitalismus demonstriert werden soll, der selbst, und zwar vergeblich, nach seiner Abschaffung ruft. Die Figur ist nicht psychologisch konzipiert worden. Aber selbst wenn man Psychologisches nicht zum Maßstab nimmt, wird an Krotts Selbstüberdruß und seiner Enttäuschung über die, die ihn dulden, nicht auch schon die geschichtliche Überfälligkeit des Kapitalismus einsehbar.

Mit dem folgenden Stück, „Der schwarze Schwan" (1964), wendet sich Walser wieder dem Thema der deutschen „Vergangenheitsbewältigung" zu. Ein junger Mann, Sohn eines Chirurgen, der im

Konzentrationslager gemordet hat, will in die Schuld seines Vaters eintreten. Der bringt ihn zur „Heilung" in eine Anstalt. Der Leiter dieser Anstalt, ehemals Arzt in demselben KZ wie der Vater, sühnt für seine Schuld mit einem seltsamen Bußritual. Die Heilanstalt birgt auch noch andere, die an der Vergangenheit leiden. Daß das Schuld-Sühne-Problem so sehr in die Nähe der Nervenkrankheit, ja des Irrsinns gebracht und in einer allzu ausgeklügelten Fabel entfaltet wird, gefährdet seinen vollen Ernst — es sei denn, man legt die Vorstellung von einem Theater zugrunde, das der Autor selber „Bewußtseinstheater" nennt.

Walsers Theatertheorie[59] entwickelt sich, wie die von Frisch und Dürrenmatt, zu einem guten Teil aus dem Widerstand gegen Brecht und — damit zusammenhängend — aus dem Zweifel an der gesellschaftsverändernden Wirkung des Theaters. Von den Stücken Brechts komme kein „Impuls für das reale gesellschaftliche Leben" beim Publikum an, sie seien am besten „als Zeugnisse eines vergangenen Kampfes zu interpretieren". Dieser Versuch, Brecht bereits ganz in die Historie zu verweisen, geht sogar noch über Frischs bekanntes Aperçu von der „durchschlagenden Wirkungslosigkeit" des „Klassikers" Brecht hinaus. Mit Dürrenmatt teilt Walser die Ansicht, daß sich die Wirklichkeit „der direkten Abbildbarkeit entzogen" habe. Zwar ist sein Realismusbegriff nicht neu. Daß „Realismus ... immer zuerst eine Auffassungsart und dann erst eine Art der Darstellung" sei, ist eine spätestens von J. M. R. Lenz praktizierte und durchgesetzte und dem frühen Brecht bereits selbstverständliche Erkenntnis. Und gegen das „Imitiertheater" polemisiert auch Frisch. Doch zieht Walser die Konsequenzen nicht des Autors von „Biedermann" und „Andorra", sondern von „Biografie": „Was auf der Bühne gespielt wird, ist selber Wirklichkeit; eine Wirklichkeit aber, die nur auf der Bühne vorkommt ... nicht nur nachgemachtes Leben, sondern originales."

Dieses „Bewußtseinstheater" gibt den Anspruch des früher (1962) geforderten „exakten Theaters" auf, jenes Theaters, in dem eine „aktive" Fabel „die Wirklichkeit zwingt, sich preiszugeben". Jetzt, im „Weiteren Tagtraum vom Theater" (1967), wird Wirklichkeit auf Bewußtseinswirklichkeit eingegrenzt. Theaterfiguren sind für Walser „aus Bewußtseinsstoff", Stücke sind „Versuche der Autoren, ihr Bewußtsein zum Ausdruck zu bringen". Erst „unter dem Einfluß bürgerlicher Ideologie, die Kunst und Leben so fatal trennt", seien „Stoffe und Figuren immer strengeren Imitationsmaßstäben unterworfen" worden. Und nicht in sozialistischer Dramatik sieht Walser das bürgerliche Imitiertheater überwunden, sondern bei Samuel Bekkett, der das Theater wieder zu einem Ort mache, „an dem Handlungen des Bewußtseins stattfinden können".

Walsers Theorie des „Bewußtseinstheaters" scheint einem Stück wie Frischs „Biografie" durchaus nicht unangemessen zu sein. Frisch bemerkt in seinem Nachwort ausdrücklich, daß Kürmann vom Registrator objektiviert werde und daß es das Dossier, das dieser benutze, „im Bewußtsein von Kürmann" gebe. So ließen sich wohl auch die Varianten, die Kürmann durchspielt, als Spiele des Bewußtseins verstehen. Wie eine Rechtfertigung mutet Walsers Satz an: In einem Stück dürfe „soviel passieren wie in einem menschlichen Bewußtsein".

Damit versucht Walser ein künstlerisches Prinzip der modernen Erzählkunst, das wir seit Virginia Woolfs oder James Joyces Romanen kennen, auf das Drama zu übertragen. Freilich ist zu fragen, ob ein solcher Entwurf nicht die besonderen Bedingungen des Bühnenspiels außer acht läßt und nicht etwa nur auf das Monodrama zusteuert, sondern auch jene Einsichtigkeit und Verständlichkeit verhindert, der das Theater als eine an sinnliche Wahrnehmung gebundene Kunstform bedarf. Für Walsers „Schwarzen Schwan" jedenfalls hat Ernst Wendt[60], der in dem Stück Bewußtsein konkretisiert sieht, auf die Problematik aufmerksam gemacht, die entsteht, wenn Bewußtseinsausschnitte nicht von einem Ich erzählt, sondern mit Hilfe leibhaftiger Personen vorgestellt werden.

Walser erhofft sich von dem „Bewußtseinstheater" mehr Raum für „Politisches". Doch scheint sein Entwurf der psychologischen Analyse, die im expressionistischen Drama, bei Brecht und im absurden Theater ausgeschlossen blieb, wieder Einlaß zu gewähren und der Subjektivität neuen Spielraum zu eröffnen. Reinhold Grimm vermutet sogar, das „Bewußtseinstheater" laufe auf die Darstellung „der guten alten bürgerlich-individuellen Psyche" hinaus[61]. Daß es das Ausweichen ins Private erlaubt, bestätigte jedenfalls prompt (auch wenn ein wesentlicher Teil des Dramas schon zehn Jahre früher entstand) Walsers „Die Zimmerschlacht" von 1967, das „Übungsstück für ein Ehepaar". Zwar hat der Ehekrieg zweier Partner, zumindest im I. Akt, auch seinen sozialen Aspekt, weil bereits im Zusammenleben zweier Menschen gesellschaftliche Konflikte sichtbar werden; doch kippt im fünfzehn Jahre später spielenden II. Akt das Ehekriegsdrama vollends in den Schwank um.

Die allgemeine Politisierung des öffentlichen Lebens und des Theaters in Westdeutschland am Ausgang der sechziger Jahre läßt die

Wendung ins Private zu einem bloßen Seitensprung des Dramen-
autors Walser werden. Das zweiaktige Stück „Ein Kinderspiel" von
1970 signalisiert eine Rückkehr zu gesellschaftskritischer Dramatik,
ohne freilich mehr als ein Versprechen zu sein. Eine Fabel gelangt
nicht zur Entfaltung, das Stück führt geradezu ihr Nichtzustande-
kommen vor; die Personen übernehmen Funktionen mehrerer Rollen. Im ersten Akt äußert sich Gesellschaftskritik vor allem als Er-
ziehungskritik. Zwei Geschwister demonstrieren in wechselnden
Situationen und wechselnden Rollen das Dressurhafte der Erziehung.
Der II. Akt überführt, mit Hilfe des Film-Motivs, das Erziehungs-
problem aus dem Familienrahmen ins Öffentlich-Politische und verbindet es mit dem Thema des Arbeiter-Unternehmer-Gegensatzes.
Doch werden die gesellschaftskritischen Ansätze immer wieder durch
die Dissoziation szenenlogischer Zusammenhänge zerspielt.

Während Walser der dramatischen Fabel ihr Gewicht zu nehmen
sucht — wofür das „Kinderspiel" nur ein extremes Zeugnis ist —,
ruhen die salopp-zynischen Gesellschaftskomödien von Herbert Asmodi auf handfesten, teilweise reißerischen Plots. Asmodi benutzt
das europäische Intrigenstück als Steinbruch, aus dem sich Elemente
für zügige, spannende, von Umschlag zu Umschlag eilende Handlungen holen lassen. Ob im Salon, in feudaler Umgebung oder im
Luxusmilieu der Neureichen, überall wird das Ränkespiel vom blanken
Geschäftsinteresse diktiert (Pardon wird nicht gegeben, 1958; Nach-
saison, 1959; Mohrenwäsche, 1963; Stirb und Werde, 1965/66).

Walser und Asmodi enthüllen die Skrupellosigkeit, die sich hinter
kleinbürgerlicher Gemütlichkeit bzw. der gleißenden Generosität des
Geldbürgertums verbergen kann. Mit der Bosheit, die sich unter
ländlicher Sittsamkeit tarnt, rechnet Martin Sperr ab. In seiner Darstellung der deutschen (der bayerischen) Provinz werden Traditionen
des Volkstheaters, allerdings in Horváthscher Umformung, für die
Gesellschaftskritik fruchtbar. Wie Horváth — und mit Einschränkung
auch Marieluise Fleißer in ihrer 1928 aufgeführten Komödie „Die
Pioniere von Ingolstadt" — läßt Sperr das Volksstück zur Falle werden, in der sich biedere Erwartungen überrumpelt sehen: provin-
zielle Treuherzigkeit zeigt plötzlich ihre Klauen. Im bitterironischen
Titel des Stückes „Jagdszenen aus Niederbayern" (1966) ist die im
Hinterhalt des Harmlosen lauernde Bösartigkeit auf eine Formel gebracht; das Waidwerk, das in dem bayerischen Dorf betrieben wird,
ist Menschenjagd mit den Losungen einer aggressiven Moral, gejagt
wird ein Homosexueller (der allerdings in die Stadt entfliehen kann).
Aus der Spannung von erwarteter Provinzidylle und deren Entlar-

vung leben auch Sperrs „Landshuter Erzählungen" (1967), die mit der Feindschaft zweier Bauunternehmer und der Liebe ihrer Kinder Motive der Romeo-und-Julia-Geschichte in die Welt des geschäftlichen Konkurrenzkampfes übertragen; das versöhnliche Ende — die beiden Unternehmen werden vereinigt — ist nur die ironische Pointe auf den vorhergegangenen erbarmungslosen Interessenstreit.

Daß das Volksstück in der Nachfolge Horváths sich auch der Parabelform nicht verschließt, bezeugt Sperrs „Koralle Meier" (1971). Und wo Möglichkeiten der Parabel wahrgenommen werden, ist für gewöhnlich das Vorbild Brechts nicht fern. Die Figur der Koralle Meier stammt von der Mutter Courage ab, aber in ihr schlagen auch die Züge der Landstörzerin (und Dirne) Courasche aus Grimmelshausens „Simplizissimus" wieder stärker durch; sie ist eine Prostituierte, und zwar eine „Private". Von den Erträgen dieses Gewerbes hofft sie eine andere, eine gutbürgerliche Existenz im „Einzelhandel", aufbauen zu können. Aber was der Courage vorübergehend gelingt: „ins Geschäft" zu kommen, bleibt der Koralle Meier versagt. Zum Verhängnis wird ihr — hier denkt man an Brechts „Guten Menschen" — ihre Güte. Es ist die Zeit der Judenverfolgung, und ihre Hilfsbereitschaft einem jüdischen Friseur gegenüber bringt sie ins Lager. Nun paßt sie sich an; wieder entlassen, gebärdet sie sich antisemitisch und bezichtigt den Bürgermeister der Rassenschande. Aber die Denunziation trägt nichts ein. Es zeigt sich, daß der Naziterror nicht nur Werkzeug der völkischen und rassischen Ideologie ist, sondern zugleich der Erhaltung bestehender Machtverhältnisse dient, gerade auch der wirtschaftlichen. Koralle Meier scheitert an geschäftlichen Widerständen, die als moralische Schranken verbrämt sind. Zur Parabel wird das Stück dadurch, daß es Sperr nicht eigentlich um die Darstellung von Zuständen im Hitlerdeutschland geht. Einige — dem Autor wohl unterlaufene — Anachronismen unterstützen noch den Zug zur Herauslösung des Geschehens aus seinen engeren geschichtlichen Verflechtungen und verdeutlichen seinen parabolischen Charakter. Der Terror in „Koralle Meier" verweist auf einen latenten Faschismus, der unter dem biederen Gehabe eines provinziellen Kleinbürgertums das Hitlerreich überdauerte. — Solche nur notdürftig verdeckte Gewaltsamkeit wird auch in Jochen Ziems „Nachrichten aus der Provinz" (1967) kenntlich gemacht.

Für die Verbindung von Volksstück und dramatischer Moritat war in den zwanziger Jahren Zuckmayers „Schinderhannes" exemplarisch. Den Moritaten der jüngeren Autoren ist die vitale, edelmütige und rührende Gestalt des Volkshelden fremd. Es überwiegt das Groteske des Moritatenstils, den in der Nachkriegszeit Max Frischs „Graf Öderland" begründete. Doch wächst bei einem Dramatiker wie Franz Xaver Kroetz die Moritat ganz aus dem Volksstück, ja dem Bauerntheater heraus, was etwa die Bewahrung des (bayerischen) Dialekts bestätigt. Selbst da, wo auf die Mundart verzichtet wird, bestimmt sie den sprachlichen Duktus. Erst die Verfremdung des Volkstheaters aber legt die Mechanismen abgestumpfter zwischenmenschlicher Beziehungen bloß, in denen die versteckte, durch Autorität gestützte Gewalt die offene Brutalität herausfordert — so in Kroetzs „Wildwechsel" (1971 aufgef.), wo ein jugendliches Liebespaar den Vater des Mädchens ermordet. Zum Serienmotiv wird der Mord in einem der Stücke des produktiven — vielleicht allzu produktiven — Dramatikers und Filmautors Rainer Werner Fassbinder, in „Bremer Freiheit" (1971 aufgef.). Dabei streicht Fassbinder allerdings noch sechs von den tatsächlichen fünfzehn Morden der 1831 hingerichteten Bremer Giftmischerin Gesche, deren monströser Fall ihm als Vorwurf dient. Die volle Wirklichkeit hätte wohl nur zur überdrehten Moritat, zu deren Parodie getaugt. Um Parodie aber ist es Fassbinder nicht zu tun, auch wenn der Titel des Stückes und sein Untertitel, „bürgerliches Trauerspiel", ironisch gemeint sind. Die Giftmorde der Gesche werden nämlich als eine Revolte gegen Unfreiheit, gegen die Unterdrückung des bürgerlichen Weibes und insofern als Akt der Emanzipation gesehen (nur am Ende zeigt das Automatische der Taten deren Selbstzweckcharakter an). Doch ist zu fragen, ob denn überhaupt die kriminelle Ungeheuerlichkeit zur Demonstration gesellschaftlicher Emanzipationsbewegungen geeignet ist oder ob nicht — wie in Dürrenmatts „Alter Dame" — die Monstrosität einer Figur immer nur für etwas Monströses selbst stehen kann. Gewaltaktionen, die nicht hinreichend kritisierbar werden, sind auf dem Theater problematisch. Das wird deutlich auch an Wolfgang Bauers „Magic afternoon" (1969) und „Change" (1969), in Szenen, die zeigen, wie sich Gruppenzwänge und aufgestaute Aggressionen in Vernichtungsorgien entladen. In der Darstellung der Gewalt schwingt eine Faszination mit, durch die das Stück selbst als ein Symptom jener gesellschaftlichen Deformation erscheinen kann, die es aufzeigen will.

7. Entscheidungsdrama (Hochhuth, Hochwälder)

In Gegenposition zum neuen Volksstück und zu einem Realismus, der registriert, stehen Rolf Hochhuths Stücke. Sie sind Versuche, das

Theater als moralisch-politische Gerichtsstätte wiederherzustellen. Von daher wird der Rückgriff auf Schiller, zumal auf dessen Geschichtsdrama, verständlich. Diese Rückwendung Hochhuths zu Schiller erweist sich zugleich als eine Gegenwendung gegen Dürrenmatt. Der klassische Heldentypus und die idealistische, große sittliche Entscheidungen vergegenwärtigende Geschichtstragödie sind für Dürrenmatt vor allem dort unmöglich geworden, wo der Dramatiker gerade historisch gewordene oder zeitgeschichtliche Stoffe aufgreift: „Die heutige Welt ... läßt sich schwerlich in der Form des geschichtlichen Dramas Schillers bewältigen ... Aus Hitler und Stalin lassen sich keine Wallensteine mehr machen ... Die Macht Wallensteins ist eine noch sichtbare Macht, die heutige Macht ist nur zum kleinsten Teile sichtbar, wie bei einem Eisberg ist der größte Teil im Gesichtslosen, Abstrakten versunken."[62] Dürrenmatts Absage wiederholt noch einmal mit geschärften Argumenten die Abkehr vom klassisch-idealistischen Geschichtsdrama, die schon in der ersten Hälfte des 19. Jahrhunderts Grabbe und Büchner vollzogen hatten.

Das Bemühen Hochhuths, Geschichtsdramatik wieder von der Idee her und auf die Entscheidung hin zu konzipieren, läßt an das Beispiel des Brechtschen „Galilei" denken. („Die Tage der Commune", nicht zufällig erst nach Brechts Tod 1956 aufgeführt, fallen für einen Vergleich ohnehin aus[63].) Mit Recht hat Klaus-Detlef Müller darauf hingewiesen, daß sich Brechts Bemerkung, der „Galilei" sei ein „Gegenbeispiel zu den Parabeln", auf die erste Fassung beziehe und daß die Selbstverurteilung in den späteren Fassungen Galilei zur Parabelfigur werden lasse[64]. Die Veränderungen, die das Stück von Fassung zu Fassung erfuhr, sind der Konzeption des Stückes als Geschichtsdrama abträglich geworden. Dem unheldischen „Helden" der ersten Fassung ist in der dritten das Gewicht einer weltgeschichtlichen Entscheidung aufgebürdet, von welcher der historische Galilei nichts ahnen konnte. Die Angst und die List epikureischer Lebenshaltung sind zum Gesinnungsverrat und zum sozialen Versagen umgemünzt. Episches Theater und Entscheidungsdrama treten miteinander in Widerstreit.

So kündigt in diesem Punkt Brechts „Leben des Galilei" die inneren Schwierigkeiten Hochhuthscher Dramatik schon an. Denn Hochhuths Anknüpfung an Schiller bleibt beim epigonalen Rückgriff nicht stehen; es werden durchaus auch Mittel der nachklassischen und modernen Dramaturgie, zumal Formen der Episierung, aufgenommen. Im Schauspiel „Der Stellvertreter" (1962) erweitern sich Szenen- und Regieanweisungen zu detaillierten epischen und historischen Kommentaren. In „Soldaten" (1967) sorgen außerdem der Prolog und der Epilog für ein Rahmengeschehen, für die gleichzeitige Episierung und Aktualisation der eigentlichen dramatischen Handlung. Aber hier enthüllt sich auch die Unverträglichkeit verfremdender Elemente mit der Dramaturgie des idealistischen Geschichtsdramas, die auf Einfühlung und auf den inneren Mitvollzug der Entscheidungssituationen angelegt ist.

Denn Hochhuth hält an der Held-Gegenspieler-Konstellation Schillers und an dem Kontrast des „Pragmatikers" und des „Idealisten" fest. Der Konflikt des „Stellvertreters", zwischen Papst Pius XII. und Pater Riccardo, zwischen dem Kirchenpolitiker, dem Hochhuth eine indirekte Mitschuld an der Judenvernichtung zuschreibt, und dem Märtyrer im Konzentrationslager — dieser Konflikt verdoppelt sich noch in „Soldaten": im Gegensatz Churchills und des polnischen Exilpremiers General Sikorski sowie in Churchills und des Bischofs moralischem Disput um die Rechtmäßigkeit des Luftbombardements gegen Zivilisten. In „Guerillas" (1970) bilden der Gegenspieler vom Geheimdienst und der tragische Vertreter der revolutionären Utopie, Senator Nicolson, die Pole. Konflikte drängen zu Entscheidungen. Von der Pflicht zur sittlichen Tat wird nichts abgelassen, selbst in der Komödie nicht: in „Die Hebamme" (1972), deren Hauptfigur für Obdachlose kämpft und eine menschenunwürdige Barackensiedlung in Brand steckt, präsentiert der Autor die nach geltenden Gesetzen kriminelle als eine politisch-sittliche Handlung.

Mit seinen Versuchen zur Erneuerung des idealistischen bzw. des Ideendramas steht Hochhuth in den Nachkriegsjahrzehnten nicht allein. Er hätte sich auf die christliche Entscheidungsdramatik Reinhold Schneiders (auf die Papstdramen oder das Siegfrieddrama von 1951, „Die Tarnkappe") sowie auf österreichische Dramatiker wie Franz Theodor Csokor und vor allem Fritz Hochwälder berufen können[65]. Auch in Hochwälders — 1941 in der Emigration geschriebener — Tragödie „Das heilige Experiment", deren Geschehen (datiert auf den 16. Juli 1767) die Verwirklichung einer sozialen Utopie durch Jesuiten in Paraguay vergegenwärtigt, geraten Pragmatismus und Idealismus miteinander in Konflikt. Um die Frage der Verantwortlichkeit des Einzelnen — auch des Einzelnen, der sein Handeln mit höherer Befehlsgewalt entschuldigt — kreist Hochwälders Drama „Der öffentliche Ankläger" (1948), das in die Zeit der Französischen Revolution führt. Zwar wird das Problem des „Befehls-Notstandes" als ein durch das Dritte Reich aktualisiertes Thema begreifbar, doch vermeidet Hochwälder bewußt direkte Anspielungen auf die Gegenwart. Hochhuth besteht ausdrücklich auf der Verantwortlichkeit des Einzelmenschen gerade in den historischen Prozessen unseres Jahrhunderts — also auch zu einer Zeit, wo nach Dürrenmatt oder Theodor W. Adorno („Offener Brief an Rolf Hochhuth" in FAZ vom 10. 6. 1967) politische Macht aus der Zuständigkeit der (austauschbaren) Person in die der anonymen Apparate verlagert und dadurch ungreifbar geworden ist.

Wie ein Einspruch gegen Dürrenmatts Grabrede auf die Tragödie lesen sich die Bemerkungen am Ende der „Historischen Streiflichter", die Hochhuth dem „Stellvertreter" als Anhang beigegeben hat: „Damit stellt sich ... die Frage nach der Verantwortlichkeit, die, zu Ende gedacht, möglicherweise das Drama selbst als nicht mehr zeitgemäß verwerfen muß — im Zeitalter des Neutrums ... Wenn aber der Einzelne nicht mehr verantwortlich zu machen ist, weil er entweder nichts mehr zu entscheiden hat oder nicht begreift, daß er sich entscheiden *muß*, so ist das Alibi für jede Schuld geschaffen: das Ende des Dramas."[66] In Hochhuths Entscheidungsdrama hat die Rückkehr zu einem rhetorisch-erhabenen Stil Folgerichtigkeit. Doch verwehrt die versachlichte Sprache unseres technischen Jahrhunderts den Aufschwung in das Rhetorische der Prosa oder der Verse eines Schiller. Vielleicht auch ist nur die Sprachkraft Hochhuths nicht auf der Höhe seiner dichterischen Intention.

„Der Stellvertreter" und die „Soldaten" bewegen sich an der Grenze zwischen Geschichtsdrama und Zeitstück. Sie sind erst nach ungewöhnlich intensiven historischen Studien entstanden. Und der Wille zu dokumentarischer Genauigkeit bekundet sich in umfänglichen Szenenanweisungen sowie in der Beifügung historischer Belege und Anmerkungen. Hier gibt Hochhuth die Absicht zu erkennen, auf seine Weise ein „Theater des wissenschaftlichen Zeitalters" zu verwirklichen.

8. Wissenschaft und Theater
(Brecht, Hacks, Dürrenmatt, Frisch, Hochhuth)

Den Prozessen einer Epoche, in der das gesamte menschliche Dasein immer ausschließlicher von den Wissenschaften gesteuert wird, kann sich auch die Kunst nicht entziehen. Schon Dichtungstheorien des Naturalismus schreiben der Wissenschaft — zugrunde liegt der Wissenschaftsbegriff des Positivismus — einen Führungsanspruch zu. So fordert der Theoretiker Henri Gartelmann, der auch bereits eine Kritik der aristotelischen Dramatik liefert (1892), für das Drama eine

„präzise, sachliche Form, eine streng wissenschaftliche Methode"[67]. Dem Expressionismus dagegen, der die Analyse verwirft, ist jeglicher Bund der Kunst mit der Wissenschaft verdächtig. Von einer „Einheit wissenschaftlicher und dichterischer Erkenntnis" wiederum spricht Hermann Broch, der auch die „inhaltliche Unterordnung" der Kunst unter die Wissenschaft — die Darstellung eines Wissenschaftlers oder die Popularisierung wissenschaftlicher Kenntnisse in Romangesprächen — entschieden von der „wissenschaftlichen Denkweise" bzw. „Methode" trennt, die in der Konstruktion des Kunstwerks wirksam wird[68]. Für Alfred Döblin bilden ein übernormal scharfes Sehen und der Sinn für die Wahrheit der Wissenschaft Voraussetzungen der Literatur („Schriftstellerei und Dichtung", 1928)[69].

Brechts Bemerkungen zum Verhältnis von Wissenschaft und Kunst sind keineswegs auf eine Formel zu bringen. Zwar glaubt er noch in der zweiten Hälfte der zwanziger Jahre, das Theater müsse ganz von der Gesellschaftswissenschaft in Besitz genommen werden. „Die Soziologie", sagt er im Kölner Rundfunkgespräch, „soll ... helfen, möglichst alles, was wir an Dramatik und Theater heute haben, möglichst vollständig unter den Boden zu schaufeln."[70] Doch in der Rede „Über experimentelles Theater" (1939) wägt er kritisch den Preis ab, den das Theater für die Anleihen bei der Wissenschaft zahlen müsse: der Naturalismus habe mit seiner „Verwissenschaftlichung der Kunst" zwar „sozialen Einfluß" gewonnen, aber „zweifellos wesentliche künstlerische Kräfte lahmgelegt, besonders die Phantasie, den Spieltrieb und das eigentlich Poetische"[71]. Allerdings wird hier „Verwissenschaftlichung" als eine übermäßige Begünstigung der Lehrfunktion verstanden, und im „Kleinen Organon für das Theater" von 1948 (Vorrede)[72] wird dann dem naturalistischen Drama Wissenschaftlichkeit geradezu bestritten: „Die falschen Abbildungen des gesellschaftlichen Lebens auf den Bühnen, eingeschlossen die des sogenannten Naturalismus, entlockten ... den Schrei nach wissenschaftlich exakten Abbildungen ..." Und was Brecht nun proklamiert, ist „ein Theater des wissenschaftlichen Zeitalters". Doch wird auch klargestellt, daß dieses „Theater eines wissenschaftlichen Zeitalters" „nicht Wissenschaft, sondern Theater" sei, also in den Bereich der Ästhetik gehöre.

Die Verknüpfung von Theaterästhetik und Wissenschaft wird von Brecht mit ihrer heimlichen Verwandtschaft begründet: „Es könnte ja heute sogar eine Ästhetik der exakten Wissenschaften geschrieben werden. Galilei schon spricht von der Eleganz bestimmter Formeln und dem Witz der Experimente, Einstein schreibt dem Schönheitssinn eine entdeckerische Funktion zu, und der Atomphysiker R. Oppenheimer preist die wissenschaftliche Haltung, die ,ihre Schönheit hat und der Stellung des Menschen auf Erden wohl angemessen scheint'.“ An dem Begriff „Theater des wissenschaftlichen Zeitalters" hält Brecht, obwohl er ihn in den „Nachträgen zum ,Kleinen Organon'" als „nicht weit genug" erklärt, auch später fest. Das wissenschaftliche Element in seinem Theater sieht er vertreten durch die marxistisch-materialistische Dialektik. Da Marx auch als einer der ersten deutschen Soziologen zu gelten hat, handelt es sich in Brechts theoretischem und dramatischem Werk nicht nur um die ästhetische Rezeption philosophischer[73], sondern auch gesellschaftswissenschaftlicher Fragestellungen. Das entspricht durchaus dem zunehmenden Einfluß, den die Sozialwissenschaften in unserem Jahrhundert gewonnen haben. Freilich verschränkt sich, in Brechts Theater wie in der marxistischen Methode, mit dem wissenschaftlichen das politische Konzept.

Überraschen mag zunächst die Heftigkeit, mit der die Verbindung von Drama und Wissenschaft in der „postrevolutionären Dramaturgie" des Brecht-Schülers Peter Hacks verurteilt wird. Wie Brecht der Wissenschaft eine aufklärende Funktion zuspricht, so auch Hacks — doch sieht er in dessen Entwurf eines „Theaters im wissenschaftlichen Zeitalter" die Eigengesetze der Kunst verletzt: „Es gibt in diesem Jahrhundert bisher zwei typische Richtungen des Dramas, das Brechts und das der Absurden. Die Absurden verzichten auf Erkenntnis der Welt, Brecht opfert ihr alles. Vom Standpunkt der Wissenschaft haben die Absurden unrecht und hat Brecht recht; vom Standpunkt des Dramas haben sie alle miteinander unrecht." Lediglich eine „Sklavenrolle" räumt Hacks der Wissenschaft ein. „Im Bewußtsein des Schriftstellers muß sie wohnen, in seiner Methode darf sie nicht erscheinen." Die „wissenschaftlichen Dichter" sind ihm ebenso abscheulich wie die „dummen". „Die gesamte westliche Moderne tritt mit dem Anspruch auf, wissenschaftlich zu sein." Hier zeigt sich, daß Hacks' Abwendung von Brecht eine Folge seines Unbehagens an der nicht-sozialistischen Dramatik und ihren Formexperimenten ist. Begründet wird die Kritik mit den Unterschieden der wissenschaftlichen und der künstlerischen Methode. Gegenstand der Wissenschaft, die das Subjekt vom Objekt trenne, sei allein das Objekt, Gegenstand der Kunst dagegen sei „die merkwürdige Einheit von Subjekt und Objekt"[74]. Auch der späte Brecht leugnete die Unterschiede nicht. Wie er aber Mittel des Epischen für die distanzierende, objektivierende Wirklichkeitsdarstellung auf der Bühne fruchtbar machte, also Gattungsgesetzlichkeiten zusammenband, so suchte er auch Möglichkeiten der Vermittlung von künstlerischer und wissenschaftlicher Methode zu nutzen.

Es ist Brechts Begriff von Wissenschaftlichkeit, der zum Ansatzpunkt der Kritik Friedrich Dürrenmatts wird. So heißt es zur „Dramaturgie des wissenschaftlichen Zeitalters": „Ich verfolge ... nicht die Absicht, die dramatische Methode, von der Aussage auszugehen, in Frage zu stellen. Sie ist eine der Möglichkeiten der Dramatik und leistet Hervorragendes ... Nur ihren Anspruch möchte ich zurückweisen, *die* Dramaturgie des wissenschaftlichen Zeitalters zu sein. Sie hat keine Beweiskraft, sondern nur eine Demonstrationsfähigkeit. Sie kann propagieren, das ist alles, was sie ihrer Methode verdankt ... ihrer inneren Struktur nach gehört sie mehr dem dogmatischen Zeitalter an ..."[75] Als kritische Korrektur an Brechts Terminologie gedacht, weist doch Dürrenmatts Begriff des „dogmatischen Zeitalters" auf eine allgemeine Paradoxie der Moderne: daß nämlich der Zug zur Verwissenschaftlichung immer wieder durch eine Tendenz zum Dogma unterlaufen wird.

Selbstverständlich sucht auch Dürrenmatt den Erwartungen gerecht zu werden, die ein „wissenschaftliches Zeitalter" dem Theater entgegenbringt. Seine Theorie des Grotesken läßt durchaus einen vergleichsweise wissenschaftlichen Antrieb erkennen: das Bestreben, „genau zu sein". Und wie bei Brecht im „Galilei", so werden bei ihm in den „Physikern" Probleme der modernen Naturwissenschaft thematisch. Daß sich dieser Stoff nach den ersten Atombombenexplosionen dem Dramatiker geradezu aufdrängt, zeigt im übrigen Carl Zuckmayers Schauspiel „Das kalte Licht" (1955), ein Schlüsseldrama um den in England verurteilten Atomspion Klaus Fuchs (das freilich den Ernst des Problems durch eine klischeehafte Liebesgeschichte verspielt).

Nicht zufällig wohl ist auch in Frischs „Biografie" die Hauptfigur, Kürmann, ein Wissenschaftler, und zwar ein Verhaltensforscher. Doch bleibt hier die Wissenschaft nicht — wie in Zuckmayers und Dürrenmatts Physikerdramen — in erster Linie Darstellungsgegenstand, also ein inhaltliches Moment. Der Beruf der Hauptfigur korrespondiert mit dem Vorgang des Stücks: Kürmann probiert Verhaltensmöglichkeiten durch; Leben bietet sich hier als ein Experimentierfeld dar. Zu einem Stück des „Theaters im wissenschaftlichen Zeitalter" wird „Biografie" also dadurch, daß das Experiment die Struktur des gesamten Dramas bestimmt. Doch spiegelt die Ergebnislosigkeit der Versuche (die letztliche Unwiderruflichkeit der einmal getroffenen Entscheidungen) zugleich den Zweifel an einer wissenschaftlichen Beherrschung des Lebens. Am Ende der Experimente steht eine Resignation, die mit Frischs Skepsis gegenüber den Wirkungsmöglichkeiten des Theaters übereinstimmt. Immerhin greift selbst der völlig desillusionierte Frisch, der dem Theater nur noch die Fähigkeit zuspricht, das Publikum sich selbst offenbaren zu lassen, mit seinem technologischen Begriff „Theater als Prüfstand"[76] auf die Fachsprache des wissenschaftlichen Zeitalters zurück.

Hochhuth nun erstrebt ein engeres Verhältnis von Theater und (Geschichts-)Wissenschaft; das gesammelte historische Material geht, in Form von Szenenanmerkungen und Dokumentationen, unmittelbar ins Drama ein, wird ihm zumindest zugeordnet. Hochhuth rückt so das dramatische Geschichtsbild in eine wissenschaftlich erarbeitete, besser: mit wissenschaftlichem Anspruch gebotene eigene Geschichtsperspektive. Aber auch er betont (wie Brecht): „Hier ist nicht Wissenschaft, hier ist Theater." (Vorbemerkungen zum II. Akt der „Soldaten")[77]. Zudem bewahrt er sich die Freiheit des Dramatikers — auch des Geschichtsdramatikers —, seine Handlungen zu erfinden. Seine Schauspiele sollten deshalb nicht mit dem dokumentarischen Drama von Heinar Kipphardt, Peter Weiss oder Hans Magnus Enzensberger verwechselt werden.

9. Dokumentarisches und politisches Theater
(Kipphardt, Weiss, Dorst, Straßentheater, Handke)

Während bei Hochhuth das authentische historische bzw. zeitgeschichtliche Material in den Kommentar oder den Anhang verlegt ist, also die dramatische Handlung nur abstützt, ist es im dokumentarischen Theater Baustoff der Handlung selbst. Das Verfahren, historische Dokumente unmittelbar zu Wort kommen zu lassen, ist schon aus „Dantons Tod" bekannt: von jenen Reden in der Nationalversammlung, die aus den Geschichtsquellen übernommen wurden. Aber was bei Büchner Zeugnis eines neuen dichterischen Verhältnisses zur Wirklichkeit und im übrigen nur *eines* der künstlerischen Mittel neuer Wirklichkeitserfassung war, was bei Büchner Zitat blieb, bietet sich im dokumentarischen Theater der sechziger Jahre als dramatischer Text selbst dar. Zwar gibt auch das Dokumentarstück *gespielte* Wirklichkeit, doch die Wirklichkeit diktiert dem Spiel die Bedingungen. „‚In der Sache J. Robert Oppenheimer' ist ein Theaterstück, keine Montage von dokumentarischem Mate-

rial", sagt Heinar Kipphardt. „Der Verfasser sieht sich jedoch ausdrücklich an die Tatsachen gebunden, die aus den Dokumenten und Berichten zur Sache hervorgehen."[78]
Der Dramatiker begnügt sich mit der Auslese und künstlerischen Anordnung des dokumentarischen Materials und vertraut der Überzeugungskraft der gebotenen Fakten. „Das dokumentarische Theater enthält sich jeder Erfindung, es übernimmt authentisches Material und gibt dies, im Inhalt unverändert, in der Form bearbeitet, von der Bühne aus wieder. Im Unterschied zum ungeordneten Charakter des Nachrichtenmaterials, das täglich von allen Seiten auf uns eindringt, wird auf der Bühne eine Auswahl gezeigt, die sich auf ein bestimmtes, zumeist soziales oder politisches Thema konzentriert", heißt es in Peter Weiss' Notizen zum dokumentarischen Theater („Das Material und die Modelle")[79].
Weiss' Definitionsversuch wird problematisch durch die Annahme, ein „in der Form bearbeitetes" Material bleibe inhaltlich unverändert. Auf diese fragwürdige Prämisse von Verfassern dokumentarischer Literatur hat bereits 1932 Georg Lukács in seiner Auseinandersetzung mit einem Werk der Neuen Sachlichkeit, einem Reportageroman von Ernst Ottwalt, am Rande hingewiesen[80]. Was er bei den Schriftstellern dieser Literatur mißachtet sieht, ist die Inhalt-Form-Dialektik, derzufolge (nach Hegels Enzyklopädie, § 133) „der Inhalt nichts ist, als Umschlagen der Form in Inhalt, und die Form nichts als Umschlagen des Inhalts in Form". Auch ein anderer Vorwurf Lukács' gegen die „Reportage als schöpferische Methode" ließe sich auf das dokumentarische Theater übertragen: daß eine künstlerische Darstellung mit wissenschaftlichen Zielen sowohl zur Pseudowissenschaft wie zur Pseudokunst führe. Zwar bestehen ja die Dramatiker des „wissenschaftlichen Zeitalters" selbst (ob nun Brecht, Hochhuth oder Kipphardt) auf der grundsätzlichen Trennung von Kunst (Theater) und Wissenschaft und nehmen nur jenen Spielraum wahr, den auch Lukács anerkennt: daß nämlich „die eine in der fruchtbarsten Weise die Elemente der anderen ... benutzen kann und unter Umständen benutzen muß" — doch erfüllen die Dramatiker nur z. T. die daran geknüpfte Bedingung der „organischen" Integration dieser Elemente. Überhaupt muß gesehen werden, daß Lukács' Aufsatz Bestandteil der Formalismus-Debatte im marxistischen Lager ist und mit jenem negativen Begriff von „Formexperiment" arbeitet, unter dessen Verdikt lange Zeit auch Brechts Dramatik stand.
Nicht nur die Bearbeitung „in der Form", deren verändernde Wirkung

Weiss unterschätzt, sondern schon die literarische oder theatralische Vermittlung an sich modifiziert das authentische Material (den Inhalt), indem sie es in die Fiktionalität überführt. Und gerade die Aufführung liefert zur reproduzierten Wirklichkeit eine Reihe von Fiktionssignalen mit: den Vorhang oder die Rampe, die Bühnen- und Publikumswirklichkeit trennen; die Bühne bzw. das Podium, die nur Spielfläche sind; den Schauspieler, dessen Person nicht mit der Rolle gleichgesetzt werden kann. Über den Fiktionscharakter des Stückes gibt es auch in Weiss' Theorie des dokumentarischen Theaters keinen Zweifel: „Selbst wenn es versucht, sich von dem Rahmen zu befreien, der es als künstlerisches Medium festlegt, selbst wenn es sich lossagt von ästhetischen Kategorien, wenn es nichts Fertiges sein will, sondern nur Stellungnahme und Kampfhandlung, ... so wird es doch zu einem Kunstprodukt, und es muß zum Kunstprodukt werden, wenn es Berechtigung haben will." Nur Hans Magnus Enzensberger verleugnet den Kunstcharakter seines „Verhörs von Habana", will es nicht als „Theaterstück" verstanden wissen. Aber nicht nur die Klausel des Verlags: „alle Rechte, einschließlich der Aufführungen, vorbehalten..." dementiert den Autor, sondern der Autor sich selbst, wenn er später die Darstellung „auf der Bühne oder vor der Fernsehkamera" billigt[81].

Obwohl auch die Autoren des dokumentarischen Theaters das authentische Material den Aufführungsmodalitäten zuformen, verpflichten sie sich ihm in anderer Weise als Hochhuth. Das Drama wird zur szenischen Verbildlichung der bezeugten Geschichte, des historischen Protokolls. Einige Dokumentarstücke geben sich sogar in buchstäblichem Sinne als Protokolle: Kipphardts „In der Sache J. Robert Oppenheimer" (1964) und Weiss' „Die Ermittlung" (1965) stützen sich auf Niederschriften von Untersuchungsverfahren (gegen den Atomwissenschaftler Oppenheimer bzw. gegen Wächter von Konzentrationslagern) und auf authentische Aussagen der Opfer. Enzensbergers „Das Verhör von Habana" (1970) versucht jene Hearings zu rekonstruieren, denen im April 1961 die Teilnehmer der Invasion in der kubanischen Schweinebucht unterworfen wurden. In sehr viel direkterem Sinne als bei Hochhuth wird hier das Theater zum Tribunal: das dokumentarische Drama übernimmt die Form des Verhörs, der Gerichtsverhandlung. Vorgänge der jüngsten Geschichte bieten sich als Prozesse dar, in denen der Zuschauer selbst zum Richter mitberufen ist.

Schon Brecht hatte die besondere Leistungsmöglichkeit dieser Form: nämlich zu kritischer Urteilsfähigkeit zu erziehen, erkannt und vielfach wahrgenommen; die Gerichtsszene ist eine der wesentlichen dramaturgischen Formen seines Theaters. Der gerichtliche Prozeß auf der Bühne verstärkt noch jenen Öffentlichkeitscharakter, den das Theater ohnehin allen anderen Künsten voraushat.

Gerade in den Verhörs- oder Gerichtsdramen werden die Übereinstimmungen des dokumentarischen Theaters mit den Justizstücken der zwanziger Jahre, überhaupt dem Drama der Neuen Sachlichkeit sinnfällig. Aber nicht nur die neusachliche Tendenz zum Dokumentarischen hat ihre Parallele in den sechziger Jahren, sondern auch die Entwicklung zum „Politischen Theater". Sie ist zu verstehen aus den Entsprechungen der ökonomisch-gesellschaftlichen Situation. Nach beiden Weltkriegen kommt es in Deutschland (bzw. Westdeutschland), nicht zuletzt auf Grund amerikanischer Kapitalhilfe, zu Phasen wirtschaftlicher Stabilisierung, deren zweite freilich von sehr viel längerer Dauer ist als die erste. Die Restauration des privatwirtschaftlichen Systems ruft in beiden Epochen eine verstärkte Kapitalismus-Kritik hervor. Zu solchen Antrieben für ein Agitationstheater tritt in den sechziger Jahren die weltweite politische Polarisierung, die der Vietnamkrieg heraufbeschwört, und damit der Protest gegen den Kampf — vor allem den Luftkrieg — der Amerikaner in Indochina.

Zum „politischen Theater" im engeren Sinne[82] sind Stücke wie Günter Grass' „Die Plebejer proben den Aufstand" (1966) und Tankred Dorsts „Toller" (1968) nicht zu rechnen, obwohl hier ein bedeutsames politisches Motiv thematisch wird, nämlich das problematische Verhältnis des Dichters oder Künstlers zur politischen Praxis, das schon in Friedrich Wolfs „Beaumarchais" (1940 entstanden) im Zentrum steht. Grass' „deutsches Trauerspiel" ist — trotz der Verstöße gegen die ‚historische Wahrheit' und entgegen der Beteuerung des Autors — ein Schlüsseldrama für Brechts Verhalten während des Ostberliner Arbeiteraufstandes am 17. Juni 1953. Tankred Dorst, der eine Zeitlang mit dem Dramatiker Richard Hey die Vorliebe für romantisch-phantastische Stoffe und Mittel teilt, sich in der „Großen Schmährede an der Stadtmauer" (1961) aber auch in einen Versuch mit der Parabelform einläßt, verarbeitet in „Toller" (1968) Zeugnisse und Kommentare zur Münchner Räterepublik von 1919, die er 1967 in einem eigenen Band veröffentlichte. Die Gegenüberstellung des Idealisten Toller und des revolutionären Pragmatikers Leviné scheint an Hochhuths Held-Gegenspieler-Konflikt zu erinnern, doch entfernt sich Dorsts Stück mit seiner Revueform und den kabarettistischen Einlagen weit von der Hochhuthschen Dramaturgie. Ein wenig zu mokant und selbstgerecht urteilt hier der spätere Autor über die politischen Aktionen des früheren (das wird peinlich spürbar in der Szene, die Toller im amerikanischen Exil zeigt). Andererseits trifft Dorst in den pathetischen Selbstinszenierungen der Hauptfigur die Exaltation und Realitätsblindheit des historischen Toller in seiner expressionistischen Phase.

Grass und Dorst vermeiden die direkte agitatorische Geste jenes „politischen Theaters", das sich weniger als Ort der Reflexion denn als politisches Kampfmittel versteht, als ein von der Straße in die Schauspielhäuser verlegtes Agitproptheater. Beispiele solchen „politischen Theaters" der sechziger Jahre sind einige Stücke von Peter Weiss.

Lediglich als eine Vorstufe zum neuen „politischen Theater" erwies sich „Die Verfolgung und Ermordung Jean Paul Marats ..." (1964). Denn hier wird der politische Appell noch in einer vielfach gebrochenen Dialektik, durch die ständige Wiederaufhebung der gewonnenen Standpunkte verklausuliert. Weiss hat mit dem Stück eine moderne Version von Max Reinhardts theatralischem „Gesamtkunstwerk" geschaffen. Fast alle bekannten theatralischen Mittel sind hier vereinigt, freilich nicht um — wie bei Reinhardt und zuvor bei Wagner — zu einer Einheit zu verschmelzen, sondern um sich, in letzter Zuspitzung des Brechtschen Stils, wechselseitig zu verfremden: Monolog, Dialog und Kommentar, Publikumsansprache und Aus-der-Rolle-fallen, Gesang und Musik, Tanz und Pantomime, Kammerszene und furiose Massenszene. Der „Marat" ist eines der explosivsten Stücke des europäischen Theaters der sechziger Jahre — das bezeugte nicht zuletzt die Aufführung im «Théâtre Sarah-Bernhardt» in Paris. Doch leistet das Vexierspiel der Verfremdungen und der daraus sich ergebende Mangel an politisch-historischer Prägnanz auch Mißverständnissen Vorschub. Einen entscheidenden Einwand gegen das Stück hat Jürgen Habermas („Ein Verdrängungsprozeß wird enthüllt") erhoben: „Leichter würde ... der Funken von Charenton auf die Gegenwart überspringen, wenn nicht die napoleonischen Siege, sondern das *juste milieu* des milderen Louis Philippe den Rahmen abgäbe. So legen das Stück und die Inszenierung es nahe, mit den napoleonischen Folgen die revolutionären Anfänge in Bausch und Bogen zu verdammen."[83]

Eindeutigkeit zwingt Weiss im „Gesang vom lusitanischen Popanz" (1967) herbei. In elf szenischen Nummern geht der zornige Autor mit den kolonialen Verhältnissen in den afrikanischen Besitzungen Portugals ins Gericht, agitiert mit statistischen Informationen und direkten Anklagen. Das letzte Bild soll den Zusammenbruch des kolonialen Systems symbolisieren: Der metallene Popanz, die in allen Szenen anwesende Schreckgestalt, wird von der aufrührerischen Menge zu Boden gerissen, und der Schlußchor verheißt die Realisation dieses sinnbildlichen Befreiungsaktes in der geschichtlichen Welt, den Sieg der bewaffneten Revolution. Henning Rischbieter rückt das Stück in die Nachbarschaft der Poesie Majakowskis: „auch sie war faktennah, heftig, gebärdenreich, politisch. Sie stellte den Gegner (vor allem in *Mysterium buffo*) ähnlich dar: durch Entstellung, Vergröberung..."[84]

Die Konfrontation von Herrschenden und Beherrschten wird vollends zum Schema versteift in Weiss' „Diskurs über ... Viet Nam" (1968)[85], dessen I. Teil die zweieinhalbtausendjährige Geschichte des vietnamesischen Volkes zu elf exemplarischen „Stadien" der Unterdrückung zusammenzieht, während die II. Teil im Jahre 1954 (während des Indochina-Krieges) einsetzt und bis zum Beginn des Luftkriegs der Amerikaner gegen Nordvietnam führt. Die Übereinstimmung mit der marxistischen Klassenkampftheorie wird durch streng geschiedene schwarze und weiße Gruppen zu äußerster Sinnfälligkeit gebracht, das Ästhetische ist fast ganz in die Gruppen-Choreographie zurückgenommen. Den agitatorischen Charakter des Stücks übersteigerte noch einmal die Münchner Inszenierung von Peter Stein (1968): der Aufführungstext enthielt einen Appell zum Spenden, und Schauspieler begaben sich ins Publikum, um Geld „für Waffen und den Vietcong" zu sammeln.

Hier überspringt, wie einst im „Politischen Theater" Piscators, die Bühnenaktion die Rampe, setzt die Selbstaufgabe des Ästhetischen zugleich alle ästhetischen Beurteilungsnormen außer Kraft. Aber wie bei Piscator stellt sich hier die Frage, ob nicht das Theater zum bloßen Ersatzraum für politisches Handeln wird, ja ob nicht der Schauspieler, der mit der Sammelbüchse ins Parkett geht, und der seinen Obolus entrichtende Zuschauer das Wirkungsziel: die politische Aktion, geradezu parodieren. Die Widersprüche eines Engagements, das die Kunst verwirft und doch benutzt, das sich von der Bühnenwirklichkeit, welche die wirkliche Welt nur abbilden kann, lossagt und doch das Theater nicht verläßt, bleiben ungelöst.

Weiss nimmt denn auch die Zuspitzung des „politischen Theaters", die im „Viet Nam Diskurs" erreicht ist, in den folgenden Stücken wieder zurück. Sowohl in „Trotzki im Exil" (1970) wie in „Hölderlin" (1971) ist die „Technik einer Schwarz/Weiß-Zeichnung", die Weiss dem „parteilichen" dokumentarischen Theater ausdrücklich zugesteht[86], wieder durch die individuelle Aufrundung der Figuren und eine differenzierende Dialogführung abgelöst. Aber die marxistische Sicht, obwohl im sozialistischen Lager von Kritikern des Trotzki-Dramas bezweifelt, bleibt bestimmend. Im Hölderlin-Drama trifft der Dichter, den Weiss am Jakobinertum festhalten läßt, in einer anachronistisch-visionären Szene mit Marx zusammen. So werden Hölderlins poetische Utopien und der wissenschaftliche Sozialismus in augenfällige Beziehung gesetzt. Das Stück signalisiert eine Abkehr vom dokumentarischen Theater und nähert sich wieder, etwa durch die Kopplung der Motive Wahnsinn und Revolution, dem „Marat"[87].

Zu einer Übertragung des Dokumentarstils ins Geschichtsdrama kommt es in Dieter Fortes „Martin Luther & Thomas Münzer oder Die Einführung der Buchhaltung" (1971). Forte belegt seine jahrelangen Geschichtsstudien durch ein Literaturverzeichnis im Anhang. Aus Schriften und Briefen, vor allem Luthers und Münzers, ist eine Fülle von Originaltexten in die dramatischen Reden bzw. Dialoge eingegangen. Materialistische Geschichtsdeutung enthüllt, mit Hilfe authentischer Äußerungen Fuggers, die Zusammenhänge zwischen der Reformation und dem Frühkapitalismus. In einem Nachwort zur „Methode" erläutert Forte seine Antriebe als durchaus wissenschaftliche Motive: es sei ihm darum gegangen, „die Verflechtungen von Kirchengeschichte, politischer Geschichte und Wirtschaftsgeschichte genau zu untersuchen"[88]. Auf direkte Agitation wird — wie in Weiss' „Trotzki" und „Hölderlin" — verzichtet.

Diese Agitation ist ausschließlicher Zweck der zuerst im Jahre 1968 auftretenden „Straßentheater", die an die Praxis von Agitprop-Truppen der zwanziger Jahre anknüpfen, deren politische Ziele sie auch teilen (sieht man von den situationsbedingten Differenzen ab): gemeinsam ist allen die Parteinahme für den Sozialismus. Aus der Studentenbewegung des Jahres 1968 hervorgegangen, bleiben die Straßentheater allerdings fast ausnahmslos eine Angelegenheit studentischer Spielgruppen. Anlässe für die Gründung von Straßentheatern in Großstädten wie Berlin, Hamburg, Köln, Frankfurt oder München sind etwa Demonstrationen gegen die griechische Militärjunta oder den Vietnamkrieg, gegen die sog. Notstandsgesetze oder die Hochschulgesetze, Proteste gegen die Ausnutzung von Lehrlingen oder Arbeitern und dgl. Für die Agitation werden Spiel- oder Dialogszenen, Sprechstücke oder Songs bevorzugt. Als Orte der Aufführung wählen die Ensembles den belebten Platz in der Stadt oder das Fabriktor, das Universitätsgelände oder das Jugendheim. Die

meisten Straßentheater oder zumindest ihre Programme verschwinden wieder mit ihrem Anlaß; das Agitationsstück ist durch seine
Funktion zu äußerster Aktualität, aber auch zu äußerster Kurzlebig-
keit bestimmt[89].
Einen anderen Begriff von Straßentheater hat Peter Handke 1968 in
die Diskussion gebracht[90]. Handkes Überlegungen gehen aus von
den inneren Widersprüchen des „politischen Theaters" und bieten
als Lösung die grundsätzliche Aufhebung der Institution Theater
an. Weder das „marxistische Zukunftsmodell" Brechts noch die
„Sprechchöre für die Freiheit Vietnams", sofern sie auf dem Theater
vorgetragen werden, erscheinen ihm brauchbar: „das Theater als
Bedeutungsraum ist dermaßen bestimmt, daß alles, was außerhalb
des Theaters Ernsthaftigkeit, Anliegen, Eindeutigkeit, Finalität ist,
Spiel wird — daß also Eindeutigkeit, Engagement etc. auf dem Theater eben durch den fatalen Spiel- und Bedeutungsraum rettungslos
verspielt werden ... Das Theater als gesellschaftliche Einrichtung
scheint mir unbrauchbar für eine Änderung gesellschaftlicher Ein-
richtungen."
Gegen dieses (auch Theatertheater genannte) künstlerische Theater
setzt Handke nun ein Straßentheater, das er nicht mit den bereits
wieder institutionalisierten Straßentheatern, die „einfach das Material des alten Agitprop übernommen" haben, verwechselt wissen
will. Offensichtlich schließt er sich Vorstellungen der amerikanischen
Protestbewegung und der Yippies an. Bei Jerry Rubin heißt es:
„Theater has no rules, forms, structures, standards, traditions — it
is pure, natural energy, impulse, anarchy", oder: „Revolution is
Theater-in-the-Streets"[91]. Wie das Straßentheater der Yippies in den
Jahren 1967/68 ist das von Handke propagierte ein totales Provo-
kationstheater. „Das engagierte Theater findet heute nicht in Thea-
terräumen statt ..., sondern zum Beispiel in Hörsälen, wenn einem
Professor das Mikrofon weggenommen wird, wenn Professoren durch
eingeschlagene Türen blinzeln, wenn ... Revolutionäre ihre kleinen
Kinder mit zum Rednerpult nehmen, wenn die Kommune die Wirklichkeit, indem sie sie »terrorisiert«, theatralisiert und sicherlich zu
Recht lächerlich macht, und sie nicht nur lächerlich macht, sondern
in den Reaktionen in ihrer möglichen Gefährlichkeit, in ihrer Be-
wußtlosigkeit und falschen Natur, falschen Idyllik, in ihrem Terror
erkennbar macht."
Doch kann eine Theatralisierung der Wirklichkeit kaum das Ziel engagierter Autoren sein, so daß auch Handke keinen Ausweg aus
dem Dilemma des politischen Theaters zu zeigen vermag. Den we-

sentlichen Einwand hat Hans Mayer formuliert: „Es gibt Spiele in der Wirklichkeit, gespielte Wirklichkeit, es gibt Wirklichkeit spielerisch dargeboten: aber man kann nicht mit der Wirklichkeit spielen."[92]

Handke selber schreibt auch — trotz aller Proteste gegen das herkömmliche Theater — weiterhin Texte, die des Schauspielers und der Bühne bedürfen. Und Stücke wie „Das Mündel will Vormund sein" (1969), „Der Ritt über den Bodensee" (1971) und vor allem „Kaspar" (1968) führen noch einmal zu Problemen des „Theaters im wissenschaftlichen Zeitalter" zurück. Handke ist anscheinend durch die Sprachphilosophie Ludwig Wittgensteins zur Beschäftigung mit der Sprache angeregt worden (wobei nicht erörtert zu werden braucht, wie weit er Gedanken Wittgensteins popularisiert oder vereinfacht). Jedenfalls werden Sprache und Sprachlosigkeit in seinen Stücken thematisch. So versucht er in „Kaspar", in sehr freier Anlehnung an die bekannte Geschichte des Kaspar Hauser, am Prozeß des Erlernens von Sprache die gesellschaftliche und politische Bedeutung von Sprache aufzudecken: ihre Tendenz, den Menschen an die Konventionen anzupassen, ihn abzurichten. Er macht am „Terror" der Sprache gesellschaftliche Zwänge sinnfällig, seine gesellschaftskritische Methode ist ein kritisch-linguistisches Verfahren.

IX. DIE OFFENE DRAMATURGIE ODER DIE EMANZIPATION DES ZUSCHAUERS

Handke hat als Theaterautor mit sog. Sprechstücken debütiert und sogleich in der „Publikumsbeschimpfung" (1966) einen Grundzug der modernen Dramaturgie effektvoll genutzt: die Offenheit des Bühnenvorgangs zum Zuschauer bzw. zur Publikumswirklichkeit hin. Er hat das Element der Provokation, das schon in Brechts „Glotzt nicht so romantisch! Ihr Wucherer! ... Ihr Halsabschneider!" („Trommeln in der Nacht") seine ganze Schärfe erhielt, sich aber weiterhin aus der Bühnenhandlung heraus zu entfalten hatte, in der „Publikumsbeschimpfung" verselbständigt, so daß sich auf der Bühne nichts anderes ereignet als die ständige verbale Herausforderung des Zuschauers. Die Handlung ist ersetzt durch Schmähtiraden, in denen die Schauspieler teils ironisch, teils direkt mit den konventionellen Erwartungen eines konventionellen Publikums abrechnen. Was in der geschlossenen Dramaturgie der Klassik und des bürgerlichen Realismus ins Bild der dramatischen Welt überhaupt nicht mit aufgenommen war: der Fiktions- und Illusionscharakter der gespielten Wirklichkeit, das Vorhandensein von Schauspielern und Zuschauern, also die Bedingungen der Produktion und der Aufnahme — das ist in der „Publikumsbeschimpfung" selbst thematisch. Aber alles was geschieht, dreht sich letztlich um den Adressaten. In der nicht abreißenden Verunglimpfung des Publikums bekundet sich dessen Totalität.

So hat das Stück teil an jener Bewegung im Theater unseres Jahrhunderts, die — in immer neuen Ansätzen — das Publikum in den theatralischen Vorgang einzubeziehen trachtet, spiegelt aber auch bereits die Enttäuschung über die unendlichen Schwierigkeiten des Versuchs. Und Handkes Entwurf eines „Straßentheaters" verlegt ja die Mobilisierung des Zuschauers vom Theater in die Aktionen der Wirklichkeit. Doch erscheint dieses „Straßentheater" mit seinem Ruf nach der theatralisierten Wirklichkeit nicht mehr so revolutionär, denkt man an das romantische Ziel einer Poetisierung des Lebens.

Man soll die Bedeutung der Romantik für das moderne Drama, ihre

Vorläuferschaft, nicht überschätzen. Die historischen Voraussetzungen des romantischen Dramas und des modernen im 20. Jahrhundert sind zu verschieden. Doch gibt es Gemeinsamkeiten in der Gegenstellung zum klassischen Drama und zur geschlossenen Dramaturgie, einer Dramaturgie, die auf den Anschein der organischen und in sich vollendeten Einheit ausgeht. Techniken der Desillusionierung und des Spiels mit der Identität bzw. dem Realitätsbewußtsein, wie wir sie von den Komödien Ludwig Tiecks kennen, kehren — noch einmal zugespitzt — bei einem der bedeutendsten Vertreter des modernen europäischen Dramas, bei Luigi Pirandello, wieder. Für die Publikumsbezogenheit der offenen Dramaturgie hat schon Adam Müller in seinen Reflexionen über „Ironie, Lustspiel, Aristophanes" (1808) eine Theorie geliefert, und zwar mit seiner Konzeption eines „Universallustspiels". Er kann sich „eine Zeit denken, ... wo das wirkliche Leben im Parterre und das idealische auf der Bühne so einig sind, ... daß die Schauspieler nur die Tonangeber eines großen Dialogs sind, der zwischen dem Parterre und der Bühne geführt wird, wo z. B. improvisirende Wortführer des Publikums mit Witz und Grazie eingreifen in das Werk des Dichters und andre Improvisatoren auf der Bühne mit Kunst das Werk des Dichters wie ihre Festung vertheidigen, wo endlich das wirkliche Leben im Parterre und das idealische auf der Bühne ... jedes unüberwunden und jedes gekrönt zurückbleibt, und die Dichter im Parterre gemeinschaftlich mit dem Dichter auf der Bühne, dem ganzen Hause und jedem Schauspieler und Zuschauer offenbaren die unsichtbare Gegenwart eines höheren Dichters, eines Geistes der Poesie, eines Gottes."[1]

Wo das Trennende liegt, macht der Schluß deutlich. In der Apotheose der Poesie folgt das moderne Drama der Romantik nicht. Während sich in der romantischen „Einheit von Poesie und Leben" die Publikumsrealität auf die poetische Wirklichkeit hin bewegt und ihr angeglichen wird (s. die Komödien Tiecks), überwiegt im Theater unseres Jahrhunderts die Absicht, Bühnen- und Spielwirklichkeit auf die Lebens- und Publikumsrealität hinzuordnen und schließlich in sie eingehen zu lassen. Max Reinhardts theatralisches Gesamtkunstwerk, darauf angelegt, den Zuschauer zu überwältigen und in die Spielwelt zu entrücken, bleibt noch — wie Wagners Gesamtkunstwerk — romantischem Kunstverständnis verpflichtet, fordert aber auch die Gegenbewegung heraus, die in Piscators „Politischem Theater" ihren ersten Höhepunkt findet. Und selbst Handkes „Straßentheater", obwohl es das Leben theatralisieren will, bleibt an Eingriffen in die politische Realität interessiert.

Doch gibt es auch in unserem Jahrhundert Entwürfe einer offenen Dramaturgie, die das theatralische Ereignis in die Alltagsrealität einschmelzen wollen und dennoch — wie die romantische Theorie Adam Müllers — am Ende das Mysterium beschwören. Für diese Theorien eines völkischen Theaters sind Gedanken exemplarisch, die Hanns Johst in seiner Rede „Ich glaube!" (1928) entwickelt und im Schauspiel „Schlageter" konkretisiert hat. Zugrunde liegt die — ausdrücklich mit dem aristotelischen Kanon brechende — Vorstellung eines Dramas, das nach dem Abschluß der Bühnenaktion noch der Ergänzung durch das Publikum bedarf, durch einen Zuschauer, den Johst den „Hinzuschauer" nennt. Erst in ihm vollende sich das Drama, in ihm müsse „der metaphysische, schöpferische letzte Akt" spielen. Die Schüsse des Exekutionskommandos, die am Ende des Schlageter-Dramas gleichsam über die Rampe hinwegfegen, sollen die Sache des Helden zur Sache des Zuschauers machen. Aber was sich Johst als letztes Ergebnis des Mitspiels, der aktiven Teilnahme erhofft, ist nicht Erkenntniszuwachs, sondern „jener neue Frühling, wie ihn die Antike in den Eleusisischen Spielen gewann"[2]. Die scheinbar moderne Korrektur des aristotelischen Dramas enthüllt sich als Rückgriff auf eine (voraristotelische) kultische Frühstufe des Theaters.

Gerade auf dem Hintergrund dieser Konzeption wird die Modernität der nichtaristotelischen, offenen Dramaturgie Brechts, wird Brechts Leistung deutlich. Was bei Johst den Zuschauer zur Aktivität anhalten soll, dient schließlich dazu, ihn in einem völkisch säkularisierten Mysterium als bewußte Person zu entmächtigen. (Hier wirken offensichtlich auch Antriebe aus dem ekstatischen Theater des Expressionismus nach.) Der restaurative Entwurf Johsts sucht die in die Geschichte getretene Aufklärung rückgängig zu machen, während Brechts offene Dramaturgie den Zuschauer, da sie ihm nicht die Rolle des Mitspielers (und fast möchte man sagen: Mitläufers), sondern des Gegenspielers anträgt, in die Rechte und die Verantwortung des Mündigen einsetzt. Sie wird damit zum Organ einer neuen Aufklärung und zugleich einer entschiedeneren Demokratisierung.

Auch von dem demokratischen Charakter der publikumgerichteten Dramaturgie handelt schon die romantische Theorie. „Im Trauerspiele sind Bühne und Publikum streng von einander geschieden", sagt Adam Müller, „in der Tragödie spricht die Bühne allein, und so ist sie mehr monologischer monarchischer Natur; in der Komödie sprechen Bühne und Publikum gemeinschaftlich auf der Bühne, schon darum, weil im Lustspiel alles mit directer Beziehung, im Trauerspiel hingegen alles mit indirecter Beziehung auf das Publikum gesagt wird, und so ist das Lustspiel mehr dialogischer demokratischer Natur."[3] Müllers Reflexionen werfen neues Licht auf ein Entwicklungsmoment im Drama des 20. Jahrhunderts, das seine deutlichsten Umrisse in Dürrenmatts Theorie und Drama erhält; sie lassen das Vordringen der Komödie gegen die Tragödie als einen Prozeß der Demokratisierung des Theaters erscheinen — jener Demokratisierung, die auch in der Abkehr vom Rangtheater (der architektonischen Verfestigung hierarchischer Strukturen des absolutistischen Staates und der Ständegesellschaft) oder in der Absage an die Guckkastenbühne (die institutionalisierte Trennung von Bühne und Publikum) zum Ausdruck kommt. Doch weichen im 20. Jahrhundert nicht alle Komödien vom Prinzip der Geschlossenheit ab; es ist an Dürrenmatts „Physiker" zu erinnern. Auf die Demokratisierungstendenzen der modernen (industriellen) Gesellschaft aber antwortet das Drama unmittelbar, wenn es — strukturell zum Publikum hin geöffnet — ein Mitbestimmungsrecht des Zuschauers verbürgt.

Als Paradigma solcher strukturellen Offenheit des Dramas kann immer noch das Parabelstück „Der gute Mensch von Sezuan", zumal dessen Epilog, gelten; und gerade Brechts Bühnenstücke zeigen, wieviel für das Wirksamwerden einer offenen, publikumgerichteten Dramaturgie die Episierung des Dramas leistet, in welchem Maße das moderne Drama ein episches Theater[4] ist. Auf vielfältige Weise widerspricht die offene Dramaturgie der — klassizistischen — Idee von der Gattungsreinheit. Die Gleichgültigkeit der Künstler und Kritiker gegenüber den Gattungsnormen in der Literatur (und der Kunst überhaupt) ist im Laufe unseres Jahrhunderts gewachsen, und sie entspricht nicht mangelndem Willen zur Form, sondern ist das Ergebnis von Bewußtseinswandlungen, die sich auf gesellschaftliche Veränderungen einstellen. Die starre Scheidung der literarischen Gattungen und ihrer Stilvorschriften mochte dem hierarchischen Denken solcher Gesellschaftsformen entsprechen, in denen unaufhebbare (oder doch kaum zu übersteigende) Schranken die Stände und Klassen voneinander trennten. Sie wäre nicht mehr den Denk- und Anschauungsweisen einer Gesellschaft angemessen, die — ohne klassenlose Gesellschaft zu sein — durch zunehmende Mobilität zwischen den Schichten zur offenen Gesellschaft wird. Die Strukturanalogien, die zwischen Gesellschafts- und Kunstformen bestehen, sind beim Theater von besonderer Sinnfälligkeit. Der offenen Gesellschaft des Industriezeitalters und ihrer Bewußtseinslage entspricht eine offene, den Regeln der Gattungshierarchie sich entziehende Dramaturgie.

Sicherlich trägt zur Gattungsindifferenz neuerer Literatur auch das Angebot bei, das von den vermehrten Darstellungsmedien an die Autoren ergeht. Auf das Ineinandergreifen von Gesetzen verschiedener Darbietungsformen deutet Gottfried Benn in einer seiner wenigen Äußerungen zum modernen Drama, in einer Frage zu Dürrenmatts „Ehe des Herrn Mississippi": „Ist dies noch ein Stück? Ist dies noch Theater? Dies Durch- und Nebeneinander von Kino, Hörspiel, Kasperle-Szenarium, zeitlichen Verkürzungen, Vor- und Rückblenden, Sprechen ins Publikum, Selbstprojektionen der Figuren in einem imaginären Raum, Auferstehen von den Toten und Weiterdiskutieren —: Ist das vielleicht das zukünftige Theater?"[5] Es ist ein längst vertraut gewordenes, wird man antworten. Die Grenzen zwischen Kunstformen, die den Schauspieler (Darsteller) benötigen und deshalb ihre Herkunft aus dem Theater nicht verleugnen, bleiben durchlässig. Daß dieselben Stücke als Hörspiele gesendet und als Schauspiele aufgeführt oder zu Opern umgearbeitet werden, daß sie als Vorlagen für Filme und Fernsehspiele dienen, ist eine seit Jahrzehnten geübte Praxis, deren Möglichkeiten durch die Bearbeitung von Erzählprosa zu Dramen, Filmen und Fernsehspielen noch erweitert wird. Es bürgert sich ein, literarischen Vorwürfen von vornherein ihre Vielverwendbarkeit zu sichern. Die Kunstformen und Gattungen treten das ihnen Eigentümliche wechselseitig einander ab.

Nicht nur die Konturen der künstlerischen Gattungen, auch die Grenzen zwischen Kunst und Leben, zwischen Schauspieler und Zuschauer verwischen sich, wo die Publikums- und Wirklichkeitsbezogenheit der offenen Dramaturgie in letzter Folgerichtigkeit das Spiel zur Lebensform werden läßt, wie im Living Theatre und in verwandten Experimenten. Hier ist die Aufführung darauf angelegt, die Zuschauer zu ihrer „Natürlichkeit" zu befreien und in den halb gespielten, halb gelebten Vorgang der — vor allem erotischen — Enthemmung mit hinüberzuziehen, wobei Teile des Publikums bei den Veranstaltungen des Living Theatre dieser suggestiven Einladung durchaus folgten. Andererseits lebten die Mitglieder des Ensembles die Theaterrollen fort: auch im Alltag trugen sie ihre Kostüme und schockierten das gesellschaftliche durch ihr natürliches Dasein. Das hat nur äußerlich zu tun mit der „verschauspielerten" Welt in den romantischen Komödien Tiecks, wo Bühne und Publikum, Schauspiel und Wirklichkeit zu austauschbaren Größen werden[6]. Denn wieder bestätigt sich, daß im 20. Jahrhundert das Interesse an der „Einheit von Kunst und Leben" zu allererst von der Wirklichkeit und erst dann von der Kunst her bestimmt wird. „Die

Truppe selbst", so faßt Marianne Kesting zusammen, „stellt sich als eine Kommune dar, die im alltäglichen Leben beispielhaft vorlebt, was sie auch auf dem Theater spielt: Opposition gegen die Reglements und den Lebensstil der industriellen Gesellschaft, Verzicht auf Besitz und Gewalt, Unabhängigkeit von Institutionen. Ja, es geht so weit, daß alle Mitglieder des Ensembles dieses Gemeinschaftsleben als wichtiger empfinden denn das Theater und die Inszenierung, die nur noch als öffentliches Demonstrationsforum dieses Zusammenlebens aufgefaßt wird."[7]

Fragwürdig ist der abgeleitete Rousseauismus des Living Theatre, die Illusion, Inseln des naturhaften Lebens könnten die zivilisatorischen und politischen Übel, die sie nicht zu beseitigen vermögen, wenigstens vergessen machen. Und bitter kann das Erwachen aus solchen Räuschen sein. Die Wirklichkeit läßt sich nicht wie ein Kunstwerk erleben.

Nüchterner werden die Möglichkeiten der offenen Dramaturgie genutzt, wo sie in den Dienst der Erziehung treten. Mit Versuchen, die Trennung von Autor, Darsteller und Zuschauer zu durchbrechen und den Darsteller (in der Wiederholung beobachteter Lebensszenen) seine eigene Umwelt ins Spiel mitbringen zu lassen, kommt die Improvisation wieder zu Ehren. Solche — unprofessionellen — Experimente überfordern die „Einheit von Kunst und Leben" nicht durch ungemäße Erwartung. Sie gehen davon aus, daß man nicht spielend die gesellschaftliche Wirklichkeit verändern, wohl aber spielend lernen, d. h. aus dem Spiel Impulse zur Veränderung empfangen kann.

Wo der Zuschauer selbst als kritischer Beobachter und Darsteller seiner Lebenswirklichkeit ins improvisierte Drama eintritt, hat die offene Dramaturgie ihre optimale Leistungsmöglichkeit erreicht. Was in der expressionistischen Dramaturgie der Prozesse noch den dramatischen Gegenstand betraf, der Austausch der Substanz- durch die Prozeßvorstellung, das gilt hier für das Drama in seiner Gesamtheit: der Bühnenvorgang wird zum Prozeß, den nur der Zuschauer weiterführen kann.

Die offene Dramaturgie verhüllt nicht länger, was seit jeher das versinnlichte Drama bedingte: sein Angewiesensein auf das Publikum. Aber was ihr herbeizuführen obliegt, ist mehr: die Emanzipation des Zuschauers.

ANMERKUNGEN

Vornotiz

Die eigenen Arbeiten, auf die der Verfasser sich stützen konnte, sind: Brecht und sein Publikum (Frankfurter Hefte 12/1954); Das Drama am Scheideweg? Claudel und Brecht (Deutsche Universitätszeitung 7 und 8/1955); Bertolt Brecht (Deutsche Literatur im 20. Jahrhundert, 5. Aufl. 1967); Individuum und Gesellschaft im expressionistischen Drama (Festschrift f. Klaus Ziegler, 1968); Von Brecht zu Handke — Deutsche Dramatik der sechziger Jahre (Universitas 7/1969); Von der Parabel zum Straßentheater. Notizen zum Drama der Gegenwart (Gestaltungsgeschichte und Gesellschaftsgeschichte, 1969); Die Dramaturgie des späten Brecht (5. Aufl. 1971). Wörtliche Entlehnungen bleiben die Ausnahme (beschränkt auf Zusammenhänge, wo krampfhafte Neu- und Umformulierungen der Sache nicht dienlich gewesen wären).
Der Abschnitt „Zu Geschichte und Soziologie des bürgerlichen Dramas" ist — Helmuth Plessner zum 80. Geburtstag gewidmet — am 19. 10. 1972 als Vortrag vom Deutschlandfunk gesendet worden.

I. Begriff und Vorgeschichte

1 J. M. R. Lenz, Anmerkungen übers Theater. Ges. Schriften, hrsg. v. E. Lewy, Bd. IV, Berlin 1909, S. 251.
2 Peter Szondi, Theorie des modernen Dramas. Zitiert nach der 1. Aufl., Frankfurt/M. 1956, S. 13.
3 Vgl. u. a. Kurt Hommel, Die Separatvorstellungen von König Ludwig II. von Bayern, München 1963. — Die Separatvorstellungen fanden in den Jahren zwischen 1872 und 1885 statt.
4 Ralf Dahrendorf, Homo Sociologicus, 4. Aufl., Köln 1964, S. 26. Im übrigen: Helmuth Plessner, Conditio Humana, Pfullingen 1964; Soziale Rolle und menschliche Natur, in: H. P., Diesseits der Utopie, Düsseldorf 1966.
5 Archiv für Sozialwissenschaft und Sozialpolitik XXXVIII, 1914.
6 Zitiert nach: Georg Lukács, Schriften zur Literatursoziologie. Ausgew. v. P. Ludz, Neuwied 1961, S. 262. — Lukács hat sich später von dieser frühen Schrift distanziert; es interessiert hier aber nur ihr historischer Stellenwert.
7 Zitate nach: Kasimir Edschmid, Frühe Manifeste. Epochen des Expressionismus, Darmstadt 1960, S. 26—43.
8 Zitiert nach: Denis Diderot, Œuvres Esthétiques, Paris 1959, S. 137 f.
9 Idelfonso Valdastri, Preisschrift über das bürgerliche Trauerspiel. Faksi-

miledruck der Ausgabe von 1794, hrsg. v. A. Wierlacher, München 1969, S. 76 und 70. Vgl. zum Vorhergehenden die Hinweise Wierlachers.
10 Lothar Pikulik, ‚Bürgerliches Trauerspiel' und Empfindsamkeit, Köln 1966.
11 Alois Wierlacher, Das bürgerliche Drama. Seine theoretische Begründung im 18. Jahrhundert, München 1968, S. 75 ff.

II. Protest und Vision: Expressionistische Dramatik

1 Max Kommerell, Lessing und Aristoteles, 2. Aufl. Frankfurt/M. 1957, S. 148 und 233.
2 Vgl. hierzu Sokels treffenden Hinweis auf Heideggers spätere Unterscheidung zwischen dem nicht-authentischen und dem authentischen Dasein. Walter H. Sokel, Der literarische Expressionismus, München 1960, S. 71. — Zum expressionistischen Drama neuerdings: Horst Denkler, Drama des Expressionismus, München 1967; Viktor Žmegač, Zur Poetik des expressionistischen Dramas, in: Deutsche Dramentheorien, 2 Bde., hrsg. v. R. Grimm, Frankfurt/M. 1971, Bd. II, S. 482—515. — Eine Analyse expressionistischer Zeitschriften bei Eva Kolinsky, Engagierter Expressionismus, Stuttgart 1970.
3 Ich schließe mich in den folgenden Absätzen und auch in späteren Abschnitten, teilweise wörtlich, an meinen Aufsatz „Individuum und Gesellschaft im expressionistischen Drama" (in: Festschrift für Klaus Ziegler, Tübingen 1968, S. 343—359) an.
4 Georg Kaiser, Werke, 3 Bde, hrsg. v. W. Huder, Frankfurt/M. 1970 f., Bd. III, S. 52.
5 Ich verwende den Begriff ‚Erwartungen' also in anderem Sinne als Hans Robert Jauß, Literaturgeschichte als Provokation (edition suhrkamp 418, Frankfurt/M. 1970, S. 144—207), indem ich von Erwartungen spreche, die aus gesellschaftlichen Situationen, aus historischen Veränderungen hervorgehen. Umgekehrt erlischt die geschichtliche Kompetenz eines literarisch-ästhetischen Werkes dann, wenn es auf Erwartungen solcher Art überhaupt nicht mehr antwortet.
6 Vgl. Franz H. Mautners Interpretation des Dramas in: Das deutsche Drama vom Barock bis zur Gegenwart, hrsg. v. B. v. Wiese, Düsseldorf 1958, Bd. II, S. 359—382; hier S. 374.
7 Karl Kraus, Werke, hrsg. v. H. Fischer, Bd. V, München 1957, S. 770.
8 Vgl. Klaus Ziegler, Das Drama des Expressionismus, in: Der Deutschunterricht 1953/5, S. 57—72; hier S. 61.
9 Georg Kaiser, Werke, Bd. II, a. a. O. S. 88.
10 Carl Einstein, Gesammelte Werke, hrsg. v. E. Nef, Wiesbaden 1962, S. 353.
11 Ludwig Rubiner, Die Gewaltlosen. Drama in 4 Akten, Potsdam 1919, S. 106.
12 Hans Henny Jahnn, Dramen, Bd. I, Frankfurt/M. 1963, S. 213.
13 Walter Hasenclever, Der Sohn. Drama in 5 Akten. Zitate nach der Ausgabe München 1917, S. 98 f., 84 und 128.

14 Franz Werfel, Spiegelmensch. Magische Trilogie. Zitiert nach der Ausgabe München 1923, S. 54 und 64.
15 Zitiert nach Albert Soergel, Dichtung und Dichter der Zeit. Neue Folge. Im Banne des Expressionismus, Leipzig 1925, S. 493.
16 Vgl. auch Klaus-Jürgen Göbel, Drama und dramatischer Raum im Expressionismus, Diss. Köln 1971, S. 111 f.
17 Helmuth Plessner, Die verspätete Nation, 3. Aufl. Stuttgart 1962, S. 84.
18 W. Hasenclever, Der Sohn, a. a. O. S. 65.
19 Georg Kaiser, Werke, Bd. I, a. a. O. S. 496.
20 Vgl. dazu auch Peter Uwe Hohendahl, Das Bild der bürgerlichen Welt im expressionistischen Drama, Heidelberg 1967, S. 264 ff. und 251 ff.
21 Reinhard Johannes Sorge, Werke, Bd. 1 (Nürnberg 1962), S. 328.
22 Georg Lukács, ‚Größe und Verfall' des Expressionismus (1939), in: G. L., Schicksalswende. Beiträge zu einer neuen deutschen Ideologie, Berlin 1948, S. 180—235; hier S. 197. — Marxistische Kritik an Lukács' These bei Klaus Kändler, Drama und Klassenkampf. Beziehungen zwischen Epochenproblematik und dramatischem Konflikt in der sozialistischen Dramatik der Weimarer Republik, Berlin/Weimar 1970, S. 84.
23 Georg Kaiser, Werke, Bd. I, a. a. O. S. 548.
24 Interpretation der „Bürger von Calais" in: Das deutsche Drama vom Barock bis zur Gegenwart (s. Anm. 6), Bd. II., S. 305—324; hier S. 324.
25 Georg Kaiser, Werke, Bd. II, a. a. O. S. 325.
26 Ebd. S. 337.
27 Vgl. dazu Herbert Kaiser, Der Dramatiker Ernst Barlach. Analysen und Gesamtdeutung, München 1972.
28 Vgl. Käte Hamburger, Die Logik der Dichtung, Stuttgart 1957.
29 Ernst Barlach, Das dichterische Werk in 2 Bänden; Bd. 1: Die Dramen, München 1956, S. 453.
30 Ludwig Rubiner, Die Gewaltlosen, Potsdam 1919. Zitate S. 6, 58, 81, 102 f. und 91.
31 Vgl. Helmuth Plessner, Grenzen der Gemeinschaft, Bonn 1924.
32 Ernst Toller, Prosa. Briefe. Dramen. Gedichte. Mit einem Vorwort von Kurt Hiller, Reinbek 1961, Zitate S. 277 und 328.
33 4. Aufl. München 1969.
34 Die Dramaturgie des späten Brecht, 5. Aufl. Göttingen 1971. Zur Unterscheidung von geschlossener und offener Dramaturgie vgl. S. 24—29 und 89 f.
35 August Stramm, Das Werk, hrsg. v. R. Radrizzani, Wiesbaden 1963, S. 229 f.
36 Vgl. Anm. 24; Zitat S. 313.
37 Der literarische Expressionismus, a. a. O. S. 147.

III. Rückkehr zur Wirklichkeit

1 Bertolt Brecht, Gesammelte Werke in 20 Bänden (Werkausgabe edition suhrkamp), Frankfurt/M. 1967 (künftig abgekürzt: G. W.); hier Bd. 9, S. 478 f.

2 Dazu jetzt: Helmut Lethen, Neue Sachlichkeit 1924–1932. Studien zur Literatur des „weißen Sozialismus", Stuttgart 1970, S. 19 ff.

3 Romane aus Amerika, in: Neue Rundschau 1930/II; Zitat S. 398.

4 J. W. Stalin, Zu den Fragen des Leninismus, Berlin 1951, S. 100. – Zitate bereits bei Ernst Schumacher, Die dramatischen Versuche Bertolt Brechts 1918–1933, Berlin 1955, S. 142.

5 Vgl. die Übersetzung aus dem Amerikanischen: John B. Watson, Der Behaviorismus, Stuttgart 1930.

6 Zitate: Brecht, G. W., Bd. 18, S. 171 f. – Vgl. allgemein H. Rosenbauer, Brecht und der Behaviorismus, Bad Homburg 1970.

7 Vgl. besonders Schumacher (s. Anm. 4), S. 178 f.

8 H. Lethen (s. Anm. 2), S. 9.

9 Vgl. die beiden Aufsätze von Horst Denkler: Die Literaturtheorie der zwanziger Jahre, in: Monatshefte (Wisconsin) LIX, 1967, S. 299–319. – Sache und Stil. Die Theorie der Neuen Sachlichkeit und ihre Auswirkungen auf Kunst und Dichtung, in: Wirkendes Wort 18, 1968, S. 167–185.

10 Physiognomie der Zeit und Theater der Zeit, in: Masken 22 (1928), S. 6 f.

11 Literaturbetrieb, in: Der Querschnitt 9, 1929, S. 877.

12 Herbert Ihering, Die vereinsamte Theaterkritik, Berlin 1928, S. 51.

13 Kortner. Typ künftiger Kunst, in: Fritz Kortner, hrsg. v. H. Ludwigg, Berlin 1928, S. 81.

14 Junge Generation, in: Das blaue Heft XII, Berlin/Wien 1932, S. 58.

15 Vgl. Hans Rothfels, Zeitgeschichte als Aufgabe, in: Vierteljahrshefte für Zeitgeschichte 1, 1953, S. 1–8.

16 Es hängt gewiß mit dem Stoffbedürfnis des neuen Massenmediums Fernsehen zusammen, daß nicht das Theater, sondern das Fernsehen dem Zeitstück der Neuen Sachlichkeit zu weiterer – wenn auch durch die historische Distanz abgeschwächter – Wirkung verhilft: viele der dramatisierten Justizfälle tauchen seit den sechziger Jahren wieder in Fernsehspielen auf. Doch versteht sich diese „Renaissance" noch aus anderen Gründen. Dokumentation ist eine der wesentlichen Aufgaben des Fernsehens. Sie ergibt sich aus der besonderen (bis dahin unrealisierbaren) Möglichkeit dieses Mediums, das Erlebnis des direkten, auch zeitlich direkten Dabeiseins zu vermitteln, den Zuschauer zum sehenden und hörenden Tatzeugen zu machen – zum Beobachter von Ereignissen in den fernsten Erdteilen, neuerdings sogar von Vorgängen auf dem Mond. Die Kamera wird hier zum denkbar idealsten Reporter. Fernsehen ist das Medium der uneingeschränkten Aktualität und der unverzögerten Dokumentation. Von seiner spezifischen Fähigkeit her hat es also eine Affinität zum dokumentierenden Zeitstück. Andererseits ist der – trotz aller Sonderzüge und aller Emanzipationsbemühungen – bleibende Bezug des Fernsehspiels zum Theater zu bedenken. Und da schafft die historische Situation des Dramas, mit der Entwicklung zum dokumentarischen Theater in den sechziger Jahren, eine gesteigerte Empfänglichkeit für das dokumentarische Fernsehspiel (dies um so mehr, als fast alle Dokumentarstücke auch ins Fernsehen übernommen oder sogar von vornherein dafür mitkonzipiert werden).

17 Walter Tappe, Regie und Technik, in: Der neue Weg 1928/13; Felix

Ziege, Produktionsweise und Drama, in: Die Literatur, Oktober 1931;
Hans Dietrich Kenter, Das Kollektiv, in: Die Literatur, November 1931. —
Die Hinweise bei Schumacher (s. Anm. 4), S. 534.
18 Kändler (s. Anm. II/22), S. 250.
19 Zitate: Toller (s. Anm. II/32), S. 408, 417, 432 und 435. Vgl. im
übrigen Franz Norbert Mennemeier, Das idealistische Proletarierdrama.
Ernst Tollers Weg vom Aktionsstück zur Tragödie, in: Der Deutschunterricht 24, 1972/2, S. 100—116.
20 Vgl. dazu meinen Aufsatz: Metamorphosen eines Wiegenliedes: H. L.
Wagner, Heine, G. Hauptmann, Toller, Brecht, in: Festschrift für Fritz
Tschirch, Köln 1972, S. 290—306; hier S. 301 f.
21 Zitate: Toller (s. Anm. II/32), S. 353—355.
22 Jost Hermand, Ernst Toller: Hoppla wir leben!, in: J. H., Unbequeme
Literatur. Eine Beispielreihe, Heidelberg 1971, S. 128—149; hier S. 134.
23 Friedrich Wolf, Gesammelte Werke in 16 Bänden, Bd. 3, Berlin 1960.
Zitate S. 91 und 93.
24 Vgl. vor allem Kändler (s. Anm. II/22).
25 Friedrich Wolf, Aufsätze 1945—1953, in: Gesammelte Werke, Bd. 16,
a. a. O. S. 167 f.
26 Erwin Piscator, Das politische Theater, Berlin 1929, S. 37.
27 Ebd. S. 57. Das folgende Zitat S. 164.
28 1928, 1. Halbjahr, S. 386.
29 Piscator, Politisches Theater, a.a.O. S. 60 f. und 69 f.
30 Brecht, G. W., Bd. 15, S. 139.
31 Über experimentelles Theater. Zitate: G. W., Bd. 15, S. 289—294.
32 Das gesellschaftskritische Drama ist nur teilweise identisch mit dem
„sozialen Drama", dem Gegenstand der Untersuchung von Elise Dosen-
heimer, Das deutsche soziale Drama von Lessing bis Sternheim, Konstanz
1949.

IV. Gesellschaftskritik im Drama

1 Die folgenden Zitate G. W., Bd. 16, S. 671.
2 Vgl. meinen Büchner-Essay in: Deutsche Dichter des 19. Jahrhunderts,
hrsg. v. B. v. Wiese, Berlin 1969, S. 200—222; hier S. 215.
3 Fritz Martini, Soziale Thematik und Formwandlungen des Dramas, in:
Der Deutschunterricht 1953/5, S. 73—100; hier S. 99 und 79.
4 Ähnlich Reinhold Grimm und Jost Hermand im Vorwort zu: Deutsche
Revolutionsdramen, Frankfurt/M. o. J. — Im übrigen vgl. R. Grimm, Spiel
und Wirklichkeit in einigen Revolutionsdramen, in: Basis. Jahrbuch für
deutsche Gegenwartsliteratur, Bd. I, 1970, S. 49—93.
5 Vgl. den Wedekind-Essay von Peter Michelsen in: Deutsche Dichter der
Moderne, hrsg. v. B. v. Wiese, Berlin 1965, S. 49—67; hier S. 57.
6 Zuerst im Vorwort zur Gesamtwerk-Ausgabe 1963. Zitiert nach der
Fassung: Carl Sternheims „Kampf der Metapher!" und für die „eigene
Nüance", in: Wilhelm Emrich, Geist und Widergeist, Frankfurt/M. 1965,
S. 167. — Zur Kritik vgl. beispielsweise Heinrich Vormweg, Carl Sternheims Helden, in: Merkur 19, 1965, S. 588—592. — Die Umdeutungen des
satirischen Grundzugs in der „bürgerlichen" Literaturwissenschaft kritisiert

Fritz Hofmann, Einleitung zur Werkausgabe Berlin/Weimar, Bd. 1, 1968, S. 7 ff. — Außerdem: Hellmuth Karasek, Carl Sternheim, Velber 1965; Wolfgang Wendler, Carl Sternheim. Weltvorstellung und Kunstprinzipien, Frankfurt/M. 1966; Winfried Georg Sebald, Carl Sternheim. Kritiker und Opfer der Wilhelminischen Ära, Stuttgart 1969.

7 Carl Sternheim, Gesamtwerk, 6 Bde, hrsg. v. W. Emrich, Neuwied 1963 ff., Zitate Bd. II, S. 247.

8 Franz Norbert Mennemeier, Carl Sternheims Komödie der Politik, in: DVjS 1970, S. 704—726; hier S. 726.

9 Hans Schwerte, Carl Sternheim, in: Deutsche Dichter der Moderne (s. Anm. 5), S. 420—434; hier S. 433.

10 Ebd. S. 425.

11 Sternheim, Gesamtwerk, Bd. I, a. a. O. S. 226.

12 Ebd. S. 281.

13 Das Theater des Neuen, in: H. v. Hofmannsthal, Gesammelte Werke, Lustspiele, Bd. IV, Frankfurt/M. 1956, S. 405—426; Zitate S. 419.

14 Brecht, G. W., Bd. 1, S. 122 f.

15 Zitate ebd. S. 79 und 78.

16 Brecht, G. W., Bd. 2, S. 560 f.

17 Ebd. S. 655.

18 Ebd. S. 783 und 780.

19 Brecht, G. W., Bd. 15, S. 301.

20 Brecht, G. W., Bd. 2, S. 780.

21 Brecht, G. W., Bd. 16, S. 889 f.

22 Brecht, G. W., Bd. 9, S. 793 f.

23 Brecht, G. W., Bd. 17, S. 1109.

24 Brecht, G. W., Bd. 3, S. 1341.

25 Brecht, G. W., Bd. 17, S. 1109.

26 Vgl. dazu Wolfdietrich Rasch, Bertolt Brechts marxistischer Lehrer, in: Merkur 17, 1963, S. 988—1003.

27 Vgl. die von Werner Hecht (Aufsätze über Brecht, Berlin 1970, S. 10) überlieferten Worte Brechts: „Auf keinen Fall ist das epische Theater eine Übergangserscheinung, denn vollkommene Beziehungen zwischen den Menschen können nie eintreten, weder im Kommunismus noch in den darauffolgenden Phasen."

28 Brecht, G. W., Bd. 2, S. 611 f.

29 Ebd. S. 629.

30 Brecht, G. W., Bd. 4, S. 1708 f.

V. „Konservative Revolution"

1 Hugo von Hofmannsthal, Gesammelte Werke, Frankfurt/M. 1952 ff. (künftig abgekürzt: G. W.), Lustspiele, Bd. IV, S. 412, 417 und 415.

2 Zitate: Hofmannsthal, G. W., Prosa, Bd. IV, S. 412 f. — Zur „konservativen Revolution" allgemein vgl. Armin Mohler, Die Konservative Revolution in Deutschland 1918—1932, Stuttgart 1950.

3 Vgl., auch zum Folgenden, Egon Schwarz, Hofmannsthal und Calderon (Harvard Germanic Studies III), 's-Gravenhage 1962.

4 Hofmannsthal, G. W., Dramen, Bd. III, S. 294, 314 und 313.
5 Das deutsche Drama der Neuzeit, in: Deutsche Philologie im Aufriß, Bd. 2, 2. Aufl. Berlin 1960, Spalte 1997—2350; hier Sp. 2195.
6 Vgl. Brian Coghlan, Hofmannsthal's Festival Dramas, Cambridge 1964. Zum „Turm" als „play of ideas" S. 193.
7 Vgl. William H. Reys Interpretation im Sammelband „Das deutsche Drama" (s. Anm. II/6), Bd. II, S. 265—283; hier S. 275.
8 Hofmannsthal, G. W., Dramen, Bd. IV, S. 463.
9 Hofmannsthal, G. W., Prosa, Bd. IV, S. 40—44.
10 Hofmannsthal, G. W., Lustspiele, Bd. II, S. 230.
11 Hofmannsthal, G. W., Prosa, Bd. II, S. 7. Weitere Zitate S. 11 f.
12 Hofmannsthal, G. W., Lustspiele, Bd. II, S. 312. Weitere Zitate S. 258, 312 und 261.
13 Hofmannsthal, G. W., Prosa, Bd. IV, S. 457 f. — Auf Hofmannsthals Verhältnis zur Antike ist hier nicht einzugehen. Vgl. Walter Jens, Hofmannsthal und die Griechen, Tübingen 1955.
14 Hofmannsthal, G. W., Prosa, Bd. IV, S. 402.
15 Hofmannsthal, G. W., Aufzeichnungen, S. 71.
16 Hofmannsthal, G. W., Lustspiele, Bd. II, S. 299.
17 Hofmannsthal, G. W., Aufzeichnungen, S. 226. Weitere Zitate S. 217 und 226.
18 Ebd. S. 27 (und 21).
19 Hofmannsthal, G. W., Lustspiele, Bd. IV, S. 321. Weitere Zitate S. 404 und 387.
20 Richard Alewyn, Der Unbestechliche, in: R. A., Über Hugo von Hofmannsthal (Kl. Vandenhoeck-Reihe 57/57a/57b), Göttingen 1958, S. 101 bis 104; hier S. 104. Vgl. außerdem Hans Mayer, Herrschaft und Knechtschaft. Hegels Deutung, ihre literarischen Ursprünge und Folgen. In: Jahrbuch d. Deutschen Schillergesellschaft 15, 1971, S. 252—279. Mayer stellt das Lustspiel in eine Reihe mit anderen Behandlungen des Herr-Diener-Verhältnisses.
21 Paul Requadt, Hofmannsthals Lustspiel „Der Unbestechliche", in: Wirkendes Wort 13, 1963, S. 222—229; hier S. 224.
22 Vgl. Norbert Altenhofer, Hofmannsthals Lustspiel „Der Unbestechliche", Bad Homburg 1967.

VI. Das erneuerte Volksstück

1 Ödön von Horváth, Gesammelte Werke, hrsg. v. D. Hildebrandt, W. Huder u. T. Krischke, Frankfurt/M. 1970 f.; Bd. II, S. 464.
2 Ebd. Bd. I, S. 328.
3 Ebd.
4 Ebd. S. 496.
5 Ebd. S. 156, 138 und 143.
6 Ebd. Anmerkungen S. 5.
7 Ebd. S. 319, 308, 320 und 323.
8 Brecht, G. W., Bd. 19, S. 505.

9 Vgl. Erwin Rotermund, Zur Erneuerung des Volksstücks in der Weimarer Republik. Zuckmayer und Horváth, in: Volkskultur und Geschichte, 1970, S. 612—633.

10 Carl Zuckmayer, Pro Domo, Stockholm 1938.

11 Carl Zuckmayer, Gesammelte Werke, 4 Bde, 1960; Bd. 3, S. 90.

12 Ebd. S. 93.

13 Wolfgang Paulsen, Carl Zuckmayer, in: Deutsche Literatur im 20. Jahrhundert, hrsg. v. O. Mann und W. Rothe, Bd. II, 5. Aufl., Bern 1970, S. 332—361; hier S. 346.

14 Ingeborg Engelsing-Malek, „Amor fati" in Zuckmayers Dramen, Konstanz 1960, S. 49.

VII. Im Gegenstrom zur Moderne

1 Vgl. zum Folgenden vor allem die Arbeiten von Uwe-Karsten Ketelsen: Heroisches Theater. Untersuchungen zur Dramentheorie des Dritten Reiches, Bonn 1968; Von heroischem Sein und völkischem Tod. Zur Dramatik des Dritten Reiches, Bonn 1970; Kunstcharakter als politische Aussage. Zur völkisch-konservativen Literatur des Dritten Reichs, in: Literatur in Wissenschaft und Unterricht 2, 1969, S. 159—183.

2 Vgl. meinen Aufsatz „Epigonendichtung und Nationalidee", in: Zeitschr. f. deutsche Philologie 85, 1966, S. 267—284.

3 U.-K. Ketelsen, Von heroischem Sein und völkischem Tod (s. Anm. 1.), S. 293.

4 Vgl. dazu Klaus Vondung, Magie und Manipulation. Ideologischer Kult und politische Religion des Nationalsozialismus, Göttingen 1971, S. 73 f. Außerdem: Klaus Sauer/German Werth, Lorbeer und Palme. Patriotismus in deutschen Festspielen (dtv 795), München 1971, S. 159 ff.

5 Gerhart Hauptmann, Das Gesammelte Werk, I. Abt., 5. Bd., Berlin 1943, S. 182 f. und 184. — Vgl. zur Atriden-Tetralogie vor allem Felix A. Voigt, Gerhart Hauptmann und die Antike, Berlin 1965.

VIII. Im Bannkreis Brechts: Dramatik nach 1945

1 Max Frisch, Stücke, 2 Bde, Frankfurt/M. 1962, Bd. I, S. 394. Vgl. allgemein zum Folgenden: Marianne Kesting, Panorama des zeitgenössischen Theaters, 58 literarische Porträts, Neuausgabe München 1969; Karl Otto Conrady, Bemerkungen zu neuen deutschen Theaterstücken, in: Unsere kulturellen Beziehungen zu Nordeuropa. Deutsche Auslandsgesellschaft, 1970, S. 80—85; Marianne Kesting, Das deutsche Drama seit Ende des Zweiten Weltkriegs, in: Die deutsche Literatur der Gegenwart, hrsg. v. M. Durzak, Stuttgart 1971, S. 76—98; Thomas Koebner, Dramatik und Dramaturgie seit 1945, in: Th. K. (Hrsg.), Tendenzen der deutschen Literatur seit 1945, Stuttgart 1971, S. 348—461; Henning Rischbieter/Ernst Wendt, Deutsche Dramatik in West und Ost, Velber 1965. Allgemeiner: Otto Mann, Das deutsche Drama des 20. Jahrhunderts, in: Deutsche Literatur im 20. Jahrhundert (siehe Anm. VI/13), Bd. I, S. 112—169. Margret Dietrich,

Das moderne Drama, Stuttgart 1961; Zur Interpretation des modernen Dramas, hrsg. v. Rolf Geißler, Frankfurt/M. 1960; Das deutsche Drama vom Expressionismus bis zur Gegenwart, hrsg. v. Manfred Brauneck, Bamberg 1970. Nach Abschluß des Manuskripts erschienen: Manfred Durzak, Dürrenmatt. Frisch. Weiss. Deutsches Drama der Gegenwart zwischen Kritik und Utopie, Stuttgart 1972.

2 Vgl. hierzu und zu den folgenden Abschnitten meine Aufsätze „Von der Parabel zum Straßentheater", in: Gestaltungsgeschichte und Gesellschaftsgeschichte, hrsg. v. H. Kreuzer, Stuttgart 1969, S. 583—603; und „Von Brecht zu Handke — Deutsche Dramatik der sechziger Jahre", in: Universitas 24, 1969, S. 689—701. — Zur Theatertheorie Brechts: Albrecht Schöne, Bertolt Brecht: Theatertheorie und dramatische Dichtung, in: Euphorion 52, 1958, S. 272—296.

3 Brecht, G. W., Bd. 16, S. 922.

4 Brecht, G. W., Bd. 15, S. 294.

5 Abhandlung von der Nachahmung (1742). Zitiert nach: Johann Elias Schlegels aesthetische und dramaturgische Schriften, hrsg. u. eingel. v. J. v. Antoniewicz, 1887, S. 134 und 157.

6 Walter Benjamin, Gespräche mit Brecht, in: Versuche über Brecht (edition suhrkamp 172), 2. Aufl. Frankfurt/M. 1967, S. 117—135; hier S. 126.

7 Vgl. Luciano Zagari, Peter Hacks o dell'entusiasmo dialettico, in: Studi Germanici 1967, S. 272—294; Hermann Kähler, Überlegungen zu Komödien von Peter Hacks, in: Sinn und Form, 24. Jahr, 1972, S. 399—423.

8 Werner Mittenzwei, Gestaltung und Gestalten im modernen Drama, Berlin/Weimar 1965, S. 272. — Helen Fehervary, Heiner Müllers Brigadenstücke, in: Basis. Jahrbuch f. deutsche Gegenwartsliteratur, Bd. II, Frankfurt 1971, S. 103—140; hier S. 106. — Vgl. außerdem Klaus Völker, Drama und Dramaturgie in der DDR, in: Theater unserer Zeit, hrsg. v. R. Grimm, W. Jäggi u. H. Oesch. 6. Bd.: Theater hinter dem „Eisernen Vorhang", Basel 1964, S. 90 ff.

9 Hartmut Lange, Die Gräfin von Rathenow. Der Autor über sein Stück, in: Theater heute, September 1969, S. 37.

10 Brecht, G. W., Bd. 15, S. 297.

11 Wolfgang Hildesheimer, Erlanger Rede über das absurde Theater, in: Akzente 7, 1960, S. 543—556; Zitate S. 545 f., 553 und 556.

12 Zu diesem Problem vgl. Hans Mayer, Bertolt Brecht und die Tradition. Jetzt in: H. M., Brecht in der Geschichte, Frankfurt/M. 1971.

13 Albert Camus, Der Mythos von Sisyphos. Ein Versuch über das Absurde. Übertragen von Hans Georg Brenner und Wolfdietrich Rasch (rowohlts deutsche enzyklopädie 90), S. 82.

14 Benjamin, Versuche über Brecht, a. a. O. S. 126.

15 Marianne Kesting, Das deutsche Drama seit Ende des Zweiten Weltkriegs (s. Anm. 1), S. 91.

16 Camus, Der Mythos von Sisyphos, a. a. O. S. 82 und 83.

17 Hildesheimer, Erlanger Rede, a. a. O. S. 552.

18 Das Theater des Absurden, Frankfurt/M. 1964.

19 Max Frisch, Öffentlichkeit als Partner (edition suhrkamp 209), Frankfurt/M. 1967. Künftig abgekürzt: Öffentlichkeit als Partner; hier S. 71 f.

20 Hans Bänziger, Frisch und Dürrenmatt, 6. Aufl. Bern 1971, S. 66.

21 Frisch, Stücke, Bd. I, a. a. O. S. 232 und 231.

22 Frisch, Stücke, Bd. II, a. a. O. S. 85. — Zum Don Juan-Typ vgl. Hiltrud Gnüg, Don Juans theatralische Existenz. Typ und Gattung, München 1973.

23 Brecht, G. W., Bd. 17, S. 1258. Übrigens spielt in der 2. Fassung der „Chinesischen Mauer" Don Juan auf die Brechtsche Bearbeitung und ihre Aufführung im Berliner Ensemble an. Vgl. Frisch, Stücke, Bd. I, a. a. O. S. 166.

24 Hellmuth Karasek, Max Frisch, 2. Aufl., Velber 1968, S. 50 f.

25 Noch einmal anfangen können. Ein Gespräch mit Max Frisch. Von Dieter E. Zimmer, in: Die Zeit, 22. Dezember 1967, S. 13.

26 Brecht, G. W., Bd. 15, S. 288.

27 Frisch, Stücke, Bd. II, a. a. O. S. 89 f.

28 Brecht, G. W., Bd. 17, S. 1150.

29 Das Gleichnis vom verfälschten Leben, in: Spectaculum 5, 1962, S. 282—285; hier S. 283.

30 Max Frisch, a. a. O. S. 81.

31 Zitate: Frisch, Öffentlichkeit als Partner, S. 72 f., 71, 76, 79 und 78.

32 Brecht, G. W., Bd. 16, S. 929.

33 Daß „nunmehr sowohl die Voraussetzungen der Illusionsbühne als auch die Bedingungen des Verfremdungstheaters" erfüllt seien, wie Manfred Jurgensen (Max Frisch. Die Dramen, Bern 1968, S. 117) meint, leuchtet nicht ein. Das „sowohl ... als auch" wäre wohl durch ein „weder ... noch" zu ersetzen.

34 Max Frisch, Dramaturgisches. Ein Briefwechsel mit Walter Höllerer, Berlin 1969, S. 40.

35 Zitate: Öffentlichkeit als Partner, S. 97 und 99.

36 Friedrich Dürrenmatt, Theaterschriften und Reden, Zürich 1966 (künftig abgekürzt: Theaterschr.); hier S. 119 f.

37 Hans Mayer, Brecht und Dürrenmatt oder Die Zurücknahme, in: H. M., Dürrenmatt und Frisch. Anmerkungen (Pfullingen 1963), S. 5—21. (Jetzt in edition suhrkamp 143.)

38 Brecht, G. W., Bd. 16, S. 930.

39 Dürrenmatt, Theaterschr. S. 224, 228 und 184.

40 Friedrich Dürrenmatt, Monstervortrag über Gerechtigkeit und Recht. Nebst einem helvetischen Zwischenspiel. (Eine kleine Dramaturgie der Politik), Zürich 1969, S. 94 f. und 97.

41 Vgl. Reinhold Grimm, Parodie und Groteske im Werk Dürrenmatts, in: Der unbequeme Dürrenmatt (Theater unserer Zeit, Bd. 4), Basel 1962, S. 71—96; Arnold Heidsieck, Das Groteske und das Absurde im modernen Drama, Stuttgart 1969. Im übrigen: Elisabeth Brock-Sulzer, Friedrich Dürrenmatt, 3. Aufl. Zürich 1970.

42 Dürrenmatt, Theaterschr. S. 186 und 136 f. Die folgenden Zitate S. 135 und 133.

43 Schillers Sämtliche Werke. Säkularausgabe, XII. Bd., S. 197 f. und 329.

44 Dürrenmatt, Theaterschr. S. 122 f. Vgl. u. a. Urs Jenny, Friedrich Dürrenmatt, Velber 1965; allgemein Karl G. Guthke, Geschichte und Poetik der deutschen Tragikomödie, Göttingen 1961.

45 Friedrich Dürrenmatt, Komödien, 2 Bde., Zürich 1957 und 1965; Bd. II, S. 12.

46 Beda Allemann, Interpretation von Dürrenmatts „Es steht geschrieben", in: Das deutsche Drama vom Barock bis zur Gegenwart, (s. Anm. II/6), Bd. II, S. 415—432; hier S. 431.

47 Vgl. meinen Aufsatz „Die Kamera als ,Soziologe'. Brechts Texte für Filme", in: Brecht heute. Brecht today. Jahrbuch d. internat. Brecht-Gesellschaft I, Frankfurt 1971, S. 68—79; hier S. 76.

48 Hegel, Ästhetik, 2 Bde., hrsg. v. F. Bassenge, 2. Aufl. Frankfurt/M. o. J.; Bd. II, S. 554 und 572; Bd. I, S. 565.

49 Karl Marx/Friedrich Engels, Werke, Berlin 1956 ff., Bd. 1, S. 381 f.

50 Dürrenmatt, Theaterschr. S. 123.

51 Dürrenmatt, Komödien, Bd. I, Zürich o. J., S. 126.

52 Bänziger (s. Anm. 20), S. 201.

53 Dürrenmatt, Komödien, Bd. II, Zürich o. J., S. 342 f. Das folgende Zitat S. 350.

54 Ebd. S. 355.

55 Dürrenmatt, Theaterschr. S. 122 f.

56 Rainer Taëni, Drama nach Brecht, Basel 1968, S. 67.

57 Vgl. Marianne Kesting in: Panorama des zeitgenössischen Theaters (s. Anm. VIII/1), S. 320.

58 Über Martin Walser, hrsg. v. Thomas Beckermann (edition suhrkamp 407), Frankfurt/M. 1970, S. 90.

59 Martin Walser, Erfahrungen und Leseerfahrungen (edition suhrkamp 109), 3. Aufl., Frankfurt/M. 1969; darin: Vom erwarteten Theater, S. 59 bis 65; Imitation oder Realismus, S. 66—93. — Ders., Heimatkunde (edition suhrkamp 269), Frankfurt/M. 1968; darin: Ein weiterer Tagtraum vom Theater, S. 71—85. — Zitate es 109, S. 81, 83, 64 und 91; es 269, S. 75; es 109, S. 62; es 269, S. 78 f. und 84.

60 Über Martin Walser, a. a. O. S. 127.

61 Deutsche Dramentheorien (s. Anm. II/2), Bd. I., Vorwort, S. XX.

62 Dürrenmatt, Theaterschr. S. 119.

63 Zu diesem Drama Brechts vgl. vor allem Hans Kaufmann, Bertolt Brecht. Geschichtsdrama und Parabelstück, Berlin 1962.

64 Klaus-Detlef Müller, Die Funktion der Geschichte im Werk Bertolt Brechts. Studien zum Verhältnis von Marxismus und Ästhetik, Tübingen 1967, S. 209 f. — Vgl. im übrigen Ernst Schumacher, Drama und Geschichte. Bertolt Brechts „Leben des Galilei" und andere Stücke, Berlin 1965.

65 Vgl. Hans Vogelsang, Österreichische Dramatik des 20. Jahrhunderts, Wien/Stuttgart 1963.

66 Rolf Hochhuth, Der Stellvertreter. Schauspiel, Reinbek 1963, S. 273.

67 Henri Gartelmann, Sturz der Metaphysik als Wissenschaft . . ., Berlin 1893, S. 243. Den Hinweis verdanke ich Reinhold Grimm, Naturalismus und episches Drama, in: Episches Theater, hrsg. v. R. Grimm, Köln 1966, S. 13—35.

68 Hermann Broch, Gesammelte Werke, Essays, Bd. II, hrsg. v. Hannah Arendt, Zürich 1955, S. 83 f.

69 Alfred Döblin, Aufsätze zur Literatur, hrsg. v. W. Muschg, Olten/Freiburg i. B. 1963, S. 95.

70 Brecht, G. W., Bd. 15, S. 147.

71 Ebd. S. 292.

72 Brecht, G. W., Bd. 16, S. 661 ff.

73 Vgl. Klaus-Detlef Müller, der Philosoph auf dem Theater. Ideologiekritik und ‚Linksabweichung' in Bertolt Brechts „Messingkauf", in: Text + Kritik, Sonderband: Bertolt Brecht I, 1972, S. 45—71.

74 Peter Hacks, Das Poetische. Ansätze zu einer postrevolutionären Dramaturgie (edition suhrkamp 544), Frankfurt/M. 1972, S. 78 und 90.

75 Dürrenmatt, Theaterschr. S. 151 f.

76 Frisch, Öffentlichkeit als Partner, S. 71.

77 Rolf Hochhuth, Soldaten. Nekrolog auf Genf. Tragödie (Rowohlt Paperback 59), Reinbek 1967, S. 97.

78 Heinar Kipphardt, Kern und Sinn aus Dokumenten ... in: Theater heute 1964/11, S. 63.

79 Peter Weiss, Dramen, 2 Bde, Frankfurt/M. 1968, Bd. 2, 464—472; Zitate passim.

80 Georg Lukács, Reportage oder Gestaltung? Kritische Bemerkungen anläßlich eines Romans von Ottwalt, in: Georg Lukács, Schriften zur Literatursoziologie. Ausgew. v. P. Ludz, Neuwied 1961, S. 122—142; Zitate S. 138 und 128.

81 Vgl. Rolf-Peter Carl, Dokumentarisches Theater, in: Die deutsche Literatur der Gegenwart (s. Anm. VIII/1), S. 99—127; hier S. 120. — Im übrigen: Günther Rühle, Das dokumentarische Drama und die deutsche Gesellschaft, in: Jahrbuch 1966 der Dt. Akademie für Sprache und Dichtung, Darmstadt 1967, S. 39—73; Jack D. Zipes, Das dokumentarische Drama, in: Tendenzen der deutschen Literatur seit 1945 (s. Anm. VIII/1), S. 462—479; A. V. Subiotto, German Documentary Theatre, Birmingham 1972; Reinhard Baumgart, Theorie einer dokumentarischen Literatur, in: R. B., Aussichten des Romans oder Hat Literatur Zukunft? (sonderreihe dtv, Bd. 89), München 1970, S. 55—76; Wilhelm Voßkamp, Deutsche Zeitgeschichte in der Gegenwartsliteratur (Schriftenreihe der Grenzakademie Sankelmark, N. F. 4), Flensburg 1968.

82 Also nicht in jenem umfassenden Sinne, wie der Begriff benutzt wird von Siegfried Melchinger (Geschichte des politischen Theaters, Velber 1971), der das Verhältnis von Theater und Politik seit der Antike verfolgt.

83 In: Über Peter Weiss, hrsg. v. Volker Canaris (edition suhrkamp 408), Frankfurt/M. 1970, S. 68.

84 Ebd. S. 104. Vgl. allgemein Henning Rischbieter, Peter Weiss, Velber 1967.

85 Vgl. dazu die fundierte Kritik von Bernd Jürgen Warneke, in: Über Peter Weiss, a. a. O. S. 112—130.

86 Peter Weiss, Dramen, Bd. 2, a. a. O. S. 469.

87 Vgl. Hans Mayer, Peter Weiss und die zweifache Praxis der Veränderung (Marat—Trotzki—Hölderlin), in: Theater heute 1972/5, S. 18 bis 20. — Von „idealistischer Mythisierung" gar spricht Ulrich Schreiber:

Peter Weiss' Rückzug in den Idealismus, in: Merkur 26, 1972, S. 475—483;
hier S. 483.
88 Dieter Forte, Martin Luther & Thomas Münzer oder Die Einführung
der Buchhaltung, Berlin 1971, (S. 140).
89 Vgl. Agnes Hüfer (Hrsg.), Straßentheater (edition suhrkamp 424),
Frankfurt/M. 1970.
90 Peter Handke, Straßentheater und Theatertheater, in: P. H., Prosa Gedichte Theaterstücke Hörspiel Aufsätze, Frankfurt/M. 1969, S. 303—307.
Für *das* Straßentheater gegen *die* Straßentheater, S. 308—313.
91 Jerry Rubin, Do it. Scenarios of the Revolution, New York 1970,
S. 132.
92 Hans Mayer, Bildung, Besitz und Theater, in: H. M., Das Geschehen
und das Schweigen (edition suhrkamp 342), Frankfurt/M. 1969, S. 69—99;
hier S. 95. — Vgl. auch Jürgen Jacobs, Peter Handke, in: Deutsche Literatur
seit 1945 in Einzeldarstellungen, hrsg. v. D. Weber, 2. Aufl. Stuttgart 1970,
S. 632—650. Christoph Angermeyer, Zuschauer im Drama (Brecht—Dürrenmatt—Handke), Frankfurt/M. 1971.

IX. Die offene Dramaturgie oder Die Emanzipation des Zuschauers

1 Adam Müller, Ironie, Lustspiel, Aristophanes, in: Phöbus. Ein Journal
für die Kunst, hrsg. v. H. v. Kleist u. A. H. Müller. Photomechan. Nachdruck Darmstadt 1961, S. 228—239 des Gesamtbandes; Zitat S. 64.
2 Hanns Johst, Ich glaube!, München 1928; Zitate S. 17 und 31. Vgl. hierzu Ketelsen, Heroisches Theater (s. Anm. VII/1), S. 186 f.
3 Adam Müller, Ironie, Lustspiel, Aristophanes, a. a. O. S. 235 f.
4 Vgl. Marianne Kesting, Das epische Theater, 4. Aufl. Stuttgart 1969;
F. H. Crumbach, Die Struktur des epischen Theaters. Dramaturgie der
Kontraste, Braunschweig 1960.
5 Gottfried Benn, Die Ehe des Herrn Mississippi, in: Der unbequeme
Dürrenmatt (s. Anm. VIII/41), S. 32.
6 Vgl. meine Arbeit „Das deutsche Lustspiel des 17. und 18. Jahrhunderts
und die italienische Komödie", Stuttgart 1965, S. 387.
7 Marianne Kesting, Auf der Suche nach der Realität. Kritische Schriften
zur modernen Literatur, München 1972, S. 224 f.

REGISTER

Walter Hinck
Die Dramaturgie des späten Brecht

(Palaestra 229)

5., durchgesehene Auflage 1971. 174 Seiten, engl. brosch.

„Der erste, umfangreichste und grundlegende Teil analysiert umfassend die offene Dramaturgie Brechts, der zweite Teil die publikumsgerichtete Spielweise, während Teil 3 die entwicklungsgeschichtliche Einordnung vollzieht, dabei an Modernen die im Formalen benachbarten, weltanschaulich entgegengesetzten P. Claudel und Th. Wilder hinzuzieht. Ein Schlußteil stellt Brechts Theaterarbeit in Bezug zur zeitgeschichtlichen Entwicklung.
Die Arbeit macht einsichtig, wie alle Intentionen Brechts ineinandergreifen, einander bedingen und ergänzen. Hinck zeigt, daß und wie episches Drama und episches Spiel zum epischen Theater sich zusammenschließen und wie die Theorie, aus der Praxis geboren, die Praxis erwirkt. Daß dies in gründlicher Analyse und detailliertem Nachweis geschieht, scheint mir die für die Brechtforschung wichtigste Leistung Hincks zu sein."
Mitteilungen des Deutschen Germanistenverbandes

„... Hinck untersucht vor allem, im Dienste welcher Dramaturgie die angestrebten Verfremdungen bei Brecht stehen sollten. In sehr interessanten Untersuchungen über Brechts offene Dramaturgie geht es ihm dabei immer wieder um die neu herzustellende Beziehung zwischen der Schaubühne und ihrem Publikum, um das also, was Brecht gelegentlich die ,neue Zuschaukunst' genannt hat."
Hans Mayer / Deutsche Literaturzeitung

Walter Hinck
Die deutsche Ballade von Bürger bis Brecht

Kritik und Versuch einer Neuorientierung

(Kleine Vandenhoeck-Reihe 273 S)

2. Auflage 1972. 152 Seiten, kart.

„Im herkömmlichen Balladen-Begriff der Germanistik steckte ein gut Teil ,Philologen-Ideologie' (Thomas Mann); W. Müller-Seidel hat das als einer der ersten klargestellt. Hinck geht noch weiter. Er erkennt eine bisher weithin übersehene Traditionslinie, die er idealtypisch als ,legendenhafte' Ballade von der ,nordischen' Ballade abhebt ... Er geht, ohne zu vereinfachen, auf die wichtigsten Stadien der Balladengeschichte ein, würdigt ausführlicher Heine, die Droste und Brecht, dessen Taoteking-Legende als Markstein der Legendenballade erscheint. Es zeigt sich, daß Brecht diesen Typ der Ballade ohne grundsätzlichen Bruch gültig weiterentwickelt hat. Das überzeugt." *Germanistik*

„Hincks Versuch einer ,Neuorientierung' der deutschen Ballade kommt nicht nur in den Kapiteln ,Heine' und ,Brecht' zu neuen, überzeugenden Ergebnissen, sondern stellt in seiner Knappheit und Konzentriertheit insgesamt die Grundlage einer Neuwertung dar." *Welt und Wort*

VANDENHOECK & RUPRECHT IN GÖTTINGEN UND ZÜRICH

Peter Pütz · Die Zeit im Drama
Zur Technik dramatischer Spannung
1970. 263 Seiten, Paperback und Leinen

Horst Steinmetz
Max Frisch: Tagebuch, Drama, Roman
(Kleine Vandenhoeck-Reihe 379 S)
1973. 110 Seiten, kart.

Konrad Schöll
Das französische Drama seit dem Zweiten Weltkrieg
I: Konventionelle Formen von Sartre bis Sagan
(Kleine Vandenhoeck-Reihe 315/317)
1970. 102 Seiten, engl. brosch.

II: Das Neue Theater von Ionesco bis Gatti
(Kleine Vandenhoeck-Reihe 318 S)
1970. 129 Seiten, engl. brosch.

Klaus Vondung · Magie und Manipulation
Ideologischer Kult und politische Religion des Nationalsozialismus
1971. 256 Seiten, Paperback

Der politisch-religiöse Kult des Nationalsozialismus umfaßte verschiedenartige Feste und Feiern mit regelrechten Liturgien und festgelegten Ritualen. Als liturgische Texte dienten besondere literarische Werke, sogenannte chorische Dichtungen. Sie sind ein Hauptthema des Buches, das ein wesentlicher Beitrag zur Erkenntnis der nationalsozialistischen Literatur und ihrer politischen Funktion sind.

Der deutsche Expressionismus · Formen und Gestalten
Herausgegeben von Hans Steffen
(Kleine Vandenhoeck-Reihe 208 S)
2., durchgesehene Auflage 1970. 240 Seiten, engl. brosch.

Paul Böckmann, Richard Brinkmann, Wilhelm Emrich, Werner Haftmann, Erich von Kahler, Werner Kohlschmidt, Eberhard Lämmert, Johannes Langner, Fritz Martini, Hans Konrad Röthel, Karl Ludwig Schneider, Hans Heinz Stuckenschmidt.

Das deutsche Lustspiel. Band I und II
Herausgegeben von Hans Steffen
(Kleine Vandenhoeck-Reihe 271 S und 277 S)
1968/69. 242 und 217 Seiten, engl. brosch.

Mit Beiträgen von Beda Allemann, Herbert Anton, Jean Louis Bandet, Paul Böckmann, Richard Brinkmann, Heinz Otto Burger, Claude David, Hans-Egon Hass, Walter Hinck, Marianne Kesting, Gerhard Kluge, Fritz Martini, Wolfdietrich Rasch, Walter Müller-Seidel, Wolfgang Preisendanz, Karl Ludwig Schneider, Hans Joachim Schrimpf, Herbert Singer, Hans Steffen, Benno von Wiese.

VANDENHOECK & RUPRECHT IN GÖTTINGEN UND ZÜRICH

SAMMLUNG VANDENHOECK

Eine Paperback-Reihe

Johannes Anderegg · Fiktion und Kommunikation
Ein Beitrag zur Theorie der Prosa
1973. Etwa 200 Seiten

Amerikanische Literatur im 20. Jahrhundert
American Literature in 20th Century
Herausgegeben von Alfred Weber und Dietmar Haack
1971. 282 Seiten

Geschichte und Fiktion / History und Fiction
Amerikanische Prosa im 19. Jahrhundert
American Prose in the 19th Century
Herausgegeben von Alfred Weber und Hartmut Grandel
1972. 248 Seiten

Walter H. Bruford
Kultur und Gesellschaft im klassischen Weimar
1971. 425 Seiten und 16 Abbildungen. Die Leinenausgabe ist weiterhin
lieferbar.

Immanuel Kant · Briefe
Herausgegeben und eingeleitet von Jürgen Zehbe
1970. 298 Seiten

Briefe an Kant
Herausgegeben und eingeleitet von Jürgen Zehbe
1971. XV, 212 Seiten

Wilhelm Dilthey · Weltanschauung und Analyse
des Menschen seit Renaissance und Reformation
Abhandlungen zur Geschichte der Philosophie und Religion
Herausgegeben von Georg Misch
7. Auflage 1970. 540 Seiten

Willy Strzelewicz (Hrsg.)
Das Vorurteil als Bildungsbarriere
Elf Beiträge
3. Auflage 1972. 306 Seiten

Edith Ennen · Die europäische Stadt des Mittelalters
1972. 287 Seiten und 13 Abbildungen

VANDENHOECK ZÜRICH